普通高等教育"十一五"国家级规划教材

高职高专教育市场营销专业教材新系

中国高等院校市场学研究会组编

公共关系原理与实务

Gonggong Guanxi Yuanli Yu Shiwu

（第四版）

何伟祥 编著

东北财经大学出版社
Dongbei University of Finance & Economics Press
大 连

图书在版编目（CIP）数据

公共关系原理与实务 / 何伟祥编著 . —4 版 . — 大连 : 东北财经大学出版社，2013. 8（2015. 1 重印）
（高职高专教育市场营销专业教材新系）
ISBN 978-7-5654-1243-1

Ⅰ. 公… Ⅱ. 何… Ⅲ. 公共关系学-高等职业教育-教材
Ⅳ. C912. 3

中国版本图书馆 CIP 数据核字（2013）第 153966 号

东北财经大学出版社出版
（大连市黑石礁尖山街 217 号 邮政编码 116025）
教学支持：（0411）84710309
营 销 部：（0411）84710711
总 编 室：（0411）84710523
网 址：http：//www. dufep. cn
读者信箱：dufep @ dufe. edu. cn

大连图腾彩色印刷有限公司印刷 东北财经大学出版社发行

幅面尺寸：170mm×240mm 字数：402 千字 印张：19 3/4
2013 年 8 月第 4 版 2015 年 1 月第 19 次印刷

责任编辑：许景行 龚小晖 责任校对：毛 杰
封面设计：张智波 版式设计：钟福建

ISBN 978-7-5654-1243-1
定价：33.00 元

总 序

随着“教育兴国”战略的实施，面对21世纪社会经济发展对人才的需要，党中央国务院决定扩大高等教育规模，通过多种形式积极发展高等教育，实现由“精英型”高等教育向大众化高等教育的转变。高职高专是我国高等教育的重要组成部分，培养拥护党的基本路线，适应生产、建设、管理、服务第一线需要，德、智、体、美全面发展的高等技术应用型专门人才，学生应在具有必备的基础理论和专门知识的基础上，重点掌握从事本专业领域实际工作的基本能力和基本技能，具有良好的职业道德和敬业精神。大力发展高等职业教育，培养大量的高等技术应用型人才，是实现高等教育大众化目标的必然选择。

高职高专教育要完成培养高等技术性应用型专门人才这一根本任务，迫切需要解决的问题之一是教材问题，因为目前高职高专院校使用的教材基本上是本科教材、原专科教材和成人高校教材。与高职高专教育新的培养目标相适应的新教材建设，从严格意义上讲，还是一块未开垦的处女地。切实做好占整个高等教育在校生规模60%以上的高职高专教育教材的建设已迫在眉睫。

《中华人民共和国国民经济和社会发展“九五”计划和2010年远景目标纲要》明确指出，国有企业要按照市场需求组织生产，“搞好市场营销，提高经济效益”，要积极发展“代理制、连锁经营等新的营销方式”，“建立科研、开发、生产、营销紧密结合的机制”。1999年8月12日，江泽民总书记在东北和华北地区国有企业改革与发展座谈会上所作的题为“坚定信心，深化改革，开创国有企业发展的新局面”的讲话中指出：“加强企业发展战略管理，关键是要根据不断变化的市场要求，抓住发展战略、技术创新战略和市场营销战略这些重点环节。”这就把市场营销战略提到了与发展战略、技术创新战略并驾齐驱的位置上。社会主义市场经济发展的客观需要和党中央国务院对市场营销工作的重视，表明市场营销专门人才存在着广阔的市场潜力，预示着高职高专教育的市场营销专业将有强劲的发展态势。有鉴于此，以具有开设市场营销专业的历史经验和师资、规模优势的上海商业职业技术学院、山东商业职业技术学院、安徽商贸职业技术学院、无锡商业职业技术学院、浙江商业职业技术学院、温州职业技术学院、浙江工商职业技术学院和广东农工商职业技术学院等为主体的全国商业高职高专院校，按照教育部关于高职高专教育“专业课程等依据教学大纲组织自编教材”的精神，提议编写高职高专教育市场营销专业课程教材。该提议得到了中国高等院校市场学研究会和曾因引进“哈佛商学院案例教程”等世界权威经管类教材而崭露锋芒的东北财经大学出版社的支持。中国高等院校市场学研究会（以下简称研究会）将其列入研究会规划与组编教材，决定组建编写委员会。时任研究会会长、广东商学院院长的罗国民教授亲自担任“高职高专教育市场营销专业教材新系”的编写委员会主任，领导教材编写的组织工作，时任研究会秘书长、广东商学院工商管理学院院长的钟育赣教授，以及率先倡导、研究与策划“21世纪新概念教材·换代型系列”的时任东北财经大学出版社副社长兼副总编辑的许景行编审，同编写委员会的其他成员一起研究开发新型教材，拟订编写方案，遴选确定编写人员，组织编写与审稿工作。

根据高职高专市场营销专业教学计划和培养目标的要求，列入编写初版的教材有《市场营销学》、《现代企业经营管理》、《广告原理与实务》、《公共关系原理与实务》、《现代推销理论与实务》、《市场营销策划》、《价格理论与实务》、《国际贸易理论与实务》、《市场调查与预测》、《商务谈判》、《现代营销礼仪》、《电子商务与网络营销》、《消费者行为学》、《商品学概论》共14本。

这些教材自初版起便具有如下特点：

1. 依据高职高专教育的培养宗旨和人才培养模式的基本特征，围绕市场营销职业岗位群的要求，坚持以提高学生整体素质为基础，以培养学生市场营销综合能力特别是创新能力和实践能力为主线，兼顾学生的后续发展需要，确立专业课程新体系和教材内容新体系。各门课程的教材在基本理论和基础知识的选择上以应用为目的，以“必需、够用”为度，服从培养能力的需要，突出针对性和实用性。

2. 着力于学生市场营销能力的培养，但不是与中等职业教育相同的一些单项技能，而是综合运用营销理论分析、解决营销实际问题的能力。因此，“必需、够用”的基本理论也必须理论概念清楚、知识完整准确、重点突出，有一定的深度和难度，使其与中等职业教育教材相区别。

3. 坚持实用性与前瞻性的统一。高职高专教育属于大众化教育，旨在培养适应我国社会主义市场经济体制下新型企业市场营销岗位第一线需要，具有市场营销综合能力的高等技术应用型专门人才。学生毕业后，绝大多数要进入营销岗位就业，或者自己去创业，因此教材内容必须强调实用性和针对性。同时，兼顾市场营销职业岗位群发展和学生的后续发展需要，教材编写必须坚持前瞻性原则，在内容上要新，做到充分吸收本学科海内外最新教科书，最新科研成果和最新营销实践经验、举措和案例，并把这些新内容与高职高专教育教学要求及学生的接受能力结合起来，以强化教材的科学性、先进性和适应性。

4. 自觉摆脱传统专科教育的学科型教育和专科教育教材为本科教育教材的压缩的框框，摈弃传统教材以理论知识为核心，以原理、范畴、概念分类为主线，以从理论到理论的阐述为章节结构的惯性做法，在重点、扼要、完整论述“必需、够用”的基本理论知识的同时，增加图、表、典型案例、专栏、补充阅读资料等栏目的内容比例，设置课堂讨论题、自测题、实训题和复习思考题，以强化理论与实际的结合、学习知识与开发智力的结合、动脑思考与动手操作的结合，真正体现高等职业教育的特色。

光阴荏苒，到2012年，东财版“21世纪新概念教材·换代型系列：高职高专教育市场营销专业教材新系”大部分已出第三版，印刷20余次，其中有8种入选

“普通高等教育‘十一五’国家级规划教材”，3 种晋升为“国家级精品课程教材”，1 种人选“教育部普通高等教育精品教材”，多种被评为全国、行业或省级畅销书，深受广大高职院校师生的喜爱与欢迎。

为了将《国家中长期教育改革和发展规划纲要（2010—2020 年）》中提出的“着力提高人才培养水平”，“坚持育人为本，德育为先”，“强化能力培养，创新人才培养模式”，“着重培育学生的主动精神和创造性思维”等新时期教育要求进一步落到实处，完成“十二五”期间我国高等职业教育新型人才培养的阶段性目标，市场营销专业教材必须与时俱进，体现国内外先进的专业技术水平、教育教学理念和课改新趋势，实现课程教材建设的模式转换。为此，我们于 2012 年底启动了对第三版教材的全面修订。

自第四版起的新版教材在研究和能动落实新时期国家教育部关于高等职业教育定位相关文件精神与要求的基础上，从以下方面沿着“21 世纪新概念教材·换代型系列”的方向继续前行：

1. 同步提升高职高专职业教育的人才培养目标定位。新版高职专业教材将人才培养目标由先前的“教高〔2006〕16 号”文件定位，即“培养面向生产、建设、服务和管理第一线高素质技能型专门人才”目标，经过“教职成〔2011〕9 号”文件定位，即“培养高端技能型人才”目标，向内涵更为丰富的“培养高等职业复合型专业人才”目标迈进。

2. 兼顾与中职专业课程教材的“衔接”和“层次区别与提升”。在教学重点、课程内容、能力结构等方面，既细化了高职专业教材与中职专业教材的有机衔接，也研究和探索了“高等职业学院”不同于“中等职业学校”的专业教材层次区别与提升。

3. 兼顾“工学结合型”教育所要求的“双证沟通”与“互补”。在把国家职业资格标准融入专业课程内容与标准的同时，一方面着眼于高等职业学历教育与职业培训的重要区别，强化了对学生“职业学力”特别是“学习迁移能力”的培训和训练，另一方面通过同步反映行业领域、国内外高职教育教学及课程改革新发展、新标准、新成果，弥补国家职业资格标准因“制订—调整”周期过长而导致的相对滞后性不足。

4. 扩展了“职业学力”建构的基本内涵。将学生“职业学力”基本内涵的建构由先前的“职业知识”和“职业能力”两者并重扩展到“职业知识”、“职业能力”和“职业道德”三者并重，致力于建构以“健全职业人格”为更高整合框架的教材赋型机制。

5. 兼顾“理论”、“实务”、“案例”和“实训”诸多教学与训练环节。与那种单纯侧重“实务”和“技能操作”的高职课改倾向不同，本系列修订版教材着眼于自 20 世纪 90 年代以来“学术课程”与“职业课程”整合的世界职业教育主流课改趋势（美国《Carl D. Perkins 职业—技术教育法修正案》（1990）及该法案的修正（1998）；《世界银行关于职业教育和培训的政策文件》（1991）），以 E. L. 桑代克、J. S. 布鲁纳、D. P. 奥苏贝尔、J. 安德森和弗拉威尔等著名教育心理学家的相关研究成果为指导，依照“原理先行、实务跟进、案例同步、实训到位”的原则，循序渐进地展开高职专业课程教材内容。

6. 对照《国家中长期教育改革和发展规划纲要（2010—2020 年）》关于“强化能力培养，创新人才培养模式”，“着重培育学生的主动精神和创造性思维”等新时期的教育要求，将“问题思维”和“创新意识”培养纳入新版高职专业教材的人才赋型机制中。

7. 兼顾各种教学方法。将“学导式教学法”、“案例教学法”、“互动教学法”、“问题教学法”、“讨论教学法”、“项目教学法”等诸多先进教学方法具体运用于专业课程各种教学活动、功能性专栏和课后训练的教材设计中。

教材改革与创新是一项系统工程，旨在培养“高端技能型人才”的高职高专教育的教材改革与创新更是如此。我们试图在深入调查研究、系统总结国内外教材建设先进经验的基础上，与时俱进地不断推出具有我国高职高专特色、优化配套的市场营销专业的新型教材。

期待广大专家、学者和读者们继续给我们以宝贵的意见与支持，使本系列教材通过阶段性修订，与我国新时期高职高专教育教学及课程改革发展始终保持同步。

“高职高专教育市场营销专业教材新系”编写委员会

第四版前言

2009年是中国走向改革开放的第三十个年头，标志着我国经历高速发展阶段，开始步入世界大国、强国行列。三十年来包括公共关系学在内的各类学科理论及相关行业迅速成长、繁荣，同时也是诸多深层次问题逐步累积和凸显的时期。无论是社会性的诚信、和谐关系，还是公关理论与实务的角色定位，都面临着新的问题。

最近这三年，我对于公关理论和实务的发展现状有些许疑惑。首先，中国的儒家文化与公共关系理论的互通性，至少国内目前公共关系理论核心还是以西方公共关系理论为主旨，它与被深深烙上“儒家文化”印记的“中国特色”社会、组织乃至个人无法自然对接。其次，公共关系在实务中的“泛化”、“百宝箱”式的公共关系活动似乎无所不在、无所不用，功利性的运作反而迷惑了国人心中对于公共关系本该明晰的定位，例如“双汇”瘦肉精事件所谓公关专家策划的“万人道歉大会”，感觉公关不应该是这样。有学者指出，中国公关现在正站在十字路口上，2011年底发布的《中国公共关系发展报告（2006—2010）》明确强调：诚信与社会责任缺失将成为中国未来十年公共关系中最重要的危机管理问题，笔者对此颇有同感。

本次再版，在内容和结构上都有较大的修正、充实和变更。除了同步提升高职高专职业教育的人才培养目标定位（参见总序）之外，依照“强化能力培养、创新人才培养模式”、“着重培育学生的主动精神和创造性思维”等新时期的教育要求，强化了对学生“职业学力”特别是“学习迁移能力”的培训和训练，突出了“职业知识”、“职业能力”和“职业道德”知识侧重点及训练。第四版各章在保留“补充阅读资料”、“职业道德与企业伦理”的同时，还增设了“同步思考”、“教学互动”和“同步案例”，章后增设了“实训操练”和“善恶研判”，并将章前“学习目标”明晰为“职业知识”、“职业能力”和“职业道德”等目标。此外对大部分小案例都作了调整，充实了最近几年发生在我们周边的各类公关实例，使教材内容更充实具体，更具实践指导性。整体架构上也将公共关系实务中的第4、第5两章合并为“公关关系活动调查与策划”，将第6、7两章合并为“公共关系活动实施与评估”，使全书内容稍显紧凑。

数年的企业高层管理经历使我愈发感觉到远离功利心态，恪守公共关系基本原则，着眼于长远，真正为组织主体打造诚信、和谐、创新的发展氛围，也许是我等公关人的正确努力方向，套用屈原先生的话：“路漫漫其修远兮，吾将上下而求索。”感谢我所拜读并引用的公关著作和文章的老师们，从中我获益良多；感谢东北财经大学出版社许景行教授，他丰富的学识和专业精神一直影响着我；也再次感谢各位读者朋友，你们对本书的翻阅是我不断求索的源动力。谢谢！

何伟祥

2013年5月于宁波

目　录

第一部分　公共关系原理

第二部分　公共关系实务

第一部分　公共关系原理

第1章　公共关系概述

◆ 学习目标

通过本章学习，应该达到以下目标：

职业知识：学习和把握公共关系基本概念及内涵，公共关系与人际关系、市场营销的异同，以及公共关系的基本原则；能用其指导相关认知活动与规范相关技能活动。

职业能力：能运用本章理论与实务知识研究相关案例，培养在特定业务情境中分析问题与决策设计的能力；通过按照本章实务知识规则操作的训练，培养“公共关系基本原则”和“公关十忌”运用的专业技能。

职业道德：结合“公共关系概述”教学内容，依照行业规范或标准，分析“小英雄引领入场”、“‘百度’公正性遭质疑”和“世界末日的‘娱乐’”等案例中企业或其从业人员行为的善恶，强化职业道德素质。

【引例】

上海世博会

背景与情境：2010 年 5 月 11 日，上海世博会共吸引了 190 个国家、56 个国际组织以及近百个中外城市和企业参展，吸引了来自世界各地超过 7 300 万的观众，参展方数量和参观者人数均创历史新高。上海世博会是一次世界瞩目的盛会，它以“城市，让生活更美好”为主题，吸引全世界的人们在这里探讨城市生活，实现人类文明的精彩对话。上海市政府广泛学习各国举办世博会的成功经验，制订上海世博会的沟通推介计划，开展一系列海内外的推广活动，扩大 2010 年上海世博会的国际影响。此外，上海世博会还首次开办网上世博会，将展馆和景区全部搬到网上，使上海世博会成为“永不落幕的世博会”。

问题：世博会的成功举办对上海乃至中国形象的提升有何作用？

分析提示：国家、城市、企业、经济、科技、文化，一次由上海世博会主导的全球体验式盛会不仅为国家、城市、企业提供了一次巨大的公关机会，更以公共关系为经济、科技、文化等诸方面展现了完美的公关传播平台。

上海世博会以公共关系向世界宣布国家的崛起，成为奥运会之后最大的宣传国家影响力的公关事件。其带来的公关机会为国家、城市、企业带来了一次全新的品牌形象传播，诠释了公共关系无处不在的力量。世博会这个公关舞台不仅使世博会“永不落幕”，更使得公关关系成为“永不落幕”的核心。

世博会同时也是国家间的双向沟通平台。展会期间，参展国政府高度重视、精心布置场馆，打造精品解说团队，全方位展示本国的经济、文化、民族特色，让游客从了解转为喜爱，这也正是公关活动的目的所在。

美国前总统尼克松在《尼克松回忆录》中，详细介绍了导致他被国会弹劾的“水门事件”的经过，并坦陈：“这是公共关系（简称‘公关’）的失策。”有公关专家就此事件评论：“在处理这一事件的法律和政治问题时，明显地表现出了对公关工作一无所知，一味地将掩盖真相视为公关手段，根本没有认识到公共关系必须以坦率而诚实的态度处理解决任何问题。”

无独有偶，20 世纪末，又一位美国总统陷入了所谓的“拉链门”困境，那就是克林顿与白宫秘书莱温斯基的性丑闻事件。面对着美国国民的强烈不满、独立检察官肯尼思·斯塔尔那逼人的气势，以及由共和党人占主导地位的国会发起的弹劾，克林顿智囊团的公关专家们非常成功地将这一重大事件逐步平息，而且还使克林顿的民众支持率重新回升，以致这一案例被美国大学公关教科书《公关战略和战术》收入为公关成功案例。

在现实生活中，我们也经常能看到众多所谓的“公关”现象存在，如将拉关系、走后门称为“公关”，给陪酒女郎冠以“公关小姐”称谓等等。20 世纪 90 年代初期一部名为《公关小姐》的电视连续剧的播出，更是把人们对公关的认识导入了一个误区。那么公关究竟是怎么回事？

1.1 公共关系的概念

实际上，自公共关系作为一种社会组织行为的正式标志（称谓）问世以来，人们对公关的认识一直没有统一，这一方面随着经济社会的逐步发展，公关的内涵也在不断丰富；另一方面确实存在着公关误区，体现在对公共关系概念的界定上，也是林林总总。据称，目前世界各国对公共关系的定义有400多种，其中比较典型的是《韦伯斯特二十世纪新辞典》1976年版给出的定义："通过宣传与一般公众建立的关系；是公司、组织或军事机构向公众报告它的活动、政策等情况，企图建立有利的公众舆论的职能。"也就是说，公共关系是一种单向的纯组织角度的信息发出与影响受众的职能。

国际公共关系协会对公共关系的定义是：公共关系是一种管理功能，它具有连续性和计划性。通过公共关系，公立的和私人的组织、机构试图赢得同它们有关的人们的理解、同情和支持——借助对舆论的估价，以尽可能地协调它们自己的政策和做法，依靠有计划的广泛的信息传播，赢得更有效的合作，更好地实现它们的共同利益。此定义较明确地提出了公共关系作为组织的一种长期计划性管理职能，通过自身行为的协调与广泛的信息传播，实现社会组织与受众的共同利益。

美国已故的公共关系研究和教育基金会雷克斯·F. 哈洛博士，在收集了从20世纪初期到1976年之间有关公共关系的472个定义之后，提出了一个既包括概念性又包括可操作性要素在内的定义："公共关系是一种独特的管理功能，它能帮助建立和维护一个组织与其公众之间传播、理解、接受和合作的相互联系；参与问题或事件的管理，帮助管理层及时了解舆论并且作出反应；界定和强调管理层服务于公共利益的责任；帮助管理层及时了解和有效地利用变化，以便作为一个早期警报系统帮助预计发展趋势；并且利用健全的符合职业道德的传播作为其主要手段。"此定义较全面地概括了公共关系的基本内涵，是现代公共关系定义的代表。

自20世纪80年代初期"公共关系"这一新名词作为"舶来品"（英语"Public Relations"的中文译称）进入我国后，被迅速地在学术界与企业界推广开来，其中在对公共关系的定义上，也有不同的理解。

"公共关系是用传播手段塑造组织自身良好形象的艺术。"此定义过于简单地将公关定义为通过单向的传播来塑造形象的行为，忽视了组织主体与公众的双向沟通及公众的利益，也易误导人们以为组织自身的良好形象是靠强有力的传播手段"制造"出来的，而不是通过组织内在的努力。

"公共关系是一个社会组织用传播的手段使自己与公众相互了解和相互适应的一种活动或职能。"此定义较准确地指出了公共关系中公众、传播和管理职能三大特征，但组织与公众之间的相互了解和相互适应是一个长期的、系统的过程，尤其需要社会组织的自身努力，且其效果的显现也有一个滞后期，而不同于组织的其他活动。

【补充阅读资料 1–1】

美国公共关系学会的“官方公共关系陈述”

公共关系通过在团体和机构中提供相互理解，帮助我们这个复杂、多元的社会去更有效地作出决定和发挥作用。它的服务使得私营的和公共的政策臻于和谐。

公共关系服务于社会中类型广泛的各种机构，诸如商业、工会、政府机关、自愿者协会、基金会、医院、学校和宗教机构等。为了实现它们的目标，这些机构必须同很多不同的受众或者公众发展有效的相互关系，诸如雇员、会员、顾客、地方社区、股东和其他机构，以及整个社会。

为了实现机构的目标，机构的管理层需要理解它们的各类公众的态度和价值观。目标自身是受外部环境的影响形成的。公共关系从业人员是作为管理层的顾问和协调者而开展工作的，帮助将目标转换成合理的、可以被接受的政策和行动。

作为一种管理功能，公共关系包括以下内容：

● 预测、分析和解释舆论、态度和事件，不管是好是坏，它们很可能会影响到整个组织和计划的运作。

● 凡属政策决定、行动过程和传播等问题，都要在这个组织里的各个层次向管理层提供咨询，要充分考虑到它们可能产生的公共派生影响和这个组织的社会或公民责任。

● 在持之以恒的基础上，调查、实施和评估行动与传播的方案，以赢得拥有充分信息的公众的理解，这是一个组织达到目标的需要。这里面可以包括市场营销、金融、资金筹集、雇员、社区或政府关系以及其他方案。

● 计划和实施组织的各种努力，以影响或者改变公共政策。

● 确定目标、制订计划、编制预算、招聘和培训职员、发展设施——简而言之，管理实行上述内容所必需的所有资源。

● 在公共关系的职业实践中，必不可少的知识包括传播艺术、心理学、社会心理学、社会学、政治学、经济学和管理原则以及职业道德规范等；必不可少的技术知识和技能涉及舆论研究、公共问题的分析、媒介关系、直接邮寄、组织信誉广告、出版物、电影/录像制作、专项活动、讲演和报告等。

在帮助界定和实施政策的过程中，公共关系从业人员运用各种专业传播技能，不仅在整个组织的内部，而且在整个组织和外部环境之间扮演着一个一体化的角色。

“**公共关系**是一种内求团结、外求发展的经营管理艺术，它运用合理的原则和方法，通过有计划而持久的努力，协调和改善组织机构的对内对外关系，使本组织机构的各项政策和活动符合广大公众的要求，在公众中树立起良好形象，以谋求公众对本组织机构的了解、信任、好感和合作，并获得共同利益。”这个概念较全面地概括了公共关系的含义与运作，是目前我国公关界较认同的定义。

其他一些通俗、直观的定义还有：

“公关就是自己做好再加适当告诉。”

“公关是 90% 的做加 10% 的说。”

“公关就是争取对你有用的朋友。”

“广告是要大家买我，公关是要大家爱我。”

对公共关系定义的准确理解，应从公共关系状态、公共关系活动、公共关系学三个层次分析。正如国际公关协会前主席萨姆·布莱克所讲的，公共关系至少有两个层次，一个是两个组织发生关系的时候，这里就有公共关系，这种关系自始至终都存在，另一种更重要的是公关实践，专业化的公关实践旨在利用公共关系手段使管理处在良好状态中。

实际上任何社会组织都需要公共关系，如果该组织要生存甚至发展，也自然会产生各类公共关系活动，如 2001 年 9 月 11 日，本·拉登所领导的恐怖组织策划并实施了“9·11”恐怖袭击。之后，为了引诱其跟随者并恐吓对手，在 2005 年 9 月，基地组织就通过阿拉伯半岛电视台播放了一个戴着头巾的男子举着一把 AK47 步枪的视频，用英语发布恐怖威胁，以期达到威胁世界的恐怖目的，但这也是一种公共关系活动。

【教学互动 1-1】

“发展公共关系就是处理一切关系，这在我国这个关系型社会中非常有必要。”对此你怎么理解？

要求：

（1）教师引导学生结合本节教学内容就这些问题进行独立思考，自由发表见解，组织课堂讨论；

（2）教师把握好讨论节奏，对学生提出的典型见解进行点评。

1.1.1 公共关系状态

公共关系状态 即组织主体与公众之间在未采取主动行为之前静态关系的组合。

如果以公众对组织主体的了解与喜爱程度为检验标准的话，那么所谓公共关系状态就是组织主体在尚未展开公共关系工作（包括有意识的和无意识的公关行为）时，公众对组织的了解与喜爱程度，为此，我们更倾向于将“公共关系”称为“公众关系”。

一般来讲，不论组织主体是否展开专业性公关工作，其公共关系状态必然随着组织主体的产生而存在，也会随着其主体的消亡而消失。因此我们说，公共关系状态存在于任何一个组织主体之中，只不过这种状态有良性与恶性之分。前者是指该组织主体已经拥有了一个良好的公众环境，公众对该主体有较好的知晓与认同；而后者则是指该组织主体的发展环境比较严峻，甚至有可能已威胁到其生存。

1.1.2 公共关系活动

公共关系活动即组织主体为塑造自身的良好形象，而有计划、有意识地采取各种措施，改善自身行为的价值取向，保证组织主体与公众之间的良好传播与沟通，进而寻求公众对组织的理解与信任的一种管理实务。

前面所介绍的一些公共关系定义，以及其他对“Public Relations”的各类解释，基本上就是指公共关系活动。在这个概念中，我们要注意把握：

（1）公共关系活动有自觉与不自觉之分。前者是指有直接明确的目的，在一定的公共关系理论指导下，有科学的计划与周密的部署的公共关系活动；而后者则是指没有目的性的、无明确的公关理论指导，也没有计划与组织的一种无意识公关活动。例如，同样是组织赞助，一种是通过赞助社会公益活动，凸现组织的社会责任，并通过科学的策划，选择既具社会公益性，又具新闻价值并能引得公众好感的受助对象，再通过周密部署组织实施；另一种则是组织凭决策者个人喜好或受到某种暗示而实施的临时行为，显然将后者也称为公共关系活动就勉强了。

（2）专业性公共关系活动与非专业性公共关系活动。前者是指由专门的公共关系机构（包括专业的公关公司或组织主体内部专门的公关部门）和公共关系专业人员所策划和从事的公关活动；而后者则是指并非由专门的公共关系部门和专业的公关人员所从事的，而是在组织的日常运作中，由其他部门的非专业公关人员兼职从事的公关活动。我们认为，只要是有计划、有意识地为创造组织良好的“人和”环境而进行的公共关系活动都属于本概念范畴，不能将公共关系活动狭义地理解成“专业性”活动。

（3）现代意义上的公共关系活动与古代意义上的公共关系活动。我们知道，为组织主体创造良好“人和”环境这样一种行为，属于人类历史范畴，在人类社会产生之初就自然存在，而将这种行为定义为“Public Relations”，并且有意识地作为一种专业化行为，则是在20世纪初期（严格地说应该始于1923年，爱德华·伯尼斯成立公关顾问公司）。但不能否认，从历史延续性上分析，古代时期也有许多今天我们看来近似于公共关系的行为存在。然而，它不是现代意义上的“Public Relations”，明确这点有利于我们对现代公关历史的把握。

1.1.3 公共关系学

公共关系学是“研究公共关系理论与运作过程的学科”。

公共关系学的诞生以世界上第一本公关教科书，即爱德华·伯尼斯于1923年在纽约出版的《舆论之凝结》为标志。

公共关系学是一门综合性、边缘性的社会应用学科。

公共关系学的研究对象包括：

（1）一般理论研究，即对公共关系概念、职能、机构、人员、公众、手段及实务过程等的研究。

（2）发展历史研究，即对公共关系的追根溯源，包括对古代无意识公关行为的分析、现代公共关系理论与实务的发展过程与趋势展望。

（3）相关理论研究，即公共关系学在相关学科中的地位与相互渗透之研究。

公共关系学的研究任务，就是为了阐释公共关系原理，指导公共关系实务运作，培养公共关系人才，最终服务于全人类。

公共关系学的研究方法主要有观察法、调查法、实验法、测量法和综合分析法等。应该说，就我国目前公关研究水平而言，主要还是在学习借鉴国外公关研究最新成果和自我实验、探索。

1.2 公共关系的特征

1.2.1 公共关系的基本特征

（1）公共关系是组织主体与公众之间的一种关系。这其中社会组织是主体，公众是客体，前者可以是组织也可以是某一社会团体乃至国家政府；而后者则是指与组织主体发生某种联系或者说对主体的生存发展会产生某种影响的其他社会组织或个人。

（2）主体与客体之间联系的纽带是有效的传播与沟通活动。也就是说，通过人际传播、组织传播、大众传播等沟通手段，有计划地将组织主体有关信息传播给相关公众，同时将受众的反应以合理的渠道及时反馈给组织主体，以影响并调整主体政策这样一种双向沟通活动。

（3）公共关系是组织主体有计划、有意识、有目的开展的一种沟通活动。也就是说，组织主体确定恰当的主题，选择合适的时间，通过合法有效的渠道，向受众传递组织有关信息，并期望达到最佳影响效果。同理，组织主体在了解受众反应时也期望以最短的时间，获得最准确真实的信息资料。正如美国公关专家弗雷泽·P. 西泰尔（Fraser P. Seitel）在其《公共关系实务》一书中所讲的，不管选取哪个正式定义来描述，公共关系要想获得成功，公关人员都必须时刻致力于一个有计划的过程以影响其目标受众的态度和行动。

（4）公共关系是以在公众心目中树立组织的美好形象为目的。如果说，搞好人际关系的目的是为了个人的良好生存和发展环境，那么，公共关系活动的目的就是为了使组织拥有良好的声誉，创造良好的组织生存与发展环境，这也是公共关系的核心所在。

【补充阅读资料 1-2】

克林顿总统的“忏悔”

1998 年，时任美国总统的克林顿因“拉链门”事件而受困，加之在事件发生初期他所采取的“逃避策略”（不承认事实）更使其陷于四面楚歌的境地。就在这时，以伦纳德·萨菲尔（《强势公关》一书的作者，曾为尼克松、福特、里根等多名美国总统担任公关顾问）为首的公关专家们，向克林顿建议：总统应马上转变态度，讲实话，并进行一次发自内心的忏悔。可以以“事实与谎言”为话题，安排一次针对美国国内年轻人的电视讲话，讲话内容应针对在校学生，以自己的亲身经历为例，向孩子们讲述一个浅显的做人道理：一个人如果撒谎，他的未来和前途可能就会被这个谎言所毁！电视讲话的时间应选择在晚饭前后——孩子们和家长都在家，都会围坐在电视前认真收看。克林顿采纳了这个建议，并于同年 9 月 11 日在白宫举行的一次由教会领袖参加的早餐祈祷会上发表了他的忏悔，在讲话中他强调："这个国家的孩子们，我希望你们能从我的错误中深刻反省，并了解一个道理，'尊严对一个人是多么的重要，任何自私的做法都是错误的'。"他还动情地讲述了他前不久到佛罗里达州访问时遇到的一个小男孩，孩子对他说，长大了我也要当总统，要和你一样。克林顿说，我衷心希望美国的家长们能以我为戒，教育孩子们要做个诚实的人。

演讲发表后，克林顿总统的被动局面被彻底扭转。

资料来源　伦纳德·萨菲尔. 强势公关［M］. 梁洨洁，段燕，译. 北京：机械工业出版社，2002.

【职业道德与企业伦理 1-1】

小英雄引领入场

背景与情境： 2008 年 8 月 8 日，举世瞩目的北京第二十九届奥林匹克运动会开幕了。在各国入场仪式上，姚明高举五星红旗带领中国队进入会场，人们惊奇地发现，在姚明的身旁还有一个"小不点儿"，他双手挥动着奥运五环旗和中国国旗，正童稚十足地跟着姚明走在场内。他是谁？噢，他不就是汶川地震中的小英雄林浩吗？全场顿时响起了雷鸣般的掌声、欢呼声……

问题： 中国奥组委安排小英雄林浩入场暗示着什么？

分析提示： 在庄重热烈且讲究规范的奥运会开幕式入场仪式上，安排一名小孩（非运动员）入场似乎显得有些另类，但却彰显出中国政府和人民在汶川大地震中所表现出来的不屈不挠、万众一心的高尚情怀，也提醒着国人地震可以摧毁我们的家园，夺走我们的亲人，但却震不垮我们中华民族自强不息的斗志。记得在抗震救灾的那些日日夜夜里，回荡在祖国上空的是"汶川加油"、"中国加油"、"奥运加油"的雄起声。虽然奥运会离地震不到三个月，但中国却向世界人民交上了一张奥运会如期、圆满举行的最精彩的答卷，全世界的人们都在为中国叫好，为中国骄傲，这就是一个国家对世界的庄严承诺。

1.2.2　现代公共关系概念的界定

1）与市场营销相混淆

市场营销是这样一种管理功能，它确定人类的需要和要求，提供产品和服务以满足那些需要，并且引起传递产品和服务与供应者交换有价值的某种事物的交易。在实践中，市场营销由消费者调查、市场研究与定位、产品设计、包装、核定价格、推销和分发等相关项目构成，其目标是吸引和满足顾客（或者客户），以赢得一个组织的经济目标。市场营销的基本责任是建立和维护一个组织的产品或服务市场。

在许多市场营销教科书中，都将公共关系作为促销策略的内容之一，因此有人将公共关系称为“无形的推销术”，认为公共关系只不过是市场营销中运用的战术，“一种涉及人们对问题、产品和个人或组织个性如何感觉的混合促销要素”。以美国西北大学为代表的公共关系整合行销传播学派更是主张公关业务主要是“处理行销推广问题”，公共关系的主要业务内容是“对所有有关产品或服务的信息来源进行整合管理”，公共关系的目的就是“使潜在及现行顾客采取购买行动，或继续维持其品牌忠诚度”。

确实，公共关系与市场营销有许多近似或交叉的地方，如市场营销的对象是消费者（客户），而这恰是公共关系的相关公众；市场营销不能离开广告宣传，同样，公共关系离开了大众传媒，那沟通就成了空中楼阁，而且公共关系也有公共关系宣传广告（如公益广告），特别是对工商组织而言，公共关系的目的——塑造组织良好形象的最终归宿，也是让消费者了解组织、喜欢组织进而认同组织（认同组织的产品或服务）。

有效的公共关系通过创造和维护和谐的组织生存环境给市场营销努力营造一种拓展空间。例如，一家医院能与自愿者、护士、医生、股东、地方政府乃至患者维护良好的相互关系，就很可能会在医疗市场营销的努力中享受到吸引患者和提高效益的喜悦。

例如，近几年，我国连续发生大头娃娃奶粉、苏丹红食品添加剂、工业酒精冒充白酒等等食品安全事件，导致消费者对食品安全产生心理恐慌。如果你是食品生产企业，你还认为营销和公关是一回事吗？消费者对食品安全的恐慌心理迟早会蔓延到其所食用的任何商品。对此，不能有任何隔岸观火的心态，而应主动采取行动，在严把食品安全质量关的同时，进行主动宣传展示，如邀请小区居民进入厂区参观生产流程、邀请食品专家作相关食品安全技术指标解读、参与一些公益活动等，通过主动沟通，强化与公众的关系才能做到防患于未然。

公共关系与市场营销有着明显的不同。

（1）目标高度不同。市场营销的目的是通过对消费者、产品、渠道、广告、价格等一系列营销环节的科学研究，使组织能顺畅地将商品或服务推销给消费者，追求组织销售与业绩的最佳化；而公共关系则是站在组织长期发展的高度，通过寻求组织效益与社会公众效益的一致化，通过公众对组织的认同、理解，最后支持组织行为（自然包括喜欢该组织的相关产品与服务）而达成组织长期的良好业绩（组织的知名度与美誉度）。

（2）范围不同。公共关系存在于社会任何一个组织，无论是营利性组织、非营利性社团还是政府、学校、部队都必然存在着公共关系，且存在着努力追求“人和”境界的公共关系活动，市场营销的范围显然要窄许多。

（3）着眼点不同。公共关系是着眼于长远，着手于平时；市场营销则是以市场和消费需求为着眼点，围绕消费者现实的和未来（有明确时间界限的“未来”）的需求而运作。

【同步案例 1-1】

奥康皮鞋反倾销案：鸡蛋如何碰赢石头

背景与情境：奥康集团与欧盟委员会（以下简称“欧委会”）之间的反倾销官司整整打了六年半，2012 年末二审判决下来，奥康集团胜诉——这是中国企业在此类案件中罕见的胜诉案。

2006 年 10 月，欧盟宣布针对中国鞋企征收高额反倾销税，中国鞋企高调联合起诉欧盟是当时的一大新闻。但屡屡失败之后，同行者逐渐偃旗息鼓，只剩下奥康集团一家上诉至欧盟高级法院。如今这场马拉松诉讼的胜利给奥康集团带来的直接经济收益仅是约 500 万元的诉讼费，以及还需争取的部分退税。对于市值逾 70 亿元、年盈利超过 4 亿元的奥康集团来说，经济价值很有限。

“今天打赢官司，象征意义更大。”王振滔（奥康集团董事长）说。

2005 年 5 月，应欧洲鞋业联合会（CEO）的投诉，欧委会启动了对原产中国和越南的进口皮鞋的反倾销调查。调查结果出来以后，2006 年，欧委会通过法规对原产中国和越南的进口皮鞋征收为期两年的 16.5% 反倾销税。

欧洲制鞋业有贸易保护主义的传统，被称为“敏感性的工业产业”。中国入世谈判中，欧盟将鞋列入中国入世后继续实行 3 年配额制的四种产品之一。2005 年 1 月 1 日起，3 年期满，欧盟取消配额，成本高昂的欧洲皮鞋市场由此城门洞开——王振滔回忆，当时奥康集团为多家欧洲著名鞋企代工，欧洲市场出口量一度占其出口总量的 70%、总销售额的 20% 以上。

但几乎没有哪家中国鞋企的出口利润率会高达 16.5%，王振滔估计当时的行业平均利润率在 7% 左右。这之后，奥康集团与北欧的两家合作伙伴终止了合作，其他合作伙伴也缩减了进口量。

一审败诉后，其他企业纷纷“撤”了，而奥康集团高管层也对要不要继续上诉分歧严重，反对者认为要继续打这个没希望赢的官司是“白白烧钱”。

王振滔只讲了三个字；接着打！2012 年 11 月 15 日，高等法院判决普通法院 2010 年 3 月的一审判决是错误的，须驳回；取消相关反倾销法规；令欧委会承担双方的诉讼费用。

问题：你是否认可王振滔董事长的理念？为什么？

分析提示：中国从生产大国向生产强国发展过程中，此案例颇具典型性，为了企业品牌形象或者说中国企业形象向有关国际组织或相关贸易国“讨个说法”，是否真正有利于企业发展（失败的实例很多），这时公共关系目标与企业营销目标两者会不同步。

2）与人际关系相混淆

目前在一些公共关系实务类书籍中，有许多介绍人际关系技巧的内容，如怎样待人接物、就餐时的礼仪等等，实际上是片面扩大了公共关系工作中日常接待这个最基本层面工作的内容，以致不少人说起公共关系就会联系到这类人际关系技能。

公共关系与人际关系的不同点在于：

(1) 出发点不同。公共关系的出发点是组织主体与其相关公众的关系；而人际关系则仅仅是个体与其他个体间的关系。

(2) 目标不同。前者是为组织主体追求“人和”境界；后者则是为个体自身广结“人缘”。

(3) 技能要求不同。公共关系不仅需要人际关系中的一般技能，更多的还需要运用科学的方法和周密的组织实施，诸如记者招待会、展览会、危机处理等，而不同于单纯人际关系处理。

3) 与新闻宣传相混淆

以詹姆斯·格鲁尼格（James Grunig）为代表的公共关系传播管理学派一直坚持认为公共关系就是“传播管理”，是组织主体的“沟通管理者”，公共关系的目的就是实现“信息传播的对称及有效性”。

公共关系与新闻宣传有许多相近之处，如公共关系需要通过传媒（尤其是大众传媒），向公众传递沟通相关信息，而新闻本身就产生于社会各个组织或个体中，它也是一种信息传播，且新闻的报道价值是传媒报道的选择标准之一，是一种对社会负责的舆论宣传手段。这就使任何组织都有可能成为新闻报道的对象，成为新闻“主角”。但两者之间又有明显的差异。

(1) 两者负责的对象不同。公共关系是社会组织为争取社会公众的了解和支持所采取的主动行动，它对组织主体负责，而新闻宣传则必须对整个社会负责。最明显的是：当一个组织出现了某种突发性危机事件时，公共关系是从组织的角度出发，在告知公众事实真相的同时，表明组织如何对公众负责的态度，以求公众在了解事实真相的同时，谅解组织的行为；而新闻报道则是从新闻的角度直接告知公众事实真相，并就公众关注的问题，从社会角度进行评议。

(2) 方式不同。宣传是一种单向的传播，即告知公众是什么事、怎么了；而公共关系则是双向沟通，即根据公众的关注程度，在对有关信息进行有效收集、分析的基础上，选择合适的传媒，有选择地告知公众有关组织主体感兴趣的“热点”信息。

(3) 目的不同。公共关系宣传的目的是让公众知晓并熟悉、喜爱组织主体；而新闻宣传则是“将事实告诉给受众”。在这里，公共关系的“新闻制造”，就是为使组织主体有更多的机会成为正面新闻的“主角”，让更多的公众知晓、了解本组织，在合乎新闻报道原则的前提下，策划、制造一些热点新闻而成为媒体报道的“主角”，如在某个时间商厦将迎来第1亿名顾客，在某个地区某公司要开设第100个专卖店等等，都可以通过策划成为“新闻”，目的是通过宣传组织自身，提高组织的知名度与美誉度。

(4) 与广告宣传的关系不同。有人说“公关是要人爱我，广告是要人买我”，这话也有一定道理。应该说，广告和公关传播对企业品牌理念的传达和产品的推广各有不同的功能。广告侧重于对知名度的提升和对销售的拉动，而公关传播则侧重于建立企业和品牌的影响力。广告的传播功能比较直接，而公关传播的影响则比较间接。相比较而言，对品牌的传播适合以公关为主，而针对目标消费群的传播则应该以广告为主。

在表达方式和表达内容上公关传播与广告也存在着差异。广告注重创意，通过创意的新颖性和诉求的集中性，有针对性地传播信息；而公关传播则注重新闻性和及时性，通过对新闻的策划和事件的推广来达到传递组织完整的、正面的、真实的信息的作用。

当然公共关系活动也会以广告形式传递组织信息，建树组织形象，如公益广告："×××提醒您，要注重休息啊！""为了子孙后代，让我们珍爱水资源"等等，但两者的目标是泾渭分明的。

1.3 公共关系的基本原则

1.3.1 诚实信用

"良好的公共关系是建立在良好的行为的基础之上的"，宣传自己的组织最棒、产品（或服务）最好的关键还在于确实是最棒的组织、拥有最好的产品（或服务）。如果自身的行为不行，那就千万不能用公共关系，否则只能揭示出自身的弱点。公共关系最基本的原则就是"永远不要撒谎"。"王婆卖瓜，自卖自夸"也要以这瓜确实值得夸为前提，这就是诚实。人以诚为本、店无信莫开。我们的祖先早就指明了这个组织生存的根本，可惜的是现今还有不少社会组织，高举着公关大旗却做出完全违背公关原则的行为，结果既达不到（也不可能达到）所谓的理想效果，也进一步将人们对公关的认识导入了更大的误区，使人们认为公关就是吹吹打打，是"漂亮脸蛋+吆喝"。

中国香港首富李嘉诚先生说过：这么多年来，凡是跟我做伙伴的，合作以后都成了我的好朋友，从来没有因为一件事闹过不愉快，这也是我引以为豪的；信誉、诚实，是我的第二生命，有时候比自己的第一生命还重要。李嘉诚先生还讲过一段他的经历：20世纪50年代，他看到一个中年外省妇女乞丐，在皇后大道中一间公爵行门口乞讨，他和这名乞丐交谈时问她会不会卖报纸，她说有同乡干过这行，李嘉诚先生便让她带同乡后天在同一个地方见他，他想帮她做这个小生意。不巧，第二天有客户约了那个时候要到他厂里去参观，李嘉诚先生便在次日陪同客户参观中说了声"对不起，请稍候"以后，跑出工厂区驰往与女乞丐约定的地点。"途中超速和危险驾驶的事都做了"，见了乞丐和她同乡，问了些问题后，李嘉诚先生就把钱给了她。"也没告诉她名字，只要她答应我勤奋工作，不要再乞讨。事毕，我又'飞车'回到工厂"。当时客户正着急："怎么找不到你？"李嘉诚先生笑了笑说："对不起，让你久等了。"

中央电视台"实话实说"栏目是收视率很高的金牌栏目，原因也就在于"说实话"，崔永元的平民气质，栏目形式的轻松及贴近大众的内容选择，使观众产生一种亲切感、信任感，收视率上升也就是很正常的事了。

2007 年 6 月 5 日，洛阳的王先生驾驶德国原装进口奔驰 S350 在连霍高速公路 385 公里处与一辆东风货车相撞，王先生的车前部及顶部严重损坏，但汽车配置的 8 个安全气囊均没有弹出，乘坐该车的人受伤。之后王先生就安全气囊问题多次与奔驰郑州经销商及奔驰公司中国总部交涉一直未果，奔驰公司方面回应："车没撞到使安全气囊开启的程度。"12 月 16 日，王先生将自己面目全非的奔驰轿车拖到郑州市区以北的黄河岸边，面对黄河誓言"今生只用国货"，一时间威震全球的奔驰被推到了"火山口"。如此没有诚信的行为，不就是一个品牌的自杀行为吗？

【同步思考 1–1】

问题： 公共关系以诚实为第一原则，因此凡事都需要实话实说，任何谎言都应受到谴责。此观点是否正确？

理解要点： 首先诚实不是一切都要实话实说，企业运营过程中会有许多商业机密，如底价、技术创新等；此外，谎言是否应受谴责在于其是损人利己，还是利他，有些出自利他性的善意的谎言不应在受谴责之列。

【职业道德与企业伦理 1–2】

"百度"公正性遭质疑

背景与情境： 2008 年 11 月中旬，中央电视台《新闻 30 分》连续两天报道"百度""竞价搜索事件"，越来越多的消费者抱怨说，因为"百度"搜索引擎竞价排名提供的虚假网站或信息上当受骗。报道引用了一位患者的看病受骗经历，据其描述，他在"百度"上找到了一家排名第一的所谓总参管理保障部医院，前往就诊后被诊断为前列腺发炎，花了 1 万多元却始终不见好转。后来他到人民医院门诊检查了一下，医生说这种症状是上火导致的内分泌失常，属普通病症，总共付了 100 多元药费就治好了。

问题："百度"搜索引擎的竞价搜索行为是否符合企业伦理要求？

分析提示： 首先，企业以追求利润最大化为目的无可厚非，但首先企业应承担其自身的公民责任，不能赚"昧良心"钱，尤其在网络社会，民众对网络的依赖性在增大，作为行业老大更不能凭借对市场的支配地位，滥用"竞价搜索"功能，谁给的钱多就让谁排名靠前，谁给的钱少就让谁排名靠后，不给钱就让其遭遇屏蔽之苦。

其次，竞价搜索作为一种营销手段也无可厚非，关键是要事先告诉公众你的排名理由。雅虎和谷歌也在竞价搜索，但是它们都将"自然搜索结果"与"竞价搜索结果"加以明显区分，使网友一看便知哪个是花了钱才排在前面的。

补充：在"百度""竞价搜索门"曝光初期，即 11 月 8 日，"百度"新闻发言人又犯了"千万不要撒谎"的错误，表示这是一个谣言，"百度"从来没有这样的服务，导致众多网友纷纷上网"扫黑"，随之出现了央视《新闻 30 分》的事件深度曝光。不得已"百度"又发出因为更多地关注了技术和研发，而对销售运营缺乏严格的管理和系统的投入，"百度"对此进行深刻反省的道歉信，并表示"审核是明显不够的，我们以后会加强这块”，且即刻让被曝光的虚假广告下线。

1.3.2 平等互利

公共关系不是以血缘、地域为基础，而是以一定的利益关系为基础的，一个社会组织在发展过程中必须要得到相关公众的支持才能发展，而这种支持的前提是双方的共同发展。

日本住友银行以往在招聘员工时有这样一个考题：“当组织利益与国家利益冲突时，你如何处置？”答案是你要尽可能保持两者利益的平衡，不能偏袒一方，理由很简单，漠视国家利益者，最终必然会因此而受到政府的惩罚。

就组织与消费者的关系而言，也是同样的道理，在市场经济不断发展和完善的今天，消费者的权益绝不能被忽视。就以 2010 年日本丰田公司生产的多款车型因“刹车门”、“油管门”等安全隐患在全球范围内的召回事件为例，危机之初心存侥幸：2011 年 1 月 21 日宣布在美召回 230 万辆汽车为开端，在短短数天内宣布全球召回 540 万辆，并在美国暂停生产、销售 8 款车型，但迟迟未发表任何公开声明，仅在报纸上刊登了召回讯息。2010 年 1 月 29 日，美国国会宣布对丰田汽车的召回展开调查，1 月 31 日美国主流报纸上未出现丰田公司的召回公关广告，一句“一个暂时的停顿，只为将您放在第一位”的迟到广告语，已难以抚平公众对丰田产品的质疑。危机之中被动道歉，2 月 5 日，丰田公司社长兼总裁丰田章男终就召回事件表示道歉。这期间的“沉默”其实就是“侥幸心态”导致的“失误”。而且还冷漠面对中国市场（虽流向中国市场的召回车型只有 RAV4 一款），迫于舆论压力，才于 2010 年 3 月 1 日在北京召开召回事件记者招待会，丰田章男向中国消费者“三次鞠躬，四次致歉”。然而已经因此流失的市场和客户的损失对“丰田”的打击也许是致命的，仅在美国一地，丰田汽车 1 月份的销售量就下降 16%。通用汽车和福特汽车的销售量却同期分别上涨了 24% 和 16%，而在中国未来的汽车市场中，丰田还能再居前列吗？

1.3.3 长期努力

社会组织试图通过与公众建立起良好的关系并获得美好的声誉，进而达到让公司获益的目的，这一切绝不是一日之功所能及的，必须经过长期的艰苦努力。如果说，广告和推销大量地考虑到眼前效益的话，公共关系则更多的是着眼于未来。正如萨姆·布莱克所说的，公关需要精心的策划和持续的努力。

对一个组织而言，公共关系活动不是某一项具体的工作任务，而是一个长期的、有计划的、充满艰辛与坎坷的系统工程。每一次具体的公关活动都只能看成是通往长远目标的一个阶梯，完成一项公关任务也只能算是登上公关“长征”中的一个台阶，塑造组织美好形象的行为是周密、全面而又漫长的。为山九仞，更不能功亏一篑。

从公共关系活动对象看，它包括内部公关和外部公关，而外部公关又包括与组织发展相关的各类公众；从公关工作内容看，有日常性的接待，有专项性的策划，也有专题性的活动，更有高层次的影响组织决策层，树立正确公关理念，并逐步在组织体内强化全员公关意识，这是一个相当漫长的工作过程，而体现在最终目标上，是让公众对组织逐步从陌生变成了解、熟悉与喜爱，这确实需要长期不懈的努力，“公关是有关声誉的，建立声誉不容易，但失去声誉却很容易，这是公关实践中最重要的一个准则”。

【补充阅读资料 1-3】

公关十忌

（1）撒谎和欺骗

永远不要对记者说谎或欺骗记者。如果记者发现你在说谎，他永远不会再理你，而且他还会告诉同事，你不诚实的坏名声就会传播开来。这将严重影响你与媒体的合作，甚至你在说真话时都有人怀疑。

（2）过于小心

永远都不要对记者说“无可奉告”。“无可奉告”与“已是第五稿了”非常相似，在这两种情况下，其他人就自然而然地认为你心虚。

当记者问你问题，你不知道或不想立即回答时，就应这样说：“××先生（女士），你知道我们对媒体一直是很敏感的，但这事不是我负责，我将尽快联系此事的负责人，在今天定稿前一定答复你。”

（3）拖延，犹豫不决

在期限及承诺结束之前，应像对待消费者那样来对待记者。当你说准备做某事时，就一定要去做，做到言必行，行必果。记者的组稿期限是确定的，如果你承诺的信息不能准时送达，最好郑重地解释说明。否则，他们就会报道这件事，而不容你解释，甚至第二天的报纸上还会出现对你的负面报道。

（4）难以接近

任何组织的管理者，包括首席执行官们，对待任何形式的记者来访都应视为头等大事来做，要记住他（她）们代表着一个庞大的团体，所以尽管有时招人恨，但主动保持良好关系对于组织是一件很重要的事。

为了得到持续不断的媒体报道，唯一的办法就是趁热打铁，要让媒体一天 24 小时，一星期 7 天都对你的观点感兴趣。多数成功的公共关系人士都有一个共同点，就是与媒体关系融洽。

（5）贿赂

永远不要告诉编辑或记者：“刊登我的新闻稿，我就在这里做广告。”相反，也不要告诉编辑你已在该刊物上做了广告，不要试图以此威胁他：“刊登我的稿件，否则我就撤走广告。”大多数报刊出版发行单位都有三个部门：编辑部、广告部、发行部，它们彼此独立，公共关系人士以一个部门来对付另一个部门，那是行不通的。

如果某一版面发售人（销售出版物广告版面的人）同意刊发你的专业文章，

作为条件，你必须在该出版物做一则广告，这是完全可以接受的，但对版面发售人、出版者、编辑要分别对待，千万别以自己的喜好对待编辑。

(6) 蔑视

如果你认为做广告有失身份，那么，公共关系能以更有尊严的、更专业的形式，提供给你一种宣传你自己、你的经历、你的企业的方式。也许你不想在很晚的电视节目中做商业性的宣传，或不愿意在周日的报纸上做通版广告。那么，如果在一家当地报纸上，你每周做一次专栏来介绍你的专业又如何呢？或者就同一个专题举行演讲对你是不是有所帮助呢？即使不喜欢营销的人们，公共关系也能提供丰富的低调、诱劝式的营销机会，以使你喜欢，感到舒服惬意。

(7) 打扰

最使人烦的事情就是开展同样的公共关系活动，进行同样的营销活动，很多人都曾这样做过。如果每个人的新闻稿件及宣传图册都一样，那如何才能脱颖而出，被人关注呢？在公共关系领域，"雷同重复"就是与死亡接吻。

今天，是信息爆炸的时代，但坦率地讲，多数信息令人乏味，是垃圾信息。成功的公共关系活动就能发现或创造出一件产品、一项服务、一个组织或一个事件中的趣味成分，因此，当以一种趣味性的、记忆犹新的方式传递给媒体重要信息时，必将引起媒体的注意。

美国前总统艾森豪威尔的发言人 Joseph Kelley 曾经说过，"上帝创造的一切都有一个娱乐核心，就像文明的发明与发现那样"。如果认为你的产品是技术性的，是一种商品，因此缺乏娱乐性，这种想法是不能被原谅的。什么能刺激潜在消费者呢？你的工作就是去发现刺激点，并围绕它策划一项公共关系活动，索然无味是不能原谅的——至少在公共关系领域是如此。

(8) 学做一个谦逊的人

许多大型的公共关系活动往往因担心风险而被封杀。有人认为能解决关键问题的是想法必须与众不同——不雷同重复，而高级管理者认为"为什么要承担风险呢？"但风险越大，潜在回报率就越高，在许多领域都如此，不管是企业、公共关系，还是投资。

女作家多罗斯在她的《第七感觉》一书中说明了从非正义的评论中（低下的、玷污的、无用的）辨别出积极评议（有帮助的、有用的）的标准。她的标准适用于创造性工作的一般评论，当然也适用于公共关系活动。

根据多罗斯的观点，积极的、正面的评论由三部分组成。你的评论必须具备以下几点：

- 要与合作者签订合同。对某项目进行正面宣传报道的负责人，要有一定的权威，是被邀请来的。
- 正反馈要指出某个具体事件。
- 要确立转变方向。

(9) 为短期利益而牺牲长期关系

对新闻稿件，反对使用铁腕战术。也就是说，如果认为企业的任何事情都重要到足以牺牲与编辑或出版者关系的程度那是不正确的。对企业要从长计议，而编辑或出版者对其报道的行业也是如此。

对待新闻宣传就像对待顾客一样，不要将对眼前事件的宣传置于长期关系之上。如果编辑或出版者说不行，你就尝试从各种可行的角度来说服他们，进行宣传。你也可以提供一些其他内容在第二天的版面上刊登。要维护好与编辑和出版者的关系，这样在你提供新的报道内容时，他们会很友好地对待和接受。

(10) 行为不检点

在公共关系领域或任何其他行业中，当你的行为符合自己的道德准则时，你的生活就是快乐幸福的。在公共关系活动中，如果你能这样做，你也会很成功，因为编辑及出版者对不道德行为是明察秋毫的。如果你试图刊登旧的新闻稿，他们肯定能发现，也必将给你带来可怕的后果。

与媒体的灵敏性不同，企业中的行为为什么要遵循道德标准呢？这有如下几方面的原因：

首先，如果你曾经有过不道德的行为，你会认为这是一段希望被忘却的不愉快的经历。因此，如果你想让别人很好地对待你，你先要很好地对待别人。

其次，企业名誉是最重要的资产。企业好的行为规范会保护你的名誉，增加这一无形资产，信赖你的人就愿意同你合作。瓦克尔（Walker）（美国经济学家）小组1995年的调查显示，在质量、服务、价格三方面均与竞争对手相同时，90%的消费者首选社会形象好的企业产品。

最后，不道德的行为定会带来弊端，导致损坏企业名誉的负面宣传。这种行为还会增加你及顾客的支出，顾客很难以合理的价格、期限买到所需的产品及服务。《企业周刊》1996年哈瑞斯（Harris）的文章中指出，71%的被调查者认为企业对国家的困难是有能力帮助的，也是有道义上的责任的。

坚持企业行为道德规范的另一个理由很简单，就是它是正确的。对我们许多人来说，做正确的事对我们保持人类最基本的品质是非常重要的，因此我们要力求这样做——尽管在许多情况下，我们会因诱惑而迷路。科学家查理斯·达尔文（Charles Darwin）说："良心上的道德含义是人类品质中最高尚的。"

资料来源　艾瑞克·亚威包姆，鲍伯·布莱．如何推进公共关系［M］．赵连荣，等，译．北京：企业管理出版社，2001.

■ 本章概要

● 对公共关系定义的准确理解，应分公共关系状态、公共关系活动、公共关系学三个层次。正如国际公关协会前主席萨姆·布莱克所讲的，公共关系至少有两个层次，一个是两个组织发生关系的时候，这里就有公共关系，这种关系自始至终都存在，另一种更重要的是公关实践，专业化的公关实践旨在利用公共关系手段使管理处在良好状态中。

● 公共关系状态是指组织主体与公众之间在未采取主动行为之前静态关系的组合。

● 公共关系活动即组织主体为塑造自身的良好形象而有计划、有意识地采取各种措施，改善自身行为的价值取向，保证组织主体与公众之间的良好传播与沟通，进而寻求公众对组织的理解与信任的一种管理实务。

● 公共关系是研究公共关系理论与运作过程的学科。

● 在理解公共关系概念中要注意把握公共关系活动有自觉与不自觉之分，有专业性公共关系活动与非专业性公共关系活动之分，同时还有现代意义上的公共关系活动与古代意义上的公共关系活动之分。

● 公共关系的基本特征是：组织主体与公众之间的一种关系；其主体与客体之间联系的纽带是有效的传播与沟通活动；是组织主体有计划、有意识、有目的开展的一种沟通活动；是以在公众心目中树立组织的良好形象为目的。

● 公共关系的基本原则是诚实信用、平等互利和长期努力，其中诚信是核心。

■ 主要概念和观念

□ 主要概念

公共关系　公共关系状态　人际关系

□ 主要观念

公共关系的特征　公共关系的基本原则

□ 重点实务

公共关系的基本原则　“公关十忌”

■ 基本训练

□ 知识训练

▲ 复习题

1.1　简答题

(1) 公共关系的基本特征是什么?

(2) 公共关系对市场营销有什么样的促进作用?

1.2　判断题

(1) 公共关系就是“传播管理”，它是组织主体的“沟通管理者”。　(　　)

(2) 公关拒绝谣言，但善意的谎言还是可以保留的。　(　　)

(3) 公关也是一种广告，只是所宣传的是企业主体而不是具体产品。(　　)

1.3　填空题

(1) 公共关系状态就是________对组织主体的了解与喜爱程度。

(2) 公共关系活动即________为塑造自身的良好形象而________地采取各种措施，改善自身行为的价值取向，保证组织主体与公众之间的良好传播与沟通，进而寻求公众对组织的理解与信任的一种管理实务。

1.4　单项选择题

(1) 所谓公共关系一般就是指(　　)。

A. 公共关系状态　　　　B. 公共关系活动

(2) 公共关系活动的目的就是(　　)。

A. 树立组织主体的良好形象　　　　B. 提高组织主体的知名度

1.5　多项选择题

(1) 公共关系与市场营销的区别是(　　)。

A. 目标高度不同　　　　B. 着眼点不同

C. 工作要求不同　　　　D. 范围不同

E. 人员职责不同

(2) 公共关系的基本原则是(　　)。

A. 组织利益至上　　　　B. 诚实信用

C. 平等互利　　　　D. 长期努力

E. 消费者至上

▲ 讨论题

(1) 评判分析关于公共关系的诸多定义，试用自己的语言给公共关系一个简要定义。

(2) 请结合公共关系基本原则理解“企业追求的目标是利益最大化”。

□ 能力训练

▲ 案例分析

“安达信”死于诚信缺失

背景与情境：2001 年 12 月 2 日，能源巨头安然公司突然宣布申请破产保护。这一消息令美国人大为震惊，因为安然公司一直是美国工商界的巨擘，是美国部落中不可能倒塌的图腾之一。直到它暴露出其财务漏洞的前半年，安然公司在《财富》杂志的全球 500 强名单中还排名 16，年收入甚至是“波音”的两倍。安然事件的突发，犹如在地球上空引爆了一颗原子弹，人们顿时将目光紧紧锁定在安然破产的原因上，安达信会计师事务所因此被人们从幕后揪了出来。

安然公司是安达信会计师事务所的第二大客户，长期以来，安达信会计师事务所和安然公司通过复杂的财务合伙形式掩盖巨额债务和虚报盈余。在安然丑闻公开化前后，安达信会计师事务所还被指控于 2001 年 10 月 23 日开始的两个星期中销毁了数千页安然公司的文件，直到 11 月 8 日收到证券交易委员会的传票后才停止继续销毁文件。审计失职加上故意销毁文件，两大罪名足以让安达信会计师事务所身败名裂。

2002 年 6 月 15 日，经过美国联邦大陪审团 10 天的激烈辩论后，安达信会计师事务所被认定在销毁安然公司文件一案中的妨碍司法罪成立。这宗罪名使安达信会计师事务所面临被罚款 50 万美元和察看期 5 年的处罚。这是安然公司 2001 年年底宣布破产后的第一起相关刑事判决，安达信会计师事务所也成为企业财务丑闻爆发后唯一被判有罪的公司。

2002 年 6 月底，世通公司（仅次于美国电话电报公司（AT&T）的电信业巨头）在密西西比州总部发表的一份声明中说，2001 年公司有 30 多亿美元、2002 年第一季度有 7.97 亿美元的巨款被错误地列入了“资本开支”名下，而这些钱却没有在公司同期的收入中得到体现。公司理事会在经过仔细调查后发现账目被做了手脚。

当时为世通公司做账的正是安达信会计师事务所，这很容易让人们产生某些联想。因“安然”一案名声扫地、处境艰难的安达信会计师事务所，自然清楚世通事件“推波助澜”的毁灭性影响，不想在这个时候再“引火上身”。于是，安达信会计师事务所随即出面为自己澄清：安达信会计师事务所曾经告诉过世通公司其 2001 年的财政报表“不可信”。而 30 亿美元的账目差错岂是简简单单的一句提醒可以弥补的。

人们认为安达信会计师事务所在审计中的独立性受到了动摇，它有动机在审计时做出对客户有利的报告。世通公司于 2000 年向安达信会计师事务所支付了 230 万美元的审计费用，但咨询等其他非审计费用却接近 1 200 万美元。如果做出不利于企业的审计，咨询方面的合作可能会终止，很多人认为安达信会计师事务所可能因为咨询业务而牺牲审计的独立性。

面对接连不断的打击，安达信会计师事务所显得无所适从，新老客户的离去不仅使安达信会计师事务所的业务受损，并且这些客户流失后选择了安达信会计师事务所的竞争对手，增强了对手的实力。这些都似乎象征着失去信用的安达信会计师事务所已经走到了死亡的路口，没有了信用，安达信会计师事务所不可能再走出这片阴影。

2002 年 8 月 31 日，回天乏力的安达信会计师事务所无奈地宣布，从即日起放弃在美国的全部审计业务，正式退出其从事了 89 年的审计行业。该公司在 31 日发表的声明中说：“从今天开始，安达信会计师事务所自动放弃或者同意撤回该公司在所有州的经营许可。”

资料来源　曾朝晖. 安达信被诚信击败的跨国品牌 [J]. 公关世界，2006（11）.

问题：

（1）安达信为什么失败？

（2）这则案例给了我们什么启示？

分析要求：

（1）学生个人分析案例提出的问题，拟出案例分析提纲。

（2）小组讨论，形成案例分析报告。

（3）班级交流并相互点评各组的案例分析报告。

（4）在校园网的本课程平台上展出经过修订并附有任课教师点评的各组案例分析报告，供学生借鉴。

▲ 实训操练

操练项目：

（1）对公共关系基本原则的运用。

（2）对“公关十忌”原则的运用。

实训步骤：

（1）将班级学生分成若干实训小组，每组确定1人负责。

（2）各组学生在“公共关系基本原则运用”和“‘公关十忌’原则运用”中任选其一，根据操练项目需要进行角色分工。

（3）各组学生以“公共关系基本原则”或“公关十忌”的实务教学内容为业务规范，进入角色，体验相应项目模拟实训的全过程。

（4）各组学生记录本次模拟实训的成功经验、存在的问题以及解决办法。

（5）各组整理实训记录，在此基础上撰写公共关系基本原则运用实训报告或“公关十忌”原则运用实训报告。

（6）在班级讨论交流、相互点评与修订各组的实训报告。

（7）在校园网的本课程平台上展出经过修订并附有任课教师点评的各组的实训报告，供学生借鉴。

□ 善恶研判

世界末日的“娱乐”

背景与情境：2012年12月一则“末日放假”通知在微博上疯狂转发，通知不仅格式端正，还配有某公司盖章及落款，从头到尾都是官方文件的模样。

这则“致公司全体同事”的通知写道：2012年12月21日，如遇黑夜无法过去，曙光无法来临的情况，所有员工均进入带薪休假状态，待发生具体事态后再做具体通知。突发事件无法估量，为保障员工利益，年终奖金将于12月14日提前向员工发放，请大家注意查收。

通知中还提到，为预防突发事件，公司已经为各位员工准备了“生存大礼包”，其中包含：救生衣（2件）、蜡烛（1包）、打火机（1个）、军刀（1把）、方便面（1箱）、矿泉水（1件）、纱布（1包）。通知还煞有其事地表示，请各位员工在12月14日前到综合部领取“礼包”。

这个通知的落款为“四川省某营销顾问公司”，记者已向该公司负责人确认确有其事。该负责人说，实际上这个想法是一名员工无意中提出的，单位领导知道后认为可行，便将这个想法当做福利送给员工。“是员工自己觉得好玩发到网上，我也是才知道被转发了这么多。”该负责人说，对网友提到的炒作一说，实在是无中生有。

问题：

（1）本案例中存在哪些企业伦理或职业道德问题？

（2）试对上述问题作出你的善恶研判。

（3）通过网上或图书馆调研等途径收集你作道德研判所依据的行业道德规范。

（4）本案例对你的启示有哪些？

研判要求：学生分析案例提出的问题，拟出道德研判提纲；小组讨论，形成小组道德研判报告；班级交流和相互点评各组的道德研判报告，在校园网的本课程平台上展出经过修订并附有教师点评的各组道德研判报告供学生借鉴。

第 2 章 公共关系的对象与职能

◆ 学习目标

通过本章学习，应该达到以下目标：

职业知识：学习和把握关于公众的正确定义及相应的分类方法；理解公关的基本职能；通晓网络公关工作的基本内容与发展趋势，能用其指导相关认知活动与规范相关技能活动。

职业能力：通过运用本章理论与实务知识研究相关案例；培养在特定业务情境中分析问题与决策设计的能力；通过规范化模拟运作，训练和培养全面、准确把握公众对主体的影响状况，提升主体内外沟通与品牌、形象展示的专业操作技能。

职业道德：结合“公共关系对象与职能”教学内容，依照行业规范或标准，分析微软“黑屏是蔑视公众行为”、“可口可乐拒台问题饮料”和“冲兑门绊倒海底捞”等案例中企业或从业人员行为的善恶，强化职业道德素质。

【引例】

微软黑屏是蔑视公众行为

背景与情境：2008 年 10 月，微软公司为打击盗版 Windows 软件用户，启用了一种可以使盗版用户的电脑黑屏的新软件：当它发现 XP 是盗版的时，它就会使电脑黑屏，同时在屏幕角落里出现警告文字，虽然用户可以自己取消黑屏，但它会每小时重复一次。问题在于这种行为也存在着侵犯正版软件使用客户隐私之嫌，众多网民纷纷对此表示抗议，北京一位姓董的律师向公安部提出："这项黑屏措施意味着微软可以入侵所有用户的电脑，而不仅仅是盗版者，这是不公平的。"更有消费者提议："如果我们冷落微软六个月，他们就会反过来求我们免费使用他们的软件。"中国国家出版局对此也发出警告：为了保护自己的权益而侵犯消费者的权益是不恰当的。有分析家指出，如果中国社会的舆论对微软不利，那么受到威胁的不仅是今天微软在中国市场的生意，甚至还可能影响未来微软在软件工程师心目中的位置。

提示：微软是全球最大的电脑软件制造商，其前掌门人比尔·盖茨更是贵为世界首富，但"水能载舟，亦能覆舟"，企业之所以有今天这一切，都是因为有公众的理解与支持，如果离开了公众的厚爱，没有了客户，任何企业都将不复存在，微软也不例外。应该说打击盗版行为本身无可厚非，关键是不能城门失火，殃及池鱼，特别是在中国这个拥有庞大潜力的市场（截至 2008 年 6 月 30 日的财政报告显示，微软在中国的收入增长了 50% 以上，增幅为全球平均数的 2 倍，中国还拥有着全球五分之一以上的计算机专业大学生）。此次行为如系微软故意蔑视公众所致，也许，微软为此买单的日子也不远了。

我们知道，在公共关系活动中，主体是特定的社会组织，如引例中的微软公司，而客体就是"公众"。

"Public Relations"的"Public"就有"公众"的含义，那么，这里的"公众"是指哪些组织或人呢？

杰弗金斯曾说，为何要为公众下定义，主要理由是：

- 为了确定所有与公共关系工作方案有关的人员集团；
- 为了在现有经费和条件下确定工作的优先点；
- 以便选择新闻媒介和工作技巧；
- 以便准备既能被接受又有实效的信息。

从以上叙述中不难发现，在这里公众的含义显然不同于我们日常意义上的"大众"、"民众"、"群众"等概念，它具有更明显的特指性。"有效的活动项目是与具体界定的目标公众进行传播和建立相互关系，对于信息的预期受众，如果没有这样具体的界定和详尽的信息项目，策划者如何去测定舆论，如何建立计划目标，如何形成含义深刻的信息和行动战略，如何有选择地和有效地挑选媒介去传送信息，又如何去确定这个项目是否进行得良好呢。"

以学校为例，其可能面对的部分重要公众如图 2-1 所示。

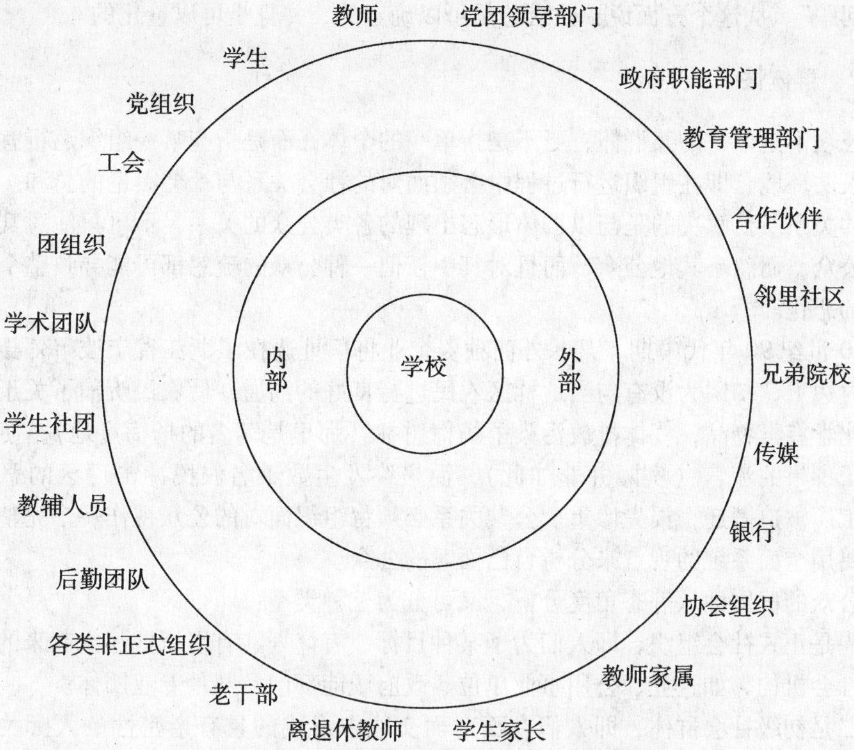

图 2–1　学校可能面对的部分重要公众

2.1　公众的含义及特征

所谓“**公众**”，是指与组织主体发生相互作用，成员间面临某种共同问题和相关利益的社会群体，其特征有：

2.1.1　同质性

公众面临因组织行为而引发的共同问题，这种共同问题能把形形色色的群体与个体结合在一起，构成该组织主体的公众，其行为具有比较一致的趋向。

比如说，往水中扔一块石头，水面上会泛起一环接一环向四周扩散的水波，水波圈离作用点有近有远，将作用点比作组织主体，那层层环绕着的就是该组织主体的公众，最近的是组织内部公众，有股东、管理人员和员工等，其他的就是诸多的外部公众，如社区、地方政府、传媒界及顾客等等。尽管他们之间没有明确的组合（除内部公众外），但他们却有着一个共同的特征，那就是与组织主体的存在与发展有着某种联系，这就是同质性。

公众的这种同质性是与普通大众的异质性相对的，后者也是一种群体，而且是一个规模更大的群体，但这个群体中的个体没有任何相关性或者说没有“面临共同的问题”。从这个方面说，公众总是可以确定的，并且是可以量化的。

2.1.2 群体性

公众不是单一的某群体，更不是指单一的个体，而是指与某一组织运行有关的整体人文环境，即在组织运行过程中必须面对的社会关系与社会舆论的总和。实际上公共关系所要解决的是与以群体形态出现的各类公众的关系，不可只注意其中某一类公众，而忽略其他公众，而且对其中任何一种公众的疏忽都可能导致整个公众环境的恶化。

20世纪90年代中期，某一外商独资企业将厂址选在了浙江省宁波市郊县的一个山村边上，却因为没有与当地社区农民进行良好的沟通，使农民听信了关于该厂生产化学有毒物品，气体排放污染了杨梅树林（那里是著名的杨梅产地），使杨梅都成了毒果的流言（实际并非如此），而最终发生数千名农民冲击厂区的恶性事件，工厂被迫搬迁，损失惨重。公共关系必须将组织面对的公众视作一个完整的系统，要用全面系统的观点来分析自己面对的公众。

公众的群体性从静态角度分析，又可分为三种类型：

一是正式社会组织，即人们为了某种目标，有计划、有组织地建立起来的一种正式社会机构，如企业、公用事业单位、政府职能部门及某种专业团体。

二是初级社会群体，即人们在面对面交往中形成的具有亲密性的人际关系群体，如家庭、邻里、亲友团等。虽然人数较少，但这类群体的组合就可构成公众，而且这种初级社会群体，由于是以某种亲密性人际关系所构成，因此在内部沟通和意见的一致性上，相互间有相当强的影响力和信任度，需要在处理这类公众时特别引起重视。

三是其他同质群体。除上述两类群体以外，也有因面临着共同问题而形成的同质群体，如同一火车、飞机上的乘客，在同一家宾馆住宿的客人，或因某一问题共同受到影响的消费者，如“东芝笔记本电脑事件”中的每位购买者，他们并非在正常社会交往中结合在一起的社会群体，只是因面临着某一个同类问题而成为同质群体。

2.1.3 相关性

公众是具体的，是与特定的社会组织相关而形成的，它总是相对一定的组织主体而存在，不同的组织主体其对象公众自然是不同的。这种组织主体与公众之间一定的相关性、互动性，又具体表现为两方面：一方面公众的需求、观念、行为对组织主体的运作有一定的影响作用，甚至会决定组织的命运，这就迫使组织主体必须随时了解公众的“态度”，并以此作为组织主体制定政策计划的依据；另一方面，组织的行为也对公众观念的形成、需求的满足及行为导向产生某种制约力和影响力。

相关性是组织主体区分公众的最关键因素，“公共关系的从业人员必须抛弃

‘一般公众’概念，包括众多不同少数民族的、种族的、宗教的、地理上的、政治的、职业的、社会的和有特殊利益群体的大杂烩，使得一般公众的概念在公共关系中只具有（如果有的话）微不足道的价值”。

2.1.4 可变性

既然公众是因“面临着共同的问题”而产生和存在的，那么随着“共同问题”的变化，公众自然也会发生变化，尤其在现今这个信息社会，市场条件千变万化，组织主体必须随着环境条件的变化而随时调整自身运作目标、计划与方略，相应的对象公众也会随着主体的条件、客观环境的变化而变化，新的公众会代替原先的公众，公众的范围也会随着面临共同问题者的增加而不断扩大。有时公众的性质也会发生变化，如通过合作，原先的竞争关系成了合作关系，敌对公众成了伙伴公众，也有可能使一般公众变成重要公众、非公众成了公众，如由于某一品牌产品的质量给消费者造成了伤害，那么这部分受伤害的消费者群体就从一般性的消费者公众变为危机公众。

了解公众的可变性，有利于我们在公共关系工作中，随时把握公众的变动趋势，明晰公众的范围，以便采取最有针对性的举措，达成组织主体公关运作目标。

【同步思考 2-1】

中石油的“人民社会责任”奖

2007 年 12 月，由人民网主办的企业社会责任调查活动公布了结果，最终中石油、国家开发银行、三星（中国）、海尔等 20 家企业获得了“人民社会责任”奖。谁知，对于中石油的获奖，一时间竟在网络与广大公众中成为笑柄，原因就在于公众对于中石油在油品供应中的霸王行为早有不满，有网友问：国际油价上涨，国内油价跟着上涨是应该的，为什么国际油价下浮，国内油价就不动了呢？

问题：中石油获奖的目的何在？

理解要点：企业形象的建树需要企业本身的长期不懈努力，尤其是企业的公民意识，敢于承担社会道义与责任。

2.2 公众的分类

每个组织主体的性质、内容、服务对象、自身规模及地域的差异决定了与其相对应的公众是不一致的，尤其是对企业与事业、营利性与非营利性、垄断性与竞争性等不同“个性”的社会组织而言更是如此。因此依照某种科学标准进行公众分类，也是制订公共关系计划，确定公共关系运作方案的必要前提。

2.2.1 横向分类

横向分类即按照公众与组织的归属关系可将公众分成内部公众与外部公众

两类。

（1）内部公众。内部公众即组织内部的人员群体组合，它包括社会组织的全部成员，包括股东和员工。它是与组织关系最为密切、最为直接，也是最重要的核心公众，他们不仅决定着组织主体的命运，同时也是组织公共关系运作的最主要力量。如果内部公众都能具备以组织中一员为荣，与组织共荣辱、同患难的意识，实际上就已经达成了内部公共关系的最高境界了。

（2）外部公众。外部公众即对组织的生存发展有影响作用的组织主体以外的相关群体，他们在某些方面直接影响着组织的正常运营。依照组织主体性质的不同，外部公众所包括的范围也有一定的差异，一般而言主要有：

①社区公众：组织主体所处地域范围内的各类相关群体。

②政府公众：包括政府各类职能部门在内的，代表政府履行立法、司法及行政职能的相关群体，如当地各级政府以及工商、税务等政府职能部门。

③媒体公众（也称舆论公众）：包括各类大众传媒及其从业者，如报社、电台、电视台、各类官方或非官方网站等。

④同业公众：包括同行业的竞争者和业务伙伴，后者又包括供应商和经销商。就生产企业而言，它还包括同业生产厂家和企业自身的各类原料、辅助材料、零配件供应商与产品的经销企业。

⑤消费者公众（也称服务对象公众）：是指使用本企业产品（或服务）的众多消费者群体。从严格意义上讲，消费者公众是组织主体所面临的最大公众群体，也是组织最主要的外部公众，大量的公共关系活动都是以此类公众为目标而进行的。

⑥其他公众：即除上述各类公众以外，与组织主体有某种利益关系的公众群体，如教育机构、培训单位、专业咨询公司等。

2.2.2 纵向分类

按照在面临某个共同问题时，公众在问题发展不同阶段的特点，可以将公众分成四类，即非公众、潜在公众、知晓公众和行动公众。

（1）非公众（Non-public）。非公众在特定的时空条件下，处于组织主体的影响范围之中，但却与该组织无直接利益关系，既不受组织行为的影响，也不对组织产生任何后果。区分非公众的目标在于明确公共关系活动对象的针对性，提高公共关系活动的效率。

（2）潜在公众（Latent Public）。**潜在公众**即由于面临着潜在的共同问题而形成的隐性公众（或未来公众），简单讲就是事实上已与（或将与）组织发生某种关系，但尚未意识到（或预感到）的公众，他们与组织的关系尚处于潜伏期。

公共关系活动“着眼于长远，着手于平时”的宗旨，已说明潜在公众是公关活动的重点，正所谓“防患于未然”。尤其对危机管理而言，及早采取有效举措，将问题解决在萌芽状态，促使潜在公众按组织主体的要求转化，就显得非常关键，如以前的手提电话（“大哥大”）通讯技术正由模拟移动电话转向数字移动电话，对有关生产（经营）厂家而言，如何尽早解决那些早期已购买模拟机用户的“换代”问题就相当重要，一旦那些客户对旧型手机的通讯服务不满意而开始抱怨时，问题就会变得严重起来。

2000年3月7日，德国奥迪公司宣布，在全球召回1998年8月到1999年3月期间在德国生产的A4、A6、A8车型，原因是转向横拉杆球头因零部件厂商制造过程中的偏差，使灰尘有可能落入，从而可能引起提前磨损。此举就相当妥善地将潜在的问题公众及时予以消除了。

（3）知晓公众（Aware Public）。**知晓公众**即不仅面临着共同的问题，而且本身也意识到了问题的存在，迫切需要进一步了解问题的缘由以及解决办法的公众群体。

知晓公众是潜在公众逻辑发展的结果，他们已成为组织不能回避的沟通对象，此时，真实信息的及时传播与有效措施的抉择尤为重要。对任何一个组织来说，采取积极、主动、诚实、信用的公关姿态，及时与知晓公众沟通，让他们知晓事情真相是唯一的选择。只有本着有则改之、无则加勉的态度与知晓公众保持信息沟通，才能让知晓公众逐步从误解到了解，再转向理解。此时任何的消息封锁、互相推诿，甚至临阵脱逃的“鸵鸟”行为都无异于“自杀”。因为一旦信息沟通失灵、谣言四起，知晓公众就会迅速采取对组织更为不利的行动。

（4）行动公众（Active Public）。**行动公众**不仅意识到问题的存在，而且准备（或已经）自行采取行动以求得问题的解决，他们会对组织构成相当大的压力，甚至迫使组织被动地采取相应的补救行动。由于行动公众所寻求的“解决办法”往往带有自发性和盲目性，一旦补救措施不够及时、有效，很可能给组织带来极大的伤害，这就是“危机”。

面对着行动公众，除了尽快采取相应措施，寻求组织与公众的互相理解，对组织而言已别无选择。当然所采取的措施得当与否，对事件结果的影响作用是截然不同的。尼克松在“水门事件”中因处理失策而最后被弹劾，克林顿则因公关手段得法，让公众逐渐远离了“拉链门事件”而得以幸免，这些就是最好的证明。有时一个高超的危机处理方案反而能提升组织在公众心目中的美誉度，20世纪80年代初发生在美国的“泰莱诺尔药品事件”就是很好的证明。

2.2.3 其他分类

（1）依据公众与组织间关系的重要程度不同，可将公众区分为首要公众和次要公众。

首要公众是指关系到组织生死存亡，决定组织成败的那部分公众，如到酒店、宾馆入住就餐的知名人士、“VIP”（Very Important Person），员工纠纷中的意见领袖等。次要公众是指虽然对组织的生存和发展有一定影响，但没有决定性意义的公众，如到商场购物的一般消费者，到医院正常就诊的病人等。

一般来说，首要公众占组织公众群体的20%左右，但他们对组织的影响力在

80%以上，因此从投入产出角度来看，必须重点做好首要公众的公共关系工作。

(2) 依据公众对组织的态度不同，可将公众区分为顺意公众、逆意公众和边缘公众。

①顺意公众，即其意见和态度与组织的行为保持一致的公众群体。

②逆意公众，即对组织的政策与行为持否定意见或反对态度的公众群体。

③边缘公众，指持中间态度，对组织行为与政策没有明确态度和倾向的公众群体。

这其中，边缘公众是公共关系工作的重心，一是这类公众人数最多，二是对中间力量的争取，有助于增加顺意公众数，进而感化逆意公众。

(3) 依据组织的价值判断不同，可将公众区分为受欢迎公众、不受欢迎公众和被追求公众。

①受欢迎公众，即组织期望与其发展关系而对方也有相同需求，并主动对组织表示关心的公众群体，如主动前来采访的记者、学校里学习非常努力的学生、商场中慕名前来的顾客等。

②不受欢迎公众，即违背组织的利益和意愿，并对组织构成某种威胁的公众群体，如强拉赞助者、追踪报道负面新闻者、个别无理取闹的员工等。

③被追求公众，即其行为与组织目标相吻合，但他们对组织本身却不感兴趣，缺乏交往意愿的公众群体，如对于企业来说，各类知名人物就是被追求公众。组织希望通过与他们建立关系来扩大影响，这就需要公共关系策划，营造一种对双方（尤其是对被追求公众）都有益的氛围，如“三九”集团20世纪80年代邀请著名电影艺术家李默然（电影《邓世昌》中“邓世昌”的扮演者）为其“三九胃泰”做宣传就非常成功。

上述各种分类可以单独运作也可以综合交叉，甚至还可以在上述分类的基础上，依据组织自身需要再进行细分，以保证公众目标的具体化，为公共关系活动的策划与实施打下良好的基础。

2.3 公共关系的职能

所谓公共关系的职能，是指公共关系活动能对组织主体所承担的职责和所发挥的功能。我们知道，塑造组织主体良好的形象是公共关系活动的目标，因此，围绕这一目标所展开的工作就形成了公共关系的职能范围。同时作为一门内求团结、外求发展的管理艺术，需要的是点点滴滴、日积月累的努力，这也意味着公共关系的职能是全方位的。正如有人所说，公关工作的价值是最难测定的，是一种非量化服务，更是一项创造性工作。公共关系的职能具体有以下几方面：

2.3.1 沟通信息

公共关系活动从某种意义上说就是信息的传播与沟通过程，即及时、全面、准确地将有关公众信息传递给组织主体，同时将组织主体的政策与行为信息向公众传递。这样一个信息的“双向循环”过程，有人也将此职能称为组织环境的“监察守望者”。从具体活动内容上来分析，它又包括：

(1) 信息收集，即收集一切对组织内外环境有影响作用（包括潜在的影响）的工作环境信息与社会环境信息，包括政治、政策、行政法规及经济、技术、科技、市场消费动态等方面的信息。

(2) 分析处理。对众多信息的分析处理是这个阶段公关工作的重点，以何种标准对信息进行取舍与汇总，直接影响到决策层的决策行为，一旦信息处理错误，使信息失真，则收集工作也将前功尽弃。同理，对同一种信息的不同处理也会得出截然不同的结果。1999 年，“打假英雄”王海到了广州，商家们的反应完全不同，有的商场公开声明不欢迎王海的到来，有的甚至关门停业若干天，但也有的商家主动邀请王海进场打假，并与其进行交流，共商“打假”对策。

(3) 传播反馈。这包含两层含义：其一是企业环境信息经收集分析后，及时向组织决策层传播，帮助决策层随时掌握最准确的有关组织环境状况的信息；其二是将组织主体的政策与行为信息以合适的方式，通过合适的渠道向目标公众反馈传播，让公众理解、知晓。

在信息沟通中要注意：

①成功的宣传与传播必须建立在良好的工作和正确的行为的基础上，即组织自身的政策与行为应能被公众认同。如组织行为本身不能被公众所认同（甚至与社会法律环境和道德习俗环境相悖），则传播的作用会适得其反。

联合国负责沟通与公共信息的副秘书长沙希·塔鲁尔认为：公共关系就是说真话，通常是对那些没有时间听真话的人说；公共关系还包括利用公众帮助你规划自己实际上正在做的事情，因为公众才是你做这些事情的最终出发点，“我曾经告诉我在联合国的同事们，沟通和信息本身并不是目标，它们存在的意义在于使你从事的实质性工作能够顺利完成，因此我们的沟通理念必须是诚实且毫无隐瞒地告诉世界我们正在做什么，并通过沟通赢得世界各国人民对联合国的信任”。

②受众的针对性与传播媒介选择的合理性，即运用科学的公众分类，有目标地向对象公众做有针对性的传播，以提高“接收”效果。

③信息的新颖性与及时性。

所谓新颖，是指信息要有新内容、新创意，传播和沟通要有新方式。比如同样是开业活动，传统的庆典安排已不能引起消费者的兴趣，怎样在政治、法律和道德、习俗环境许可条件下，以新颖的、能引起公众关注的方式策划专题性庆典活动，就需要高超的公关策划艺术。1997 年南通市海门供销大厦开业，策划专家莫惠新结合供销社以农民为主的情况，策划邀请种粮大户和植棉能手升旗，并通过《新华时报》刊出广告，向全省招聘升旗手，并将农民争相阅读的镜头以题为《商家打广告、旗手聘农民》的新闻稿，发向全国各新闻单位。12 月 6 日大厦开业时消费者云集，“厚厚的玻璃大门竟然被蜂拥而至的人流挤倒”，创意的效果由此可见一斑。

及时性原则是信息自身的时效性要求所决定的，无论是组织外部信息的收集、报告，还是组织内部信息的沟通、传播，失去了时效也就失去了作用，组织应以最快的速度将信息向有关公众（或组织决策层）传播，以便使其在第一时间作出反应。众所周知的2001年日本三菱公司帕杰罗V31、V33越野车质量事件，实际上也是三菱公司拖延了10天的最佳“反应时间”（2月9日—2月19日），而转化成一件轰动中国乃至世界的恶性企业危机事件。

2008年8月下旬，一则关于中国女工制造“美丽的错误”的故事，在网络上广为传播，并被美国联合通讯社、法国新闻社等国际性传媒转载，其内容是为苹果公司组装手机的深圳富士康公司的一名流水线作业女工向正在检测手机拍照功能的同事笑了一下，但该同事忘记删除手机里的照片了，该手机后来售给了一名英国顾客，顾客将这张照片贴到了因特网上，广大网民对这起事件的留言均不乏善意，如果说这纯是一个美丽的错误，我们都会一笑置之，但如果是一个有心的策划，则真可谓是一项很新颖的创意。

【补充阅读资料2-1】

沟通的目标

常见的沟通目标有如下几种：

（1）告知。组织的沟通目标通常是告知或教育某些公众。

（2）说服。公关沟通的一个常见目标是说服人们采取某项行动，这种说服不一定具有明显的进攻性，而有可能是比较巧妙的。例如，某个共同基金的年报介绍了该基金多年来的财务实力和安全性，这对于潜在投资者来说可能就会产生微妙的说服力。

（3）激励。激励员工“为集体奋斗”是组织的一个常见的沟通目标。

（4）建立彼此间的理解。大多数时候沟通者的目标只不过是在彼此对立的团体间取得理解。

资料来源　弗雷泽·P. 西泰尔. 公共关系实务［M］. 梁洨洁，等，译. 10版. 北京：清华大学出版社，2008.

2.3.2　协调关系

协调关系即协调组织主体与公众之间的关系，争取公众对组织的理解和支持，使组织与公众保持一种和谐状态，为组织创造一个“人和”的环境。

众多复杂的社会公众对于组织的目标与发展均具有一定的影响力和约束力，并且这种关系随时还处于不断变化之中，组织与公众会经常因为面临问题的变化而出现不协调现象，为此现代组织必须开展广泛多样的社交活动，及时处理好各类公众关系，增进与公众之间的感情，减少误会的产生，即使产生矛盾冲突，也能因为双方原有的和谐关系，使矛盾得到缓解。

协调的目标是减少摩擦、化解冲突、广结人缘、借力发展。正如人际关系中常提到的“多个朋友多条路”，公共关系也是如此。只有平时保持一份君子之交，一种正常有序的沟通与联络，才能随时掌握组织环境的最新动态，在突发事件来临时，也能及时通过现有的沟通协调网络，将危机迅速处理在萌芽状态之中。

在协调组织主体内部关系和组织主体与外部公众的关系时都应把握协调的几个基本原则：

（1）互利原则，即应保持组织与公众利益的一致性，尤其在制定组织政策及采取行动时，应以公众利益为出发点，在实现自身利益目标的同时，努力满足公众利益，承担组织一定的社会责任，如保持生态环境和谐，支持科学、教育、文化事业，对公众关心的社会公益问题积极承担义务等等。

例如，某酒店地处一居民区内，其烟气排放与锅炉的安全性一直是社区居民颇为关注的热点，开业初期，因为考虑欠周，导致居民经常投诉，甚至有部分居民打算通过法律途径为自己讨个说法。了解情况后，该酒店采取了几项举措：首先，改高压锅炉为微压锅炉并在锅炉房外面增设一堵防火墙；其次，将酒店烟道升高，并改烧煤为烧油；最后，通过街道居民委员会组织了几次居民座谈会，汇报酒店对热点问题的改进情况，对居民关注酒店、关心社区环境与安全的心情表示理解与支持，同时积极出资美化社区环境，还利用酒店自身条件，向社区居民提供闭路电视信号。逐渐地，居民不满情绪消失了，与酒店的关系也变得融洽起来。

（2）公开原则。心理学研究表明，在人际关系中，许多的纠纷、隔阂缘于沟通不当引起的误会，一旦双方知晓了事实，就很容易达成共识，所谓“理解万岁”就是此意，公共关系也是如此。在使组织与公众关系紧张的诸因素中，神秘性、封闭性与随意性因素成因最多。这就要求在组织与公众的沟通、协调中，一方面要公开事实真相，只要组织目标符合社会总体目标要求，公开真相就能给组织带来更多的朋友，“越理解你，越喜欢你，越支持你”。同时，沟通协调的方式也要公开，用公开的方式与公众进行真诚的沟通，才会求得公众对组织的真正理解，那种拉关系、走后门、偷偷摸摸的行为不是公共关系。

【职业道德与企业伦理 2-1】

可口可乐何以“拒召”问题饮料

背景与情境：2011 年 4 月 16 日，可口可乐（山西）饮料公司员工向记者爆料，因管道改造，致使消毒用的含氯处理水混入公司 9 个批次价值约 500 万元左右的可乐产品中，部分产品已被当做合格产品销往市场。可口可乐（山西）饮料公司立即在官方微博上表示“员工爆料严重失实信息，或将被追究法律责任”。

4 月 28 日，山西省质监局网站发布通知，认定此前媒体披露的“可口可乐山西公司含氯软化水混入部分批次饮料产品”的问题情况属实，并对可口可乐山西公司做出了停产整改的行政处罚。

4 月 30 日，曾矢口否认产品含“余氯”的可口可乐（山西）饮料公司通过官方微博发声明致歉，但坚称产品符合国家标准，同时可口可乐（山西）饮料公司对于已流入市场的可乐饮料没提及是否要采取召回或退货措施。5 月 2 日，可口可乐（山西）饮料有限公司发表声明称，决定用最新出厂的产品为客户和消费者换回所有2012年2月4日到2月8日期间该厂生产的产品，并将所有换回的产品以及库存的同批次产品销毁。公众质疑其被迫换货但不召回。

在整个“含氯门”事件中，可口可乐（山西）饮料公司始终以产品符合国家相关标准来回应质疑，但在业内专业人士看来，饮料的国家标准中没有余氯检测要求，这好比三聚氰胺不需要列入乳品检测标准，可口可乐产品含氯却说符合标准，这明显是在钻标准的空子。可口可乐（山西）饮料公司迟来的声明只谈换货，而拒绝提“召回”和赔偿问题，同时它仍然坚称产品安全，“本着实事求是的原则再次重申相关批次产品符合国家和国际相关标准”。

问题：如此置公众利益于不顾的不良行为却可以在中国一犯再犯，难道当前的市场环境尚不具备现代公关的开展条件？还是消费者权益真的可以被漠视？

分析提示：“产品出现质量问题，企业应该主动召回，而不是让监管部门要求企业召回。之前可口可乐（山西）饮料公司已经承认了生产饮料的水源有问题，那么企业应该向社会公示哪个批次的产品有问题并实施召回，这样企业才能获得社会公众对该事件的理解，也为企业的品牌和质量声誉挽回损失。”国际食品包装协会常务副会长兼秘书长、国家环保产品质量监督检验中心特聘专家董金狮表示。道理很简单，也是正解。短期行为仍能存在而未受惩罚，只不过是时机未到罢了。

(3) 及时主动原则。公共关系人员应具备敏锐的反应能力，通过全面的信息收集与分析，随时发现组织主体在运作过程中与有关公众的沟通障碍，并及时作出反应，采取有效举措（或向组织决策层提出建议），近早消除误会，平息事态于无形中。

同时，公众群体一旦与组织发生沟通障碍，其反应一定是以公众自身利益为重心，而不可能从组织主体角度尝试某种行为。这就要求公共关系人员应主动与相关公众进行沟通，在平时保持一种良好的沟通氛围和渠道就显得非常必要，这也是公共关系长期目标原则的要求。

具体在组织实际运作过程中，由于各种公众关系状态不同，协调的方法也不一样。

- 当公众关系处于和谐状态时

当公众关系处于和谐状态时，沟通的重点就是通过不断宣传组织主体的良好业绩，及对社会承担的公益责任来保持和强化公众对组织的良好印象，如著名的宁波雅戈尔集团，就是通过修建雅戈尔大道、出资将宁波体育馆改为雅戈尔体育馆，并积极支持地方政府兴办国际服装节等一系列活动，在当地社区公众心目中形成了一种生机勃勃、兴旺发达的良好形象，成为宁波地方经济发展的一张名片，让地方公众以拥有雅戈尔品牌为荣，反过来又成为雅戈尔的形象宣传传播者，使企业形象日渐卓著。

- 当公众关系处于不和谐状态时

当公众关系处于不和谐状态时，沟通协调的重点则是解剖、反省自身行为，包括运作行为和传播行为。先确认组织自身的运作有无损害公众利益，有没有违背公众利益至上原则；在传播上，从内容到媒体选择有无不诚实公开之处，是不是做到了及时、全面、主动沟通。一旦确认就应勇于承认错误，并采取行动及时改进，如果出现沟通障碍，则须迅速通过其他传播渠道，将组织真实情况向公众“告知”，以及时消除误会，改变组织与公众的不和谐状态。

2008 年 10 月份以来，海南三亚、重庆等地接连出现了数起较大规模的出租车司机“罢运”事件，凸现出沟通的缺乏和协调渠道不畅，致使公众状态从和谐迅速转向不和谐乃至对立。

上述几起“罢运”事件中，首先出租车司机面临着因牌照特许经营费和油费上涨导致生计困难而又投诉无门，乃至自发形成团队抗议。其次，事发后，政府又无法与意见领袖进行沟通（找不到谁是组织者），致使态势升级为重大恶性事件，如果政府与出租行业有正常有效的沟通渠道，此类事件就不会发生，虽然事后各地政府积极协调终使事端得以平息，但已经付出了不菲的代价，至少政府的公信力受到了直接影响。

- 当公众关系处于不明状态时

当公众关系处于不明状态时，协调的原则首先是以真诚的态度表明组织自身的意见，本着诚实、友善、开诚布公的原则与公众进行沟通，消除对方的疑虑及逆反心理，避免误会和偏见，也就是人际关系中通常讲的“以心相交”。其次，把双方关系中含有的双方利益关系交代清楚，使双方对关系状态的实质及趋势有个“预存立场”，心中有底，以减少关系发生后的摩擦，也有利于双方关系的良性发展。

2.3.3 决策咨询

现代组织的决策不能局限于组织本身的利益取舍，而需从全局的、长期的和社会的角度考虑决策所可能导致的社会后果。这就需要公共关系部门站在公众和社会的角度来评价这些决策，依据公众利益和社会价值标准来修正可能造成不良后果的决策，使其不仅能反映本组织发展的要求，也反映公众的要求，达到平衡组织部门利益及整体利益、近期目标和长远目标、组织利益与公众利益以及经济利益与社会利益的统一、和谐。

应该承认，组织决策人员更多的是考虑组织自身的利益与行为，其公众意识不如专业公关人员明显，这就需要公共关系人员从公众利益的角度对组织决策行为进行咨询，以保证组织行为与公众利益的一致性。

从另一方面看，公共关系工作对组织主体作用的最大发挥也在于能否进入决策咨询，“公共关系的首要和持续的任务就是赢得和保持高级管理层的支持，这种支持与了解会随着时间的推移和公共关系为组织的成功所做出的业绩记录而发展起来”。我们看到有许多社会组织设置了公共关系部，也配置了专业的公共关系人员，但主要工作就是些迎来送往，或策划一些专题公关活动，使公关部变成了接待部、企划部，公共关系的作用没能得到充分发挥。公共关系的咨询决策作用是公关工作自身的目标要求，如同一些公关专业人士所讲的，要为公关而“公关”。

当然无论是具体内部的公共关系部门，还是外部的专业公共关系咨询机构，要让自己的工作为组织决策层所认可并且重视，必须同时满足两个条件：一是咨询意见必须正确可行；二是其工作和策划的活动对实现组织目标，充分利用各种机遇，或解决组织面临的问题确有贡献。前一个条件要求公共关系工作必须对组织环境信息进行全面、系统、及时、准确的收集、汇总，并运用科学的方法分析、研究后才能向决策层提供正确的咨询意见。而后一个条件则要求公共关系工作：

①站在公众的立场上发现决策问题。这是决策层所不具备的，但也是组织决策必须考虑的因素。往往站在目标公众的立场对决策进行评议，能使问题表现得更加明显和直观。美国有家玩具制造公司，它聘用一些儿童为公司特别顾问，让他们免费使用公司各种最新玩具，其中一个儿童提出，模型玩具固定的不好玩，能否生产能变形的，如将汽车变成机器人、把导弹变成机枪，公司采纳了他的建议，一种新型玩具变形金刚随之问世，风靡一时。

②使公众利益进入决策层的视野。社会组织在决策中应自觉建立相应的约束机制，这种约束来自两个方面：外部约束（如社会舆论、民众思想倾向）和内部约束，而且内部约束要比外部约束更具前瞻性，它要求社会组织在决策过程中尽可能顾及公众利益，在决策中反映公众的利益和要求，从而避免决策只注重组织自己利益的片面性而可能引起的与公众利益要求的差异性，最终对组织自身的发展带来不利的影响。实际上公共关系对组织决策来说，与其说是一种约束，不如说是决策正确性的一种保障，因此在现代组织中，公共关系参与决策咨询已成为确保组织生存发展的重要条件。

③在决策中确立公共关系目标。公共关系参与决策咨询使组织的决策方案包含一个新的内容，即有利于组织的良好形象的树立以及与此目标相关的具体措施。

1983 年 11 月，美国《纽约时报》刊出“日本人管理好了一家美国工厂”的长篇报道，在美国引起了轰动。日本人为什么能在短短的 6 年时间里，让阿肯色州弗里斯特市电视机厂，一个严重亏损、裁员 75%，已几乎倒闭的企业起死回生呢？原因很简单，日方决策层成功地将公共关系观念体现在决策方案中，他们采取了三项举措：A. 组织员工聚餐，并在餐后发动全体员工清扫厂房，把工厂粉刷一新，整理得像家一样；B. 随着生产的逐步正常，招回那些被工厂辞退的失业工人，并与工会建立良好关系，总裁与工会代表商讨企业发展计划，恳请共同合作，振兴企业；C. 对表现不好的员工也不是以辞退了事，而是由工会出面“做思想工作”。至 1983 年，该厂日产希尔斯牌微波炉 2 000 台、彩电 5 000 台，合格率达 98%，企业迅速走向兴旺。在年底的员工与家属聚餐酒会上，该市工业委员会主席说：“电视机厂是我市的命脉，而三洋公司则是我们的支柱。”

在具体工作中，公共关系提供决策咨询的主要内容有：

a. 组织本身公共关系状态的分析、评估，包括组织主体的知名度、美誉度和组织形象的基本分析。

b. 各类主要公众的客观资料，包括公众的基本构成、基本态度、基本行为以及发展动态的分析、评价资料。

c. 对组织本身政策及行为的公共关系评价，尤其是在新的政策或新的发展环境中，公众可能会产生的变化。

d. 提出适应本组织具体特点的、配合组织发展和经营计划的公共关系拓展计划和具体方案。

美国强生公司前公关首脑在其公关年度报告中也指出，也许在一个公司里，在高级行政主管相互关系中超过任何别的关系的，至关重要的是首席执行官和高级公共关系行政主管之间存在的人与人之间的感情，如果事情正在按照它们应该运行的方式正常运行着，那么公共关系人员将会得到独特的机遇，成为首席执行官的“忠诚的反对派”，他们——站在紧闭的门背后——会说“如果你这样做，你就犯了一个大错误”。太平洋煤气和电器公司首席执行官理查德·A. 克拉克也说：“首席执行官能够从他们的公共关系顾问那里获得他们所需要的东西的仅有方式，就是在冥思苦想地制定政策、战略和项目的时候，要让他们坐到会议桌旁。”

2.3.4 教育引导

公共关系作为一门塑造组织良好形象的艺术，不仅仅是一个公共关系部门或几名专业公关人员就能完成这个艰巨任务的，它需要组织全体员工的共同努力，一方面，通过对本职工作的负责向消费者或服务公众提供称心如意的优良产品和服务；另一方面，通过员工对组织的关切和对组织形象的推崇来共同努力达成此项目标，即所谓的“全员公关”。同时，它也需要组织决策层真正树立良好的公关意识，将公关理念切实贯彻到决策及行为中，这意味着公共关系必须做好对决策层及全体员工的教育与引导工作。在组织创立期，要加强宣传教育，引导内外部公众了解组织，喜欢组织，提高知名度与美誉度；在组织顺利发展期，引导员工不断扩大组织的影响面，争取社会各种力量的关心和支持，借力发展；在组织形象受损时，则要坦诚说明事实真相，争取公众的谅解，并引导内部公众一起努力恢复组织形象。

教育引导工作具体包括以下几个方面的内容：

(1) 员工的文化素质、道德观念、业务技术的培训教育，以期提高员工的基本素质，有计划、有步骤地使组织内部员工具备良好的文化修养和业务技术，更出色地履行好本职工作，并能有意或无意地为组织形象“添彩”。

比如某一组织的个别员工在社会上违法乱纪，甚至被绳之以法，他的行为对组织形象就是一种损害。反之某位员工热心社会公益事业，义务献血数十年，或奋不顾身与歹徒搏斗，维护社会的安定，获“见义勇为”奖，这就是对组织形象一次非常好的宣传，是一次“无心插柳柳成荫”的成功的组织形象展示活动。

(2) 对组织主体内全体员工进行系统的公关知识教育，让全体员工了解公共关系基本原理与准则，从而树立正确的公共关系意识，事事、处处以组织形象和公众利益为重。在内以主人翁态度，保证良好的服务质量和产品品质；在外能自觉地宣传本组织的成就，维护组织的正面形象。

北京长城饭店曾发生过这样两件“小事”，但却反映出饭店员工出色的公关理念：一件是服务员进客房打扫时，发现房客将看了一半的书放在床上，服务员没有简单地将书合拢或折叠一角再合拢了事，而是找来一张小纸条，放在分页中再合拢放好；另一件是服务员进客房打扫时，发现房客将零钱散乱地放在床上、桌上，她找来保安，一起细心地收拾，将其放置在一起，并在旁边留下一张纸条，上面写着：“先生，您好，您的零钱已收拾在一起，共计××元，请您收好，服务员×××。”

(3) 有针对性地对决策层及各部门主管进行公关技能培训，提高他们在传播、沟通、社会交往中的能力，如进行接待规范、礼仪、习俗、演讲技巧、谈话技巧、接受电视采访等方面的训练，规范公共关系基本层面的工作要求。

【同步思考 2-2】

社科院发布 2012 年《企业社会责任蓝皮书》：

企业社会责任感普遍不足

蓝皮书披露，中国企业社会责任发展指数为 23.1 分，整体从“旁观阶段”(20 分以下) 进入“起步阶段”(20 ~ 40 分)，但仍有六成企业得分在 20 分以下，处于“旁观阶段”，其中 15 家企业得分为 0 分或者负分。而分行业评价显示，电力行业、银行业居于 14 个行业的领先地位，房地产、食品饮料、汽车、零售、日化行业则相对落后。

《企业社会责任蓝皮书》指出，2012 年，国有企业社会责任发展指数 (40.9 分) 高于民营企业 (15.2 分) 和外贸企业 (13.2 分)。国有企业中，中央企业社会责任发展指数最高，国有金融企业次之。而我国约占八成的民营百强企业仍属于“旁观者”，社会责任发展指数平均分仅为 15.2 分，与老百姓息息相关的食品饮料业，社会责任发展指数平均得分仅为 17.9 分，处于“旁观阶段”。

问题：企业社会责任感不足的深层次原因是什么？

理解要点：企业承担社会责任的内在动力和外在环境，国企的社会责任如何真正得以提升 (机制与体制两方面)。

2.3.5 形象塑造

形象一词的本意，是指人与物的形态、相貌、外观等，而**组织形象**则是指社会公众对组织及其行为综合认定后形成的一种总体评价，是组织的表现与特征在公众心目中的反映。

良好的组织形象，对任何一个社会组织而言，都是一笔无形的财富，也是每个组织追求的最高目标。曾有人说过，如果可口可乐公司遍及世界各地的工厂在一夜之间被火烧光，那么第二天的头条新闻一定是各国银行巨头争先恐后地向它贷款，这就是组织形象的价值。

良好的组织形象能给组织带来无穷的益处：

- 为带有该公司名称的任何产品或服务创造出一种消费信心。

例如，“肯德基”品牌在中国儿童消费者心目中已树立起一种超然的形象，以至于其连锁店遍地开花，令同类竞争者望而却步。

- 预先为新产品的成功作了保证。
- 为保留或吸引人才创造了条件。

员工为自己在一个优秀的组织中工作感到自豪，各类人才也会慕名而来，使组织能招揽到更多的优秀人才。

浙江省宁波市近几年改革开放步伐快速而扎实，无论经济增长还是城市建设、环境卫生各方面都居全国同类城市前列，良好的工作环境使其吸引了越来越多的人才，仅 2001 年 6 月份的省洽会期间就有一千多名硕士以上学历的人才与各企业签约，使宁波的人才优势更加突出。

- 为吸引社会资金提供方便。

近几年，中央作出了大力发展西部经济的英明决策，但资金和人才却制约着西部经济的发展，这就需要西部城市首先有一个良好的投资环境，一种真心实意欢迎外部企业投资、开发的良好氛围；其次要加大宣传力度，展示自身丰富的资源优势、优美的自然环境和淳朴的民俗风情，即尽快树立良好的地方形象。

- 有助于增进政府对组织的好感和帮助。
- 有助于增进社区的支持。
- 有助于良好营销网络的建立与完善。

……

在日常工作中，我们一般用组织的知名度与美誉度来表示组织形象状况。知名度是一个组织被公众知晓、了解的程度。美誉度是一个组织获得公众信任、好感的程度。

现用坐标来分析如图 2–2 所示的 A、B、C、D、E 五个组织的形象状况。

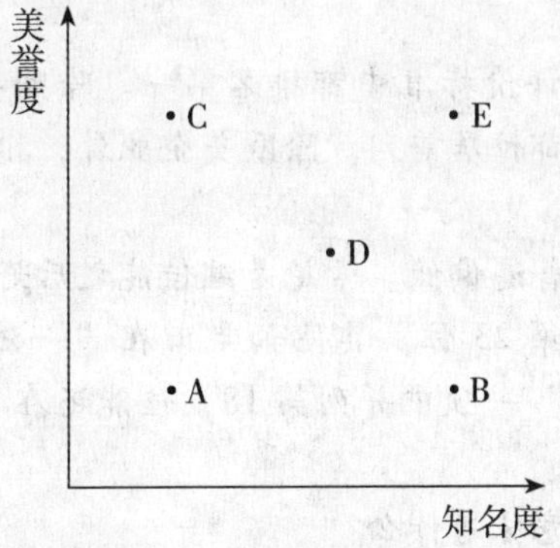

图 2–2　组织形象状况

A. 知名度、美誉度都属最低

其应该是一个全新组织，公众尚不知晓。

B. 知名度很高，美誉度很低

这种情况即所谓的恶名远扬，如前些年，浙江苍南地区的造假形象对当地企业的正常业务带来了不利影响。这类组织的关键是先修正行为再告知公众，像俗话讲的要“洗心革面”。

C. 知名度最低，美誉度最高

“好酒埋在巷子里”也不符合现代企业的要求，是好的就要宣传，应选择合适的传播网络展示组织的优秀品质，这是这类组织急需加强的工作。

D. 知名度与美誉度都处于中间

这种情况需要在组织的政策与行为及传播沟通两方面同时努力。

E. 知名度和美誉度都处于最高点

这是组织的理想位置，也是组织奋斗的目标。

组织形象是一个由丰富的内容和多样的形式构成的完整的有机显示体系，包括内在精神和外显事物两方面。

内在精神，即组织的经营管理特色、开拓与创新精神、对产品和服务质量的孜孜追求、与人与事的公正态度、积极的社会观和价值观、遵纪守法、诚实正派的“公民态度”。

外显事物，即组织（产品）名称、商标、广告、徽标、代表色及统一的建筑式样或门面装饰、各类包装等。

【职业道德与企业伦理 2–2】

在华日企形象逊于欧美

背景与情境：日本品牌战略研究所在中国展开了一次大调查，调查对象为月收入在 2 500 元以上的普通中国百姓。调查的企业包括 79 家日本企业、11 家中国企业、30 家其他外资企业。

调查中主要给出了以下几项评价标准：您认为哪家企业是一流企业（一流评价）；您希望购买哪家企业提供的产品和服务（购买意愿）；您希望在哪家企业工作（就职意愿）。

微软公司在上述 3 项评价标准中都排名第一。除购买意愿外，IBM、诺基亚、宝马、惠普等欧美企业也都位居前列。除欧美企业外，排名最靠前的就是中国的青岛啤酒。

相反，日企的评价都普遍偏低。索尼是继佳能之后好感度排行榜上位次第二高的日本企业，但也只排在第 23 位。其他如丰田在“一流评价”一项中排名第 9，佳能和索尼在“购买意愿”一项中并列第 18，佳能还在“就职意愿”一项中位列第 14。

本次调查的结果究竟意味着什么？

第一，日本企业在中国总的影响力不大。总共 2. 3 万家在华日企中只有汽车厂商销售额能够超过 10 亿美元，整体看来规模不是很大。

第二，电视广告等直接接触消费者的宣传活动未能起到应有的效果。

北海道大学传媒研究院的渡边浩平准教授认为，欧美企业从很早就开始在中国设立自己的宣传部门，而日本企业对于宣传和品牌推广则不够重视。

第三个不能忽视的原因就是中国人对日本怀有的民族主义情感。

一位曾经在北京工作过的美国人说："当地的事情还是当地人最清楚，我们不像日本企业那样要把中国人都培养成日本人，而是利用中国人自己的聪明才智，让他们轻松愉悦地完成工作。"

资料来源　转引自《参考消息》日本《钻石》周刊2008年9月6日的文章。

问题：日本品牌战略研究所对于本次调查结果的原因分析你认为合理吗？

分析提示：外资企业形象从某种角度说也代表着其所在国的国家形象，换言之，在华日企的形象是日本在中国国民心中形象的折射。另外，日企在中国屡屡发生的产品质量问题如三菱越野车、SK-Ⅱ等等，则纯属企业自身行为所致，为此，要改善企业形象关键还是在于日企的自身努力。

在实际操作中，组织形象亦可分为组织成员形象、组织实力形象、组织管理形象、组织产品（服务）形象等各种形象要素。

(1) 组织成员形象。"在公共关系中极少数人行之有效的通则之一，是一个组织的公共声誉来自于它的高级官员行为中的实质组成部分。"

组织成员形象包括四方面：

• 领导者形象。领导者是组织的当然代表，在许多场合都是组织形象的"代言人"，包括领导者的名声、资历、才华、知识、作风、胸襟、水平、谈吐能力及仪表，如重点大学校长一般都由著名学者担任，大医院的院长也大多是那些德高望重或医术精湛的专业医学权威人士。前些年，我国朱镕基总理那丰富的知识、睿智的反应、幽默的语言，也早已成为国际外交界的美谈。

【教学互动2-1】

美国国家形象调查

2007年4月，美国《时代》周刊公布，英国国家广播公司委托环球扫描公司对3万名不同国家中高层人士进行的国家形象调查表明，加拿大及日本得分均为54%，名列第一，其后依次是法国（得分50%）、英国（得分45%），中国（得分42%）排名第五，美国排在了前五名之外。为什么美国的国家形象欠佳？

资料来源　明安香．关于国家形象大传播的若干思考［J］．公关世界，2008（3）．

要求：同"教学互动1-1"的"要求"。

• 公共关系人员形象。作为组织的特定代表，在许多场合也代表着组织整体的精神面貌，包括公关人员的品德、个性、才能、外表与公关精神。华丽的言辞、过于主动的热情，并不表示公关能力的高超，而在公关日常接待中让客人有家的温暖、有家的自由、有家的平和气氛才是真正展示公关的魅力。

• 典型员工形象。例如，企业形象代表、品牌代言人、优秀员工、先进班组等，他们经常代表组织与外部公众发生联系，也在很大程度上影响着组织形象。以宁波服装的品牌代言人为例，"罗蒙"的代言人濮存昕、"洛兹"的代言人胡兵、"培罗成"的代言人解晓东以及"雅戈尔"（衬衫）的代言人费翔等，他们都在很大程度上影响着组织的形象。在这里有一点需要引起注意的是，品牌代言人不仅要求外表俊美、挺拔，更需要有优秀的人格魅力和良好的道德情操。一名虽长相漂亮，但却有许多绯闻，在家庭生活方面不太检点的名人是不适宜做品牌代言人的。

● 员工形象。员工形象包括员工的整体素质、精神风貌、谈吐、服饰、仪表等。尤其对服务性工商企业来说，与消费者公众接触最广泛的是普通员工，他们的个体行为就代表着组织形象，很难想象一个员工站立不规范、态度生硬、脸色阴沉、接待无方的商场会有什么好的企业形象。

(2) 组织实力形象。组织实力形象包括：

● 组织存在的空间。例如，存在空间的大小、空间的布局、空间的建筑风格、空间的环境布置等，在一定程度上反映了组织的实力。

● 组织成员的待遇。一般而言成员工资和福利待遇高则组织的经济实力相对雄厚。因此有针对性地为员工解决一些普遍性问题，如住房、就餐、休假等，对显示组织的经济实力，树立组织正面形象也有一定的衬托作用。

● 组织拥有的技术。组织拥有的技术包括拥有专门的技能、方法和专门的技术装备或器材两方面。这是确定组织实力雄厚与否的重要内容，通过技术改造或技术革新提高生产效率，通过先进设施、尖端技术的引进、消化，扩大生产规模，都有助于显示组织实力形象。

(3) 组织的管理形象。组织的管理形象即通过管理显现出来的组织内部各个系统间有序、规范、正常的运作过程。

组织管理形象既是无形的，又是有形的。无形是因为组织管理形象本身看不见、摸不着（当然你可以看到各类规章制度及各种组织结构图和流程图）；有形是指可以从管理对象的秩序规范、可利用的程度和范围上反映出来。例如在一个工厂里，厂区整洁、卫生，物资摆放整齐，员工在各自岗位上正常履行其职责，时间、空间、人力、财力都得到充分的利用，就可以判定这个企业的组织管理是规范、有水平的；反之亦然。

(4) 组织产品（服务）形象。组织产品（服务）形象包括产品（服务）的实用、优质、新颖、全面以及合理的价格。就服务而言，耐心、周到、热情、主动、规范、公正是公众所要求的。对个别政府职能部门的服务态度，有人形容为“门难进、脸难看、事难办”，这样一种组织形象是不可能让群众满意的。

还需注意的是组织形象具有客观性、传播性和相对稳定性的特点，没有组织自身良好规范的行为，光靠宣传是无济于事的。而且一旦公众对组织形象产生某种定位，要改变也不是轻而易举的事。尤其是不良形象定位，需要组织通过各种途径付出许多努力矫正，有时甚至需要较长时间的调整，才能逐步地扭转过来。

CIS（Corporate Identity System）即企业识别系统，它是一种将组织的理念、行为、视觉形象及一切可感受之处，制定统一化、标准化、规范化与系统化的企业形象管理体系，并以此作为公众辨别与评价组织形象的依据。

CIS 是一个综合性概念，它包括理念识别系统（Mind Identity System，MIS）、行为识别系统（Behavior Identity System，BIS）和视觉识别系统（Vision Identity

System，VIS）三方面。其中，MIS 是指组织的经营哲学、价值观念和中长期战略等，它是一种意识形态的深层组织文化，是 CIS 的根本，并指导和规范 BIS 与 VIS。BIS 是指组织的行为准则、经营决策、活动方式和机构制度等。它又体现为两方面：一是以高素质的文化服务取悦于公众；二是以一整套的行为规范制约着员工，它是 MIS 的直接体现，使组织理念深入到每一位员工，形成一种群体意识，一种竞争优势。VIS 是指组织的识别标志、品牌商标、广告宣传和企业的主色调等。VIS 比较直观，范围也较广，它是运用视觉设计，将组织理念视觉化、规格化和系统化，将组织的管理意识、营销策略通过视觉的再现艺术传递给公众，因此 VIS 是 CIS 的视觉载体。

CIS 各部分内容及组成如图 2-3 所示。

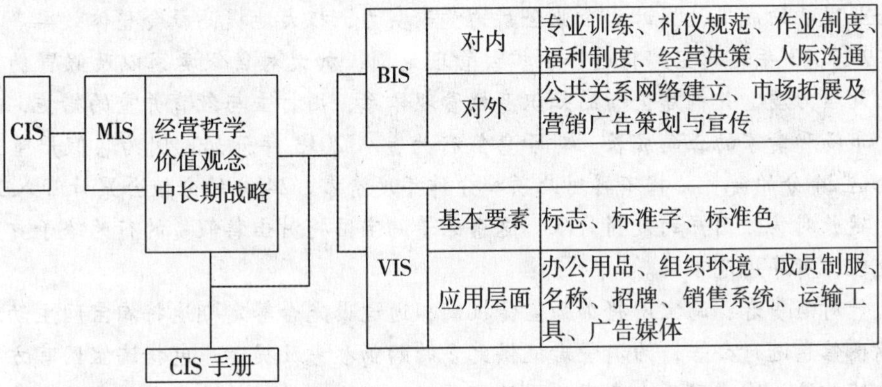

图 2-3　CIS 的内容及组成

自 20 世纪 30 年代美国著名设计家雷蒙特·罗维、保罗·兰德等正式提出 CIS 这一用语以来，到 50 年代，美国 IBM 公司较完整地导入 CIS 并大获成功，以“蓝色巨人”形象成为全球最大的计算机生产经营企业，到 60 年代欧美各大企业纷纷导入 CIS，70 年代日本企业家将企业理念、企业文化融入了 CIS，重塑了“日本型 CIS”，并成功地使其许多产品抢滩欧美市场和中国内地市场。

我国自 20 世纪 80 年代末期开始引入 CIS 概念，在 90 年代也曾掀起了“CIS 热”，但在企业导入过程中却出了偏差，即无 MIS 和 BIS 而仅有 VIS，或者有的企业 MIS 观念空洞无物，如“走向世界”，“质量第一、顾客至上”等。在 BIS 上，重制度轻培训，重条例轻执行，结果花重金策划的 CIS 只剩下一堆企业制度汇编与几盘广告带。原因还是在于决策层没能充分认识 CIS 的全部含义，当然也有个别“公关扒手”借 CIS 导入为由，巧言令色行欺诈之实，更混淆了 CIS 的实质。

从根本上说组织形象的塑造是一项全方位、长期性的系统工程，决非通过一次公关专题策划，组织一个 CIS 导入就能达成的，这其中组织自身内在行为的优秀是根本。只有切实将公共关系基本原则贯彻在组织决策的政策及行为过程中，真正树立与公众共同发展的组织理念，再辅以适当的宣传，并能长期持之以恒，才能逐步树立起组织形象，为组织创造更多的无形财富。

【补充阅读资料 2-2】

网购市场各显神通——进入年终冲刺小卖家抱团销

2012 年双十一当日，大淘宝收获 191 亿元大单，创下全球网购史的最高纪录，而此后不到一个月，阿里巴巴集团在杭州宣布，截至 2012 年 11 月 30 日晚 9 点 50 分，其旗下淘宝和天猫的交易额本年度突破 10 000 亿元。为支撑这巨大规模业务量的直接间接就业人员，已经超过 1 000 万人。虽然互联网市场占实体市场的比例仍在 10% 左右，但从当前互联网大促销中我们却清晰地看到网络购物正在迅速发展。

马云表示，电子商务是实实在在的新经济，是将互联网信息技术和传统实体经济完美融合的一种新经济模式，这种新经济模式能有效整合当下的资源，切实地降低企业发展的成本，提升小企业全新的竞争实力，极大地提高社会整体效率。

从 2013 年起淘宝网将进一步扩大管理范围，加大对售假卖家以及假冒伪劣商品的处理力度，并构建全新的知识产权管理体系，用打击与教育并重的措施，合理引导市场和卖家的正向成长。对于售假行为，从 2013 年开始，因为售假严重违规扣分达 24 分的会员，将不再对此项扣分作年度清零，24 分的分值会累计带入 2014 年，延长对售假用户的处罚时限，这意味着淘宝网将对出售假货的行为给予更严格的处理，有序规范市场。

针对消费者，淘宝网将加强宣传机制，通过曝光台等定期地将淘宝网主动发现的不良信息进行公告，为消费者提供更多的购物参考及提示。包括淘宝网官方商品抽检的结果、淘宝网历史卖家处罚的记录以及淘宝网针对构建安全、诚信的购物环境所做的举措。淘宝网期望通过与消费者之间建立良好的沟通桥梁，积极地消除消费者心中的购物顾虑，也期望通过不断地曝光售假、售劣的商家，来警醒卖家，帮助卖家成长，进一步体现人性化操作。

资料来源　张燕. 网购市场各显神通 [N]. 宁波日报，2012-12-14.

【补充阅读材料 2-3】

博客（blog）

博客（blog）又称为网络日志、部落格或部落阁等，就是以网络作为载体，简易、迅速、便捷地发布自己的心得，及时、有效、轻松地与他人进行交流，再集丰富多彩的个性化展示于一体的综合性平台，它是继 E-mail、BBS、ICQ 之后出现的第四种网络交流方式，一个典型的博客综合了文字、图像、其他博客或网站的链接及其他与主题相关的媒体，能够让读者以互动的方式留下意见是许多博客的要素。

大部分博客内容以文字为主，仍有一些博客专注在艺术、摄影、视频、音乐、播客等各种主题。

在网络上发表 blog 的构想始于 1998 年，但到了 2000 年才开始真正流行；2004 年木子美事件让中国民众了解了博客，并运用博客；2005 年，国内各门户网站，如新浪、搜狐，原来不看好博客业务，也加入了博客阵营，开始进入博客春秋战国时代。目前，国内优秀的中文博客网有：新浪博客、搜狐博客、中国博客网、腾讯博客、博客中国等。

博客的作用有：

(1) 个人自由表达和出版：抒发个人感情的地方，把自己所想写在日志里，不受局限，言论自由。

(2) 知识过滤与积累。

(3) 深度交流沟通的网络新方式：个人展示自己的某个方面，让更多人了解自己。

(4) 博客营销：如通过博客展示自己的企业形象或企业商务活动信息。

2.4 公共关系与因特网

当今的时代是网络时代，当今的社会是网络社会，这已成为公认的事实，而且随着因特网传播技术的不断改进，它对个人、企业乃至整个社会的影响力还在不断增大。正如美国霍兹传播技术公司 CEO 谢尔·霍兹所说的，从某些方面来讲，因特网与其他媒介具有同样的重要性，从另一方面来讲，因特网又比其他媒介重要得多。公关人员必须明白，网络是人们传递信息的关键渠道，而听众则控制着这些信息。网络将不再仅仅是安装在计算机中的某个软件，而是越来越多地被人们当做传播的发展和管理平台。有关机构的网络公关调查研究也显示，在中国，多数利益相关群体首先选择电视媒体作为可读信息来源，其次选择了网络媒体，对网路媒体的信任度也超过了主流纸媒。美国公关专家西泰尔也认为，因特网正以全新的形势袭击整个世界：博客、播客、维客、社会网络以及其他很多形式。但是这一次，它作为一种传播和商业工具将永远留在我们身边。如果说在现今社会还有企业可以远离因特网生存，那真的可以借美国作家马克·吐温在数十年前讽喻那些远离广告而生存的企业那样：一只蜘蛛在报纸上爬，有人问它干什么呢？蜘蛛回答，我在找有哪家商店没有广告，我好去那里织网。

2005 年，世界上有 15% 的人口使用因特网。2008 年更是因特网在中国快速发展和普及的一年，截至 2008 年 6 月，中国网民数量已达到 2.5 亿，网民规模跃居世界第一。网络应用已经从当初的娱乐和交友转向新闻、宣传、购物等全方位、多视角。几乎所有组织都拥有自己的网站，并将网络视为沟通、传播与展示的首要平台，因此了解、熟悉因特网的自身特点并掌握因特网相关传播方式与应用技术是公关工作者应具备的基本条件。

2.4.1 因特网的特点

1）个体性

任何企业和个人都可以通过因特网发出自己的“声音”，特别是当前政府有关网络管理法规尚不健全，各种观点、言论都会在网络上显现。因特网也完全改变了传统传媒集中性和典型性信息传播的特点，尤其是在我国政府对于新闻管理相对较严的大环境下，网络似乎已成为广大公众充分表达自己观点的首选“平台”。

2）即时性

任何大众传媒都有传播时间滞后的问题，电视台的新闻现场直播也需要记者、编辑及专用设备到现场后才能进行，而因特网就不受此限制，广大网民自发充当“公民记者”，就能达到新闻的最快速度传播，如2008年的“5·12汶川地震”，5月12日14时28分，地震刚刚开始，名为“新闻人在网上”的QQ群中就有网友纷纷报告“地震了”，14时33分，腾讯网通过QQ弹出窗口，发出第一条地震消息，而中央电视台滚动播出汶川地震字幕新闻的时间是15时04分。

3）交互性

这也是因特网传播的最大特点，它可以做到信息的同步发出与反馈。当你在博客中发出某信息时，随时会有网民跟帖发表评论表明其态度，如2008年4月份，西方媒体发表对我西藏骚乱事件的歪曲报道后，在中华网等网站就有多达5 000多篇评论，抗议西方媒体的不实报道，并迫使其作出道歉。

4）开放性

一只南美洲亚马逊河流域热带雨林中的蝴蝶，偶尔扑动几下翅膀，可能会在几周后引起美国德州爆发一场飓风，这个经济学界著名的“蝴蝶效应”，在因特网可以找到最正确的注解。开放性不仅表现在信息内容的开放，还表现在信息受众开放，任何网民都可以阅读到信息并可以对此发表评论，如2008年有记者在博客中反映了山西娄烦铁矿垮塌真相，短短一周时间，该博客的浏览量就有63万多人次。

5）影响力巨大

因特网正成为一种舆论新态势，即“网络舆论”。网民通过新闻跟帖、网络论坛/BBS和博客/个人空间形成一股强大的舆论冲击力，其影响力足以改变社会民众和政府对于具体事件的评判与裁决，如从“5·12汶川地震”发生到5月19日22时，仅人民网、新华网、央视网、中国网、新浪、搜狐、网易、腾讯等8家网站的地震相关词条跟帖量就达到了1 063万条。我们可从《2008年中国互联网舆情分析报告》（见表2-1）中关于“网络推动事件改变方向的舆情排行榜”了解到“网络舆论”的巨大影响力。

此外，因特网还有能将文字和视听符号融为一体的特点，使信息的传播效果优于传统媒体，而为各传统媒体所重视并结合使用，使因特网又具有跨媒体平台特性。换言之，凡报纸、电视、杂志、广播里有的各种新闻、信息、评论，基本上在因特网上都可以查到，而且它自身也是信息的源头，这也是因特网影响力不断扩大的原因之一。2008年人民网、新华网、央视国际三大重点新闻网站，新浪、搜狐、网易、腾讯四大商业门户网站，累计每天新闻更新超过2万条，日均新闻信息浏览量超过20亿次。

2.4.2 网络公共关系工作的主要内容

1）对因特网的检测与追踪

因特网是一个自由的、门户大开的、国际性的，也是匿名的传播平台，所以当一个个体或者某个组织有意发起一场运动以毁掉一个组织的声誉或者某产品的市场也实在是一个理想的场所。因此，无论组织是否使用因特网进行宣传，也无论是否经常发送电子邮件，甚至无论组织是否建有自己的网站，对于现在的组织来说，对因特网进行监控是非常重要的工作。21 世纪监控因特网是公关人员的另一项首要职责。

表 2-1　　《2008 年中国互联网舆情分析报告》摘录

事件	相关站点网络	文章数	网络反应处理结果
记者博客反映娄烦铁矿垮塌真相	网易博客	96	浏览量 631 231 人次，网友向记者致敬，将谎报的“自然灾害”认定为“重大责任事故”
西方媒体对西藏“3·14 事件”的报道	中华网、Anticnn 网	5 825	网友谴责 CNN，CNN 道歉
华南虎伪照被揭穿	网易色影无忌论坛傅德志博客等	3 249	引发网民对政府诚信的质疑，周正龙被捕后被判缓刑，官员撤职
黑砖窑女干部复出	南方网	33	网友质疑凌晨 1 点开会任命女干部职务，临汾市委责成尧都区委废止了女干部工作安排的决定
许霆 ATM 取款案	天涯社区等	1 504	网友批评量刑过重，由无期徒刑改判有期徒刑 5 年
深圳官员涉嫌猥亵案	奥一网网易时事论坛	1 103	当事人资料被曝光，网友责其无良，交通部党组免去林嘉祥党内外职务
剑阁人事局局长酒后打人	四川新闻网	35	“节约喝茅台”成网络笑料，剑阁县委免去其党内外职务
本溪团干部“双推双考”	南方网等	39	《辽宁省本溪市发生高官子女抢官风潮》一文在互联网上流传，本溪市委宣布，此次“双推双考”结果无效

注：“文章数”均为原帖数，不含跟帖，还剔除了重复的帖子。

网络监测除了解网络对于本企业相关产品（服务）以及组织整体形象的评论信息，同时还应关注本行业同类企业组织的网络舆论信息，以尽早采取规避措施，避免“城门失火、殃及池鱼”；此外，网络监测的另一项作用就是搜集相关信息，为企业制定营销决策提供第一手资料。

检测与追踪除关注开放性大型门户网站外，也不要忽视那些虽然影响面较小，但较为活跃的个人博客和即时通信群，重点目标主要有两个：

其一，无赖型网站，此类网站专门从事揭“丑”信息的传播，主要有：发布负面信息；对组织的政策和管理层进行讽刺控告；呼吁组织成员公开发泄对组织各种政策与行为的不满；起管理机构和新闻媒体的抱怨门户作用；最终误导公众，混淆真相，使公众无法树立正确是非观。

其二，聊天室、QQ群，尤其是QQ群，它是按同学、同事、同乡组合成的一个个大众文化圈，因为相互熟悉，所以对信息传播的信任度较高，很容易对某种现象的某个论点形成群体认同，进而就会产生很强的扩散性和影响力。

美国西泰尔教授曾指出，小公司尤其需要对在线论坛中出现的关于公司的各种言论保持警惕。这也意味着应监控可能成为谣言源头的网上各种新闻群体的言论。通过对这些群体的监控可以充当公共关系的“雷达”，帮助组织预先发现可能存在的问题。

关键问题是，当你发现因特网中有诋毁自己公司的讨论时，该怎么办？如果不予理睬，事件可能会进一步扩大，最终形成负面新闻，使公司陷入危机；如果及时介入也可能会越描越黑，反而会招致一些无赖网站的大肆渲染，使信息更加混乱；如果采取法律手段，维护自身权益，要清楚认识到，在网络社会法律维权也可能是一把双刃剑。所以，霍兹传播技术公司CEO霍兹先生也认为，这个问题的答案取决于对公司诋毁的程度。对每个牵涉到公司的情形都要予以关注，但是一旦组织认为某个社区的抱怨或者攻击是恶意伪造的并且危害了组织的声誉，那么对这个问题的答案就是：是的，组织应该考虑介入这个讨论区。当然，我们更倾向于组织自身对此类事件的反应要缜密、周到，切不可一时冲动，让自己重蹈“万科门”事件的覆辙。

2）建立自己的网站

各社会组织的网站已成为组织与公众最重要的沟通平台，如果说公众对广告宣传还有排斥的话，浏览网站则是公众的自愿主动行为。当然，这首先取决于你的网站的“可视性”，所有网站的目的都是为访问者提供他们希望了解的信息，这一目标实现得越好，网站就越能吸引更多的“眼球”，也就是点击率。怎样才能设计出成功的网站呢？以下几方面是你应注意的。

• 目标　扩展业务？销售更多的产品？赚更多的钱？获得公众的支持？改变舆论导向？介绍公司的情况？如果无法给出这些基本问题的答案，那么一个网站应该选择“什么内容”以及“如何运作”就会失去依托。

• 内容　有些网站的内容的确单调乏味，其原因在于决定网站内容时缺乏远见，只是简单地在网站上按照时间顺序塞满新闻稿的做法不可能提升组织在公众心目中的地位。

• 更新　对这个问题通常是“多频繁都不嫌多”，刊载过时的新闻以及缺乏及时更新的内容是很多网站存在的通病。网站的内容必须定期更新，但有些时候也会出现另一个问题——网站上刊载的内容过多，殊不知，有时网站上的东西太多反而会导致网站失去吸引力。因此，对一个好的网站来说，编辑将信息的核心精选出来是非常重要的。

• 版面设计　无论你是否喜欢，一个网站的版面设计风格都相当重要，如果组织的网站主页毫无吸引力，则不可能吸引访问者的“眼球”。好的设计能够使复杂的事物变得易于理解，这一点对于网站这种媒体来说是非常关键的。网站主要是一个视觉媒体，因此在设计网站时，应该在版面设计上投入大量的精力。

• 互动　网站最吸引人的地方在于它的互动性，也就是双向沟通。网站与访问者的沟通可以通过多种交替进行的不同形式进行，可以是游戏、程序、电子邮件和聊天等。这就是好的网站与差强人意的网站最显著的区别。

• 追踪浏览率　与其他沟通方式一样，我们必须对网站的使用效果进行测量。在计算机技术允许的范围内，最基本的测量方式是粗略地计算网站的“点击率”。但是，与统计报纸的发行量一样，点击数并不能反映人们是否喜欢网站上的信息，是否对该信息有所反应，甚至是否曾经真正阅读过该信息等。因此，网站设计时应配置与顾客或潜在顾客进行直接沟通的功能，以便随时了解他们的真实想法。所以说，测量网站性能的指标是多方面的，包括分析在每天特定时间的浏览量、登录方式、浏览者最先点击网页上的哪个位置，以及浏览者浏览网站内容的先后次序等。

• 负责人　要想做好网站，网站的管理工作应由专人负责。有些公司可能会把网站交给某个人负责，有时候是公关部门的人，但是由于这个人往往同时又担任其他一些职务，因此管理效果会大打折扣，这种做法是错误的。同样，实际责任分摊制也是不适宜的，比较好的做法是把网站视为组织与公众沟通的第一阵线，并给予高度的关注。

3）关注网络意见领袖

网络意见领袖有几种类型，一种是个人博客的主人，另一种是 QQ 群或 MSN 群的群主，再一种是公共服务网络门户中的某一区块负责人，也称“版主”，这在网络游戏平台中尤为多见。网上人人能说，不代表人人所说的都能产生影响。根据网络身份（级别、头衔等），可以识别出一批网上意见领袖。时事评论、价值评判，首先由他们提出，再由他们传递给大众。中国网民普遍比较年轻，高中学历所占比例较大，约 39% 网民的年龄和文化程度均低于传统媒体受众，因此在舆论酝酿和发酵过程中，他们更容易受到意见领袖的影响。比如，中国足球相关评论中，影响力较大的网络意见领袖之一就是中央电视台的栏目主持人李承鹏和前中央电视台体育频道主持人黄健翔等。

首先，对于这类意见领袖的言谈一定要重点关注，可以与他们通过经常性沟通建立一种良好关系，让他们更全面地了解你所在的组织，并由此产生一种理解，而且这类意见领袖往往有较高的文化修养，学识渊博，也比较理智，只要有诚意，相互沟通并不是难事。

其次，要充分尊重意见领袖的言论，与其他网民的普通言论不同的是，意见领袖的言论往往是经过思考且有自己的见解，也往往“事出有因”，不能随便否定，更不能与其唱“对台戏”，对于他们言论中确有与事实不符的，可以以婉转的方式告知，以寻求他们的支持。当然，我们不赞成金钱交易，更不允许雇“枪手”唱戏，这有违公关的基本原则。

最后，通过因特网平台，寻找与自己观点相同的网友，并逐步形成一个相对稳定的网络信息群，从中培养自己的意见领袖，在新意见阶层中形成正面引导力量，也不失为一种网络信息监控的有效措施。

4）直面负面网络信息

许多企业包括政府职能部门发现网络负面信息（也有人称“网络危机”）后的第一反应就是“删”，这其实就是鸵鸟行为。随着网络技术的提高（如搜索引擎），任何信息都不可能被不留痕迹地完全删除，“三鹿奶粉事件”刚开始在网上曝光时，也有人想“删除了事”，结果是事件“震惊了世界”。所以面对负面网络信息，关键是当事企业或组织要勇于面对。

- 了解网络传播特点，重在预防

《公关世界》2008 年 9 月号发表了方亮先生的《网络危机“删”不得》一文，作者提出对于网络危机事件“疏”比“堵”更为重要且有效，他提出网络危机的过程可分为四个阶段，即孵化阶段——网络出现个别负面信息；播种阶段——个别小帖子经多次转贴，评论开始引起网络媒体的关注；发酵阶段——信息在较大影响力的公众门户网站转帖后引起大量跟帖，即出现数字庞大的点击率；放大阶段——信息不仅在网络广为传播，传统媒体也开始介入，使事件的影响面进一步扩大，终于发展成企业危机事件。这就要求企业必须未雨绸缪，防微杜渐。网络危机公关的最高“法门”在于防患于未然。

- 积极主动，勇于承担责任

当今社会的网民具备了一定的综合素质，据有关部门对 9 万人调查，常在网上发表言论的网民，35 岁以下的占 78.8%，大专以上学历的占 79.2%，月收入 2 500 元以下的占 68.6%，这些人是构成“新意见阶层”的主体，他们不可能被轻易“打发”，当事企业面对负面新闻必须首先以真诚的态度告诉受众事件的真相，并承担企业该承担的责任。公关也正是提倡越了解你，越喜欢你。此时，任何辩白推脱都只会将事态扩大，反而会给人一种当事企业不敢直面公众，不愿承担责任的负面印象。美国“捷蓝航空”也正是依靠真诚的道歉和及时的赔偿挽救了航班因冰雪天气延误所带来的公关危机（详见本书第 10 章）。

网络媒体的发展为各行各业带来了巨大的发展机会，但机遇与挑战也同时并存。因特网与生俱来的开放性、全球性和交互性等特性使世界变成了一个真正的地球村。“鸡犬之声相闻”，公关工作者如何挥舞好网络公关这把双刃剑确是一个亟待重视的问题。

【同步案例 2-1】

“人肉搜索”第一案

背景与情境：2008 年 12 月 18 日，“人肉搜索第一案”有了判决结果。这起因女白领在博客中披露丈夫的婚外情及自己自杀前两个月的心路历程引发的事件，将数家网站、众多网友和当事者以及家人都卷入了风暴漩涡。网友对负心丈夫进行了全面搜索，其个人和家庭信息被逐渐披露，众多网友以谩骂、骚扰等方式表达愤怒和谴责，对其生活、工作造成了严重的干扰。之后，自杀女白领的丈夫以侵犯名誉权为由诉至北京市朝阳区法院，近日法院判决两个网站赔偿8 000元，判决后，法院向工业和信息化部发出司法建议，建议对“人肉搜索”等新生网络事物进行引导。

资料来源 “人肉搜索”第一案［N］. 东南商报，2008-12-22.

注：汇集亿万网民力量的“人肉搜索”，目前已成为网络上最具威力的搜索力量。“人肉搜索”就好比一张网络通缉令，一旦你成为“人肉搜索”的目标，就成了无数网友的合力追缉对象，他们从不同途径对你的真实身份和隐私信息进行地毯式搜索，各种信息在相互补充和综合梳理之后，一个现实中的人就完整地被“搜”了出来。“人肉搜索”的目标人物往往是“道德反叛者”，一旦现形，便会被众人不遗余力地肆意挞伐。

问题：你如何看待“人肉搜索”?

分析提示：在信息社会，人肉搜索的全面、迅捷、彻底性有助于增强舆论的监督作用，也有助于建立良好的社会道德环境，但没有规范制约的人肉搜索，同时具有极大的破坏力，一旦被不良动机者利用，对于整个社会公信力的伤害也极大，需要政府的定时引导和行业自律。

■ 本章概要

● 所谓公众是指与组织主体发生相互作用，成员间面临某种共同问题和相关利益的社会群体。

● 公众具有同质性、群体性、相关性和可变性特征。

● 公众的主要分类方法是横向分类，即按照公众与组织的归属关系，可将其分成内部公众与外部公众两类。

● 内部公众，即组织内部的人员群体组合，它包括该社会组织的全部成员，从股东到员工，它是与组织主体关系最为密切、最为直接，也是最重要的核心公众。

● 外部公众，即对组织的生存发展有影响作用的组织主体以外的相关群体，一般包括社区公众、政府公众、媒体公众、同业公众、消费者公众及其他公众几类。

● 公众按照在面临某个共同问题时，在问题发展不同阶段的特点，可分成四类，即非公众、潜在公众、知晓公众和行动公众。

● 公共关系的职能是指公共关系活动能对组织主体所承担的职责和所发挥的功能，具体包括沟通信息、协调联系、决策咨询、教育引导以及形象塑造几方面。

● CIS 即企业识别系统，它是一种将组织的理念、行为、视觉形象及一切可感受之处，制定统一化、标准化、规范化与系统化的企业形象管理系统，并以此作为公众辨别与评价组织形象的依据。

● 当今的时代是网络时代，当今的社会是网络社会，这已成为公认的事实，而且随着因特网传播技术的不断改进，它对个人、企业乃至整个社会的影响力还在不断增大，因此了解熟悉因特网的自身特点并掌握因特网相关传播方式与应用技术是公关工作者应具备的基本条件。

■ 主要概念和观念

□ 主要概念

公众　潜在公众　知晓公众　行动公众　组织形象

□ 主要观念

公众的含义及特征　公众的分类　公共关系的职能　公共关系与因特网

□ 重点实务

公众分类的实际运作　企业社会责任感的理解与落实　网络公关实务

■ 基本训练

□ 知识训练

▲ 复习题

2.1　简答题

(1) 为什么要进行公众分类?

(2) 组织形象包括哪几方面?

(3) 在公众关系处于和谐状态时，需要公关活动吗？为什么？

2.2　判断题

(1) 公众就是存在于社会组织周围，与社会组织有着某种联系的社会群体。（　）

(2) 公共关系的最主要职能是提高组织主体的知名度。（　）

(3) 企业股东是企业的主要外部公众。（　）

2.3　填空题

(1) 公众的基本特征是具有同质性、群体性、相关性和________。

(2) 公众纵向分类的最后一类公众是________。

(3) 公共关系在协调关系时应讲究互利原则、公开原则和________。

2.4　单项选择题

(1) 信息沟通包括信息收集、分析处理和(　　)。

A. 信息汇总　　B. 传播反馈

(2) 当公众不仅面临着共同的问题，而且本身也意识到了问题的存在时，此类公众属于(　　)。

A. 知晓公众　　B. 行动公众

（3）依据公众对组织的态度分类，公众可分为顺意公众、逆意公众和(　　)。

A. 边缘公众　　B. 意见公众

2.5　多项选择题

（1）企业识别系统即 CIS 包括(　　)。

A. 理念识别系统　　B. 目标识别系统

C. 行为识别系统　　D. 视觉识别系统

E. 数字识别系统

（2）公共关系的职能包括(　　)。

A. 形象塑造　　B. 沟通信息

C. 协调关系　　D. 决策咨询

E. 教育引导

▲ 讨论题

（1）2008 年 8 月中旬，某小食品生产企业质检员有一天突然发现该厂生产的小包装食品封袋上的生产日期印章发生计时错误，8 月份打印成了 9 月份。

针对该事件试按公众纵向分类列出企业的相关公众。

（2）网络正式成为非常重要的传播渠道，微博营销对企业形象的影响越来越大，你认为作为一个企业应如何利用网络媒介。

□ 能力训练

▲ 案例分析

“郭美美”事件

背景与情境：2011 年 6 月 21 日，新浪微博上一个名叫“郭美美 Baby”的网友颇受关注，这个自称“住大别墅，开玛莎拉蒂”的 20 岁女孩，不仅在网上公然炫耀其奢华生活，并称自己是中国红十字会商业总经理，更有网友披露其为中国红十字会副会长郭长江之女，由此引发网友对中国红十字会的诸多非议。

事件发生后，中国红十字基金会虽一度发表公开声明，极力撇清郭与红十字两者的关系，但显然得不到民众的信服，高呼再不给红十字会捐钱。

深圳市红十字会在“郭美美”事件后收到的社会捐款仅为一笔 100 元。

佛山市红十字会医院学校在“郭美美事件”后收到的捐款从 2010 年的 88.6 万元滑至分文未入。

民政部统计数据显示，2011 年 6 月全国社会捐款为 10.2 亿元，7 月为 5 亿元，比上月减少了 5.2 亿元，降幅接近 51%。慈善组织 6 月到 8 月接收的捐赠数额降幅更是达到 86.6%。

在一份 19.5 万个有效投票调查中，高达 77.67% 的读者表示不会再捐款，10.75% 选择“视情况而定”，只有 11.58% 的读者表示“依然信任红十字会”。

而在“郭美美”事件引发的慈善信任风暴之中，公众对中国红十字会的质疑，恰恰证明了中国慈善组织的公信力薄弱到了何等地步。

问题：红十字会在此事件中的错误有哪些？关键是什么？

分析要求：同第1章本题型的“分析要求”。

▲ 实训操练

操作项目：主体突发负面事件后的公众纵向分类实训。

情境设计：将班级学生分成若干实训小组，每组确定1人负责。各组就操练项目需要进行角色划分，并依照该项目的业务程序与规范要求，进行公众纵向分类运作模拟实训。

实训要求：结合所在主体，拟设定一个突发性负面事件（也可选取最近发生的实例），进行公众模拟分析实训。

实训步骤：

（1）将班级学生分成若干实训小组，每组确定1人负责。

（2）各组学生根据操练项目需要进行角色分工。

（3）各组学生结合该项目的事件性质、预期后果、解决程序与规范要求进入角色，重点了解并体验其纵向公众分类与变化的全过程。

（4）各组学生记录本次模拟实训的成功经验、存在的问题以及解决办法。

（5）各组整理实训记录，在此基础上撰写《××主体××突发性事件的纵向公众分类分析报告》。

（6）讨论交流、相互点评与修订各组的《××主体××突发性事件的纵向公众分类分析报告》。

（7）在校园网的本课程平台上展出经过修订和任课教师点评的各组《××主体××突发性事件的纵向公众分类分析报告》，供学生借鉴。

□ 善恶研判

冲兑门绊倒海底捞

背景与情境：“海底捞”成立于1994年，是一家以经营川味火锅为主、融各地火锅特色为一体的大型跨省直营餐饮品牌火锅店，全称是四川省简阳市海底捞餐饮股份有限公司，已在全国范围内开了71家直营分店，每年还以5～7家递增，曾先后在四川、陕西、河南等地荣获“中华名火锅”、“纳税大户”、“消费者满意单位”、“名优火锅”、“最受欢迎10佳火锅店”、“最受欢迎20佳餐馆”等多项荣誉，年营业额超过亿元，纯利润超过千万，网络好评如潮，企业快速扩张。有人称：“人类已无法阻止海底捞了”。

2011年8月22日，一篇《记者卧底打工海底捞 骨头汤和饮料是兑的》的新闻被频频转载。文中称，日益泛滥的“海底捞体”令卧底记者起意应聘海底捞，试图通过亲身体验，向公众介绍一个真实的海底捞，从而引发“冲兑门”事件。

报道称，海底捞新员工培训时，培训老师会特别提醒，回避向客人回答汤料及饮料的成分。“当客人问及骨头汤为何这么白及好喝时，员工一定不能说是各种料兑的，而要回答自己也不太了解，请客人去吧台看资料。”

此外，海底捞部分门店的员工存在偷吃熟食、筷子掉地上继续捡起来用、肉类并非宣传所称严格称重等现象。

事实上，让海底捞遭遇危机的这篇文章有2/3的篇幅都是在说海底捞的好话，通篇看完，反而会让人产生竖起大拇指的冲动，但该篇文章在微博上的传播，所有的闪光点都被一句“骨头汤和饮料是兑的”掩盖了。

8月24日，“海底捞”发表声明承认了“勾兑”事实，但属于正常的操作工艺。

9月7日，网友“惜粤”在华商论坛发表一篇名为“在大雁塔海底捞吃出一根小塑料带”的帖子，称6日8时40分，在大雁塔海底捞吃火锅的时候吃到了一个塑料扎带，并附了三张清晰的照片，帖子一发出，引起了广大华商网网友的围观，信任危机延续，有网友表示说：“人类无法阻止海底捞，是海底捞阻止了自己。”

问题：

（1）本案例中存在哪些企业伦理或职业道德问题？

（2）试对上述问题作出你的善恶研判。

（3）通过网上或图书馆调研等途径收集你作道德研判所依据的行业道德规范。

（4）本案例对你的启示有哪些？

研判要求：同第1章本题型的“研判要求”。

第3章 公共关系组织机构与人员

◆ 学习目标

通过本章学习，应该达到以下目标：

职业知识：学习和把握公共关系组织机构的基本类型、公共关系部的基本职能及主要工作内容，熟知公关人员的品德及业务素质要求，并能用其指导相关认知活动与规范相关技能活动。

职业能力：通过运用本章理论与实务知识研究相关案例；培养在特定主体中分析问题与决策设计的能力；通过按照本章实务知识规则操作的训练，培养公关人员具备良好的公关意识及合格的品德素质，以及把握公关部组织架构设置与人员配置的专业技能。

职业道德：通过结合“公共关系组织机构职能与人员素质”教学内容，依照行业规范或标准，分析“富士康公关之失”、“买不来的消费认证”、“何以一年半换13份工作”等案例中企业或从业人员行为的善恶，强化职业道德素质。

【引例】

富士康公关之失

背景与情境：2010 年 5 月 26 日晚间，富士康一名男性员工坠楼自杀身亡。这已是自 2009 年 7 月 15 日“第 1 跳”以来的“第 12 跳”。而就在数小时前，富士康总裁郭台铭刚刚承诺将向员工提供更好的福利，改善员工生活。

“跳楼事件”随着媒体曝光、网民的“人肉”搜索迅速扩大，使富士康给公众留下了非常负面的印象。从“血汗工厂”论，到“3 000 万天价索赔记者”，到 2009 年的“员工因丢失电话自杀”，再到此次“几连跳”事件，富士康长期以来以负面新闻为主的媒体传播已经在公众中形成了一种自私冷漠、轻视员工和他人的刻板印象。一提到富士康，人们难以产生正面联想，而企业稍有闪失，极容易招致排山倒海的批评声浪。

富士康的公关意识、能力与企业实力不匹配，它没有注意利用正面事件改善企业形象。虽然富士康寻求的是以降低劳动力成本获取利润的发展方式，但对于代工行业和制造行业来说，这都是无可奈何的必然选择。与同类的绝大多数厂家相比，富士康并不算真正的血汗工厂。因为富士康包员工吃住，还有保险，富士康也在努力完善包括带薪休假、患病亲属慰问、员工宣泄室等一系列员工关怀措施。汶川地震富士康捐款 3 000 万元，其数额远远超过了许多高利润甚至获取垄断利润的企业。只是这些事例因为富士康公共关系能力的缺乏，没有为企业正面形象的树立发挥出有效的积极作用。

据台湾《工商时报》报道，富士康员工出现第 12 跳，外加全球股市大崩盘，鸿海集团的总市值单日蒸发 913 亿元，其中，“旗舰”鸿海 25 日一天的市值就消失了 557.63 亿元，创下该集团金融风暴以来单日最大跌幅。

问题：富士康公关之失在何处？

分析提示：19 世纪 20 年代初期的美国也出现过类似事件，这就是在“扒粪”运动中被广受攻击的洛克菲勒家族，尽管洛氏家族也非常乐善好施（洛氏基金曾经是世界上最大的慈善基金会），但一直以来的封闭、低调行事风格使企业与外界有太远的距离，最终成为风暴的中心。在聘用现代公关创始人艾维·李为顾问后，终使洛氏家族摆脱被动。问题是 21 世纪的现代社会，在富士康这种航母型企业，同类问题还会重演，不得不由我们反思：中国的公关业还很不发达，公关工作者仍需努力。

公共关系的组织机构，是指专门从事公共关系工作的具体机构。它是公共关系工作的组织保障，也是公共关系人员的工作场所。公共关系工作作为一项长期、复杂而又有计划的开拓性工作，没有一定的组织作保障，是无法完成的。因此，公共关系的组织机构在公共关系工作中处于基础地位，并起着组织、领导、策划、实施、监督、检查和保障作用，这也是公共关系作为一种新型职业的具体表现。

公共关系组织机构可以划分为三大类：组织内部的公共关系部、社会上的专业公共关系公司和公共关系社团。

3.1 公共关系组织机构的类型

随着公共关系在社会组织经营管理、决策计划中的地位及作用的不断提升，其组织机构也呈多样化发展趋势。在美国许多大中型公司，一般都设置公共关系部门，具体的名称略有不同，有的称为公共关系（Public Relations）部、有的称为媒介关系（Media Relations）部，有的称为对外传播（External Communications）部，有的则称为公共事务（Public Affairs）部、政府关系（Government Relations）部、社区关系（Community Relations）部，有的企业还专门设有业界分析师关系（Analyst Relations）部。名称虽然不尽相同，但作用大致相似，都起着企业与外部世界信息交流的协调与桥梁作用，协同市场行销（Marketing）和市场传播推广（Marketing Communications）等部门通过大众媒体和其他渠道向企业所针对的公众传递企业及产品和服务的信息，并担负着向企业传递公众对企业反馈意见的责任。

3.1.1 公共关系机构类型

公共关系机构有许多不同的类型，主要有以下几种划分方法：

1）按公共关系的服务对象分

- 公共关系公司；
- 公共关系部；
- 公共关系社团。

2）按公共关系的作用分

- 宣传型公共关系；
- 服务型公共关系；
- 联系型公共关系；
- 研究型公共关系。

3）按公共关系的作用范围分

- 国际型公共关系机构；
- 区域型公共关系机构；
- 集团型公共关系机构。

3.1.2 常见的公共关系机构

1）公共关系公司

公共关系公司又称公共关系咨询公司或公共关系顾问公司。具体地讲，它是由具有专业特长的专家组成的、专门从事公共关系咨询或受理委托为客户开展专项公共关系活动的专业公关机构，具有独立的法人资格和地位。自 1903 年被后人誉为“公共关系之父”的美国著名记者艾维·李开办了世界上第一家公共关系事务所以来，至今美国已有成千上万家的公共关系公司。我国自 1985 年 8 月成立第一家环球公共关系公司以来，至今已有数百家合资和当地公共关系公司存在并运作，在市场经济中发挥着重要作用。

公共关系公司就本身业务特点而言，又包括各种不同类型的专业公司：

就公共关系业务内容划分，有：

• 专项业务服务公司，即专门为用户提供某种公共关系技术服务的公司，如人才服务中心、技术和设备咨询公司等。

• 专门业务服务公司，即为特定行业提供公共关系服务的公司，如专门为工商企业提供服务，维护其合法地位和良好形象的公共关系公司。

• 综合服务咨询公司，即以各类公共关系策划专家和技术专家组合来保证和适应各行业、多方位、全过程的外部公共关系需要的公共关系公司。

公共关系公司所具有的一般特点：

• 观察、分析问题具有客观性。
• 提出的建议和方案更具权威性。
• 信息来源的广泛性和渠道网络的广泛覆盖性。
• 公共关系活动整体规划的经济性。

此外，由于专业公司人才聚集，其策划实施方案往往具有较高水准。

公共关系公司的主要职能：

• 确立目标，调查研究。
• 制订和实施公关计划。
• 提供咨询服务，作为决策参考依据。
• 代理公共关系业务。
• 提供全面公共关系服务。

公共关系公司的核心工作原则：

• 自觉遵守国家法律、法令和有关方针政策。
• 为客户保密。
• 一切为客户着想。
• 重长远发展，为客户谋求长久利益。

2）公共关系部

公共关系部是指组织内部设立的专门性公共关系工作机构，不具备独立的法人资格和地位。它是为了贯彻公共关系思想、发挥公共关系作用、专业性开展各类公共关系活动而设置的一种内部组织机构。

公共关系部就其本身来讲，也包括不同类型：

• 职能型，即按照公共关系职能分类所建立起来的公共关系部，也称为职能型公共关系部。这种机构的特点是公关部配有通晓专门业务的人员，运用专门知识处理公共关系活动中所遇到的各类问题，为领导的决策提供咨询，从而适应复杂的环境和大型组织管理的需要。

• 过程型，即按照公共关系工作的过程分类所建立起来的公共关系部。其特点是各职能部门的工作内容专业性强，工作范围集中，易于积累经验，能提高公共关系活动的效果。但这种类型的公共关系部的整体设置较差，如协调配合不好，容易造成相互扯皮、相互推诿，从而影响公共关系工作的绩效。

- 公众型，即以不同公众为对象，分别设立以相应的工作对象为机构的名称，如公共关系部下设职工工作组、就业关系组、媒体组等。

3）公共关系协会

公共关系协会是从事公共关系研究与实践的协调性服务机构。其主要目的是促进公共关系事业的发展；明晰公共关系的职业标准；通过一系列教育推广、信息交流和专业研究，成为公共关系从业人员和公共关系机构的意见交流和学习的平台。

公共关系协会的主要职责是通过非成员间的联系及协会会议帮助会员了解、把握世界各国与地区的公关发展趋势和公共关系方面存在的问题，提高会员对公共关系在事业发展中的重要作用的认识，开展公共关系管理的研究工作。

公共关系协会的特征：公共关系协会作为非营利性的群众组织或社会团体，其自身的性质决定了它具有以下特征：

- 人员组成的广泛性；
- 组织结构的松散性；
- 工作内容的服务性；
- 非营利性。

公共关系协会的主要活动有：

- 召开年会和学术研讨会。通过年会和学术研讨会进行学术研讨，安排下一年度的工作，有时还要评选优秀论文，表彰公共关系活动的积极分子等。
- 组织专题活动。如开展一些大型的文化、体育等活动，以提高协会的声誉和知名度。
- 进行专业培训。通过举办讲习班、培训班和研讨班等培训公共关系专业人员，如英国公共关系协会经常进行 CAM 证书和文凭两个层次的考核。
- 建立内外联络系统。对内，经常与会员保持联系；对外，与国内外公共关系协会进行联络、交往，形成横向网络系统。
- 宣传普及知识。通过编辑、出版会刊普及公共关系知识，记载和推广公共关系的研究成果。
- 开展公共关系咨询活动。

3.2 公共关系部

公共关系部是指社会组织内部设立的专门性公共关系工作机构，它主要是组织为处理、协调、发展本组织与社会公众及组织内部公众关系而设立的专业职能机构。它与组织内部的其他职能机构一样，是组织的重要职能部门，且它的地位与作用是其他部门无法取代的。

3.2.1 公共关系部的优势

公共关系部的优势主要是就与专业性公共关系公司相比较而言的。

专业性公共关系公司的优势主要表现在：信息比较灵通、趋势比较明显、职业水准较高、分析问题比较客观。而一个组织内的公共关系部的优势则主要表现在以下方面：

1）对本组织的历史、现状和面临的问题比较了解

从上述公共关系部的含义表述中可以看到，公共关系部实际上就是组织内部的一个专业职能机构，因此它对组织内部的历史、现状和面临的问题及前景发展比较了解。这一点也决定了它在处理问题时有更多的优势。

从某种意义上讲，相对于组织内部的其他职能部门而言，公共关系部能更多地接触各种事件、问题，它是组织决策部门与其他职能部门之间的桥梁和纽带。

2）服务比较及时

专业性公共关系公司的服务对象是全社会的公众，它不直接为某一组织服务，因此对组织来讲，其希望达到的目标或者要求许多时候专业性公共关系公司难以驾驭。但是对组织内部的公共关系部来讲，却不存在这样的问题，因为它受一个组织最高决策层的统一领导，组织需要解决的问题，只要有最高决策层或一个行政指挥的命令，公共关系部必须照办，故对组织来讲服务比较及时、周到。

3）节省费用

专业性公共关系公司在提供综合性公共关系服务的同时也要收取一定的服务费用。一般来说，公司规模越大，名声越大，需要解决的问题难度越高，所收取的服务费用也就越高。如美国最大的公共关系咨询公司“希尔和诺尔顿”公司收取服务费的最低标准是年产值 4 000 万美元的公司年收取咨询费 60 000 美元。有的公关公司撰写一篇新闻报道要价在几百美元以上，按时计算的咨询费用更高。昂贵的收费标准，也是许多企业组织不愿请专业性公共关系公司代理公关业务的原因之一。相对而言，设置组织内部公共关系部的费用则比较低了。

由于组织内部的公共关系部有这些优势，因此，一般的组织对于一些特别重大的公共关系活动，也不必去依赖专门的公共关系公司为自己提供咨询服务。

然而在此需强调的一点是：优势和劣势或长处和短处都是相对而言的，公共关系部的优势是专业性公共关系公司的劣势；反过来，专业性公共关系公司的优势也正是公共关系部的劣势。公关专家斯各特·卡特里普就曾明确指出，“当一个人为了成为一名团队成员而牺牲了客观性和独立视角的时候，团队成员也可能成为一个问题。如果人员过于忠诚了，他们也可能被利用，这时友谊和共同掌权就会导致阿谀奉承。随时可以得到的帮助也可能把职能部门塑造成一个包罗万象的筐子。混合不堪的使命和角色，以及因团队思维导向、支配从属关系而引致的客观性丧失是公共关系部的最大劣势所在”。

【补充阅读资料3-1】

爱德华·L. 伯尼斯访谈

问：您对今天的公共关系实务有何不满意的地方？

答：在美国，公关一词就像肥皂泡一样有着不确定性。除非它能够像医疗和建筑等职业一样，通过法律界定其在公众心目中的地位，否则每个人都可以使用它。而今，水管工、汽车推销员甚至是毫无道德规范而言的人都可以自称为公关从业人员，而这些人并未接受过任何相关的教育和培训，有些人甚至不清楚“公关”究竟为何物。公众也一样不清楚公关的含义，如不引入相关的认证体系和注册机制，这种状况必将继续下去。

问：目前公共关系实务的哪一方面让您感到最满意？

答：我最满意的是有些公关从业人员确实将他们的工作看做一种职业，一种包含科学规律的艺术。在这一领域，人们考虑的主要是公众利益而不是金钱动机。同时，社会上的一些卓越领导人也逐渐认识到了公共关系活动的重要性。

问：您认为现在的公关从业人员的才干与过去比较起来如何？

答：如今的公关从业人员大多数在所从事的领域受过良好的教育。然而不尽如人意的是，这方面的教育仍会因开设它们的机构不同而使水平有很大差异。这种情况主要是由缺乏统一的行业标准造成的。公共关系活动应该是将社会科学知识与公众态度、员工或客户行为有机融合在一起的实践过程。

资料来源　弗雷泽·P. 西泰尔. 公共关系实务［M］. 潘艳丽，陈静，译. 10版. 北京：清华大学出版社，2008.

说明：爱德华·L. 伯尼斯系现代公共关系创始人，于1995年去世，享年103岁，此系其98岁时的一次访谈录。

3.2.2　公共关系部的基本职能和作用

1）公共关系部的基本职能

（1）公共关系部是组织的情报部

公共关系部的首要职能就是采集信息。任何关系到组织生存与发展的信息，都属公共关系机构所要收集的范围。组织通过对这些信息的收集、整理和分析，可以了解现状、预测趋势、适应变化。公共关系部在这方面所要做的工作主要有：

- 了解内部公众对组织的意见和建议。
- 了解社会政治、经济、文化现状及变化，并预测其未来趋势。
- 了解外部公众对本组织方针、政策、行为的反应等。

公共关系部着重建立广泛的社会联系和通畅的信息传播网络，发挥组织“耳目”、“神经”的作用。

（2）公共关系部是组织的决策参谋部

由于公共关系工作关系到组织的信誉和形象，关系到组织战略目标的实现，所以专门从事公共关系工作的公共关系部不是一般的管理部门，而是组织的“智囊团”、“思想库”和“信息库”。公共关系部不是一线指挥部门和最后决策部门，而是在采集、整理、分析信息的基础上，提供可供选择的决策方案，协助决策层从公众角度进行决策。公共关系部要站在组织目标和社会需要的立场上，综合评价各职能部门的活动已经或可能引致的社会效果，维持组织与外部环境的动态平衡。它在这方面的具体职能是：

- 为协调组织与环境（公众）的关系制订可供选择的行动方案。
- 协助决策者分析和权衡各种方案的利弊得失。
- 预测组织行为将产生的社会影响及后果。
- 敦促和提醒决策者及时修正可能会导致不良结果的政策与行动。

要保证公共关系部上述职能的发挥，不仅要求组织的决策要实现民主化和科学化，而且还要求组织的决策者重视、支持公共关系部。现代企业一般都是由副总裁兼公关部主管一职。

美国公关专家弗雷泽教授就公关人员决策参谋作用的发挥问题指出：如今所有公司中大约一半的公关部门直接向董事长、总裁或首席执行官汇报工作，这是非常正确的。与过去相比，这是一种进步，反映了公关部门地位的提高。大约1/6的公关部门向广告或营销部门汇报工作，还有1/6的公关部门向分管副总裁汇报工作，很明显这些主管可能会过滤掉一些应该报告给高级管理层的信息。

（3）公共关系部是组织的宣传、外交部

一个组织要想获得公众的了解、理解和信任，得到公众的支持，就需要不断地向公众宣传组织的政策，解释组织的行为，提高组织的透明度。随着组织与外界交往的日益密切，其对外联络和应酬、交际的任务越来越重。同时，组织与外部的各种摩擦和纠纷也随之增多，需要进行充分协调，公共关系部作为组织的对外机构就应担负起这些工作。在一定意义上说，公共关系部是组织的“喉舌”和“外交官”。

（4）公共关系部是组织的关系协调部

协调组织内外的关系，处理组织面临的各种问题，是公共关系部的重要职能之一。组织内部的气氛是否融洽，各部门运转是否协调和高效，对组织有直接影响。公共关系部是员工与管理层、部门与部门之间联络和交流的桥梁与中介。公共关系部上情下达，下情上传，能促使管理工作民主化、决策科学化，提高决策的透明度和凝聚力，为组织的发展创造良好的内部环境。目前，我国不少企业的公共关系部正逐渐融入领导决策层。

处于理想地位的公共关系部应具有四个特点：

- 直接对组织最高领导负责。
- 能够与组织中的各个部门、各个层次保持密切联系，不指挥、命令其他部门，其他部门也无权对公共关系部下达指令。
- 能够将信息迅速反馈给最高领导层或其他有关部门。
- 参与领导层的战略决策。

2）公共关系部的作用

（1）为组织主体的公共关系活动提供组织保证。

由于公共关系部门的工作关系到组织的形象和声誉，关系到组织上下、内外的信息交流，关系到组织战略目标和社会整体效益，因此可以说，组织的公共关系部门是现代企业中的一个重要管理部门。它不仅需要组织领导层的高度重视和全体员工的广泛参与，而且在机构设置和人员配备上更要遵循“设置到位、专兼并举”的基本原则，合理配置机构和人员。基于公共关系部门在组织中的重要地位及职能上的考虑，其在机构设置上应与组织的其他部门平行，而其负责人应该同时是组织的负责人之一，以充分体现组织对公共关系的重视程度。只有这样，公共关系部门才能真正发挥其决策参谋部、情报信息部、宣传外交部的作用；才能及时地向组织决策者反映外界信息，并及时地提供咨询、建议；才能准确地向外界和员工传递组织决策者的信息和意图；才能全面地、有效地贯彻落实组织的公共关系思想和决策。在公共关系人员配备上，除选配一定数量并具有良好素质的专职人才外，还应重视在各职能部门选择、培养一批兼职公共关系人员，以备组织在开展大型公共关系活动时抽调出来配合公共关系部门开展工作。

（2）培养组织成员间的感情，寻求组织成员间同舟共济、荣辱与共的凝聚力。

人在任何一个组织中都是最重要的资源，西方管理学中的人本管理思想的基点就在于此。因此，公共关系部必须为组织营造一种良好、和谐、奋发向上的氛围。只有这样，才能使员工将组织当成自己的家，只有这样才能增强组织的凝聚力，使组织成员的个人利益、目标与组织追求的利益、目标相一致。

（3）协调与社会各方面的关系，树立组织的良好形象。

任何一个组织，都是社会系统中的一分子，它必然与社会各方面保持着广泛的密切联系。而社会各界认识一个组织往往先从组织公共关系部门的各种公共关系活动开始。因此，合理设置组织内部的公共关系部门，配备较高素质的公共关系人员，对组织树立良好的形象具有重要作用。

3.2.3 公共关系部的设置原则

1）精简、效能

对于精简、效能原则，首先，要求公共关系组织机构必须有助于组织目标的实现。一切组织机构的建立、调整、取消或合并，都必须以是否对实现组织目标有利为衡量标准。其次，为了有效地实现组织目标，在机构设置上必须保持精简，即各类机构的设置都要与所担负的任务相适应，做到“因事设职”，力求减少管理层次，精简机构和人员，充分发挥人的主观能动性。从公共关系部设置要求方面来讲，一般来说，30 人以上的公共关系部是大型的，10 人以下的公共关系部是小型的，介于两者之间为中型的。最后，各类岗位都应当尽量按专业原则设置，以使工作精益求精，使各类岗位人员向专业化方面发展。但对于规模较小的组织来讲，过分专业化则会增加管理成本，所以，应培养一专多能型人才，实施兼职管理方式。

美国一家公共关系协会曾对企业公共关系部的人数做过调查，结果是定期销售额为5亿~10亿美元，20人；2.5亿~5亿美元，13人；1亿~2.5亿美元，6人；0.5亿美元以下，4人。

2）协调

协调是管理的主要职能之一。设置公共关系部遵循的这项原则，其含义有三点：一是所设置的公共关系部要对组织外部环境的协调起积极作用，这是基本目的；二是所设置的公共关系部要与组织内部的各个部门、环节相协调，这也是公共关系部的一项基本任务；三是公共关系部内部人员及层次的设置也要相互协调，以发挥它自身的整体效应。

3）适度

适度是指坚持有效的管理幅度和适当的管理层次。管理组织之所以要分为多个层次，其根本原因是管理幅度的限制。所谓管理幅度，是指一个上级管理人员能够直接管辖下级人员的数量，每一个管理者由于受其知识、能力、经验和精力等条件的限制，能够有效领导下级的人数是有限的。这是一个“横”的概念。所谓管理层次，是指领导属下不同等级的数目，即从最高层领导到基层工作人员分几级管理。这是一个“纵”的概念。管理幅度与管理层次是成反比例的。一般来讲，有效的管理幅度的确定，应当考虑管理者自身的管理能力和下层的独立工作能力、管理活动的性质、下层的分散程度、管理人员的授权状况以及组织中新问题发生的频率等因素。

公共关系部作为组织的一个内部管理部门，其设置必须有一个合理的管理幅度与管理层次的讲究，在实际操作中必须根据具体情况来设置。

4）弹性

组织的客观环境不是一成不变的，而是处在不断变化之中的，组织管理的目标、内容也经常随之发生变化。这就要求组织结构不能僵化，而应有适度的弹性，以适应情况的变化。按照这一原则，组织内部公共关系部的设置，也应该考虑要留有一定的余地，以动态地适应环境的变化，有效地为组织目标服务。

3.2.4 公共关系部的组织结构

公共关系部的组织结构是指公共关系部组织机构的类型和组成方式。它涉及公共关系部的工作方式。具体来说，可分为以下几种：

1）按公共关系对象的不同设置（见图3-1）

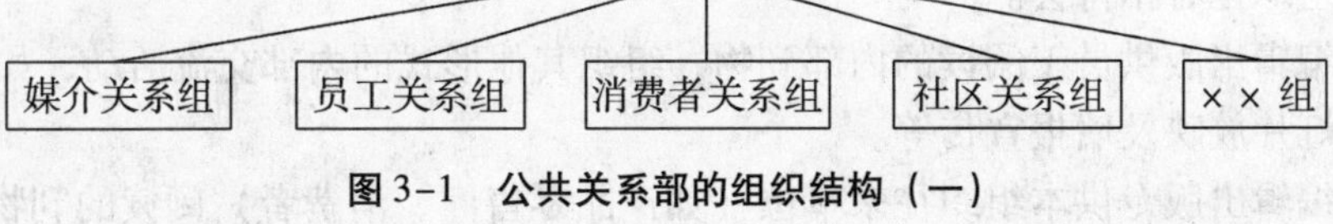

图3-1 公共关系部的组织结构（一）

2）按公共关系活动过程设置（见图 3–2）

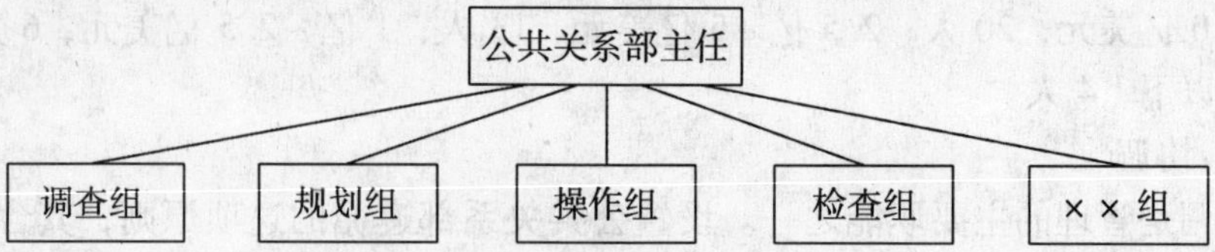

图 3–2　公共关系部的组织结构（二）

3）按公共关系技术配置设置（见图 3–3）

图 3–3　公共关系部的组织结构（三）

3.2.5　公共关系部的主要工作及人员配置

公共关系部的工作用千头万绪、包罗万象来形容是比较形象、贴切的，它是社会组织的“形象设计师”，更具“智囊”、“美容师”、“营养师”、“心理咨询师”等作用。公共关系部的工作主要分为三类：日常工作、定期活动和专题活动。

1）日常工作

公共关系部的日常工作主要有：

①随时收集组织内外公众的各种意见。

②撰写介绍组织情况、工作进展、好人好事等的新闻稿。

③同各种传播媒介的记者保持密切的联系。

④协同摄影、制作方面的人员拍摄、整理、保存资料图片。

⑤同有业务往来的公关公司保持联系。

⑥同主管部门、政府有关部门的人员保持联系。

⑦对本组织在公众中的形象做出评价。

⑧了解竞争对手的公关活动情况。

⑨设计、监制本组织的各种宣传品和赠品。

⑩培训公关工作人员。

2）定期活动

公共关系部的定期活动主要有：

①组织记者招待会。

②编辑出版供员工阅读的内部刊物，组织其他形式的内部交流活动，如录像放映、幻灯片放映及墙报宣传等。

③编辑出版专供本组织往来单位（如产品零售商、消费者）阅读的刊物。

④参加各种管理会议，了解组织内部的管理情况。

⑤参加各种销售会议，了解组织同外界的业务联系情况。

⑥同所在社区的代表接触。

⑦协助撰写组织的各种资料，如组织简史、年度经营报告、教学图片等。

⑧组织、安排针对全体人员的娱乐活动。

⑨安排领导与报刊记者、电台记者、电视记者会面。

⑩总结、评价公关活动的效果。

3）专题活动

公共关系部的专题活动，是指组织为了达到特定目的而集中人力、物力、财力进行的一种专门活动。公共关系部的每一次专题活动都应取得与其投入相称的明显效果。这些专题活动包括：

①组织、举办展览会。

②筹划、安排公关广告。

③设计、（委托）制作组织的标志、吉祥物等。

④安排来访者参观。

⑤组织新产品介绍会。

⑥组织、安排组织的庆典、开张仪式等。

⑦处理危机事件。

⑧筹划、安排“制造新闻”活动。

⑨举办用于公关目的的赞助活动。

4）公共关系部的人员配置

公共关系部大致需要五类人员：

（1）编辑、撰稿人员。

他们的任务是采写本组织新闻、编辑组织内部的各种刊物等。这些人员需有写作方面的功底，“笔杆子要硬”，最好从事过记者职业。

（2）调查、分析人员。

他们的任务是随时了解、收集内外公众的各种意见，分析内外公众对本组织的态度，并分析态度产生的原因以及如何实现沟通等。这要求他们应具有市场学、社会学、心理学等方面的知识，精于社会调查。

（3）策划人员。

他们的任务是研究各类公众的心理，确定每次公关专门活动应采取什么方式进行，具体应如何筹备安排等。这要求他们应熟悉各类公关活动的工作方法及本组织的情况，有丰富的公关经验及创造力和想象力。

（4）组织人员。

他们的任务就是具体准备、组织、管理公关活动。这要求他们一方面要充分了解公关工作的原则、方法、技巧，另一方面还要有足够的组织管理能力以及应付琐碎事务的调控能力。

（5）其他专门技术人员。

其他专门技术人员指摄影师、印刷设计师、法律顾问、广告专家等。

在实际工作中，有时一个公关人员可能要担负两项或两项以上不同类型的工作，有的公关人员可能是全能型人物。

组织内部的公关部到底配置多少人合适，没有严格规定。就目前我国的情况看，宾馆饭店类组织公关部的人数为4~5人，商业企业类组织公关部的人数为2~4人,工矿企业类组织公关部的人数为1~3人。在实际工作中，有许多组织还没有设立公关部，有的只是在相应的职能部门派专人负责公关方面的工作。

3.3 公关从业人员基本素质要求

公共关系工作对组织主体而言是一项繁杂且极为重要的工作，因为它所追求的是企业组织的“人和”环境，塑造着组织的良好形象。这项工作质量的好坏，关键取决于公共关系人员。

公共关系人员是从事公共关系工作的各类人员的统称，英文表述为 PR practitioner。在欧洲、北美，对公关人员的称呼有 PR men、PR officer 等。从广义角度看，公关人员泛指从事公共关系理论研究、教学活动和实践工作的所有人员；从狭义角度看，则仅指从事公共关系工作实践的人员。公共关系从业人员是组织开展公关活动的主体，肩负着帮助组织决策、沟通组织与内外公众的联系、树立组织形象、提高组织经济效益与社会效益的特殊使命，因而也被誉为组织形象的“设计师”和“智囊”。

就一般企业的公共关系部而言，其一般应配备两类人员。一类是从事调查研究、分析判断、计划组织的人员；另一类是行动人员。第一类人员应具有专业调查的理论知识、较高的分析问题能力、较高的政策水平、较宽广的视野和战略眼光；第二类人员包括宣传资料设计师、接待人员、组织内部刊物的编辑人员等。

无论是上述哪一类人员，最主要的是其基本素质，即人员选择的基本原则。它关系着什么样的人才能够胜任这项工作，甚至关系到一个组织的整体形象问题，因此，配备人员时必须慎之又慎。

【职业道德与企业伦理3-1】

从刘翔退赛看公关防范意识

背景与情境：2008年8月18日，中国飞人刘翔因伤退出110米栏比赛，举世震惊，尤其是对那些为到现场一睹刘翔风采而通宵排队购票的观众来说，在叹息中又有着太多的失望，甚至可能会做出一些不理智的举动。但赛事组委会的专家们在赛事前后主动采取对策，使刘翔退赛事件的负面影响降至最低。

1. 赛前密切观察。他们采取人盯人的策略，对一些包括刘翔在内的著名运动员（如伊辛巴耶娃、博尔特等）从运动员村到热身场地的一举一动都进行仔细观察与记录。在赛前热身时，他们就已发现刘翔热身活动异常：动作很紧，有痛苦感。为此，他们紧急商议后决定调整场内音乐，用舒缓轻柔的音乐代替奔腾激烈的音乐，以控制场内气氛；在刘翔退赛的那一刻，场内其他项目赛事的预告、成绩公告和颁奖抓紧进行，以尽快转移场内观众视线。“也许是我们事先（制订）的紧急方案到位，加上观众的理解，没有出现一起观众退票事件。”一位赛事组织者事后这样说。

2. 及时召开新闻发布会。按惯例，每天的新闻发布会都会在下午或晚上当天赛事结束后举行，但当确认刘翔退赛后，组委会立即决定在中午（刘翔退赛后1小时）召开新闻发布会，让公众在第一时间了解刘翔的伤情，使所有谣言不再扩散。

问题：如果你是一名公关工作者，对此事件有何感想？

分析提示：一名合格的公关工作者必须具备良好的公关意识，即对任何事情都要有统一的计划，尤其是要有紧急方案，以免事到临头却手足无措。此外，敏锐的观察能力也是不可或缺的，此事例便是最好的证明。

【补充阅读资料3-2】

杜孟先生的良言

法国人杜孟，现年45岁，1985年来中国创办首家合资公关公司——中法公关公司，现任该公司CEO。目前，中法公关公司已成为国内公关行业中的佼佼者，曾为众多《财富》500强企业和政府机构提供过服务，参与过包括亚运会、北京申奥等大型活动在内的公关策划，被国内一些媒体誉为“中国公关之父”。在谈到对优秀公关工作者的素质要求时，杜孟先生认为：

首先，要有职业道德，这是非常重要的。这个行业需要别人相信你，成功的公关人士都有一流的名声，必须正确识别自己得到的信息是否有价值，有些人只考虑经济利益，不慎重考虑全局问题，这对行业运作来说是危险的隐患。如果客户的目标不符合公关的职业道德标准，索性就不接手这个客户，不过这需要很大的力量和勇气来促使你做出这个决定。许多人会考虑经济利益而放弃道德，而一流的公关从业人员知道什么是对、什么是错、什么该做、什么不该做。

其次，公关人员要非常灵活。不光是灵活，公关人员还要学会从各个角度看问题，要了解各方面（国）的文化。如果说自己是中国人就以纯中国人的角度看问题，那就无法与日本人沟通。要学会即使对问题有不同的看法，也要接受别人的观点，否则很难成为一流的公关人士。

最后，要有语言条件。比如不会讲英文就无法从事国际公关工作，这好比中国的企业，不仅需要一流的头脑，还需要一流的沟通。国际公关语言是英文。

在杜孟看来，以上三点是公关人员应具备的最基本条件，但并不是说只要具备上述三个条件就可以轻松成功。公关行业包括很多专业，但无论是做政府事务还是做消费品的公关，只要你具备了这三个基本条件，那么成功就会向你招手。

素质是什么？从心理学角度分析，素质是指人的神经系统和感觉器官上的先天特点；从管理学角度分析，它指人的气质、修养、才华、学识等；从公共关系学角度分析，它是特指公关人员所应具备的先天素养和后天品格。在具体表现上，首先，它应该是一种现代人的全面发展的素质。例如，具有现代人的思维方式、现代人的知识和能力结构、现代人的观念和意识等。其次，结合公共关系职业的特性，它专指以公共关系意识为核心，以自信、热情、开放的职业心理为基础，配之以公共关系知识结构和能力结构的一种整体职业素质。“优秀的公关职员应该诚实，值得信任，审慎，具有扎实的分析能力，并且对核心业务和各类关键公众有着全面的理解和了解。他或她应具备倾听的能力、提供咨询的能力和帮助首席执行官管理竞争的优先顺序的能力。然而，最重要的品质是注重人与人之间的感情，相互信赖和尊重。”

3.3.1 品德素质

品德指人的道德与思想品质修养。

个性心理品质是指个性心理倾向（如动机、兴趣、理想等）和相对的静态特征（如气质、性格等）。

（1）兴趣。兴趣是人们行为的向导。一个人想要做什么，怎样设计自己的前程和奋斗目标，在很大程度上是由兴趣所决定的。从科学的角度讲，兴趣是指人们积极探究某种事物、进行某种活动的倾向。兴趣能借助人的情感愉悦使其乐于办成某一件事。或者说，它能成为人们克服困难创造奇迹的动力。

作为公共关系人员，兴趣可以促使你努力学习公共关系知识，刻苦钻研公共关系技能，勇敢地投入到公共关系事业中去；兴趣能使你经受得住困难与挫折的考验，知难而进；兴趣可以使你积极主动地刻意创造。这一点对公共关系人员来说尤为重要，因为只有独树一帜的创造（新），才能达到最佳的公共关系效果。

（2）性格。性格是指一个人对现实稳定的态度体系及与之相适应的习惯的行为方式。也就是说，个人对国家、对组织、对他人、对自己持何种态度，经常采取何种行动，面对突发事件采取何种行为方式等等，都是个人性格的反映，所以一个人的性格对工作、生活有着很大影响。

人的性格的形成既有天生的因素，也有后天的造就，具体地说，人的性格的形成是社会环境与自我调节共同作用的结果。作为公共关系人员，要认真地修养自己的性格，使之健康地发展。

（3）气质。气质是指一个人典型的、稳定的心理特点。这种心理特点主要表现为心理活动的动力特征。心理活动的动力是指心理过程的速度、稳定性、强度和灵活性等等。气质可分为四种类型，即多血质、胆汁质、黏液质、抑郁质。

多血质的人情绪反应迅速而不持久，动作快而灵活，外部表现明显。

胆汁质的人情绪反应快速而强烈，易激动，心境变化剧烈，动作快而猛，性急而不易控制，外部表现非常明显。

黏液质的人情绪反应慢，持久而不显露，动作迟缓而不太灵活。

抑郁质的人敏感怯懦，情绪体验深刻，稳定而不易表露，动作缓慢，有时近于呆板。

不同的气质类型往往会给一个人的心理活动涂上个人独特的色彩。例如，胆汁质的人所表现出来的谦虚带有自制的色彩，抑郁质的人所表现出来的谦虚则带有胆怯的色彩。需要说明的是，气质类型本身无好坏之分，但对不同类型的工作来说，有的气质类型可能会更为适宜。对公共关系从业人员而言，多血质的较适宜，抑郁质的适合从事技术类公关工作。

总之，公共关系人员最佳的心理表现应为：乐观外向，轻松兴奋，心平气和，很善于并且乐于与人交往；同时又有理智、重实际，不感情用事、忽喜忽怒；精明能干，富有事业心，虽然待人友善热情，但绝不是天真，因为这样的人往往具有一种天然的魅力，从而能够吸引公众，公众愿意与之交往；他们的头脑很冷静，绝不是为了交往而交往，而是能在不露声色之中左右公众，形成或改变公众的态度，进而达到自己的目的。

【同步思考 3-1】

90 后实习生拒绝订盒饭

2012 年 10 月 16 日，ID“易小术”发了这条微博：“前几天和央视某主任聊天，他说一周前来了几个实习生，青春洋溢让他有种想培养成才的冲动。前天开策划会，他对其中一位实习生说，麻烦你开完会给大家订盒饭，按人头，我请客。该实习生认真地说，对不起，我是来实习导演的，这种事我不会做的，主任瞠目结舌，他问我，到底怎么了，现在的实习生都这样吗?”

短时间内，该条微博被转发破万，评论 7 000 多条，引发了一场“90 后新鲜人”和“职场规则”的大讨论。

问题：结合该实例，谈谈你对从业素质的理解。

理解要点：一边是每年 600 多万名大学生踏入社会，一边是许多企业抱怨人才紧缺，折射出大学生和用人单位对人才标准的不同理解，90 后的社会价值观、幸福感该如何与当前社会现实较好地衔接呢?

3.3.2 职业道德

职业道德是指与人们的职业活动紧密联系的、具有自身职业特征的道德准则和规范，是从事一定职业的人们在职业活动过程中必须遵循的行为规范的总和。

职业道德是社会对特定职业从业者的要求，是社会道德在职业劳动中的具体体现。公共关系人员的职业道德，是指公共关系人员在从事公共关系活动中所必须遵循的行为规范的总和。

公共关系人员的职业道德包括的内容很多，归纳起来有以下几点：

（1）强烈的事业心和高度的责任感。

有人说公关工作者是“24/7”职业者（即每周 7 天，每天 24 小时不停地忙碌），此话还是比较形象贴切的。公共关系人员应自觉地认识到自己所从事的工作是本组织整个工作的重要组成部分，自身工作的优劣关系到组织目标能否实现。所以在工作中要有献身精神，能尽心尽责、锐意进取，从而卓有成效地完成自己所担负的每一项工作。

(2) 忠诚。

这是对公共关系人员最起码也是最重要的职业道德要求。这种忠诚既是对组织的忠诚，也是对公众的忠诚。对组织的忠诚表现为为实现组织的目标而忠心地工作；对公众的忠诚表现为对公众讲信誉，全心全意地维护公众的利益。

(3) 正直。

公共关系人员应具有公正、坦率的道德品质。正直一般表现为性格的刚直、作风的正派、品德的公正无私。公共关系人员要与众多的服务对象打交道。其言行稍有不端，不仅会有损于公众的利益，而且也会有损于组织的形象。正直，要求说真话、不吹牛、不撒谎，坚持原则、不随风摇摆，守信用、不背信弃义。不仅在公共事务中，而且在私人生活中公关人员都应该襟怀坦白，堂堂正正。这样才能给组织带来良好的声誉，工作才能取得成效。

(4) 热忱。

公共关系人员在与人交往中，必须热情洋溢、真诚而又有礼貌。公关人员是代表组织与公众和其他组织交往的，在一定程度上称得上是组织的社会活动家和外交家，热情的态度能使对方感受到你的诚意、恳切、友好、礼貌，能为交往的顺利进行打下良好的基础。当然，要求公共关系人员热情，绝不意味着可以丧失自己的立场，更不能搞曲意奉承，把公共关系变成庸俗关系。

(5) 仪表得体。

仪表包括人的仪容、姿态、举止和风度，这是反映一个人内在美的外部形象。一般来说，良好纯正的仪表来自一个人高尚的道德品质。公共关系人员应该做到衣冠整洁、举止大方、言谈适度、讲究礼仪，一言一行要表现出积极、认真、向上的精神风貌。端庄的仪表，既是对别人的尊重，也是自重自爱的一种表现。

【教学互动 3-1】

杭州有项调查：企业招聘人才时沟通能力排第一　在校学习成绩排最后

《都市快报》2012 年 12 月 5 日报道，杭州市第二届大学生就业创业研讨会 12 月 4 日召开，杭州 39 所高校指导站站长、企业 HR 代表、大学生创业企业代表及政府相关部门负责人参会。

IBM 杭州实训基地负责人、杭州润秀软件有限公司董事长宣舒钧在会上说，他曾组织对 62 家在杭企业的老总、HR 总监进行问卷调查，得出了企业在招聘人才时最看重因素的“优先顺序”，排在前三位的分别是：沟通交流能力；参加过实训、学习；自主持续学习能力。而被大学生认为非常重要，求职时通常会郑重写进简历里的“在校学习成绩”却排在最后一位。

研讨会上，浙江机电职业技术学院交流了一篇调研报告，指出有相当一部分毕业生因“花盆效应”，对即将就业的行业和用人单位缺乏比较全面的认知，对学校以外的环境也不太了解，即使找到了工作，就业“质量”也不高，尤其是应届生，容易在短时间内离职。另一份浙江传媒学院曾平江老师的调研报告说，“我能够做什么”和“我适合做什么”，是许多在校大学生最迷茫的两个问题。“考研”和

"考公"热，根源就是大学生在职业决策中出现了盲目和从众行为。

问题：请结合自身评析上述观点。

要求：同"教学互动1-1"的"要求"。

3.3.3 公关意识

所谓公共关系意识，就是现代经营管理和行政管理的一种思想、观念和原则。公共关系意识是公关人员应该具备的基本素质的核心。作为一种深层次的思想，公共关系意识引导着一切公共关系行为。没有正确公共关系意识的人，即使他有再好的心理条件，也干不了公共关系工作。没有公共关系意识的公关人员，也不可能是一个合格的公关人员。这是因为良好的公共关系意识能促使公关人员的行为永远处在自觉的状态，使他对环境变化的反应、适应和协调，有一种能动、开放、创造性的机制，既能很好地从事公共关系策划工作，也能创造性地完成公共关系实施任务。

1）形象塑造意识

形象塑造意识是公共关系意识的核心。在公共关系思想中，最重要的是珍惜名誉、重视形象的思想。现代社会组织都十分重视自身的形象塑造。良好的组织形象，是一个组织的无形资产和无价之宝。国内外公共关系学者给公共关系所下的定义有许许多多，但大多数定义都强调公关工作的目的是塑造良好的组织形象。具有形象塑造意识的人，能清醒地懂得知名度和美誉度对自己组织生存和发展的价值，他们会时时像保护自己的眼睛一样维护组织的形象。

【职业道德与企业伦理3-2】

买不来的消费者认证

背景与情境：2007年5月，一组质疑全国牙防组合法地位的信息在网上广为传播，最后，牙防组被认定根本没有合法的认证资格，牙防组也被政府相关部门摘牌取消，随之一些曾经以"全国牙防组"认证为名进行宣传的品牌也开始受到质疑，这其中就包括日本乐天公司的"口香糖"和宝洁公司的"佳洁士"含氟牙膏。据了解，宝洁公司曾向中国牙防基金会捐资1 000万元，并因此顺利取得了由牙防组开出的各种认证。而今，随着全国牙防组被摘牌取消，宝洁公司也深陷借助牙防组之名进行虚假宣传的危机中，使之成为众矢之的，一时无法自拔。

问题：宝洁公司在此事件中错在哪里？

分析提示：公共关系需要借势、造势，但必须合法合理，靠捐赠可以买来××认证，却买不来消费者对品牌的发自内心的忠诚，这也是宝洁公司公关专家们的失策之处。

2）公众服务意识

离开了公众，孤立的组织形象是毫无意义的；忽视了公众，组织的生存就会受到直接威胁，自然也谈不上组织的进一步发展了。

任何组织的公共关系工作都必须着眼于公众。当组织利益与公众利益发生冲突时，满足公众利益应该是第一位的。现代公共关系教育的先驱、美国著名公共关系学者爱德华·伯纳斯早在1923年就指出，公共关系工作是为了“赢得公众的赞同”，“公共关系应首先服务于公众利益”。20世纪七八十年代，国外企业普遍强调自己的社会责任，实际上这也是公众服务意识的反映。具有公众服务意识的公关人员，能时时处处为公众利益着想，利用条件、创造条件为公众服务，努力满足公众方方面面的要求。这样的人，实际上准确地把握了公共关系工作的方向。

3）真诚互惠意识

真诚互惠意识是公共关系的功利意识。否认公共关系的功利性是不客观的。因为处在当今竞争社会中的组织，需要一种竞争态势，组织之间既竞争又合作，才能共同发展、共同前进。竞争的首要问题是争取公众支持、塑造组织形象。任何组织都想塑造良好的形象，但这种形象的塑造，必须建立在真实、透明、真诚的基础上。公共关系工作既要满足公众的要求，尊重公众的利益，又要追求本组织的利益。任何组织都想通过公共关系工作，追求自身经济效益和社会效益的和谐统一。但这种追求，必须建立在彼此尊重、平等互利的基础上，而非建立在欺骗他人、坑害公众的基础上。

4）沟通意识

沟通意识实际上也可以说是一种信息意识。组织为了塑造良好的形象，更好地为公众服务以实现其目标，就必须建立一个信息网络来掌握环境的变化，保护组织的生存，促进组织的发展。从更高的层次来说，沟通交流的意识属于现代社会的民主意识。组织为了塑造为公众所接纳的良好形象以求得公众对组织的支持，就必须倾听公众对组织的各种建议和批评；组织为了推销自身的良好形象，提高知名度和美誉度，就必须运用交流的技巧，将自身所作所为宣传出去。而这一切都必须依赖于一种沟通精神、沟通意识。沟通交流是双向的，如果一个组织只想获取其他组织和公众的信息，而不想让其他组织和公众得到自己的信息，就是缺乏沟通交流意识的表现。

5）创新意识

塑造组织良好形象是一个创新、审美的过程。组织的良好形象只有在发展的基础上才能实现真正的稳定。同样，也只有在稳定的前提下才会有真正的发展，要发展就必须有创新、有突破、有超越。既超越自己，又超越其他组织。至于组织良好形象塑造过程中的每一项公共关系活动，其策划与设计也需要有创新。我们说公共关系是一门科学与艺术，就是说它有客观规律可循，有相对稳定的操作程序；又指它有突破固定程序、追求无重复的创造特点。就公共关系工作而言，创新是永恒的，唯有创新，才能塑造具有个性的组织形象；唯有创新，才能在竞争的社会中使良好的组织形象长久挺立。

6）长远意识

塑造组织良好形象，不是一蹴而就的事，需要通过长期努力，不断积累，才能取得成功。公共关系工作与广告和营销不同，如果说后两者更多地着眼于眼前，注重较为直接的效益，那么，前者则要立足于长远，追求长期的效益。任何急功近利，只关注短期效益的做法，都是与公共关系意识不相符的。

3.4 公关从业人员的知识结构

公共关系工作的特殊性，要求公共关系人员必须具备较高的和较合理的知识结构，这样才能符合新时期公共关系工作的新要求。

3.4.1 知识结构的特点

知识结构是知识体系在求知者头脑中的内化，也就是客观世界的知识，经过求知者有选择地输入、储存、加工，在头脑中形成的由智力联系起来的多元素、多系列、多层次的动态综合体。简言之，知识结构是指一个人所具有的各种知识的搭配和排列。

公共关系人员需要掌握的学问门类较多，既包括文化、经济、法律、科技等方面，也包括公共关系专业方面。总体而言，公共关系人员的知识结构有如下特点：

（1）广博性。公共关系学科内核小、外延宽，大量的公共关系实务的成败都取决于公共关系人员的综合功力——即综合知识和综合能力的表现。因此，其要求公共关系人员要有广博的知识。另外，由于公共关系活动具有多种职能，因此，公共关系人员还必须具有实施多种职能的相关知识。如公共关系人员要将公共关系艺术应用于管理之中，那么，其必须掌握与管理科学相关的知识，如市场学知识、管理学知识等。若公共关系人员将公共关系艺术应用于宣传、推销活动中，则要求其必须掌握广告学、营销学、传播学等方面的知识。此外，在处理日常公共关系事务中，还要求公共关系人员掌握社会交往、人际沟通等相关知识。由此可见，作为公共关系人员来说，广博的知识是必不可少的。

（2）时代性。随着社会发展的日新月异和人类认识的不断深化，知识的更新也日渐迅速。当然，公共关系也不是凝固、僵化和不变的，它是一个动态的、开放的、不断吸收新知识、不断进行自我完善的知识体系。公共关系人员也应该认识到这一问题，不可僵化、老化自己的知识，要跟上时代的发展，及时学习新知识。只有这样，才能更有效地提高自己的公共关系能力，做好组织的公共关系工作。

（3）实践性。公共关系工作是一项操作性很强的工作，有很多知识是不能仅凭书本获得的，必须在实践中学习，在实践中提高；否则，即使原理背得很熟，工作起来也会是笨手笨脚的。

（4）层次性。公共关系工作分为初、中、高三个层次，相应的对公共关系人员也就有不同程度的要求。从事初级公共关系工作即处理日常公共关系事务的人员，应多掌握一些人际交往、礼仪接待等方面的知识，以及常用公文、便函写作等方面的知识；从事中级公共关系工作的公关人员，即公共关系活动的组织、实施人员，除了应具备前面讲的初级公共关系知识外，还应掌握与各类专题活动（如记者招待会、开业庆典等）的组织、策划等有关的知识；高级层次的公共关系工作，即公共关系策划，对公共关系人员的知识要求就更高了，不但要掌握与公共关系相关的学科知识、熟练掌握公共关系实务的技巧，还要了解和掌握有关策划等方面的知识和技巧，只有这样，才能为组织举办出新颖的、具有轰动效应的公共关系活动。

3.4.2　公关从业人员的知识结构

公关人员知识结构见图3-4。在图3-4中，基础知识是工作生活中所必需的，包括天文、地理、历史、自然、物理、社交、伦理等知识。专业基础知识包括社会学、心理学、经济学、政治学、法学、逻辑学、管理学、市场学、传播学等知识。这些知识与公共关系职业有直接或间接的关系，它们的功能是开阔思路、启发创造、指引方向。这类知识不一定十分系统、完整、准确，它们可以是模糊的、渗透性或跳跃性的。某一领域的知识包括公共关系原理、公共关系实务、公共关系案例、公共关系写作、公共关系心理学、公共关系专题活动等知识；某一学科的知识有摄影知识、绘画知识、广告知识、写作知识等。某一学科的知识与自己的工作密切相关。“井”字形知识结构与传统的宝塔形、阶梯形知识结构的差别在于，它不讲上宽下窄，也不讲由低向高逐渐打基础，而是快速通过不重要的过渡性区域，在中间地带即基础知识与专业知识的结合处形成自己的优势。这一特点恰好适用于公关人员。因为与公共关系职业相关的学科太多了，而一个人的生命和时间是有限的。所以现代社会的公关人员必须巧妙地筛选、搭配自己的知识结构，以更有效地开展公共关系工作。这种知识结构适合了现代文明的需要，是适应社会发展的理想知识结构。

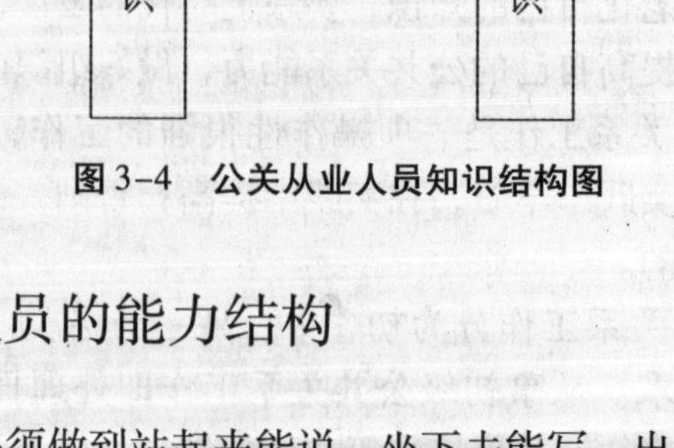

图3-4　公关从业人员知识结构图

3.5　公关从业人员的能力结构

有人说公关人员必须做到站起来能说，坐下去能写，出去了能干。事实上也确实如此，一个称职的公关人员除了应具备合格的基本素质、优秀的知识结构外，还必须具备良好的能力结构。

3.5.1 组织管理和协调能力

1）公关人员应具备的组织管理能力

（1）组织各种公共关系具体事务的能力，如为新闻发布会、商品展销会、答谢宴会、庆典活动等布置会场、发放请柬、筹办礼品、迎送客人等。

（2）监督执行能力。公关人员应能够在公共关系方案执行前进行经费预算，在方案执行过程中进行监督、检查，在方案执行后进行评估；能够有效地控制公共关系计划、方案的实施过程，排除不良因素的干扰，保证最大限度地实现公共关系目标。

2）公关人员应具备的协调能力

组织形象的确立、塑造和宣传，要求公关人员必须协调好组织的内部关系，使之上下一致、左右齐心，共同为塑造和维护本组织的形象努力，并要让组织的外部公众接纳和支持组织。因此，公共关系人员要做大量的协调工作。

（1）协调内部公众特别是内部首要公众和组织的关系，使他们了解、理解自己的组织，进而支持自己的组织，并且要加强组织内部各职能部门之间的相互协调和沟通，形成强大的凝聚力，这是公关人员工作的重要内容。

（2）协调组织与其外部公众的关系。相对于内部公众而言，外部公众的构成更加复杂、层次也更加丰富。凡是影响组织存在和发展的其他组织或群体都是组织的公众，都是公共关系工作的主要对象。协调好与他们的关系，调动公众、吸引公众、赢得公众的支持，是公关人员的主要工作内容。公众的种类不同，需求也不同，这就要求公关人员要有较强的组织协调能力。

（3）处理各种纠纷和突发事件的能力。现代社会是一个竞争非常激烈的社会，任何社会组织都不能保证在其发展过程当中不发生与其公众及社会环境的冲突和误会。当出现了公众纠纷和突发事件时，极易出现人心散乱的危险局面，这时候，需要公关人员能够稳定人心，通过各种传播方法，及时公布事实真相，正确引导舆论，为防止事态扩大、妥善处理事件创造有利条件。

3.5.2 收集和处理信息的能力

公关人员要及时、准确、适用地收集并处理信息，为组织的科学决策提供依据。所谓及时性，是指信息的传递速度要快，要及时。所谓准确性，即原始信息和加工后的信息都要准确反映客观实际情况，这样才能保证决策者做出正确判断。所谓适用性，即收集、处理信息的范围、内容和精度要适当；信息量既要充分，便于决策者进行系统的分析和综合，又要适度，使决策者不至于被众多无用的信息所迷惑。

公关人员收集、处理信息大致需要以下几个步骤：

（1）通过各种渠道收集、接受各种信息。公关人员可以通过人际交往、阅读、座谈、听广播、看电视以及参加各种会议等方式了解与组织有关的信息。

（2）筛选、编排信息并对其进行加工。公关人员可以通过剪报、收集图片、拍幻灯片等分门别类地整理各种信息，并写出信息简报。

（3）分析、综合信息并进行有效处理。公关人员首先要根据筛选、编排好的信息情况对其进行综合分析，然后再对原始信息进行加工整理使之符号化，转换成可以识别的信号，以便决策者使用。

3.5.3 社交宣传能力

衡量一个公关人员适应现代社会的标准之一，是看他是否具备良好的社交能力。公关人员只有具备较强的社交能力，才能在任何场合都应付自如、左右逢源、广交朋友。由于工作需要，公关人员经常要参加各种交际活动，如迎送客人、参加各种商务洽谈、参加宴会和舞会等。所以，公关人员应了解并遵循在各种场合下的礼仪要求，尤其是在涉外公共关系活动中，既要遵循国际惯例，又要根据本国特点和风俗习惯以及特殊需要灵活变通。公关人员必须懂得、通晓和遵守一定的社交礼仪，这既是对自己和他人的尊重，也是一种有教养的体现。

社交能力是一个人多方面能力的综合表现，如表达能力、组织能力、应变能力、想象能力、逻辑思维能力及知识修养等。它涉及的范围很广，包括自我推销能力，介绍他人的能力，与人相处的能力，倾听、赞美、理解他人的能力，影响、改变、支配别人行为的能力等。社交能力还有赖于优雅的风度、幽默的语言、端庄的仪表、广泛的兴趣、宽容的品质、渊博的知识等。

公关人员还要具备宣传能力来不断塑造组织的形象，以使公众了解、接受并信服。这就要求公关人员要善于运用新闻传播工具、熟悉与本组织有关的国内外各种新闻机构，同他们建立正常的业务关系，及时提供新闻资料，尽可能运用新闻传播工具为本组织服务。

无论是个体间的交流还是团队间的交流，都需要公关人员具备非常出色的沟通能力，不仅能准确、完整、适当地向对方表达你的全部意思，而且还能充分把握对方的需求，“读懂”对方的诉求点，这样才能保证双方信息沟通的顺畅。

这种沟通能力不仅指写作能力，更包括口头语言表达能力和动作语言能力，一个不善于交流的公关从业人员不能被认为是称职的。人际交流能力、说服他人的能力、懂得如何表达信息和思想并能够耐心听取他人的见解，这些都是公关从业人员必备的生存“本领”。“一个有成就的公关人员应当善于向他人介绍自己所掌握的信息，清楚表达自己的观念，使人能理解并支持某一特别见解；细心听取他人的意见；措辞准确的文笔、平和的语言、对事物精准全面的描述，这些都具有不可估量的价值。”

3.5.4 传播表达能力

表达能力是运用语言、文字、动作等将自己的知识、观点、意见明确有效地传播给他人的能力。公共关系活动是一种传播活动，一种双向的信息交流过程，公关人员与公众进行信息交流与沟通，是否成功、有效，很大程度上取决于其本人的表达能力。表达是一种综合技巧，它既需要简洁、清晰，更需要注入感情。一个成功的微笑可以使你立足，一句真诚的赞美可以使你获得信赖，一种恰到好处的体态语可以使你的态度得到展示，一则趣味盎然的广告可以给你的组织带来财富。

1）文字表达能力

对公关人员来说，文字表达能力主要表现为能够撰写各种涉内涉外公文、新闻稿、通讯、人物特写、报告文学以及公共关系报告、发言稿等。随着公共关系活动逐步走向系统化、规范化，公关人员应能熟练地从事与公共关系活动相关的应用文写作，如演讲稿、调查报告、解说词、说明书、公函、简报等。这类文体要求行文简洁、合乎规范、内容充实，具有较强的说服力；同时，还要求公关人员利用自己丰富的知识对文章进行润色、加工，创造出尽可能完美的文字材料，使文章给人以清新、生动、流畅、亲切之感。大量的公共关系工作都要求公关人员有扎实的文字功底。

2）口头表达能力

口头表达能力和文字表达能力有相同之处，但并不是一回事。文笔流畅的人未必就能出口成章。有的人只擅长动笔，却不习惯于动口。有这样一句话，是人才的不一定有口才，有口才的一定是人才。公关人员要想具备较强的口头表达能力，首先要具备一定的素质，即扎实的语言文字基础和较强的分析判断能力，吐字要清晰，发音要标准；其次必须了解口头表达的冲击力，它来源于面部表情和声音的音量及语调。因此，公关人员要想具备驾驭听众、引导听众的演讲能力，掌握谈话的方向，制造谈话的气氛，达到谈话、交流的目的，就必须注重自身的素质，注重用语、语气及面部表情上的一致和协调。

表情达意、叙述得当、反应敏捷、对答如流也是口头表达的重要方面。此外，公关人员还应努力做到使对方倾听并接受自己的意见；应能较好地运用语言表达出自己的主要思想；要善于抓住听众的心理，语言要精练，不拖泥带水；词汇应丰富而又不给人以故意卖弄感，让人感到你的演讲既大方得体、恰到好处，又风趣动人、不失风度。如果能做到妙语连珠、幽默而又令人有新鲜感就更好了。

2008 年 8 月 1 日，距北京奥运会正式开幕还有一周时间，胡锦涛总书记在人民大会堂接受了媒体联合采访。有新华社记者问“假如您作为运动员参加北京奥运会比赛，您会参加哪个项目？”胡锦涛总书记回答道：“如果可能的话，我愿意作为中国乒乓球队的一员参加奥运会，不过，参加奥运会比赛的中国乒乓球队的名单已经确定，我的这一选择不可能实现了。”幽默的回答引来在场记者的开怀大笑，使现场气氛更为轻松、愉悦。

3）形体表达能力

形体表达也称动作表达或人体语言。它利用的是人的身体器官、躯干形态、手势、面部表情、下意识动作等。这些都可能成为传达感情和交流信息的方式。形体语言在公共关系工作中有其明显而突出的重要性，公关人员应用心研究，从中了解对方的态度或某种细微的情绪变化；要根据不同的场合和目的，运用形体语言把一些不便用口头和文字表达的信息传递给受众。

表达能力的三种形式既互相作用，又互相区别。公关人员应综合运用，相互配合，以求达到最佳效果。

3.5.5 应变和创新能力

公共关系工作随时都会面临出乎意料的事情。这要求公关人员在处理这些事情时要机智、灵活，有随时可以应付一切偶发事件的应变能力。在组织顺利发展时，能保持组织的良好形象，并能力争向更高的目标发展；遇到临时性的问题时，能够临阵不惊，保持冷静、理智的态度，及时找到解决问题的方法，从而尽快解决问题。

公关人员不仅要具备应变能力，而且还要具备创新能力。公关人员的创新能力表现在要敢于解放思想，冲破旧有观念的束缚，打破条条框框，想他人所不敢想、为他人所不敢为。敢于创新、勇于开拓的能力对公共关系事业的成功是至关重要的。

【同步案例3-1】

最美的“一吻”

背景与情境： 最美的一吻出现在北京奥运会射击比赛颁奖仪式上，两位获奖运动员站在了领奖台上，一位来自俄罗斯，她叫帕杰林娜，是一名现役军人；另一位来自格鲁吉亚，她叫萨卢克瓦泽，而此时她们所在的两个国家之间正在交战，人民正在死亡，但她们需要和平，她们要拒绝战争。两位女选手在颁奖仪式后互相拥抱并亲吻对方的脸颊。这一刻，全世界都为之感动。她们向世人展示了奥林匹克的理想，虽然可能只是火花，却不会熄灭。

萨卢克瓦泽在记者招待会上说：“如果世界能从我们的举动中得到什么启示，那就永远不要战争。毕竟我们生活在21世纪。”帕杰林娜说：“体育是超越政治的。”

而今她们拥抱亲吻的照片正传遍世界，想法可能很天真，但行为却是最感人的，因为这是发自内心的一吻。

问题： 为什么这样一件“小事”却能成为奥运会乃至全世界的“焦点”？

分析提示： 简单的一吻却让全世界都为之感动，一颗真诚的充满大爱的渴望和平的心说出了全球人民的心声。真诚是所有公关行为成功的基础。

■ 本章概要

●公共关系公司是由具专业特长的专家组成的、专门从事公共关系咨询或受理委托为客户开展专题公共关系活动的专业公关机构，具有独立的法人资格和地位。

●公共关系部是指组织内部设立的专门性公共关系工作机构，它不具备独立的法人资格和地位。它是组织为贯彻公共关系思想、发挥公共关系作用、专业性开展各类公共关系活动而设置的一种内部组织机构。

●公共关系协会是从事公共关系研究与实践的协调性服务机构，其主要目标是促进公共关系事业的发展，明晰公共关系的职业标准，通过一系列的教育推广、信息交流和专业研究，为公共关系从业人员和公共关系机构提供交流和学习的平台。它具有人员组成广泛性、组织结构松散性、工作内容服务性和非营利性等特点。

●公共关系部的基本职能：组织的信息情报部，组织的决策参谋部，组织的宣传、外交部，组织的关系协调部。公共关系部设置的原则是精简、效能、整体、协调、适度、弹性。

●公共关系部的工作主要分为三类，即日常性工作、定期活动和专题活动。

●公共关系从业人员一般仅指从事公共关系工作实践的人员，它是组织开展公关活动的最基本主体，肩负着帮助组织决策、沟通组织与内外公众的联系、树立组织形象、提高组织经济效益与社会效益的特殊使命。

●公关从业人员的基本素质要求包括品德素质、职业道德和公关意识。

●公关从业人员的知识结构应具有广博性、更新性、实践性和层次性等特点。

●公关从业人员的能力结构包括组织管理和协调能力、收集和处理信息的能力、社交宣传能力和应变与创新能力。

■ 主要概念和观念

□ 主要概念

公共关系部　公关人员素质　公共关系意识

□ 主要观念

公共关系组织机构的类型　公共关系部　公关从业人员的基本素质要求　公关从业人员的知识结构　公关从业人员的能力结构

□ 重点实务

公关人员能力“自诊”与提升途径　公关组织架构设计与职能分工实务

■ 基本训练

□ 知识训练

▲ 复习题

3.1　简答题

（1）设置公共关系机构应遵循哪些原则？

（2）有人说组织内部不设公共关系机构，开展的公共关系活动效果不一定差，试分析。

3.2　判断题

（1）公共关系部相比专业公关公司代理的最大优势是节省费用。（　　）

（2）公共关系协会是由民间人士组织的营利性法人组织。（　　）

（3）公共关系部设置的第一条原则是“弹性”。（　　）

3.3　填空题

（1）公共关系组织机构可以划分为三大类：组织内部的公共关系部、社会上专业的公共关系公司和________。

（2）公共关系部是指组织内部设立的________公共关系工作机构。

（3）公共关系部的工作主要分三类，即日常工作、定期活动和________。

3.4　单项选择题

（1）公共关系部的设置原则是精简、效能、整体、协调、弹性和（　）。

A. 齐整　　B. 适度

（2）公共关系从业人员的基本素质要求包括品德素质、职业道德和（　）。

A. 公关意识　　B. 社会责任感

3.5　多项选择题

（1）公共关系人员的职业道德归纳起来有以下几点：强烈的事业心和高度的责任感、（　）。

A. 忠诚　　B. 正直　　C. 自信

D. 热忱　　E. 仪表得体

（2）公共关系人员的知识结构主要有以下特点：（　）。

A. 广博性　　B. 时代性　　C. 创新性

D. 实践性　　E. 层次性

▲ 讨论题

（1）试给你所在的组织建立一个虚拟公关部，列出相应职责与权限，并说明理由。

（2）假如你有志成为一名公关工作者，请结合本章相关内容，列出你亟待加强的几方面能力，并提供解决方案。

□ 能力训练

▲ 案例分析

老板跑路了，500 多员工一个都没走

背景与情境：宁波市唐鹰服饰有限公司（以下简称“唐鹰”）（老板因故于 2011 年 8 月跑路）人力资源部经理王秋红“挺有风度”地挺过了难关，企业 500 多名一线员工没有一个流失，这创下了业内的奇迹。

“唐鹰老板跑路”的消息很快传开了。

作为 HR，王秋红自己也还没法消化这个消息。她想到的第一件事就是发工资，“一线员工千万不能乱”。

本来，每月 30 日发工资，在王秋红的争取下，28 日，工人们提前领到了工资。拿到了实打实的工资，让员工心里有了底气。

当时，公司有 500 多名一线职工，从老板失去联系，到唐鹰被罗蒙接手，一共有 5 个月时间，发了 5 次工资，没有一次少发一分钱，没有一次拖了一天。有一次，账上的钱实在很紧张，公司管理层有 10 多个人，“我一次次说，少谁的钱，也不能少员工的，大家也认可，怕钱不够，我们把自己的存款拿出来准备着。我特别感动的是，一个经理把他80万元存款都交到了我手里”。

老板跑路，各种各样的议论如潮水般涌来，员工个个人心惶惶。

王秋红先找了老员工，一个个和他们聊，从他们当时一起和老板打天下开始说起。“我和他们说，有困难，我们想办法一起挨过去，好吗?”“老板走之前，向你们集资的800万都还你们了。老板不是不负责任的人……”

这些老员工深入到基层员工中做工作，随后，公司开了个大会，所有员工都来了。“会上，我们公开了公司的账，有多少流动资金，有多少订单，完成了能赚多少钱，一笔笔都算给员工听。”在王秋红看来，做HR，真诚远比技巧重要。

很快到中秋节了，往年，公司里会发一箱水果、一盒月饼。这次，在王秋红和其他管理层的商量下，咬牙又给每个员工加了500元的现金。

王秋红说，自己的观点一直很明确，员工放在头一位。员工在车间正常工作，让她有了底气。客户来追债，她就把客户带到车间，让他们知道唐鹰是有实力的。

开会成了每天例行的“功课”。“要让员工了解最新的情况，这是对他们的尊重，这样他们才能放心。”

唐鹰出事后，不少同行想来挖人，招聘的海报也贴到了唐鹰的厂房里，高出一截的薪水很吸引人。

“感情是主要的，也讲道理，讲小厂子可能不稳定，10万年薪不一定能落实，讲在唐鹰的被尊重和被认可比工资更重要，小厂子可能给不了，将心比心。”

一次次做工作，请员工喝茶，请男员工抽烟……王秋红和员工一张张撕掉了同行贴的招聘海报，代替的是员工想出的一些口号，最响亮的一句是——“和唐鹰战斗到底”。

资料来源　老板跑路了，500多名员工一个都没走［N］．现代金报，2012-12-12.

问题：一家没有了老板的企业都能正常稳定地运作，这在民企绝对是个“奇迹”，而奇迹的创造者只是个年轻的姑娘，从中你能感悟到什么?

分析要求：同第1章本题型的“分析要求”。

▲ 实训操练

操作项目：公共关系部的组织架构与人员设置。

情境设计：将班级学生分成若干实训小组，每组确定1人负责。各组就操练项目需要进行角色划分，并依照该项目的业务程序与规范要求进行公共关系部组织架构与人员设置模拟实训。

实训要求：以所在学校为主体，为学校拟设置一个公共关系部（注意学校性质、规模及公众状况）

实训步骤：

（1）将班级学生分成若干实训小组，每组确定1人负责。

（2）各组学生根据操练项目需要进行角色分工。

（3）各组学生结合该项目的目的指向、部门及人员配置的原则与规范要求进入角色，重点体验其组织架构、人员配置的必要性与可行性。

（4）各组学生记录本次模拟实训的成功经验、存在的问题以及解决办法。

（5）各组整理实训记录，在此基础上撰写《××学校公共关系部组织架构与人员配置可行性方案》。

（6）在班级讨论交流、相互点评与修订各组的《××学校公共关系部组织架构与人员配置可行性方案》。

（7）在校园网的本课程平台上展出经过修订和任课教师点评的各组《××学校公共关系部组织架构与人员配置可行性方案》，供学生借鉴。

□ 善恶研判

何以"1 年半换 13 份工作"

背景与情境：最长的干了两个多月，最短的不到一周时间，从 2011 年暑假至 2012 年 11 月份，湖北武汉 22 岁的女大学生王彩琴（化名）1 年半换了 13 份工作。对其"猴子掰玉米"般的工作方式，她妈妈说，找工作就像找老公一样，不开心就不要勉强做。

专家评述：

90 后大学生频繁跳槽的背后是对生存状态的不满足。不论是公司食堂的饭菜不好吃，还是同事不好相处，抑或是管理过于严格，在社会流动迅速、职业选择多元化的背景下，"退出"便成为 90 后大学生最常规也最有效的行为策略。从经济社会学的角度来看，"跳槽"意味着角色义务的结束和角色规范的失效，剩下的只是角色权利的彰显。

跳槽不仅是一种经济活动，还嵌入到人际关系和社会网络之中，具有很强的社会属性。薪酬期望与现实落差明显，比较差异导致的"相对剥夺感"，用人单位拔高准入门槛导致的大材小用，发展空间有限导致的职业"瓶颈"……如果说个体适应性差是 90 后离职的主观因素的话，职场生态这一客观因素也同样不可忽视。

此外，"1 年半换 13 份工作"也归因于离职成本低。刚刚入职的 90 后职位低，收入低，人际关系网络也没有铺展开来，王彩琴需要支付的离职成本并不高。

在职场乃至人生的道路上，从来都不存在一马平川，唯一能够缩减理想与现实之间距离的正是那些由低到高的台阶。这一切既离不开个体适应，也离不开职场生态和社会心态的共同塑造。

资料来源 何以"1 年半换 13 份工作"[N]. 武汉晨报，2012-12-13.

问题：

（1）本案例中存在哪些企业伦理或职业道德问题？

（2）试对上述问题作出你的善恶研判。

（3）通过网上或图书馆调研等途径收集你作道德研判所依据的行业道德规范。

（4）本案例对你的启示有哪些？

研判要求：同第 1 章本题型的"研判要求"。

第二部分　公共关系实务

第4章　公共关系活动调查与策划

◆ 学习目标

通过本章学习，你应该达到以下目标：

职业知识：通过本章和下一章节，学习和把握公共关系活动的四步工作法，重点认识公关活动调查的原则和基本方法；熟悉各种表格的设置及调查方法；理解公关策划的基本原则，能用其指导相关认知活动与规范相关技能活动。

职业能力：通过运用本章理论与实务知识，了解媒体上各类公关调查与策划活动实例，分析其合理性与科学性；培养在特定业务情境中分析问题与决策设计的能力；通过按照本章实务知识规则操作的训练，培养公共关系活动调查与策划实际运作能力，提升组织开展专项公关活动的专业技能。

职业道德：结合公共关系活动调查与策划教学内容，依照行业规范或标准，分析“用真相应对虚假调查”、“肯德基的糟糕创意”和“中储粮曝调和油内幕”等案例中企业或从业人员行为的善恶，强化职业道德素质。

【引例】

用真相应对虚假调查

背景与情境：2008 年 3 月 23 日，美国俄亥俄州非营利政策研究机构 Policy Matters Ohio（简称 PMO）发布了《好灯泡，坏工作：荧光灯背后的工人和工作环境》的调查报告，称 GE 在厦门的合资工厂厦门通士达照明有限公司以种种形式压榨工人，如员工每月工作 250 小时以上且饮食得不到保证。厦门通士达照明有限公司是厦门通士达与美国 GE 公司合资成立的国有控股公司，也是中国照明行业的龙头企业之一，其产品主要出口欧美。PMO 调查报告的发布对于企业的打击是致命的，为此，厦门方面在第一时间联系 GE 公司本部并由 GE 公司派遣由 11 人组成的专家组赴厦门开展为期一周的市场调查。最后的结论是通士达公司没有违反劳动法规的行为，也没有证据表明如 PMO 报告中所称的员工工作环境差、工伤事故等情况。

4 月 10 日，GE 公司发表声明：PMO 不能够提供支持其所谓“调查”的具体调查方法，包括是如何选择员工进行采访调查的，以及是从哪些渠道得到通士达内部文件的等基本情况，并称这种未经过仔细调研便出台的所谓“报告”中存在与事实不符、不完整及不准确的表述，这对 GE 以及通士达公司的良好声誉以及企业记录造成了损害。

问题：调查在公共关系活动中起什么作用？

分析提示：调查作为原始数据获取的第一道“工序”，直接关系到后续决策与计划的成功与否。正如美国前 IBM 客户沟通经理、纽约河海大学教授约翰·詹姆斯·查理在一次访谈中所说的那样，管理需要的是事实、数据和结果，只有好的调查才会提供这些。作为公共关系专业的学生更应充分认识调查的价值。调查的质量尤为重要，首先，这是管理层的期望；其次，它决定着计划的成败；最后，能否提供有质量的调查数据也直接影响你的职业生涯。

资料来源　佚名. 用真相应对虚假调查［J］. 第一财经时报，2008-04-10.

我们知道，任何一项组织行为事先都必须有充分而又周密的准备过程，这是成功的保证，公共关系活动作为社会组织的管理行为也不例外。任何公共关系活动都是一个系统工程，一个调查、策划、实施、评估的有序活动过程，其中调查作为公关活动的起点，对公关活动的实施及整体效果又起着巨大的作用。

英国克兰菲尔德管理学院的乔恩·怀特说：“通常，评估公共关系活动和公关人员所提供服务的价值可通过审视组织与主要公众的关系状态来实现，如……经过调查研究，我们可以对上述这些问题做出回答，并从中反观组织在涉及社区、政府、媒介或投资者等关系上的具体公共关系活动的效果。”国际公共关系协会前主席萨姆·布莱克也指出：“任何一次公关活动都必须经历四个阶段，第一阶段是调研和分析，这是公关的第一步工作。其工作成败直接影响第二阶段的工作——策划。”斯各特·卡特里普等人在《公共关系教程》一书中，将公共关系的四步工作法进一步明确为一个循环交互影响的过程（见图4-1），其充分显示了调研（界定问题）对整个公关活动效果的影响作用。

美国著名的公关实务大师伦纳德·萨菲尔（Leonard Saffir）在其《强势公关》

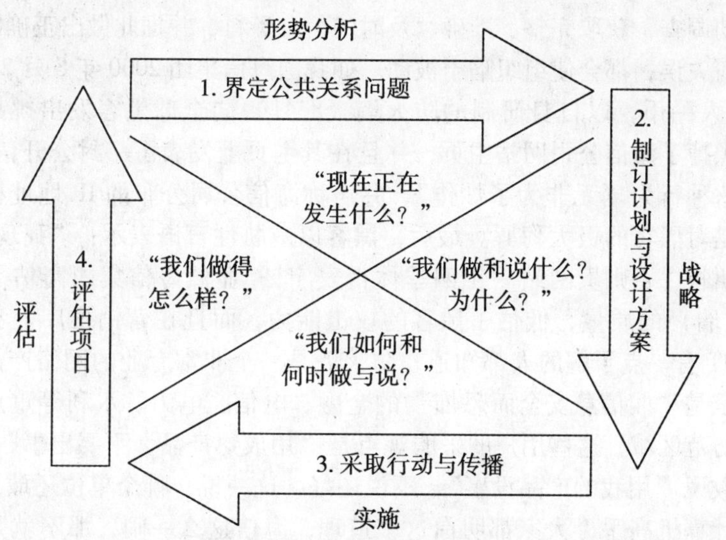

图4-1　公共关系四步工作法

中更是明言："在当今这个流行民意调查和实时市场研究的时代，对有趣的或有争议的话题进行调查已不再仅仅是为了衡量公众舆论，它已经成为一种最有力而可行的沟通工具……在素材中结合一些统计数字，会使文章更生动真实。不管你认为时尚也好，真实也好，在涉及公司、产品或相关原因的宣传中运用调查，都不失为一个强有力的手段。"

4.1　公共关系活动调查概述

所谓调查，简单讲就是了解掌握第一手信息资料的过程，它同时具备客观性、可观察性和真实性的特点。

公共关系活动调查是社会调查的一种表现形式，是指社会组织通过运用科学方法，收集公众对组织主体的评价资料，进而对主体的公共关系状态进行客观分析的一种公共关系实务活动。

公共关系活动调查的概念具体包含以下几方面内容：

（1）公共关系活动调查的对象是社会组织的相关公众。

（2）公共关系活动调查的任务是收集组织主体公共关系状态的各种资料并加以分析，研究各种因素和相互关系。

（3）公共关系活动调查的目的是通过掌握全面、准确的组织公关状态信息，为组织主体采取合理行为、改善公关状况提供依据。

4.1.1　公共关系活动调查的作用

1）公共关系活动调查能够为组织主体的正确决策提供依据

一个组织会偏向哪一类，完全取决于组织决策者的抉择，即能否通过科学的公共关系活动调查，获取完整、准确、及时的信息资料，并据此做出正确的决策。此环节的任何失误，都会使组织陷于被动。如我国海信集团2000年8月21日宣布悬赏50万元人民币，以自身研制的防火墙（8341）向全球黑客发出挑战。8月24日，黑客黑掉了海信公司网站主页，并且在其主页上发表了一封公开信。信中称，该公司的这种行为“无非为了炒作”，并声称海信公司公布的IP地址根本是不通的地址，是对黑客的极大侮辱。最后，黑客以威胁性言语表示：“我现在勒令你：立即停止叫板，否则贵网站一年四季休得安宁！”显然海信集团高估了自身产品（电脑防火墙）的质量，低估了黑客的攻击能力，而且在营销推广上犯了致命错误。凡对IT有一点了解的人都知道，防火墙是一个非常专业的网络产品。防火墙用户几乎全是“闻信息安全而恐怖”的金融、电信、电力、水利等重点部门或企业的重点防范区域，这些用户的采购观点是“用成熟产品，不要出事”。海信产品刚出来就敢说“用我的产品没事”，不说还好，这一说，哪个单位还敢用？买防火墙的都是计算机高手，大家都明白这个道理，海信这么一闹，那不就是“买海信的防火墙等于招黑客”吗！

2）公共关系活动调查能够通过信息反馈，更好地协调内外关系

公共关系活动调查，一方面能够使组织管理者通过命令、指示、计划等形式，将自己的公共关系思想和政策贯彻到组织的各部门中去，同时借此了解组织内部员工对组织主体的良好愿望和信任度，以及对组织管理者的要求、意见等，了解他们的思想和行为，做到信息畅通，保持和协调上下左右的和谐关系；另一方面能够使组织通过对外发布信息，了解和掌握社会公众对组织自身的支持程度，并借此增进公众对自己的了解，唤起公众对自己的进一步关注，加强与社会公众的联系。

3）公共关系活动调查能使组织防患于未然，起到早期预警的作用

《中国经营报》2000年初曾以“‘红高粱’梦断中原”为题，报道了河南红高粱快餐连锁有限公司从1995年4月首家“红高粱”快餐店亮相郑州起，到1997年，“红高粱”在全国20多个城市全面铺开，最后到1998年底，各分店相继倒闭，负债3 600万元，董事长乔赢被郑州市金水区公安分局以非法集资涉嫌犯罪的罪名逮捕的昙花般经历。报道指出，无论是叫板“麦当劳”的新闻炒作，还是形式上对“麦当劳”的模仿，都不能支撑“红高粱”走得更远些；错误地估计自身实力、盲目乐观地判断市场环境条件，才是“红高粱”速生速亡的真正原因。

4）公共关系活动调查可以了解“组织自我”，从而明确公共关系的工作目标与重点

大量的事实证明，一个组织的公共关系部门、公共关系人员在进行公共关系活动调查前所设想的公共关系目标与经过充分调查后而确定的公共关系目标经常有较大差异，其中的主要原因就是前者没有准确的信息、真实的数据作依据，后者则充分拥有了这些基础性的东西。因此，任何一个社会组织要使公共关系工作取得实效，都必须做到知己知彼。其重要手段就是公共关系调查研究工作的有效开展。

4.1.2 公共关系活动调查的原则

1）客观原则

这里又包含两层含义：其一，调查的结果不能受到调查人员的主观影响，即所获得的资料必须是“未经加工”的第一手信息，具体体现在问卷的设计、提问的方式及调查人员与被调查者面谈时不能有误导行为，那种诱导式提问如“目前人们对这一问题基本上是持××看法，你说是吧”是不可能获取可靠资料的。其二，要注意区分公众的客观态度和主观臆想。公众的客观态度是指调查对象对组织形象的直接感受和评价，而主观臆想则是调查对象对组织形象的一种想象和愿望。只有把握了调查对象的客观态度，才能对公众的有关评价总结出科学准确的结论。

2）全面原则

这也是客观原则的具体要求，一方面，调查对象应具代表性、普遍性，能代表所有公众，不能以个别反映整体；另一方面，调查资料必须全面，对于任何一个组织形象或市场现象，公众都会有感觉及评估上的差异，公关调查活动应详细反映公众这种不同的评估状况，而不能偏听、偏信。

当我们开展公关调查时，应注意以下三种情况：第一，公共关系存在的一般社会条件；第二，形成公关行为的人的意识和社会心态的特殊条件；第三，公关行为对社会的推动作用。我们只有从公关行为与社会环境的相互依赖和互助关系中才能正确寻找到形成公关状态的根本原因。

3）时效原则

半个世纪前的一天傍晚，乔治·盖洛普博士接到美国白宫打来的电话，内容是想知道社会舆论对政府某一外交政策的看法，由于国际事务的需要，这份报告必须在 13 个小时之内交给总统。

短短的 13 个小时，找谁收集和怎样收集公众舆论？盖洛普博士突发奇想，并立即行动起来。他先找来 6 位助手，让他们以最快的速度拟出若干与那项外交政策相关的题目。然后，分头打电话给 6 位不同地区的新闻记者，请他们即刻分别采访 10 位不同文化层次的公众。被采访者针对那些题目发表了意见，总括这些意见，便形成了对该项外交政策的看法。深夜之前，盖洛普博士收到了回音。他列出表格，把人们的意见反映在上面，并写出报告，在规定时间的前两个小时，报告出现在了美国总统的办公桌上，成为美国总统处理这一重要外交事务的公众舆论依据。乔治·盖洛普博士在 11 个小时之内完成了民意测验。这也是有史以来的第一份民意测验报告。

【职业道德与企业伦理 4-1】

任何企业活动都不能诋毁国家形象

背景与情境：2007 年 1 月 3 日，俄罗斯“体育频道”、TB3、CTC 等电视台播放了一则使用中国国歌、有损中国尊严的箭牌“傲白”口香糖广告。中国驻俄罗斯大使馆立刻向俄方提出了抗议并与其交涉。箭牌公司莫斯科分公司、制作广告的

BBDO 公司莫斯科分公司的负责人为此专程赶赴中国驻俄罗斯大使馆，就广告事件正式道歉，表示绝无故意损害中国尊严与形象之意，并宣布立刻终止广告投放。

问题：对于箭牌公司莫斯科分公司在此次广告事件中的“无知”，你怎么看？

分析提示：包括国歌、国旗、民族图腾、国家标志性动物等在内的一系列事关国家形象的图案、造型、音乐，都须在公关活动中加以注意。对于箭牌公司的行为，我们也可以善意地理解为是调查、决策不当所致。联想到 2007 年发生的“立邦”油漆“龙篇”广告事件（为表示油漆光滑，广告画面中的其中一条龙狼狈地从柱子上滑落到地面，这招致了众网友的口诛笔伐，“立邦”公司不得已公开道歉，并作出声明“忽略了广告在部分人心中衍生的其他意义和联想”），也提醒我们公关活动的任何细节都马虎不得。

4.2 公共关系活动调查程序

公共关系活动调查程序大体上可分为五个阶段，见图 4-2。

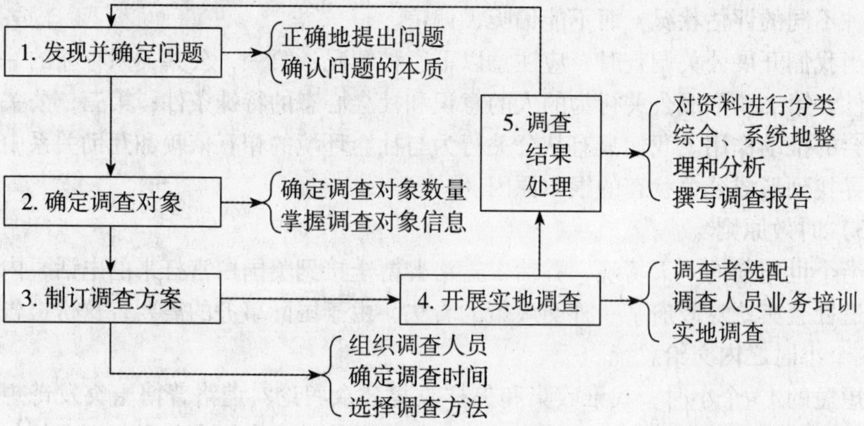

图 4-2 公共关系调查的程序

4.2.1 发现并确定问题

要正确地发现并确定问题，公共关系人员应该清楚四个方面的情况：

（1）促成问题的诸多因素；

（2）以后可能出现的影响组织的环境变化；

（3）在今后 5 ~ 10 年中可能出现的影响组织的社会政治、经济、文化、技术、生态等的发展变化及其趋势；

（4）组织应该采取哪些行动来影响公众，以加速有利的趋势，减缓不利的趋势”。

一个敏锐的公共关系人员，能透过现有公共关系现象，通过一系列提问把握问题的实质，从而合理地开展公共关系调查。正如斯各特 · 卡特里普所讲的“抱怨发现得越早，它就越容易处理，持续不断的事实调查可以提示出许多问题，这样就可以在它们变成重大的公众问题之前，仍然小得足够便于采取纠正与传播行动”。

“一个有用的问题陈述能够概括从问题形势中了解到了什么：

（1）它要用现在时来写，描述现在的情况。

（2）它要用具体的可测量的词汇来描述形势，要详述下列问题的多数或全部：

①什么是担心的来源？

②何处出了问题？

③何时成为问题的？

④何人被卷入或受到影响？

⑤他们是如何被卷入或受到影响的？

⑥为何它成为该组织及其公众关心的问题？

（3）一个问题的陈述并不暗示解决办法或提出指责”。

4.2.2 确定调查对象

针对调查内容确定调查对象，这是公共关系活动调查的第二步。公共关系活动的调查内容不外乎组织基本情况、社会形象及社会环境三方面。公共关系活动的目的是影响公众并获得公众的认可，没有公众，公共关系工作就成了无的放矢。因此，确定调查对象阶段具体又分为以下两个步骤：

1）确定调查对象的数量

确定调查对象的数量，即确定所要调查的公众范围。公共关系所指的公众有着极为广泛的含义。因此，确定调查对象必须严格把握一个“度”，即调查对象的数量要适中，且调查对象要有一定的代表性。从公关角度上讲，公众是由某一特定组织机构的行为引起的、因面临共同问题而形成的群体，因一定的“问题”而聚集。调查时要注意问题本身所要求的范围，否则会造成无谓的浪费，同时掌握的资料也会缺乏代表性、真实性。

2）掌握调查对象的信息

调查对象的信息一般包括以下几方面：

- 调查对象的背景资料

调查对象的背景资料包括被调查者的姓名、年龄、性别、籍贯、住址、文化程度、职业、收入水平、家庭情况等。

- 调查对象的知晓度资料

调查对象的知晓度资料指的是被调查者对某一问题、某一计划、某一环境在某一段时期内的知晓程度。

- 调查对象的态度资料

调查对象的态度资料指的是被调查者对各种问题、事件等所持有的态度。公众态度有不同的划分方式。从其持续的时间上来看，可分为延缓性态度和即时性态度两种。延缓性态度指的是在相当长时期内对一个人起作用的价值观念；即时性态度是对某事、某人、某物的态度。从其表现形式上来看，可分为赞成、不赞成、反对和敌意等四种态度，可以通过问卷的合理设计，将被调查者不同程度的态度直观地表现出来。

- 调查对象的行为资料

调查对象的行为资料指的是被调查者针对某个问题是否正在或已经采取的行动。这种行动一般是受态度支配的。公共关系人员从以上资料中可以确定调查对象的构成、大小、类型和活动程度，进而可以确定是潜在公众、知晓公众还是行动公众。

4.2.3 制订调查方案

首先，根据调查任务的需要，设计一个详细的调查提纲。调查提纲是调查任务的具体化、指标化。

其次，组织调查人员。要正确地实施调查方案，必须组织一支精干的公共关系调查队伍，其中调查人员的素质是关键。调查队伍的结构也是影响调查质量的重要因素，应对调查人员进行培训，使他们具备必要的调查知识及各种应变能力，能胜任调查工作的要求。当然，对调查人员进行科学管理、知人善任、合理使用，也是调查成功的保证。

再次，确定调查时间。任何一种信息都具有时效性，一旦调查任务明确，就应制定详细的调查进度表，明确时间要求，以保证调查数据在规定时间内被获取。

最后，选择调查方法。一般而言，选择调查方法应考虑以下几个因素：

(1) 组织的性质与规模；

(2) 调查任务的艰巨程度；

(3) 调查对象的数量与素质；

(4) 调查人员自身的数量与素质。

4.2.4 开展实地调查

【补充阅读资料 4-1】

2011 年中国（大陆）奢侈品市场“80 后”消费群体调查

节选自《2011—2012 中国奢侈品报告》

2011 年，中国市场奢侈品消费总额达 126 亿美元（不包含私人飞机等），占据全球 28% 的份额。中国的“80 后”消费群体成为“126 亿美元”中的主力军。

通过对 1 057 名“80 后”消费者的调查显示，以“80 后”为主体的年轻奢侈品消费群呈现 5 大特点：

(1) 更乐观：即使面对通货膨胀及经济前景不确定等压力，41% 的消费者仍表示计划用于奢侈品的消费将超过上年，51% 的消费者表示将与上年持平。

此项结果表明，中国大陆市场保持着对未来发展的乐观态度，在未来的几年内，中国大陆将继续带领全球奢侈品市场的增长。

(2) 更自我：调查显示，对于年轻的消费者来说，购买奢侈品最主要的原因是出于“自我”的诱因，64% 左右的消费者是为体现个人品位及魅力，52% 左右的消费者是为善待自己，53% 左右的消费者是为奖励自己。以往的一些社会心理要素，如身份象征，已不再是最重要的因素而在今年的报告中退居第二位。

(3) 更崇尚主流品牌：中国的“80 后”消费群体仍旧明显表现出对主流奢侈品牌的倾向性。服装方面，香奈儿居榜首；品牌鞋方面，古驰毫无争议；箱包为知名度第一的 LV。腕表方面，劳力士与欧米茄名列前茅；珠宝榜单上，卡地亚与蒂芙尼仍是两大最知名品牌。

这对于其他新进中国市场的奢侈品牌来说，是非常大的挑战，意味着现今要打造一个品牌将比之前要困难许多。

(4) 更数字：精品店等零售渠道和官方网站依然是消费者最主要的品牌信息获取渠道，垂直网站以及门户网站则分别位居第二与第三，这暗示着品牌必须不断维持网上信息的更新。“80 后”消费者对于在线购买奢侈品抱持更加开放的态度，有 35% 的受访人表示他们通过网络购买奢侈品。

但奢侈品领域，消费者仍然很在意他们的店内体验、享受到的品牌服务以及从销售顾问那里获得的信息。入店后，吸引消费者购买的最重要因素 49% 左右为产品质量，38% 左右为折扣，28% 左右为销售顾问的态度。

(5) 更追求购买价值：受限于购买力，“80 后”并不是冲动型消费者，他们更倾向于比较价格而等待更划算的交易。29% ~40% 的消费者会选择去欧洲购物，22% ~32% 的消费者选择去中国香港购物，以获得更低的价格、退税优惠及原产地保障。

因此，国际品牌需要充分意识到，服务中国消费者并不只是“中国任务”，而是需要全球关注的“世界任务”。

资料的分析与整理是实施调查方案的重要内容，它几乎与资料的收集是同步进行的，是将已经收集到的信息资料通过分类整理去粗取精、去伪存真，使调查内容系统化、条理化，达到完整、适用之目的。

4.2.5 调查结果处理

调查结果处理是公关调查的最后一步，其中关键性工作是对调查资料进行科学、系统的分析、评估，“内容分析能对什么东西很可能出现在将来的公众议事日程上提供有价值的洞见”。它包括三个环节：

(1) 整理调研资料，即对调查中所取得的全部资料进行检验、归类、统计等。它要求先校对资料、补充遗漏，然后按事先设计将资料汇总分类，加以条理化。

(2) 形成调研结果。其要求是对初步整理的调研资料进行分析研究，一方面应用统计手段进行数量分析，另一方面则应用比较、归纳、推理等方法，形成一份问题调研报告。

(3) 总结评估。问题调研报告形成之后，应对调研结果和过程进行一次总体评价，就调研的科学性、准确性作必要的说明。此外，调研报告应及时提供给组织的有关人员。至此，就完成了一次公关调研的全过程。

这里要特别说明的是公关问题报告的撰写，它是公关调查研究的成果，一般是以文字的形式拟定，有时也附有文字、声音、影像等重要的原始资料。撰写公关问题报告的目的是让他人特别是决策者能更全面地、概括性地了解公关问题的所有情况。

公关问题报告一般要详细回答以下几个问题：

①公关问题产生的背景。

②公关问题产生的主要原因。

③公关问题产生的范围及时间。

④被卷入公关问题的公众或受其影响的公众。

⑤被卷入的方式或受影响的方式及程度。

⑥公关问题对组织产生的影响或可能产生的影响。

【同步思考 4-1】

美国强生公司 20 世纪 90 年代为打入中国婴儿洗发露市场做了大量的问卷调查，发现年轻母亲都以洗发露的泡沫多少判定其品质。实质上，洗发露中的泡沫剂对清洁无任何作用，真正起作用的化学剂是不产生泡沫的。于是，强生在中国销售的婴儿洗发露中增加泡沫剂并一举成为市场“畅销品”。

问题：美国强生公司依据市场调查结果调整配方是欺瞒消费者吗？

理解要点：可结合市场营销内容发现并满足消费需求；同时，消费需求可以刺激、创造引领。本例中美国强生公司采取的是正常的营销行为。

4.3　公共关系活动调查方法

公共关系活动调查方法是在现代一般调查研究的方式、方法的基础上，结合公共关系活动的特点和实践经验而形成的。具体地说，有以下几种主要方法：

4.3.1　抽样调查法

抽样调查法是从全部有关对象中抽取一部分对象作为样本，从而对这些样本进行调查的一种方法。它是社会调查应用最广泛的方法之一，公共关系调查也把它作为最基本的方法之一。在公共关系活动调查中，经常要进行民意测验。抽样调查法是成功进行民意测验的最基本方法，同时它也是了解信息、沟通信息诸方法中技术性最强、难度最大的一种方法，适用于公众数目繁多时的调查。

确定样本数量是这里的关键，样本过多会浪费宝贵的人力、财力及时间，样本过小其误差就会上升。要想得到有效的数据，重要的一点是要有足够多的样本。野村国际的高级副总裁特纳·普赖斯认为，能代表美国人口的合适样本数量应为 800 ~1 000 人。普赖斯指出，这样的调查规模从统计学上讲，能够提供有效的资料，误差幅度会控制在3%左右。如果只是出于宣传的目的，没必要做比这个数字更精确的取样。但是如果将样本人数减少到500人，误差幅度就会增加到4%。

当然，还必须遵循随机性原则，也就是在抽选调查对象时，必须要保证总体中个体被抽中的机会均等。

1）抽样调查法的种类

抽样调查法的种类很多，这里仅就公关调查中常用的几种调查方法作简单介绍。

（1）随机抽样法，即从调查总体中按随机原则抽取样本的方法。其具体又分为：

①简单随机抽样，又称纯随机抽样，即调查者不作任何有目的的选择，而是用纯粹偶然的方法抽取样本，如抽签法、摇号法和乱数表法等。

在公共关系调查中，这种方法一般用于抽取样本差异不大的情况，如体育彩票摇奖法。

②分类随机抽样，又称分层随机抽样，即先将被调查总体按照不同性质进行分类，然后在分类中采用简单随机抽样的方法抽取一定数量的样本。

在使用这种方法时，分层的标准可以是一个，也可以同时是多个。标准越多，组别的划分也就越多。在公共关系调查中采取什么标准，要根据公共关系调查的目的和对象确定。这种方法既有代表性，又有随机性，常被广泛采用。

③分群随机抽样，即先把被调查的总体分为若干群体，然后再从各群体中随机抽取样本进行调查。典型的如地区随机抽样。

当研究对象总体庞大、无法采取以上两类方法时，可采用分群抽样法。

（2）非随机抽样法，即根据调查人员的意愿、需要和判断来进行抽样的方法。非随机抽样不如随机抽样精确，但由于它做起来方便、省时、省钱，因此，也常为研究人员采用。其常用的方法有：

①方便抽样，也称任意抽样，即根据调查人员的方便性或者随意性来选择样本的方法。由于使用这种方法有时偏差较大，调查结果的可信度较低，因而多用于准备调查或探索性的调查。

②配额抽样，即调查人员根据一定的标准和规定的控制特征，将调查对象分成若干部分，并事先确定和分配样本数额，然后由调查人员主观抽样。这种方法简便易行，很有实用性。

③判断抽样，即根据调查人员的判断或请专家分析判断，决定选取一些具有代表性样本的方法。

这种方法由于是根据调查者的需要选定样本，因此，对于特殊需要的调查效果较好，如典型调查、重点调查等。

（3）等距抽样和固定样本连续调查。这是两种介于随机抽样与非随机抽样之间的抽样调查法。

①等距抽样，又称系统抽样或机械抽样，即先将被调查总体中的每个个体按一

定标准排列，然后按相等的距离或间隔抽取样本。其随机性与非随机性的归属，关键取决于第一个样本的抽取方式。

②固定样本连续调查，是按简单随机抽样方法，从调查总体中抽出若干样本，形成较为固定的样本小组，然后在一个相对较长的时间跨度里，对这些样本小组进行多次的调查。

2）抽样过程（见图4-3）

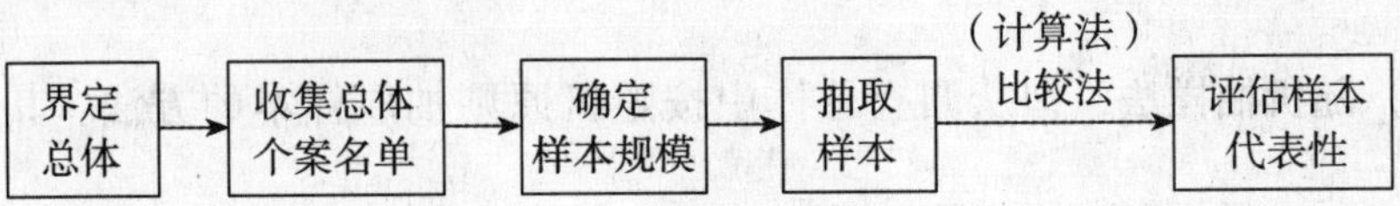

图4-3　抽样调查程序

（1）确定研究总体。抽样之前，必须确定总体范围，总体范围越明确越好。

（2）编制总体名单。总体确定后，就要针对总体所包含的所有抽样单位开列出一份清单，并给每一个单位编上号码，以备抽样使用。

（3）确定样本规模。一般来说，样本越大，其代表性越强，然而样本太大，就达不到节约的目的，抽样调查便会失去意义。因此，必须在各种条件允许的情况下，确定一个比较合适的样本。

（4）抽取样本。按前述的各种方法来操作。

（5）评估样本代表性。评估样本代表性的方法有两种：第一种是做一个小范围的试验调查；第二种是利用已有的总体里的有关数据与样本中的数据作比较。

4.3.2　问卷调查法

问卷调查法是目前国内外社会调查中较为广泛使用的一种方法。它是以书面调查的形式，通过调查者围绕调查目的拟定一个问卷，让被调查者选择和填写答案，然后将卷子收回来，对答案进行统计和分析，以了解被调查者的态度和意见，从而收集到可靠资料的一种方法。

在采用问卷调查法时，问卷必须设计得非常精细。为公关目的而进行的调查，问卷中问题的措辞相对于问题所反映的主题往往更重要。

雀巢（Nestle）公司是Toll House Morsels牌巧克力片的生产商。市场上进行的关于该类产品的调查，很好地帮助所有美国人“回忆起”他们是多么的喜欢巧克力片啊！已经在用于自制饼干的巧克力片产品市场上占有最高份额的雀巢公司，只需不断提醒人们：别忘记什么才是真正好吃的巧克力片呀！剩下的便是坐收如此有效宣传攻势的渔利了。雀巢公司提出的问题很简单：您认为一个1英寸见方的巧克力曲奇饼应该加入多少巧克力片呢？这个问题的答案人人皆知：12片。可实际上，如此的用量肯定是过多了，但该数据本身反映的是美国人对于巧克力片的热爱，他们认为烘焙师傅用得越多越好。

雀巢公司的公关代理将此次调查的结果发送给了当地电视台，从而将这些数据的宣传效果发挥到了极致。公关公司让电视节目主持人以询问的口吻提出：你知道大众希望在1英寸见方的巧克力曲奇饼中加入多少巧克力片吗？这样做不仅很自然地在电视节目中提及并公布了调查本身及结果，还将主持人等公众人物在这个问题上的个人观点适时地公之于众。

问卷法大多用邮寄、宣传媒介传送或集体分发等方式发送问卷，由被调查者按照表格所问来填写答案。一般来讲，问卷较访谈表要更详细、完整和易于控制。问卷法的主要优点在于标准化和成本低。由于问卷法是以设计好的问卷为工具进行调查的，问卷的设计要求规范化并可计量。但“不足之处包括缺少对填表环境的控制，不能保证是预期的回答者完成了问卷，如果回答者不理解所问的内容，那么提问的方式就缺乏灵活性”。

1）问卷的种类

根据不同的标准可以把问卷划分为不同的类型，主要有以下几种：

（1）封闭式问卷，又称选择式问卷或提问式问卷，指不仅问题是相同的，而且每一个问题事先都列出了若干个可能的答案，由被调查者根据自己的情况，在其中选择认为恰当的一个答案。

这种问卷的优点是：

①答案是标准的，便于收集和分析信息资料。

②将答案转译成数据进行统计分析比较容易，费用较低。

③调查对象对问题的含义常常是较清楚的。

④由于答案是事先给出的，调查对象的回答总是较为容易，调查者收集资料也较容易。

这种问卷的缺点是：

①由于答案是事先印好给出的，可能会影响资料收集的真实度。如果调查对象不愿使用，而随意给出一个答案，就会出现失真现象，以致影响调查的效果。

②由于给出的固定答案的数量总是有限的，不见得能把所有的情况都概括出来，因此有可能会不合被调查者的意愿，回答时也就有可能会出现勉强凑数的情况，造成答案不真实，同时不利于调查者发现新的问题。

封闭式问卷较适用于大面积的调查，在公共关系调查中也较为常见。

（2）开放式问卷，又称自由式提问问卷，指调查者提出问题后，不提供答案，由被调查者自己根据情况自由回答。

这种问卷的优点是利用它收集起来的信息资料比较深入、具体，也利于调查者及时发现新的问题。

这种问卷的缺点是由于答案不标准化，难以进行统计分析；同时，这种问卷需要回答者有较多的时间和精力，容易引起较高的拒答率。

开放式问卷多用于探索性研究，它给回答者比较多的创造性或自我表达的机会。

2）问卷的设计

在设计问卷时应遵循下列几个原则：

(1) 目的明确，即想要了解什么。

(2) 保持简短。一般而言，问卷的回答者用时在5分钟之内。

(3) 使用限定性而非开放性问题。

(4) 先易后难，这有助于激发答题者的信任与合作。

(5) 衡量细微的程度差别，如用“非常满意、比较满意、不太满意、很不满意”替代简单的“满意、不满意”。

(6) 含义清晰，不要模棱两可。

(7) 问题不带偏袒性。

如果是邮寄问卷，使用特别的纪念邮票效果会优于一般普通邮票。

(1) 提问。问题是问卷的核心内容之一。问题的提出需要经过反复思考和实践，其依据是调查的题目与目的。

每份问卷都会提出许多问题，其内容、性质是复杂多样的。根据实践经验，可以把这些问题大致归纳为四个方面：

①事实方面的，即回答起来比较容易的低层次问题。

②态度观念、兴趣偏好方面的。

③行为方面的，包括已经做出的行为和将要做出的行为。

④理由方面的，即要求被调查者对自己的态度、观点和行为做出解释，说明这样做的理由。

(2) 答案设置。这是问卷的另一个核心内容，它的设置好坏、科学合理与否，将直接影响被调查者意愿的表达及资料、信息收集的效果，因此必须讲究技巧性。

答案设置有两大类：

其一，由调查者事先规定好几种可能的答案，印在问卷上，调查时请调查对象从中选择符合自己意愿的答案。

其二，在制定问卷时，只是提问，不设答案，由调查对象自由回答，具体有五种形式：

①单项选择，即在问题后面列有几项备选答案，选择时往往只有“是”或“非”。

②多项选择，即在问题后面列有多项备选答案，且各备选答案之间必须是互相排斥而彼此不包含的。

③对比选择，即在问题后面列有两项备选答案，而这两项答案彼此是相抵触的，或彼此之间对比是较强烈的。

④排序选择，即在问题后面列有多项备选答案，各备选答案有程度或次序等方面的差异，调查对象在选择时依据自身的情况给备选答案排出顺序做出回答。

⑤开放式提问，即答案由调查对象根据自己的理解、领会等情况自由填写。

3) 问卷的回收整理

这个工作是问卷调查法的最后一个环节。回收率的高低、整理结果的好坏，对问卷作用的发挥有重要影响。

(1) 问卷回收。从某种角度上讲，问卷回收比问卷设计工作难度更大。较之访谈法，问卷的主要缺陷就是回收率受到限制，其回收率达 65% 就是理想数字了。因此，公共关系调查人员要善于运用各种方法与时机，做好问卷回收工作。其一般措施有：

①依靠某一种组织形式回收问卷。

②采用让调查对象获益、使之得到某种实惠的方法回收问卷。

③在问卷寄出之前，先与调查对象取得联系，并在问卷寄出之后，仍不断寄上明信片或信件等以提醒对方。

④为了获得最佳反应，最好不要使用邮资总付的信封，组织调查的公共关系人员最好在随问卷一起寄出的信上亲自签名，给调查对象留下深刻印象，从而增加反馈。当然，为保证调查数据的准确性，可多发些问卷，这是一条好的补救措施。

（2）问卷整理。问卷回收后，整理过程也是相当关键的，它包括对不合标准的问卷的处理和对调查所得数据的整理，其中有一定的专业技术含量。一般来说，问卷整理的关键是登录地址。

登录地址是指每一项资料在汇总时，登录在什么地方，实际上起着资料索引的作用。登录地址一般印在问卷中每项资料的右侧。在此还需指出一个例外，即如果问卷的自由答案太多，答案中的数值不好预先确定时，问卷中不设登录地址，而设立一个编码簿。

【教学互动 4-1】

请设计一张问卷，了解全班同学每月的详细开支情况。

要求：同“教学互动 1-1”的“要求”。

4.3.3 访谈调查法

访谈调查法简称访谈法，它是一种利用交谈收集口头资料进行调查的方法，是社会调查中最古老、最常用的方法之一。

“访谈研究的优点包括具有比较高的回应率，与回答者的交往有较大的灵活性，对于提问的环境能有更多的控制，能对提问的先后次序和完整性有所控制，有机会记录调查问卷没有涉及的问题等。除了相对较高的成本和对访谈者的潜在影响外，不足之处还包括给被访者带来的不便利，被访者缺乏匿名性，以及由于推销员和其他充当研究人员的生意人误用调查方法引起的回答者的消极反应等。”

1）访谈法的分类

按访谈对象的数量，访谈可分为个别访谈和集体访谈（座谈）。

（1）个别访谈（包括电话访谈），即面对面的个人访问调查。这种方法主要是为了了解公众深层心理活动情况，与记者采访颇为相似。公共关系调查人员在访问时，对先问什么、后问什么，事先必须有很好的准备与安排，也可以借助现代通讯技术进行访问调查。入户访谈可能是最灵活、最彻底的方法，但是耗费也相应多一些。在电话访谈和入户访谈中，访问者自身能影响所收集的信息，所以对访问者事先进行培训是采用这种方法的基本要求。

这种方法的优点是：

①访问调查者能审时度势，随时发问，深入了解有关情况。

②被访问调查者内心顾虑较少，可不受给定问题的限制，畅所欲言。

这种方法的缺点是费时费力，统计分析难度大。

（2）座谈，即一种集体交谈式的访问调查。

这种方法的优点是：

①能面对面地征求意见，了解到的情况较真实。

②便于被调查者之间通过回答来相互启发，相互补充意见，也便于当面调查、核对一些情况。

这种方法的缺点是被调查者之间相互受影响，有时不愿将真实情况讲出来，从而影响调查结果的真实性。

这种方法对调查者的要求较高，要事先明确会议的主题，在座谈会中要善于组织与诱导。

2）访谈的技巧

访谈，实质上是一种人际互动过程。这个过程是通过双方面对面交谈来实现的。访谈员按事先拟好的表格或提纲向受访人提出问题，受访人则根据自己的理解和判断进行答复。

在调查工作中，访谈员必须从陌生人那里取得资料，而这些资料往往不是那些陌生人主动、乐意提供的。这些陌生人有着各自不同的气质、性格、文化教育水平、道德观念，不同地域的人风俗习惯不同、语言文化不同，每个人在不同时期会有不同的情绪状态和不同的兴趣等等，都影响着访谈工作的顺利进行。访谈员必须克服这些障碍，才能圆满完成访谈工作。调查工作本身的复杂性，也向访谈员提出了高标准的要求：访谈员应具备多方面的知识和能力。

（1）业务知识：访谈员必须对访谈调查所涉及的业务知识有所了解。只有这样，才能在与受访人的相互交谈中，取得对方的信任，并对受访人提出的疑问给予合理、正确的解释。

（2）语言表达能力：访谈员应具有较好的语言表达能力，善于把调查目的、要求等向受访人陈述清楚、解释明白。

（3）人际交往能力：访谈工作对于访谈员来说，是向陌生人索取一定的信息。因此，访谈员必须具备较强的人际交往能力，能同所要访问的陌生人迅速地建立起相互信任、理解的关系，迅速取得对方的配合。只有这样，才能保证访谈工作的顺利进行。

（4）良好的分析判断能力：对于受访人在回答问题过程中的表现及回答内容，访谈员能迅速准确地做出分析判断，区别哪些是明确的，哪些是含糊不清的，哪些是可靠的，哪些是不可靠的，果断做出取舍。

访谈员在访谈过程中要注意以下几方面：

（1）第一印象。这是指访谈员与受访人接触时，给受访人留下的最初印象。

形成第一印象的因素有衣着、服饰、相貌、举止、风度、语言、态度等等。第一印象的好坏直接影响双方的交谈。良好的第一印象有利于受访人的配合。因此，访谈员应力求给受访人留下良好的第一印象，以保证访问调查的顺利进行。如衣着大方整洁，举止文雅，说话和气，态度诚恳，待人热情、礼貌等。

（2）实现认同。影响访谈的一个重要因素是访谈员与受访人互不相识，更谈不上熟悉和了解。访谈员要面对的是各种年龄、从事各种职业的陌生人，他与他们可能情趣相投，也可能格格不入。因此，访谈员应掌握认同的技巧。

认同的技巧是寻找双方的共同点，因为共同点较多的人容易相互熟悉。共同点可以是相同的生活经历、相同的观点，也可以是相同的职业、相同的爱好等。有经验的访谈员常常事先或多或少地了解一些受访人的情况，并善于利用这些已知的情况。与对方接触时首先求同，随着谈话的深入，就会发现彼此有越来越多的共同点，而共同点越多，双方也就越熟悉。熟悉可以消除疑虑和戒心，可使双方交谈得更广泛、更深入、更自由热烈。这样，访谈员所获得的信息就更多，也更有价值。

（3）相互配合。在访问调查中，访问员与受访问人的关系并不仅是公事公办的合作关系，访问是一种带有明确目的的人际交往形式，是双方互相影响的一个过程。这就要求访谈员以真诚、亲切、礼貌的态度去对待受访人，并在说明目的和要求的前提下，尊重对方的发言；不轻易打断对方的话题，对于受访人谈的话题应认真倾听，应允许受访人的谈话内容短时间地偏离主题，并能选择适当时机，巧妙地将话题拉回到调查主题上；当对方说话含糊不清时，应用婉转的口气请求对方解释或重复；当访谈结束时，应诚恳地向受访人表示谢意。

（4）以诚相待。访谈员访问时面对的是陌生人群，有时可能会碰到不合作的受访人，他可能对访谈主题不感兴趣，甚至厌烦，有时可能会委婉地下逐客令。访谈工作的这种特殊性，要求访谈员要有足够的耐心和诚意，访谈员要有不达目的不罢休的精神，要处处表现自己的诚意。当你的诚挚使对方感到内疚时，他就会感受到一种责任，这就是他必须帮你，使你获得所需要的材料。

【补充阅读资料 4–2】

“超级女声”的成功策划

如果要评选 2006 年度电视传媒界重大事例的话，湖南卫视的“超级女声”一定会居前三甲之列。超高的人气，超高的收视率，全国有 4 亿人收看了“超级女声”。数以百万计的短信投票（美国主流媒体《今日美国》在 2006 年 7 月也发出“在毛泽东家乡，‘超级女声’正席卷中国”的惊呼），最后的冠军李宇春还登上了美国的《时代》杂志封面。这一切都出自一个成功的策划人——蒙牛企业市场总监孙隽。

花 1 400 万元买下该节目独家赞助权后，为扩大栏目的影响力，孙隽将“超级女声”栏目由传统的报名改为全国参与，并通过电台、报纸、网络、传单等多种渠道整体包装这一赛事信息，还结合自身产品竞争状况在全国选择部分城市作为分赛区。在各分赛区冠军云集湖南卫视开始总决赛时，孙隽又筹划让全国观众用手机短信发送支持者信息，激发起另一波收视高潮。

随着“超级女声”的成功，蒙牛企业的主打产品“蒙牛酸酸乳”销售额从2005年的7亿元一举突破20亿元，进入全国乳制品行业前三甲。

说明：毋庸置疑，孙隽的策划创造了一个神话，先进社会企业间的竞争已不仅仅是简单的商品竞争，更是品牌策划创意的竞争，甚至可以这么说，创意作为一种产业的时代已经到来。

4.4 公共关系活动策划的特征及原则

近几年，我国的公共关系策划正经历着“过热”而带来的诸多“后遗症”：1997年轰动国内的所谓“告别三峡游”，误导消费者以为1997年是告别三峡的最后日子，使那年的三峡游客人满为患。随之而来的是，三峡依旧，而游人“仿佛经过了一次大清洗”（一位导游对着电视镜头的告白），许多豪华游轮被空置的惨淡局面；1996年某一天的青岛某商场，展现在路人面前的是这样一个场面：数名礼仪小姐拿起啤酒瓶往地上摔，一瓶接一瓶，一箱接一箱，啤酒在众目睽睽之下汇流成河，许多路人禁不住高声喝道：“这是在糟蹋粮食！”这恰恰也是所谓精心策划的公关促销活动。这些策划的短期行为和庸俗化策划，误导了人们对策划尤其是公共关系活动策划的正确理解，也使对公共关系策划基本原理的分析介绍显得更为必要。

4.4.1 公共关系活动策划的含义

策划也可作策画，含有计谋、谋划、筹划、打算之意，也就是通常讲的“出谋划策”。

《中国公共关系辞典》对策划的解释是：“人们为了达成某种特定目标，借助一定的科学方法和艺术为决策计划而构思、设计、制作、策划方案的过程。”

策划作为人类历史范畴，可谓源远流长，其活动内容也伴随着人类的文明进步而不断丰富和升华。

汉代贾谊《新书·过秦上》中就有：“深谋远虑，行军用兵之道也。”

三国赤壁之战，更是运用策划、智谋制胜的典型战例：公元208年，曹操拥兵百万（83万）于赤壁，与吴（孙权）和蜀（刘备）展开决战，著名谋略家、军事家诸葛亮首先力陈吴、蜀联合抗魏之必要，“舌战群儒”，说服吴国的主降派，团结多数，扩大主战同盟，然后向孙权讲明战与降的利害得失，同时利用“二乔”之说，挑起周瑜对曹操的敌对情绪，促使周瑜决定抗曹。在战役过程中，诸葛亮和周瑜连续运用了“草船借箭”、“苦肉计”、“连环计”、“借东风”等谋略，最终火烧战船，大败曹操百万大军。

简单地讲，**公共关系活动策划**是指社会组织为处理与目标公众关系而进行的一系列有针对性的、科学的谋略、计划及决策方案实施过程。

其具体可表述为：为达成组织目标，公关人员在充分进行环境分析和调查的基础上，对总体公关战略及具体公关活动所进行的谋略、计划和设计过程。

它包括五个要素：策划者、策划目标、策划对象、策划内容和策划结果——公关策划方案。

1）策划者

策划者即社会组织中的专业公关人员（或专业咨询公司），这是公共关系策划的关键要素。策划作为一种纯粹的脑力劳动，策划者的能力、素质的高低对整个策划活动举足轻重，要求策划者除了具备一般公关人员应具备的基本素质与技能外，还须有独特的策划兴趣、创新意识、不凡的预测能力和丰富的实践经验。

2）策划目标

策划目标是指策划主体预期要实现的一种良好的未来状态。正如英国公关专家弗兰克·杰弗金斯所讲，“有形的公关活动是在公关计划方案已取得既定目标基础上产生的，它不仅能使公关从业人员清楚地知道自己活动的目的，而且能使公关从业人员准确地评估自己活动的实际效果”。

公关策划目标一般是为了解决策划主体形象战略目标中的问题而提出来的。在策划要素中，公关策划目标是一个方向性要素，具有指向作用。

在实践中，公关策划目标的确立也是一个环境调查、问题研讨、方案选择、价值判断的系列活动过程，见图4–4。

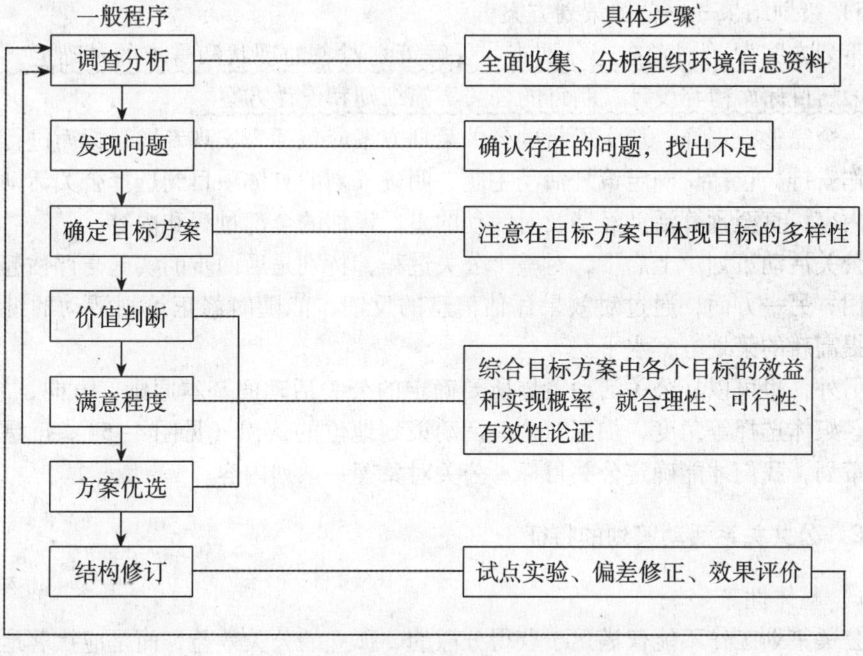

图4–4　公关策划目标确立的程序

3）策划对象

策划对象即与组织相关的各类目标公众。任何一种策划都是为了沟通组织与公众的关系，吸引公众注意，改变公众态度，进而在公众心目中树立组织的良好形象。因此在策划过程中，确定目标公众，并对其进行调查、分析是一项十分重要而艰巨的工作。须按照公众与组织的相关性、目标公众的层次性（即将公众区分为重点公众和一般公众而分别实施不同的传播原则），将公众进行科学、合理的分类，以保证策划目标的针对性。

4）策划内容

策划内容是多层次的统一体，在系统内部可分为高层次、亚层次、表层次三方面。

（1）高层次。高层次是指对组织的总体宏观的战略规划的设计构思，也称总体公共关系战略策划。它最能体现公关策划人员创新意识和创造力的成果，更注重整体效果，能将社会效益、组织效益、人才效益和生态效益有机地统一起来，使组织行为的结果对社会产生更积极的影响。

（2）亚层次。亚层次是指公共关系实务专题活动策划。它可以是单个专题活动，如记者招待会、新闻发布会、危机管理等，也可以是一个系列的专题活动，如企业开业庆典系列活动。

（3）表层次。表层次是指具体的操作性公共关系活动，如记者招待会中的接待礼仪、某一项活动的主持等等。从事此类表层次公关策划的工作人员，只要知晓一般的公关基本技能、礼仪规范与人际交往能力即可胜任。

5）策划结果——公关策划方案

策划方案是策划者在充分调查、了解策划对象的现状和需求的基础上，为了实现策划目标而精心设计、制订的公关实施细则和设计方案。

一个完整、周详、切实可行的公关策划方案应包括为实现专题目标而进行的所有工作安排，包括从确定策划活动主题、明确策划的具体项目到选择公关活动的时机、内容，直至预算活动经费及对活动的事后评估的全部过程和内容。

公关活动策划承上启下，对整个公关过程，特别是后两步的实施与评估起着控制作用；另一方面，通过对效果评估信息的反馈，能随时修正策划活动的继续开展，提高新的策划方案水平。

另外，也可以从公关活动策划所要确定的公关活动的基本原则、方向、战略、策略、媒体选择等角度，加深对公关活动策划地位的认识（见图4-5）。正是通过公关策划，我们才能确定公关目标、公关对象等一系列内容。

4.4.2 公共关系活动策划的特征

1）整体性

公关策划工作不能仅满足于获得分散的、孤立的公关效益，而是应执著地追求公关工作的整体效益，即有目的地选择整体的最优化，所有的活动都能互相关联，有机地产生内在联系，环环相扣，将表面上看来不相关的公关活动汇集成一个总体目标：在公众心目中塑造组织的良好形象。

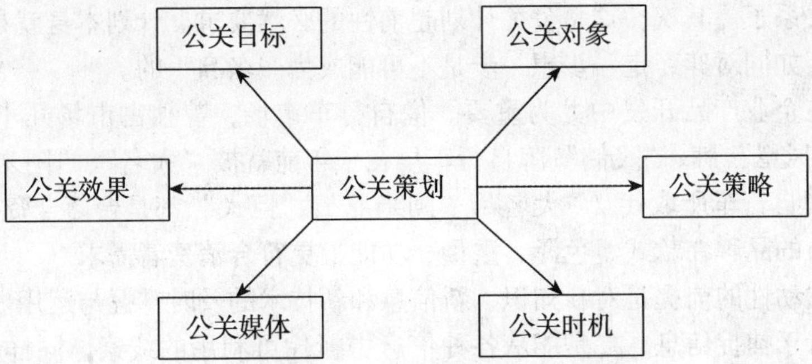

图 4-5　公共关系策划的内容

大家可能对十几年前天安门城楼上的旧宫灯拍卖事件还有一定印象，最后中标的北京百亭鱼乐园以一千多万的价格买下了那对宫灯。那本是一件具有很大新闻价值的事情，当时的拍卖会还是中央电视台转播的，可惜的是由于没有正确的公关意识，花巨资买来的宫灯开始仅作为一件展览品展出，没有进行深层次、连续性的新闻开发。后来干脆打入冷宫，放进仓库了事。而且由于保管不当，其中一个宫灯还被老鼠咬了两个洞，令人心痛。

2）目的性

公关策划无论是哪一层次都依仗于某种目的性。战略性策划是为了公关活动能更好地满足组织目标的要求；专题性策划和具体操作性策划的目的性就更明确了。在具体公关活动中，有限的人力、物力决定了公关活动不可能面面俱到，需在总体目标引导下将活动范围有意识地缩小，有所侧重地针对个别重点目标展开，并保持这些个别目标之间的相互推进。如要提高知名度，首先要提高在本地市场的知名度，同时也要保护良好的美誉度，不要追求超常规发展，以免因自身行为品质不过硬反而给组织形象带来负面影响。

公关策划的目的性特征要求在操作中达到四个统一。

（1）稳定与灵活的统一：策划的计划性与灵活应变能力的统一。

（2）过程与阶段的统一：过程中的每个阶段应有关联性。

（3）内容与形式的统一：策划的内容要与选择的方式、手段相一致，比如同样都是提高组织知名度，对农村公众和城市公众就不能采用同一种方式或手段。

（4）作用与范围的统一：应针对策划目标指向的目标公众，选择最合理的传播方式与行为模式，这样才能发挥策划的最大价值。

目前，有不少工商企业在选择传媒手段以提高自身知名度上考虑欠周。例如，地方性品牌却通过全国性传媒宣传，还有个别赞助活动，它体现的是组织对社会公益事业的热心，一个地方性企业就应该针对地方公众的热点选择赞助对象，而不宜舍近求远，使赞助的整体效果不能及时体现。

3）主动性

首先，这是由社会组织公关整体目标所决定的。公关实务不能被动等待，而应主动出击寻找时机，寻找宣传、传播组织形象的最佳契机，“养在深闺人不识”就不是公共关系了。其次，这是公关计划超前性的必然要求。计划本身就是对未来事件的把握，如同对弈，走一步想一步是不可能成为一名高手的。

这点在企业产品开发中尤为重要。像自行车市场，曾独占市场几十年的“永久”牌、“凤凰”牌、“飞鸽”牌自行车早在十年前就被“大名”、“阿米尼”、“巨大”等品牌自行车所取代（“大名”、“阿米尼”、“巨大”都是台商合资企业），原因就在于新的品牌在款式、色泽、重量、功能上更符合消费者需求。

当然主动性的前提是对新知识、新信息和新技术的及时掌握与运用。这里要注意：一是善于捕捉信息；二是能从各种信息中抓住可利用的线索。同样一个信息，在不同的公关策划人手里，可能就会产生明显不同的结果。2001 年 6 月，浙江省第三届贸易洽谈会（以下简称省洽会）在宁波召开，有家宾馆公关部得到这个信息后，立即作出安排，主动与组委会联系，要求接待省洽会宾客，并承诺以最完美的服务和最优惠的价格迎接省洽会客人。同时，他们在宾馆内开展“给省洽会来宾一个家的感觉”活动。诚挚的态度和周到的计划方案，说服了组委会。三天后省洽会圆满闭幕，他们也顺利地完成了接待任务。此举不仅给宾馆创了收（当时是淡季），还留给客人们一个很好的印象，组委会也对他们赞赏有加（因为省洽会是市政府主办，等于进行了一次成功的政府公关活动）。

4）谋略性

公关策划的本质在于谋略。谋略或者说创造性思维能力，一旦通过公关策划体现在组织的公关运作上就能形成一种财富。它能充分体现策划者的创造能力、预见能力和对传统思路的有效突破，正所谓“山重水复疑无路，柳暗花明又一村”。

何阳，我国第一个“点子”专家，第一家点子公司“北京和洋咨询公司”的创办人，曾先后担任过北大、人大 MBA 客座教授，为青岛双星、哈慈集团、伊利雪糕、长虹电器等大小三千余家企业提供过策划咨询，帮助数百家企业起死回生，如“星期筷子”、“分割火腿”等。1996 年策划的“酸妞晚会”（为宁夏“酸妞”野生饮品公司专题策划）十分成功。他有个著名的观点就是“没有疲软的产品，只有疲软的销售”。这在目前的中国市场是有一定道理的。

深圳大学传播系钟文教授曾讲过，创造性思维理论是公关策划的理论支柱，创造性思维贯穿于公关策划的方方面面，公关策划自始至终都要有创造意识。中科院唐丰义研究员也明确指出，策划和创意是密不可分的，没有创意就没有策划，策划的过程就是创意的过程。他还进一步提出：第一，策划是创意的发展之魂；第二，策划是整个创意发展之先导；第三，策划实际上是集知识、经验、智慧和集体智力四个方面之大成。

【职业道德与企业伦理 4–2】

肯德基的糟糕“创意”

背景与情境：2006 年上半年，肯德基推出一款鸡肉卷广告，广告的内容是三个高中生考大学，其中吃了鸡肉卷的两个考上了，而另一个认真读书但没吃鸡肉卷的同学却名落孙山。显然这是一则糟糕的创意广告，是对勤奋学习的漠视，更是对公众智商的一种愚弄。4 月份就有网民在大型网站上贴出《肯德基现在放的老北京鸡肉卷广告好过分》的帖子，并由此引发了广大网民对肯德基声势浩大的声讨，肯德基在中国的形象危机也由此产生。

问题：肯德基的鸡肉卷广告创意合理吗？错在何处？

分析提示：任何创意都必须合法、合理，创意再新颖一旦不能被受众所接受，那就是一种失败的创意，更何况像肯德基这则广告创意还招致了受众的攻击性行为。

谋略性思维的几种表现形式：

（1）灵感。灵感也就是人们头脑中对某种事物突如其来的顿悟。灵感取决于每个人对知识、经验的积累，见多识广就是这个道理。但灵感也取决于每个人的悟性，正如牛顿发明蒸汽机是因为受到茶壶烧水的启迪一样。爱迪生曾说过“天才就是1%的灵感加99%的努力”，它是一种长期知识积累后质的飞跃。

20 世纪 80 年代中期曾一度风靡欧美的“点心宝宝”，也是公关策划人看到路边一个小女孩在非常专注地保护一个破洋娃娃后受到启发而设计生产并行销欧美的（给每个椰菜娃娃取名，附出生卡注明生日、出生地点，使洋娃娃拟人化）。

（2）想象。有许多专家认为，公关策划人的最主要素质之一是想象力，有时甚至需要一种狂想，一种疯狂。

中华人民共和国成立前，上海某烟厂生产一种“小囡”牌香烟，他们策划在投放市场当日起，报纸连续套红印刷“红蛋”广告（在我国民间，赠送红蛋是对小孩出生表示庆贺的传统方式），使“小囡”香烟在短时间内就打开了市场。

当然，想象的行为应具有可行性和可操作性，且以遵守国家政策法规为前提，最好能结合公众关心的“热点”话题。某年 5 月，某地一商厦开业庆典，推出了一个策划项目：凡手持的百元面值人民币号码尾数为“51”的可当二百元消费，结果，顾客手持“中奖”人民币蜂拥而至，柜台都被挤“破”了，不得已只好宣布活动中止，引起许多顾客抱怨，还招致中国人民银行的警告，工商部门也上门干预，这显然就是一种失败的策划。2006 年有学者撰文指出，中国的形象标志“龙”，往往会让一些对中国历史和文化了解甚少的外国人过多地看到“龙”的凶猛、残酷以及充满霸气和攻击性、挑战性的一面，不能很准确地表现出中国人民爱好和平、讲究和谐的传统理念，但仅仅是上述的几句评论就立即招致众多网民的攻击。显然，在公关策划中我们也要注意此类问题，以免“立邦”油漆广告事件重演。

（3）兴趣。兴趣是指人们积极探求某种事物或从事某项活动的意识倾向或选择态度，它不仅与创造力直接相关，而且还是个人事业成功的关键。有研究表明，人们对有兴趣的工作能发挥自身80%的潜能，反之只能发挥20%～30%。

比尔·盖茨，众所周知的美国首富，连续数年居《财富》排行榜榜首，拥有1.5 万名员工，占有34.7%的世界电脑软件市场，个人资产达数百亿美元，自身也不是一个天才，学习成绩一直不佳，但对电脑的兴趣加上对软件开发的天才头脑，终于使他步入了成功的殿堂。

策划者的兴趣要广泛，要把视野扩展到社会各个领域，广泛地接触新鲜事物，吸收新的营养，触类旁通，激发出创造性思维。曾流行一时的电子鸡、电子狗等电子玩具的发明者，不过是日本一家公司里的普通文秘小姐，喜爱养宠物的兴趣与工作、家庭环境对宠物的限制，使她终于发明出了两者兼顾的电子宠物。

（4）好奇心。古人云“学知不如好知，好知不如乐知”。好奇心人人都有，它是人的一种天性，善于利用和激发公众的好奇心理，就能使策划者的策划方案达到出奇制胜的效果。

1995年，敦豪（DHL）国际航空快件有限公司青岛分公司，为提高企业知名度而策划了一个专题活动，他们首先在1995年3月贸洽会专刊上刊登整版广告，介绍公司的起源及26年来奇迹般的成就，并标上“三月之谜”，接着在《青岛日报》、青岛有线台刊登有奖启事，让市民寻找有关“DHL的故事”，前后共投入10余万元，活动持续一个月圆满结束。结果，敦豪公司“急人所急”的形象迅速地被当地公众知晓。

4.4.3 公共关系活动策划的原则

1）创新原则

策划本身就需要创新，这是策划的核心原则，跟在别人后面、人云亦云那是策划的悲剧。策划界有句行话说“创新是天才，跟随是庸才，重复是蠢才”，是很有道理的。

创新包括创意要新颖，手法不落俗套，内容贴近公众，时机恰到好处，规模恰如其分。总之，不能走别人走过的老路，以常见的企业开业为例，场景布置、喜庆锣鼓、气球、鲜花、领导讲话、剪彩等都是非常普通的行为，在正式的场合如大型会议为显庄重，可以这样重复，但对工商企业而言，就应该寻求突破了。如属于社区性商业网点就可以以社区居民为重心做文章，如属侨胞投资的则可从故乡人、老乡亲上面寻求创新，还有各类社会关心的公益事业或热点话题等，都可以参考。

【同步案例4-1】

京东、苏宁价格战

背景与情境：2012年8月14日上午10点21分，京东商城CEO刘强东发表微博称，京东大家电三年内零毛利！如果三年内任何采销人员在大家电加上哪怕一元的毛利，都将立即遭到辞退！从今天起，京东所有大家电保证比国美、苏宁连锁店便宜至少10%以上，公司很快公布实施方法！该微博随即引来上万次转发。

随后刘强东又在微博上公布了具体的执行方法，即日起，京东在全国招收5 000名价格情报员，苏宁国美每家店面派驻2名。任何客户到苏宁、国美购买大家电时拿出手机用京东客户端比价，如果便宜不足10%，价格情报员现场核实属实，京东立即降价或者现场发券，确保便宜10%。

这绝对不是刘强东的玩笑话，在这之后他便在网上放上了情报人员的战衣。

刘强东连发数条微博，苏宁易购执行副总裁李斌实在忍不了了，于是跟进一条微博，表示迎接“挑战”，一场没有硝烟的大家电战争开始了。

实际上，京东、苏宁、国美之间的“电商大战”给消费者的实惠真没多少。光媒体爆出的就有先涨后降；两边主打品种甚少重复；顾客喜欢的很多产品总是缺货等等。看来，所谓的“电商大战”真是名不符实，只是叫得欢。

有网友爆料，其实这只是一场自导自演的营销、公关、资本的蓄谋已久的策略戏，是一次成功地吸引眼球的广告。有专家称：这不排除是幕后资本运作的一种手段。

2012 年 9 月 5 日国家发改委表示此事件已涉嫌价格欺诈，会予干预。

2012 年 9 月 5 日晚间，京东随即表示道歉：有些商品未降到零毛利，有些价格没有低于苏宁、国美，并宣布活动正式结束。

一场闹剧终于收场！

问题：试分析京东、苏宁价格战的实质。

分析提示：如果企业核心决策人的出发点本就是在“玩客户”而不是“做客户”，其企业规模与社会责任、诚信实际上已经没有什么关系了，想起刘强东先生曾说过的“真正聪明的是消费者，任何自称能帮消费者做出聪明选择的都是蠢货”，问题是明明有人就把消费者当蠢货玩啊！

2）时效原则

信息时代，市场环境千变万化，更需要策划人具备灵敏的反应能力，抓住时机适时推出策划方案。

1982 年 6 月，上海新华金笔厂收到一封来自山东安邱县中学一位教师的来信，信中说他的一支上海钢笔 15 年前掉入井里，现在捞上来后还能书写。厂方收信后，当即派人去山东用最好的新金笔换来那支在水中泡了 15 年还能写字的钢笔，放置在陈列室中，并通过传媒宣传报道，使公众对该厂的钢笔质量更加信任。

3）可行原则

公关策划在要求创新的同时不能忽视可行，即符合政府政策法规的要求，符合公共关系原则要求，并能与组织的经营实力和市场能力相适应。就像通常讲的，很难想到、很易做到的才是好策划。

20 世纪 90 年代，我国国内最大的洗涤用品企业——上海白猫集团公司曾在集团成立之前策划了一次公关活动：120 名青年志愿者在上海外滩陈毅广场上做清洁工作，他们身穿有白猫标志的统一服装，热火朝天地清洗广场、擦洗护栏，既不违背外滩风景区关于禁止在风景区内从事商业广告行为的规定（这属于公益服务），又非常好地在上海商业中心展示了白猫集团的风采。

1998 年 7 月，“雨水”护肤系列在杭州推出了“雨水”真梦策划，以“征梦、说梦、圆梦”三部曲为内容，“帮你实现你未曾实现的梦想”。他们发出了 5 万封 DM，向市民征梦，然后抽出部分中奖者，帮她们“圆梦”。其中有想当“空姐”而未当成的，想去故地看望亲人而一直未能实现的等等，“雨水”公司都设法圆了她们“一辈子的梦”。这项策划颇有人情味，也很易赢得消费者的共鸣与认同。

4）道德原则

公关策划必须严格遵循公共关系职业准则的要求。正如杰弗金斯在其著作《实用公共关系学》中所讲的那样：第一，不能弄虚作假；第二，不能损害公众的利益；第三，不能参与不露真名的组织的活动；第四，在未经同意前，不能同时为两家竞争对手服务；第五，不但要对现在的客户服务，还要对过去的客户负责。

例如，前些年在我国一度引起轰动的“拥有一块美国土地，出售一个美国梦”活动，就是由美国人摩根策划的一起违背道德原则的公关策划，他将美国中部的荒芜土地以极低廉的价格买下，用地契将之切割成每份 1 平方英寸（6.4516 平方厘米），再以每份地契 5 000 元人民币左右的价格卖给中国人。许多购买者以为拥有了 1 份地契就可以踏上美国，纯属白日做梦，反而圆了摩根的发财梦。

4.5 公共关系活动策划的程序

公关策划可分为六个环节，具体见图 4–6。

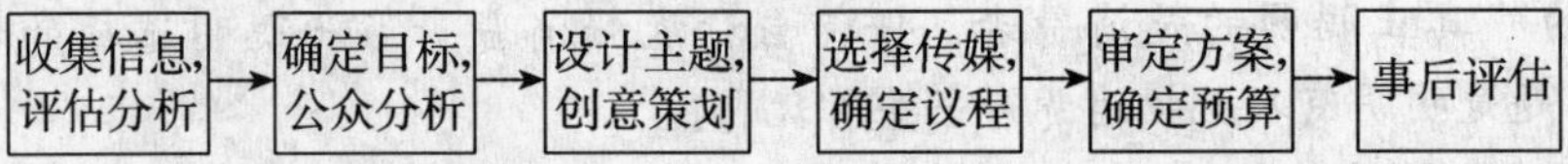

图 4–6　公关策划的环节

4.5.1 收集信息，评估分析

从横向看，公关策划需要收集的信息既有社会组织内部信息，如财务、人事、技术、营销网络、竞争条件、自身形象等方面的信息，又有外部环境信息，即公众对社会组织的评估状况，包括组织形象评估、产品（服务）形象评估、竞争能力评估等方面的信息。除此之外，公关策划还需要收集组织主体的有关信息，如组织历史及现状、未来发展战略与计划等，以及社会环境信息。

这里组织形象评估是指公众对组织主体的知名度及美誉度的一种“定位”，这种定位往往是与同类竞争组织相比较后的一种“排名”，它又取决于社会组织自身行为在公众心目中的印象和社会组织的宣传程度。

产品（服务）形象评估信息是指社会组织所提供的产品（服务）在各类公众，特别是目标公众心目中的形象，包括公众对产品（服务）的质量、价格、售后保证等方面的评估信息。

社会环境信息包括政府决策信息、法律法规信息、传媒信息、消费者公众信息及市场环境信息。

信息收集的关键是收集的全面性与评估分析的科学性，不能听见风就是雨，更不能盲从。仍以西部经济开发为例，工商企业只有对当地市场的容量、潜力、消费习俗、竞争状况及当地政府行为作出全面、深入、细致的分析，才能作出科学、合理的决策。20 世纪初期美国的西部淘金热，发财的不是那些淘金者，而恰恰是为淘金者服务（如餐饮、旅游、商店等）的人。20 世纪 80 年代后期，海南开发热潮中一些企业盲目跟风投资的惨痛教训更值得人们深思。

4.5.2 确定目标，公众分析

这既是公关策划的前提也是关键，它决定着整个公关策划的成败。首先，它是指导和协调公共关系工作的依据；其次，它是评价行动方案实施效果的标准。

1）公关目标的内容

作为一个复合目标系统，它包括以下内容：

①提高组织的知名度，树立组织的形象及信誉。

②使组织与公众保持经常性的信息沟通与交流。

③监测社会环境及舆论变化趋势，并据此督促、协助决策者及时调整组织的政策与行为。

④利用各种渠道和途径，争取公众舆论的支持与协作，并在发生纠纷时争取公众的谅解与支持。

⑤积极开展内部公关，为组织营造良好的内部人际关系。

⑥为组织推销产品和服务进行公关策划，帮助提高产品（服务）的市场占有率。

公共关系目标体系按目标的期限可分成长期目标（5 年以上组织总体战略性发展目标）和近期目标（以年度目标为主的、有较明确指向性的具体实施目标），按目标的针对性可分成一般目标（依据各类公众的要求、意图或行为的同一性制定的分项目标，如扩大生产规模以满足消费者公众的市场需要）和特殊目标（针对那些与组织目标、信念、发展以及利益相同或相近的公众的特殊要求制定的、具有特殊指向性的目标）。如某商厦期望以中高层次消费者为服务对象，就可以通过制定“不一样的感受，成功者的家园”这类特殊公关目标，并贯彻、落实在店堂布置、商品结构、服务行为中，逐步树立起组织的特殊形象。

2）公众分析

公共关系工作是以不同的方式针对不同的公众而展开的，因此只有确定组织公关对象，并将目标公众按公关目标要求进行合理筛选，才能保证公关活动的效率和效益，从而保证公关目标更好地实现。确立公众一般分为两个步骤。

首先，鉴别公众的权利要求。

一个成功的计划必须考虑公众的利益，也只有在充分重视公众权利要求（见表 4-1）的基础上，组织利益才能得到保证。

其次，对公众对象的各种权利要求进行概括和分析。

先找出各类公众权利要求中的共性问题，作为设计组织总体形象的基础，然后再分析各类公众的特殊要求。那些带个性的问题，作为制定组织特殊形象的基础。要注意将不同的权利要求给出轻重缓急的排序，一般应选择同组织的信念和发展利益相近或利益关系特别紧密的公众作为公关工作的主要对象。

表4–1　　　　　　　　公众权利要求结构表

公司的公众对象	公众对象对公司的期望和要求
员工	就业安全和适当的工作条件；合理的工资和福利；培训和上进的机会；了解公司的内情；社会地位、人格尊重和心理满足；不受上级专横对待；有效的领导；和谐的人际关系；参与和表达的机会等等
股东	参加利润分配；参与股份表决和董事会的选举；了解公司的经营动态；优先试用新产品；有权转让股票；有权检查公司账目、增股报价、资产清理；有合同所确定的各种附加权利等等
顾客	产品质量保证及适当的保用期；公平合理的价格；优良的服务态度；准确解释或处理各种疑难或投诉；提供完善的售后服务；获取必要的产品技术资料及增进消费者信任的各项服务；必要的消费教育和指导等等
竞争者	由社会或本行业确立竞争活动准则；平等的竞争机会和条件；竞争中的相互协作；竞争中的现代企业家风度等等
协作者	遵守合同；平等互利；提供技术信息和援助；为协作提供各种优惠和方便；共同承担风险等等
社区	向当地社会提供生产性的、健康的就业机会；保护社区环境和秩序；关心和支持当地政府；支持文化和慈善事业；赞助地方公益活动；正规招聘，公平竞争；以财力、人力、技术扶助地方小企业的发展等等
政府	保证各项税收；遵守各项法律、政策；承担法律义务；公平竞争；保证安全等等
媒介	公正提供消息来源；遵循新闻界的职业规范；有机会参加公司重要庆典等社交活动；保证记者采访的独家新闻不被泄漏；提供采访的方便条件等等

4.5.3　设计主题，创意策划

公关活动主题是对公共关系活动内容的高度概括，是策划所要达到的具体目标的主要理念。

主题一般用精炼传神的语言概括表达。例如，精工表——“世界的计时”；雅戈尔——“中国的皮尔·卡丹”；IBM——“国际商用电器公司就是最佳服务的象征”；步步高——“世界自有公道，付出总有回报，说到不如做到，要做就做最好”。

主题看起来很简单，但设计难度很大，它既要虚拟、拔高，又不能空洞、口号化，必须贴近受众心理。如杉杉服装先期的主题是“立马沧海，挑战未来”，不确切，不知道是指什么，效果就显然不如“不要太潇洒”。曾有公关专家在分析我国申办2000年奥运会不成功的原因时指出，当时的申办主题“开放的中国盼奥运”内容不妥。一是主体应当是城市不应是国家，奥运会是由一国的城市举办这是惯例；二是强调自我诉求，与受众有距离感，不如当时悉尼的申办主题“悉尼，运动员的最佳选择”。之后我国的申奥主题是“新北京、新奥运”，就比原来的贴切许多。

在主题设计中须考虑下面几方面因素：

首先，主题必须与公关目标相一致，并能充分体现目标，一句话点出活动的目的。

其次，新颖独特、有鲜明的个性，突出活动的特色并使之具有强烈的感召力。

再次，主题设计要适应公众心理的需要，既要有激情，又贴切朴素，使人觉得可信可亲，如五加皮酒的主题是“一份浓浓的思乡情怀”。另外，还要注意简明、扼要，切忌冗长啰唆，不要雷同，更不能庸俗，如有种保健品的主题是“今年春节不收礼，收礼就收×××”，过于俗气，也会影响到该产品本身的品位。

4.5.4 选择传媒，确定议程

传媒按传播形式可分为印刷媒体（报纸、杂志、印刷品）、电子媒体（电视、广播、网络）、展示媒体（广告牌、宣传窗、柜台、橱窗）、户外媒体（户外灯箱、广告牌、标语及空中广告）及其他特定媒体（如包、袋、伞、盒等）。

传媒按传播的受众数量可分为个体传媒，即个体间的直接对话，如谈话、商议、通讯、电话联系等；群体传媒，面对特定群体的传播，如会议（包括电话会议）、演讲，有选择范围的文件、通知，组织内部通讯及各类直接散发或邮寄的宣传品；大众传媒，一般指报纸、杂志、电台、电视四大传媒及近年迅速发展的网络传媒。

各种传媒在受众范围接收效果、时间的快捷性及支出成本上各有差异，公关策划在传媒选择上的基本原则是：

（1）依照公关目标要求选择传媒。

如公关目标是以提高组织知名度为主，则大众传媒较为合适；如以内部公众和谐为目的，则人际传播和各种展示类传媒更有效。

（2）依据公关对象选择传媒。

不同的公关对象其经济状况、教育程度、职业习惯、生活方式及信息接收特点不尽相同，必须针对各类目标公众采取适合的传媒方式。如电视、网络、报纸对城市公众更有效果，而广播甚至有线广播对农村公众更合适；卡通电视与卡通式直邮宣传品对儿童公众最有吸引力，而报纸和广播更适合老年公众。

（3）依据传播内容选择传媒。

不同的传播内容与要求需要有针对性的传媒配合才能充分展示其效果。如内容简捷的可以选择广播；介绍性内容较多的就需要报纸或直邮宣传品了；内容生动活泼的则电视传媒较理想；有些需要加深目标公众印象的公关内容，则需要大众传媒连续性、地毯式的宣传报道了。当然不同的受众面也影响着传媒的选择，如社区公众用大众传媒沟通就是一种浪费。

（4）依据经济条件选择传媒。

一般而言，越是现代化的传媒、收视（听）率越高的传媒费用越高。如中央电视台非黄金时间的广告费用每秒都是以万元计（寸金寸光阴一点也不夸张），前几年不是有所谓广告标王“每天开进中央电视台一辆桑塔纳”吗？秦池酒 1997 年成为标王的价格就是 3.2 亿元人民币。成功的公共关系活动策划必须选择恰当的媒体和方式，以较少的开支争取最好的传播效果。

议程确定即制定活动时间进度表，明确各项分支工作、实施时间及步骤，包括人员分工、责任落实，将整个活动从开始准备到结束的整个流程详细、全面、明确地排列出来，并反复检查，消除任何计划中的漏洞。

4.5.5 审定方案，确定预算

预算可以根据人力、物力及财力的可能事先做到统筹兼顾、全面安排，避免日后走入“财政陷阱”，确保资金的投入产出效益；同时，通过预算能严格控制费用支出，节省不必要的费用开支，把钱花在刀刃上；另外，准确、合理的预算还有利于在活动终了时，通过投入与效益比较对本次活动的效果作出合理评估。

预算的基本构成有行政开支，包括劳动力成本、管理费用、材料费用及接待费用等，项目开支，其是指实施公关项目本身所需的费用，包括专家咨询费、调研费、广告费、专项活动设施费及机动费用等。如组织一次大型庆典活动，就必须考虑：策划费、道具制作费（地毯、音响等）、礼仪费（礼仪小姐、乐队等）、宣传费（配合庆典所安排的广告等）、运输费（搬运设备及邀请有关人士的车辆安排）、接待费（宾客休息场地安排、就餐安排、礼品费用、安全保卫费用及现场布置费用等）。

审定方案，就是对公关活动方案进行优化、论证与决断，是具体公关活动实施前的最后一关。

审定方案工作有三个步骤，分别是方案优化、方案论证和书面报告。

1）方案优化

方案优化的过程就是提高方案合理值的过程。方案的优化可以从三个方面考虑：增强方案的目的性，增加方案的可行性，降低耗费。其具体方法有：

（1）重点法。重点法即在对同一方案进行优化时，可从目的性、可行性、耗费三方面分析，哪方面的增加或减少对该方案的合理值影响最大。如果确认目的性、可行性都比较理想，就是耗费太大，就可将耗费定为重点，并采取措施予以突破，使方案整体得到优化。

（2）轮变法。轮变法即将影响整体的诸要素中的一个作为变数，其他的作为定数，对变数进行调整，以期提高合理值直至不再有增减，然后再换一个要素作为变数，而将原来那个要素与其他要素一起作定数。依此类推，直至最后合理值不能再提高为止。

在实际运作中我们可以这样提问，在可行性不降低、耗费不增加时，目的性还可增强吗？或者在目的性不增强、耗费不增加时，可行性还可增加吗？

（3）反向增益法。反向增益法即以一个要素的较小变动去求得其他要素的较大变动，它所考虑的是如何增加适量成本而增加大量效益，取得“舍寸进尺”的效果。如某一专题活动项目，再增加 20% 的投入，会取得比原来期望值更大的期望效果吗?

（4）优点综合法。优点综合法即将各备选方案中可以移植的优点部分综合到优化方案上，使其好上加好，达到最优化。如 2001 年宁波市重点开发的市中心 CBD 地块方案，就是在众多备选方案中，通过专家评议和市民讨论综合了备选方案的各自优点而形成的。

2）方案论证

方案论证即行动方案制订以后对其进行的可行性论证，一般包括以下几方面：

（1）对目标进行分析。目标是否明确，实现程度如何。

（2）对限制性因素进行分析。计划方案在哪些条件下可以实行，在哪些条件下可能实行。

（3）对潜在问题进行分析。分析防止和补救的可能性。

（4）对预期结果进行综合效益评价。判断该计划是否能付诸实施。

3）书面报告

其报告内容为综合分析的介绍、公共关系活动的计划书和方案的论证报告。

公共关系计划还必须经过本组织领导的审核和批准，其目的是使公关计划目标与本组织总体目标相一致，以便公共关系活动与本组织其他部门的工作相协调，互相配合。

【教学互动 4-2】

某啤酒厂要倒闭，有朋友向老板建议在啤酒中加入维生素，并在瓶上注明，果然生意大好。

老板觉得很奇怪：“为什么维生素这么神奇呢？说句实话，我加入的量微不足道啊。”他朋友说：“这很简单，当人想喝啤酒却又内心矛盾时，他告诉自己喝的不只是酒，更补充了令人健康的维生素，于是没有了困惑，找到了放开大喝的借口。”

分析老板朋友建议的合理性，你能否就某产品的市场前景提供一个“金点子”。

要求：同“教学互动 1-1”的“要求”。

4.5.6 事后评估

事后评估是用已经确定的目标标准，对在一定时间内所取得的成绩进行评价。通过对活动参与人的成绩给予准确的评价，同时找出问题，使组织内各部门每一位成员高度警惕，统一认识，采取措施及时纠偏。可以说，事后评估起到承上启下的作用，既对上一期工作进行评价，又为下一阶段工作提供经验，是十分必要的。

事后评估工作一般可分四个阶段进行，分别是重温公关目标、收集和分析资料、评估成果、给工作主管和全体公关人员作总结报告。当然公关成果的评估视公关工作内容而定，其具体细节是繁杂琐碎的，可涉及日常公关活动的一切内容。

公共关系策划是一项专业化、科学化的系统工程，也是公关工作者必须重点把握的内容，一个对公共关系策划没有正确理解的公关工作者，充其量也只能成为一名普通公共关系工作人员，无法真正进入公关的殿堂。

附：

公关战略方案策划模式

• 调研 •

（1）背景（综合首要与次要研究以便提供背景情况、历史及当前舆论和态度的倾向等）。

（2）形势分析（就当前形势和问题进行分析，认定有关的困难和潜在的问题）。

（3）核心困难（用一句话说明困难的核心，同时指出如果不能解决问题可能会对客户产生的潜在危害）。

（4）初步认定各方公众和资源（认定将受形势影响或可能介入问题解决的有关个人和组织）。

• 策划 •

（5）活动目的（解决核心困难所要达到的目的）。

（6）具体目标（争取实现活动目的的具体的、可以测量的、能够达到而且受时间限制的各种结果）。

（7）主要公众（为了达到具体目标和最终目的必须加以影响的各方公众，认定他们的自身利益，并开始形成引导他们的信息文稿）。

（8）各种战略（确定影响各类公众的具体战略，旨在用上述步骤开始形成的信息文稿影响这些公众）。

（9）各种战术（确定各种具体的战术或各种媒体工具来支持上述既定的每项战略，需要许多战术来支持每项战略，每项战术必须是一个传递既定战略的信息渠道）。

• 传播 •

（10）具体信息设计（完善并最后敲定为各方公众设计的信息文稿，确保将公众的自身利益考虑进去）。

（11）传播许可表（在头脑里对上述第七至第十要点进行检查，确保已经为各类主要公众确定了传递既定信息的战略和支持战术。反复检查，确保信息和计划将会支持整个活动的目的和具体目标的达成，如图 4-7 所示）。

（12）日程表（设计一张时间任务表，以统一协调战略计划的落实）。

（13）预算（审查整个计划，并按战略逐项具体确定和说明所需要的费用）。

• 评估 •

（14）评估标准（联系整个活动目的和具体目标确定具体的评估标准）。

图 4-7　信息传播途径

（15）评估工具（选择并具体列出适合评估标准的评估战术，并将对日程表和预算的评估考虑之内）。

■ 本章概要

● 公共关系活动调查是指社会组织运用科学方法，收集公众对组织主体的评价资料，进而对主体的公共关系状态进行客观分析的一种公共关系实务活动。

● 公共关系活动调查能够为组织主体的正确决策提供依据；能够通过信息反馈更好地协调内外关系；能使组织防患于未然，起到早期预警的作用。此外，还可以通过了解“组织自我”明确公共关系活动的目标与重点。

● 公共关系活动调查的原则是客观、全面和时效。

● 公共关系活动调查的程序大体上可分为五个阶段，分别是发现并确定问题、确定调查对象、制订调查方案、开展实地调查及调查结果处理。

● 公共关系活动调查的方法众多，较常用的有抽样调查法、问卷调查法和访谈调查法。

● 采用抽样调查法的关键在于样本选择的准确、适度。

● 公共关系活动策划是指为达成组织目标，公关人员在充分进行环境分析与调查的基础上，对总体公关战略及具体公关活动所进行的谋略、计划和设计过程。公关策划包括策划者、策划目标、策划对象、策划内容及策划方案五个要素。

● 公共关系活动策划应具备整体性、目的性、主动性及谋略性等特征。

● 公关活动策划的原则有创新原则、时效原则、可行原则和道德原则。

● 公共关系活动策划的程序有六个环节，分别是：收集信息，评估分析；确定目标，公众分析；设计主题，创意策划；选择传媒，确定议程；审定方案，确定预算；事后评估。

■ 主要概念和观念

□ 主要概念

公共关系活动调查　抽样调查法　问卷调查法　公共关系策划目标

□ 主要观念

公共关系活动调查概述　公共关系活动调查程序　公共关系活动调查方法　公共关系活动策划的标准及原则　公共关系活动策划的程序

□重点实务

公共关系活动调查方案与展开　问卷设计　公关战略方案策划书

■ 基本训练

□ 知识训练

▲ 复习题

4.1　简答题

（1）为什么说公共关系调查工作是公共关系工作中一项极为重要的工作？

（2）如何理解公关策划的可行原则？

4.2　判断题

（1）公共关系活动调查能够为组织主体的正确决策提供依据。（　）

（2）公共关系活动调查的方法基本以访问调查法为主。（　）

（3）公关策划的关键在于创新，核心也在于创新。（　）

4.3　填空题

（1）公共关系活动调查必须遵循客观原则、全面原则和________。

（2）________表示社会公众对一个组织的知晓和了解程度。

（3）公共关系活动策划包含五个要素，即策划者、策划目标、策划对象、策划内容和________。

4.4　单项选择题

（1）公共关系活动调查的客观原则包含着两层含义：其一调查的结果不能受调查员的主观影响；其二(　)。

A. 把握社会舆论对客观事实的导向

B 注意区分公众的客观态度和主观臆想

（2）公共关系活动策划可分为六个环节，其中第一个环节是(　)。

A. 确定目标、公众分析　　B. 收集信息、评估分析

4.5　多项选择题

（1）公共关系活动调查的主要方法有(　)。

A. 典型调查法　　B. 抽样调查法　　C. 问卷调查法

D. 访谈调查法　　E. 普查法

（2）公共关系活动策划的原则是(　)。

A. 创新原则　　B. 计划原则　　C. 时效原则

D. 可行原则　　E. 道德原则

▲ 讨论题

（1）“策划万能”是当前公关实务中的一个误区，你如何认识？

（2）设计一份“学生早餐情况调查表”，了解你所在学校同学的早餐就餐情况。请注意本次调查的目的是为了了解同学的早餐就餐状况及原因。

（3）能否从公关角度策划并拟定一份“文明公约”，倡导文明乘坐轻轨，共同维护舒适的乘车环境。

☐ 能力训练

▲ 案例分析

伦敦申办 2012 年奥运会的成功策划与实施

背景与情境：

1. 为能够获得 2012 年的奥运会主办权，英国政府组建了由首相布莱尔、英皇家成员安妮和曾参加两届奥运会的金牌得主塞巴斯蒂安·科挂帅的极高规格的伦敦申奥委员会。

2. 英国皇室给予了巨大支持。英女王亲自接见伦敦申奥委的全体成员，传递给他们巨大的精神支持。

3. 2005 年 1 月，塞巴斯蒂安·科成功邀请国际奥委会成员出访伦敦，为最终国际奥委会成员的投票倾向作了重要的铺垫。

4. 伦敦奥运会的场馆建设将旅游景点与体育设施进行完美组合，并将伦敦东部欠发达地区作为奥运会场馆建设的重点区域，体现了奥运会一贯主张的以奥林匹克运动推动城市发展的理念。

5. 努力探求奥运精神与英国民间体育的内在统一，形成一种众望所归、久有心仪的期待心理。在奥运会的许多项目中，有数项发源于英国，如羽毛球赛、足球、马术等。在历史上，英国曾两次挽救过奥运会。一次是 1906 年原定罗马的奥运会因火山喷发而改为伦敦，另一次是 1948 年第二次世界大战结束后，大乱初定，伦敦主动请缨承办奥运会，使奥运会运动走出低谷，顺利传承。

6. 制作的宣传片《自豪》中，在展示从著名运动员、伦敦市长到电影明星风采的同时，更多地凸显广大民众特别是青少年对体育运动的执着和热爱，对奥林匹克精神的理念作了更为精辟的定位和阐述。

7. 布莱尔在投票前，亲赴新加坡，与每一位国际奥委会成员进行沟通，之后，虽不能直接参加现场陈述（需参加 11 国首脑峰会），但他的讲话录像独具魅力。在布莱尔的讲话中，他先用法语向在座的占多数的法籍评委问好，赢得他们的好感，然后才用英语阐述他作为政府代表对伦敦申奥所持有的态度，非常具有感染力。

8. 申奥投票会上，英国的安妮公主进行了成功的 1 小时陈述，中间插入英女王的亲切致辞。这一安排既体现了皇家贵族的大气风范，又反映了英政府对申奥的高度重视。

9. 在努力争取中间选票上，通过前期大量工作的铺垫，英国成功地影响了来自美国、西班牙等国的评委，使他们在改投其他国家选票时，逐渐与英国形成组合，最终使这些国家将选票投向了英国，实现了英国的最后胜出。

10. 动用极具人气的足球明星贝克汉姆及其夫人作为伦敦申奥大使，赶赴新加坡与当地青年联欢，与街头少年们踢球，将外围人气打造得尽善尽美，为伦敦成功申奥营造了强大的外部环境。

2005 年 7 月 6 日，在新加坡举行的国际奥委会的 117 次会议上，经过四轮激烈争夺，伦敦以54比50票的微弱优势击败了此前呼声最高的巴黎，获得2012年夏季奥运会的举办权。国际奥委会主席罗格先生随即宣布英国伦敦成为2012年奥运会主办城市。这届奥运会申办角逐的城市除巴黎和伦敦外，还包括马德里、纽约和莫斯科，被认为是奥运史上竞争最激烈的申办。

资料来源　蒋楠．从伦敦成功申奥看政府公共关系［J］．公关世界，2007（1）．

问题：

（1）伦敦为什么能战胜巴黎取得成功？

（2）这则案例给我们什么启示？

分析要求：同第1章本题型的“分析要求”。

▲实训操练

操作项目：×××满意度调查分析运作。

情境设计：将班级学生分成若干实训小组，每组确定1人负责。各组就操练项目需要进行角色划分，并依照该项目的活动程序与规范要求，分别进行调查问卷设计、发放、归纳分析模拟实训。

实训要求：可设置一个项目（如食堂服务、专业课程设置），针对相关校内公众，进行公关活动调查的全过程模拟。

实训步骤：

（1）将班级学生分成若干实训小组，每组确定1人负责。

（2）各组学生根据操练项目需要进行角色分工。

（3）各组学生结合该项目活动要求，围绕活动目标，按照活动过程与规范要求进入角色，重点体验其模拟实训的全过程。

（4）各组学生记录本次模拟实训的成功经验、存在的问题以及解决办法。

（5）各组整理实训记录，在此基础上撰写《×××满意度调查分析实训报告》。

（6）在班级讨论交流、相互点评与修订各组的《×××满意度调查分析实训报告》。

（7）在校园网的本课程平台上展出经过修订和任课教师点评的各组《×××满意度调查分析实训报告》供学生借鉴。

□ 善恶研判

中储粮爆“调和油”内幕

背景与情境：2012年8月23日，中储粮为推旗下“鼎新”食用调和油，首家公布其调和油产品配比，并爆行业内幕，“食用调和油没有比例，任意勾兑，以次充好”，倒逼国标出台。

资料显示，2011年我国食用调和油的产量达238万吨，占小包装食用油507万吨的46.9%，已经超过大豆油成为市场占有率最高的品种，终端市场上可见的调和油品种不下20余种，“金龙油”独占30%的市场份额，而“鼎新”占有率不到3%。

由于调和油的产品配方不强制公开，一些厂商为了降低成本，采用成本较低的油种作为调和油的主要成分（如大豆油和菜籽油，甚至棕榈油），加极少量高档油脂，却以后者来命名调和油，如所谓的“花生调和油”其花生油和芝麻油两种成分加在一起往往不足 10%；如橄榄调和油、芝麻调和油，其实橄榄油、芝麻油在其中的占比还不到1%，而加入了大量廉价的棕榈油，市场售价却不菲。

此种乱象说到底买单的是消费者，损害的亦是消费者的利益。

评析：中储粮的行为本意令人怀疑！作为业内人士，早知调和油的问题所在，即便问题一直损害着消费者的利益，却在自己计划推出同类产品时先来个“曝光”，目的不言而喻。

问题：

（1）本案例中存在哪些企业伦理或职业道德问题？

（2）试对上述问题作出你的善恶研判。

（3）通过网上或图书馆调研等途径收集你作道德研判所依据的行业道德规范。

（4）本案例对你的启示有哪些？

研判要求：同第 1 章本题型的“研判要求”。

第5章 公共关系活动实施与评估

◆ 学习目标

通过本章学习，你应该达到以下目标：

职业知识：学习和把握制订公共关系活动计划的原则与步骤、公关活动计划实施管理和评估的基本方法，能用其指导相关认知活动与规范相关技能活动。

职业能力：结合本章理论与实务知识，通过媒体渠道了解并分析相关公关活动计划与评估典型案例，培养在特定业务情境中分析问题与决策设计能力；通过本章实务知识规则操作的训练，培养公共关系活动从计划到实施以及活动事后评估的专业技能。

职业道德：结合“公共关系活动实施与评估”教学内容，依照行业规范或标准，分析“‘无摊’城市与城市形象危机”、“北大‘专家’力挺茅台，称三聚氰胺吃不死人”和“红十字会监委会成立”等案例中企业或从业人员行为的善恶，强化职业道德素质。

【引例】

“微笑天使”

背景与情境：北京第二十九届奥运会圆满闭幕了，闭幕式上，国际奥委会主席罗格先生用了“无与伦比”之词赞美本届奥运会，他还特别感谢所有奥运会的志愿者们，并在闭幕仪式上安排新当选的国际奥委会运动员委员会委员代表国际奥委会向12名北京奥运会志愿者代表献花，以表达对志愿者们为奥运会辛勤付出的诚挚谢意。确实，本届奥运会的志愿者服务工作已成为一道最美丽的风景线，给世界各国来宾、运动员和观众留下了深刻的印象，甚至有外国记者称：本届奥运会志愿者工作和他们的微笑是留给奥运会最珍贵的财富。

为了让所有来宾都能得到满意的服务，让他们感受到中国人民的热情、好客，表示我们追求和平，讲究和谐的传统美德，本届奥组委用周密的计划和不懈的努力打造了一支规模庞大而且精心准备的志愿者团队：10万名赛会志愿者、40万名城市志愿者、100万名社会志愿者、20万名拉拉队志愿者，远远超出了悉尼奥运会的4.7万名和雅典奥运会的6万名。

“奥运志愿者的微笑是北京最好的名片”，一位外国游客对着电视镜头这样说：“我服务，我快乐！希望让世界更多地了解中国！”这也是许多志愿者的共同心声。当身着蓝色服装的志愿者们穿梭在赛场内外、大街小巷时，人们都亲切地称他们为“微笑天使”。

提示：奥运志愿者服务行动取得了巨大成功，其中组织计划工作做得好是行动成功的关键因素。我们可以想象一下，170万名志愿者从组织、选拔到培训上岗，再到轮换调整，还有对志愿者队伍自身的服务保障，以及随时可能出现的各种突发事件的紧急预案，真可谓是一项庞大的系统工程。如果没有周密的计划、部署，很可能会进入无序状态而出现一系列被动局面。正如有关专家所说的那样，任何事情要想获得成功，公关人员都必须时刻致力于一个有计划的过程，以达到真正影响其目标受众的态度和行动。

公共关系活动计划是公共关系活动的四个步骤之一，公共关系活动目标和行动方案、策略一经确定，就要制订具体而科学的公共关系计划来指导公共关系实践活动，并达到上述目标要求。“一旦公共关系问题或机遇已经通过研究和分析得到了界定，从业人员就应该为处理这个问题或利用这个机会设计一个战略，这就是制订计划和确定方案，即为了回应或预测一个问题或一次机会，对于应该做些什么、按什么顺序去做等，做出基本的战略决策。”

5.1 公共关系活动计划原则

5.1.1 公共关系活动计划原则

计划是组织设立目标及实现目标总的方法和手段。**公共关系活动计划**即公共关系人员根据组织形势状况和目标要求，在调查和策划的基础上，详细设计和规划实际行动方案的过程。公共关系活动计划是为实现组织公共关系目标而制订的指导具体公共关系活动的行动纲领，也直接关系着公关工作的成败及公关目标的实现。“不计划工作方案，工作人员就会陷入日常繁琐事务之中，整天应接不暇，却毫无成效，年终总结可数的成绩寥寥无几，就像开动一辆没有终点的火车，毫无进展，又耗费燃料。”

【补充阅读资料 5-1】

制订计划的理由

制订计划不能确保成功，但能大大增加其成功的可能性。然而，战略策划还没有作为公共关系实践的组成部分得到普遍接受。公共关系人员所提出的不用策划的理由也与其他管理者提出的解释相似：

(1)“我们没时间。”这是那些工作任务过重的公共关系人员的托词。当然，他们不知道，那些有了计划的人往往能更好地利用他们的时间，因此花费时间进行计划是一项明智的投资。

(2)“情况变化如此之快，为什么还要计划呢?”计划要根据变化着的环境而不断修订，它们不是固定不变的。然而，有了计划，可以充分意识到战略和目标正在发生变化，进而为修订计划提供基础。实际上环境越是动荡不定，越需要指引变化方向达到预期目标的“指南针”，越需要制订计划。

(3)“我们为结果负责，而不是为计划负责。”较之于战略策划，公共关系人员往往更关注实际行动。在研究和策划上花 1 美元往往被看做在实施方案活动中就少了 1 美元。这种定位就会导致看重活动而不是结果。实际上，从业人员是受益于按照计划发生的结果而得到报酬的。

(4)“没有计划，我们也干得很好。”短期的成功在条件改变以后会变成失败。商业领域情况正是如此。就在一家新的成功的电脑公司的股票公开上市之日，该公司创办人和首席执行官却死于车祸。股票上市被撤销直至新领导就职。几周后，该公司股票又公开出售，但股价要低得多。原因就在于制订计划涉及制定战略来处理诸如吸引媒体和公众注意的高级管理层决策，管理层和其他关键的人事变动，来自政府机构、消费者团体、工会或内部揭发者的指控等。

制订计划的目的是促使或防止某件事情的发生，为了利用或补救一种形势。公共关系活动通常试图形成某种观点或某一事件，要多于试图防止形成某种观点或某一事件，试图利用某种机会要多于试图矫正某种不希望的形势。不过，仍然有许多形势和情况需要矫正型的公共关系措施，因为此前没有采取预防措施。

虽然公共关系要求在许多领域（诸如公共政策和社会问题等）进行长期计划，但是危机常常促发公共关系计划。预防型的公共关系大多与长期计划紧密联系，而矫正型的公共关系常常是短期行为，用来策划的时间最少。直接的需要往往是收拾不利形势的残局或利用有利形势。后者若在一个包括应付紧急情况的长期战略计划的框架内进行将最为有效。

资料来源　斯各特·卡特里普，等．公共关系教程［M］，明安香，译．8版．北京：华夏出版社，2001.

公共关系活动计划虽然各有侧重，但一般应包含五个基本要素。

（1）背景资料介绍。主要说明制订公共关系计划的缘由，包括组织目前公共关系状态的客观描述，说明组织需要解决的公共关系问题及需要消除的形象差距。

（2）计划的目标。它不仅包括公共关系活动的总体目标，还应包括该目标细分之后的分项目标以及由此构成的公共关系总目标系统。应强调的是，这些指标应当是可以度量的。

（3）实施计划过程中的具体行动措施。例如，广告媒介宣传内容、对社会公益事业或体育比赛的赞助或捐款、营销策略等都是公共关系计划应包含的内容。

（4）实施计划的方法。实施计划的措施告诉我们为了实现目标，应当着手哪些方面的活动，而实施计划的方法则表明应当“怎样做”。例如，广告与宣传同属于利用大众媒介进行传播沟通，但具体做法不同。提供赞助或捐款或采用价格策略是以某种行为来树立组织良好形象的手段，它们的做法自然与传播沟通方法不同，并且这些手段本身的实施方法也是不同的。因此，实施计划的方法，应当视计划及其实施手段的不同情况灵活选用。

（5）目标公众。组织在拟定和实施公共关系活动计划时应当首先划定明确的目标公众范围，作为公共关系活动的对象或客体。不仅应在计划中明确整个计划所涉及的所有相关的公众类别，而且应清楚地知道实现各项指标的每一项措施所能面对的目标公众。此外，还应将目标公众进行顺序排列，以确定目标公众的次序，明确各类公众在本次公共关系活动中的重要程度。

公共关系活动计划的基本原则是：

（1）尊重客观实际。尊重客观实际即根据组织形象的调查实事求是地确定问题及目标。否则，目标定位不准确，就失去了实施意义。对于组织运行过程中发生的事情，要据实做到客观、真实、全面和公正反映。尤其对处于不利情势下的组织更为重要，敢于承认不利的甚至是负面的事实，才可能作出理智的规划。

（2）公众利益优先。这是公共关系活动计划的重要原则。公众利益优先就是始终把公众利益放在首位，作为考虑问题和处理事务的出发点。要求组织不仅要完成自身的任务，还要重视其行为所引起的公众反应，关心整个社会的进步和发展。只有这样，才能得到公众的好评，也才能使自身获得更大的、长远的利益。

（3）全面性和重点性相结合。公共关系活动计划应当是组织公共关系各个方面工作的计划，不能只顾某一方面而忽视其他方面。同时，公共关系活动计划既应当有短期的战术性工作，也应包括长远的战略性规划。

公共关系活动计划的全面性并不否定计划的有所侧重。事实上，任何良好的公共关系活动计划在兼顾全面的前提下，都有一个或几个重点，作为它的核心内容或主要内容。

（4）独创性与连贯性相统一。要使组织计划的活动标新立异、先声夺人，就必须根据社会条件、公众心理以及组织内部的变化进行精心策划。公众是通过多次参与对组织形象的评判，才建立起较为确定的形象评价。因此，公共关系活动计划不仅要考虑某次活动的独创性，还要考虑本次活动与前后活动的连贯性，以保证公共关系活动计划的科学性。

（5）计划性与灵活性相一致。公共关系活动计划是组织整体计划的有机组成部分，计划方案一旦确定就具有较强的制约性和相对稳定性。但是，由于组织的内部环境和外部环境随时都会发生变化，因此，公共关系活动计划又应具有一定的灵活性，即能随时依据环境条件的变化而适时调整计划，以保证公共关系活动计划目标的实现。

（6）与整体计划一致。公共关系人员应清醒地认识到，公共关系活动计划是组织整体计划的一部分，是为实现整体计划服务的，必须与整体计划相一致。如果与整体计划相悖，或者形成分散力，再好的计划也只能是一种空想，不仅劳而无功，甚至劳而有过。

（7）可操作性。公共关系活动计划应当是可以操作的。计划的每一项指标、每一个阶段都必须明确实施的主体、对象、环境、手段、要求等。只有这样，公共关系计划的每一项实质内容才能落到实处，不至于事情无人做，或每位员工不知做什么、怎么做、何时做、做到什么程度等。

5.1.2 公共关系活动计划步骤

英国公共关系专家弗兰克·杰弗金斯在《公共关系学》中指出，“公共关系工作方案的策划有六点模式，即审视环境、确定目标、界定公众、选择方法、预算经费、评定成效”。在此，根据公共关系活动的实施要求和程序，归纳出公共关系活动计划在制订过程中包含的六个步骤，见图5-1。

1）确定目标

公共关系活动计划目标是组织通过公共关系活动计划及其实施所期望达到的形象目标。因此，确定明确、具体的公共关系目标，对搞好组织的公共关系工作具有十分重要的意义。它是组织公共关系活动计划工作的前提和主攻方向，是指导和协调公共关系工作的依据，也是评价公共关系活动计划方案实施效果的标准。在确定计划目标时应遵循以下原则。

（1）可操作性原则。

公共关系活动计划目标应是可操作的，具体应做到“四定”，即定时、定点、定性、定量。定时是确定实现目标的时间；定点是确定工作的区域范围；定性是确定工作的性质和期望达到效果的状况；定量是确定人力、财力、物力的投入。

（2）可行性原则。

公共关系计划目标既要有鼓动性，又要有现实性，人们经过努力可以达到。高不可攀，反而会挫伤人们的积极性；唾手可得，就不能激发员工的进取心。

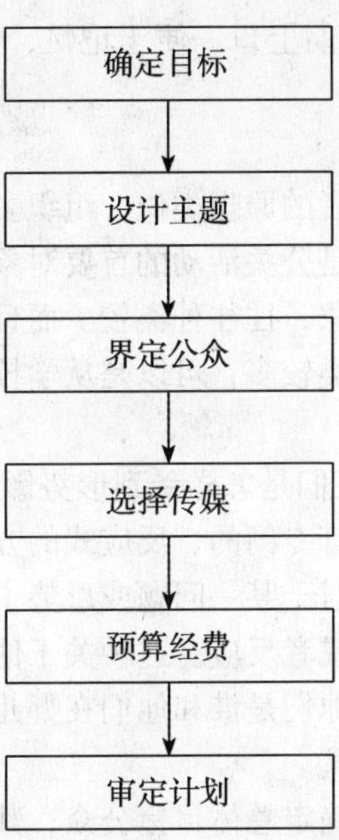

图 5-1　公共关系活动计划的步骤

（3）系统原则。

公共关系计划目标可能有多个，但有主有从，从而形成一个目标系统。组织必须统筹安排，合理分配力量，首先抓住关键的主要目标，以便带动其他目标的实现。

此外，为使公关计划顺利实施，其所依据的目标应具体、明确。目标的含义必须十分清楚、单一，不能使人产生多种理解，而且是可直接操作的，有明确的内容和任务要求，如明确的销售增长比率或顾客态度转换比率，空泛的、抽象的口号不能作为目标存在。

2）设计主题

公共关系的主题和公共关系的目标关系十分密切，但两者不能完全等同。公共关系目标是公共关系活动所要实现的组织形象状态，而公共关系主题则是公共关系目标的一种精炼的表述，它对公共关系活动起着一种提纲挈领的作用。目标是主题的实质内容，主题是目标的表达形式。

由于公共关系主题具有高度的概括性、精炼性和感召力，因而其设计殊非易事。总体上说，主题设计应遵循下述基本要求：

（1）必须与公共关系目标高度吻合，并且能充分体现目标的实质。因为主题本身是由目标决定的，是目标的反映。

（2）所提供的信息要独特新颖，具有鲜明的个性，语言形式生动活泼，能引起公众的兴趣，富有较强的感召力。

（3）应符合公众心理的需要，其形象既使人感到真实、可靠，容易引起公众的认同，又富有激情且耐人回味，激发公众的激情和想象力。

（4）一定要高度凝练、朗朗上口、便于记忆，切忌使用冗长拗口的词句，令人生厌且难以记忆。

3）界定公众

同市场营销确定目标消费者的原理类似，组织主体也应根据自己的公关目标确定组织的目标公众。目标公众是公关活动的首要对象，与目标消费者不同。目标消费者是组织营销活动的首要对象，往往种类较少而且规模较大，可按社会阶层、年龄或收入分类。目标公众的种类较多，可以是从学校的学生到工商界人士乃至军人等各类人群。

“界定公众的关键是认清人们是怎样受到形势影响的，而方案干预就是针对这种形势的。方案策划人能够制订专门的、反应式的方案目标和战略。这样，方案策划人就会从中知道不同的人们对于某一问题或形势了解到些什么、他们对它是如何看的、他们对它作了何种贡献或者反应。这种关于他们知道些什么、他们是如何看的、他们做了些什么，再加上他们是谁和他们在哪儿等的了解，为针对每类目标公众起草有效的方案奠定了基础”。

组织首先要根据公关目标确定总体目标公众，其次，由于每个公共关系方案是以不同的方式针对不同的公众展开的，而不是像广告那样通过传媒把各种信息传播给大众，因而，每项公关活动都应确定自己具体的目标公众。想利用一个或几个公关方案取悦所有的公众是不现实的，不同公众对组织的期望和要求不同，这些期望和要求可能存在利益上的矛盾或冲突。此外，不同公众适合的沟通方式及接受媒介的方式也不同，若在一个方案中将所有的公众都列为目标公众，势必会出现顾此失彼。只有为每一个公关方案确定自己的目标公众，才能正确地确定工作的重点和程序，科学地分配有限的经费和资源，更好地选择和确定传播媒介与工作技巧。

4）选择传媒

既然不同的公众需要不同的媒介，不同的媒介也就限定了所要沟通的公众。报纸、杂志、电台和电视是工业化国家的四大传播媒介。但在非工业化国家里，这些媒介不仅为数不多而且只能影响城镇里的、受过教育的、有文化的、有经济保障的人，他们或只是总人口中的一小部分。在这些国家适用的媒介可能是流动的电影放映队或大篷车。

选择媒介首先也应着眼于组织公共关系的目标和要求。如果组织的目标是提高知名度，可以选择大众传播媒介；如果组织的目标是缓和内部紧张关系，可以通过内部刊物、公关专题活动、会谈、对话等方式加以解决。其次，组织可以根据传播对象选择媒介。一般分析，受教育程度越高，就越依赖书面材料，受教育程度越低，就越依赖广播和电视。因而针对经常加班加点的出租汽车司机，最好采用广播；要引起儿童的注意和兴趣，电视节目和卡通片效果最好；针对文化水平落后、没有铺设电视光缆的山区农民，应采用有线广播与人际传播；城镇中受教育程度低的群体适合运用广播和画面较多的电视；针对受教育程度较高、喜欢阅读和思考的知识分子，应多采用报纸、杂志等书面传播媒介。再次，组织可以根据传播内容来选择传播媒介。内容较简单的快讯可以选择广播，它覆盖面广，传播速度快，对文化水平要求不高；对较复杂、需要反复思考才能明白的内容，最好选择印刷媒介（如报纸、杂志、图书等），那样可以使人从容研读，慢慢品味；对开张仪式、大型公共关系活动的盛况，采用电视、宣传片就会产生生动逼真、非常吸引人的效果。

还需注意的是，只对本地区有意义的信息就不要选用全国性的传播媒介；只对一小部分特定公众有意义的消息，就没必要采用大众传播媒介；对个别的消费者投诉，则只需要当面商谈或书信往来。

当然还要根据组织的经济实力选择恰当的媒介。

【职业道德与企业伦理5-1】

家乐福紧急避嫌

背景与情境： 2008年4月7日，北京奥运会圣火在巴黎的传递遭到"藏独"分子的破坏，网友遂发起抵制法国企业的号召。之后有消息称，由于路易威登—莫特轩尼诗集团（LVMH）涉嫌曾予以"藏独"资金支持，而该集团刚刚成为家乐福的最大股东。家乐福一时间成为千夫所指，遭到网友的广泛抵制。同时，还有消息传出，家乐福要在"五一"期间展开降价促销活动，有采取对立性行动之嫌，事态被进一步扩大。

为此，法国家乐福集团总裁迪朗22日在接受中国媒体联合采访时表示，家乐福不愿在政治中扮演任何角色。迪朗也坚决否认了家乐福是"记者无国界组织"合作伙伴的传闻，并再三声明，家乐福一直致力于与中国政府和人民的真诚合作，家乐福中国公司的员工99%都是中国公民，其经营的商品85%以上来自于中国。

4月30日，为避嫌，家乐福临时决定取消原定的"五一"降价促销活动。

5月12日，我国汶川发生8.0级大地震，家乐福国际基金会在当晚宣布：向中国受灾地区捐赠人民币200万元，同时他们在新闻稿中注明了还曾在今年1月我国南方遭受灾害时捐赠人民币200万元，由此表示家乐福的捐赠并不是针对此次危机的公关行为。

问题： 此次家乐福事件说明了什么？

分析提示： 企业本身就是所在国形象的一个切入点，就好像社会组织中的每一位成员在社会上的行为也代表其所在的社会组织形象一样，只有团队所有成员人人精心呵护，组织主体的良好形象才能真正树立起来。

5）预算经费

公关活动计划应当按照项目、时间进度和实施计划的措施或手段等因素，进行经费预算，以便做到心中有数，避免出现浪费或由于经费不足而导致本来可以成功的计划半途而废。此外，通过预算也可以有效控制实施过程中的费用支出，有利于提高投资效率。

因此，公关预算非常重要，它可以预先清楚地知道自己的计划、项目、活动需要投入多少经费，需要多少人力、物力、财力作为保障才能使计划具有可行性和现实性；可以事先统筹兼顾、全面安排，避免进入“投入黑洞”；还可以根据公共关系活动的效益同成本预算之比来检测、评估自己的花费是否值得，考核预算内各个项目之间的分配比例是否正确、合理，为下一步控制工作提供参考依据。

在公共关系活动中，需要支出的费用大体上有七项：

一是劳务费用。公共关系工作人员在开展公共关系活动时需要花费大量的时间，其工资、津贴、补助必然成为公共关系预算中的主要内容。

二是咨询、培训费。在组织遇到难以解决的问题或重大事件发生时，委托咨询公司或聘请公共关系顾问帮助解决问题，需要支付咨询费，组织培训公共关系人员也需要支付培训费。

三是行政费用。为开展公共关系活动需要支付办公用品费、电话通讯费和日常业务接待费等。

四是专项资料费。编写宣传资料、办报社及各种杂志社以及各项专门性的公共关系活动所需的印刷费、文印费、邮资费等都需列入经费预算。

五是公共关系广告宣传费。其包括视听广告、自制广告和委托代理广告等所需的各种费用。

六是实际活动费。其包括召开座谈会、招待会、宴会等，以及组织参观、举行大型纪念活动或庆典活动等各项活动的经费，为公众免费提供的各种教育、培训和服务项目等方面的开支以及其他公共关系活动所需要的经费。

七是赞助费。赞助社会文化活动、教育活动、各种大型的体育活动以及参与各项社会福利事业或慈善事业所提供的经费都包含在赞助费中。

公共关系预算的方法主要有以下三类：

一是销售额抽成法。组织按其年度计划销售额抽取一定的百分比作为年度公共关系预算经费。这种方法只能匡算出年度公共关系活动经费总额，因此，它只适用于年度公共关系预算。

二是项目作业综合法。此法即先列出公共关系项目计划及每项公共关系活动计划所需费用细目和数额，核定单项公共关系活动预算，然后将年度内各个公共关系项目预算汇总，得出全年公共关系预算经费总额。它具体、准确，既适用于年度公共关系活动经费的预算，又适用于项目公共关系活动经费的预算。但需要留有余地，以预防意外情况的发生。

三是平均发展速度预测法。此法即运用历史资料计算出公共关系经费实际开支总的发展速度，并计算出平均发展速度，按照这一平均发展速度确定计划期内公共关系活动经费预算数额。采取这种方法，可以保证公共关系活动经费每年都有所增加。这对于十分重视开展公共关系活动，并已经积累一定经验的组织比较适合。

精明的预算不仅要考虑必要的开销，还得充分估计到劳工工时以及电话、复印等服务机构的开销。20 世纪 80 年代以来这些费用不断上涨，印刷、信封、纸张为甚，邮费也不甘落后，工资的增长相对缓慢，这些都是必要的开支项目。对所有的计划而言，预算既是“目标”，又是“控制”，所以必须精打细算，在计划初期就需十分重视而且不断加强。

6）审定计划

(1) 对计划方案进行优化。

优化方案就是提高执行方案的合理性。可以从方案的目的性、可行性以及费用等方面去优化，把各种计划方案的优点集中到一个最终方案上。

(2) 对计划方案进行可行性论证。

由领导、专家和实际从业者组成论证小组，针对计划目标、限制性条件、潜在问题和预期效果等方面进行评论和证明，判定该计划方案是否可以付诸实施。

(3) 对计划方案的论证提出书面报告。

为取得领导的支持和各部门及全体员工的配合，必须把经过论证的计划方案，以书面形式报告给领导层。报告的内容大体包括综合分析、计划书和论证报告。待领导审核、批准后，方可具体实施。

【补充阅读资料5-2】

公共关系战略策划的过程

四步式过程	战略策划步骤和方案提纲
A. 界定问题	a. 问题、关心或机遇： “现在正在发生什么事情” b. 形势分析（内部的和外部的） “哪些积极的和消极的力量在起作用” “何人被牵扯和/或影响” “他们是怎样被牵扯和/或影响的”
B. 计划与方案	a. 方案目的 “预期的形势是怎样的” b. 目标公众 “方案应该回应、到达和影响何人——内部的和外部的” c. 目标 “针对每一类公众要完成方案目标时，必须取得什么结果”
C. 行动和传播	a. 行动战略 “必须做出什么变化以取得目标所陈述的结果” b. 交流战略 “为了取得在目标中指出的结果必须传播什么信息” “哪些是将内容传送给目标公众的最佳媒介” c. 方案实施计划 “何人对实施每项行动和传播战术负责” “活动顺序和日程安排是怎样的” “这个方案要花多少钱”

D. 评估方案　a. 评估计划

“在方案的目的和目标中特定的结果将如何进行测定”

b. 反馈与方案调整

“评估的结果如何报告给项目经理和用于方案的调整”

资料来源　斯各特·卡特里普，等. 公共关系教程［M］. 明安香，译. 8版. 北京：华夏出版社，2001.

5.2　公共关系活动计划实施

任何未经实施的计划都是空洞的、无实质意义的计划，从某种角度讲，即使再科学、合理的计划也需要通过“有效”的实施才能体现出其科学性与合理性。因此，公共关系活动计划的实施在公共关系活动过程中起着举足轻重的作用。

5.2.1　公共关系活动计划实施的含义及准备

1）公共关系活动计划实施的含义

公共关系活动计划实施 即公共关系主体为了实现既定公共关系目标，充分依据和利用实施条件，对公共关系活动计划实施策略、手段、方法设计并进行实际操作与管理，力求达成计划目标的过程。公共关系活动实施直接关系到公共关系活动计划能否实现及实现的程度和范围。一个有效的公共关系活动实施方案，不仅能正确地执行计划意图，而且还能创造性地修改和弥补原有公共关系活动计划的不足；不仅能在预定的范围实施公共关系活动，而且还能根据具体情况的变化适时调整公共关系活动计划。

公共关系活动计划的实施具有动态性、创造性和影响性的特点。

（1）动态性。

公共关系活动计划的实施是一系列连续活动陆续展开的过程，是一个目标和实际需要不断变化、不断调整的互动过程。这是因为：一方面，一项公共关系活动计划无论制订得多么周密、具体和细致，与实际情况总会存在或多或少的差异；另一方面，随着时间的推移、实施的进展、环境的变化，实施过程中仍会遇到一些新情况和新问题，因此，不断地改变、修正或调整原定的实施方案、程序、方法、策略等是实施活动中不可避免的正常现象。

（2）创造性。

公共关系活动计划实施的过程又是一个不同层次的实施者发挥主观能动性的过程。实施人员应充分地发挥自己的积极性、主动性和创造性。从这个意义上说，公共关系活动计划实施的过程不仅是一个对原计划进行艺术地再创造的过程，也是不断丰富公共关系实务经验的过程。这一特点要求公共关系活动计划在实施时一要抓住一些静态的事件、突发的事件，进行新闻策划；二要善于多角度思维、逆向思维；三要不落俗套，勇于创新。

（3）影响性。

公共关系活动计划实施所产生的影响主要表现在以下两个方面：首先，计划的实施会对众多的目标公众产生深刻的影响；其次，公共关系计划的实施有时还会对整个社会的文化、习俗产生一定的影响。

2）公共关系活动计划实施的准备

（1）人员的培训。

公共关系的实施要靠公关人员进行，其人员素质对公共关系活动能否成功又会产生较大影响。所以，公共关系活动实施的准备首先是人员的培训，其主要内容是实施工作制度教育和操作方法的学习。

公共关系实施工作制度教育，即让参加者明白各种规定及其意义，同时对特殊规定、容易违反的规定进行重点说明与强调，并通过灌输企业文化理念，达到提高公共关系实施人员思想与道德水平的目的。

操作方法的学习则是公共关系活动实施过程的具体操作规程，因为方法的不同会导致公共关系活动结果不一致，在进行公共关系活动实施准备时，通过讲解、市场化、模拟训练等形式将正确的方法贯彻下去，让每一个公共关系实施人员都能熟练掌握运用，以便将失误率降到最低水平。

（2）实施调查与试验。

由于公共关系活动计划的实施主体、客体及环境等存在许多不确定因素，为了保证公共关系活动的成功，一些组织往往会在公共关系活动实施之前进行事先调查并且在局部范围先行试验，以此来确定是否继续推广实施。公共关系实施调查的主要内容包括实施主体的调查、实施过程沟通情况调查和实施环境调查。

实施主体调查的内容又包括：①实施人员情况调查，如实施人员的文化素质、工作态度、职业道德、工作能力及身体状态等。②公共关系策划目标调查，如目标是否明确、目标实现的条件是否具备、目标是否符合公众和社会利益、目标之间是否相互矛盾等。明确这些因素，在正式实施公共关系活动时就会有的放矢。③公共关系实施方案调查，如工作内容是否合理、实施时机是否恰到好处、工作进度安排是否科学、实施制度是否完善、实施人员是否合适等。

实施过程沟通情况的调查主要是调查语言沟通、习俗沟通、观念沟通、心理沟通及组织沟通等情况。

实施环境的调查则是指来自于实施环境的各种制约因素，如政治环境因素、经济环境因素、社会文化环境因素、科学技术因素及竞争环境因素等方面的调查。由于上述的各种因素都会对公共关系活动实施产生直接影响，因此，公共关系活动计划的实施准备对此应有明确了解，以保证公共关系实施活动的成功。

公共关系活动实施试验是指在正式实施公共关系活动计划前，将实施方案在一个典型的、较小的公众范围内进行试探性实施，以验证各项工作内容的操作方法，取得实施经验。同时针对实施过程中的影响因素及实施方案进行评价，修正、调整不合理部分，保证正式实施时的有效性。进行公共关系实施试验时应注意以下问题：

①选择具有代表性的实施环境和目标公众。

②制定合理目标，即要以发现影响公共关系活动实施因素、完善与调整实施方案、获取实施经验和效果验证为重点。

③在情况需要时，要进行“比较试验”，在选择样本时尽量保证样本具有广泛的代表性，保证公共关系活动实施的客观性。

④重视试验人员的选择，要考察其综合素质，包括经验、能力等。

⑤对试验的结论要有充足论据，并对此作出实事求是的分析。

【职业道德与企业伦理5-2】

“无摊”城市与城市形象危机

背景与情境：2008年4月3日，合肥市市容局向外界公布实施“无摊”城市计划时间表，明确在9月底使合肥市成为“无摊”城市。

针对合肥市政府这次城市治理行为的合理性与可行性，众多国内外传媒特别是网络传媒纷纷进行质疑，认为这是一种漠视百姓困苦的政绩工程，更有记者指出“无摊”城市有违以人为本理念，与党中央政策不符。事件随着农民进城设摊卖瓜被城管部门没收引起斗殴而进一步升级。

6月13日，合肥市市容局局长和市文明办负责人出面回应，认为“无摊”城市说法不够准确，但这是一个独创性的归纳，同时还指责媒体的理解有偏差，并强调“无摊”将依然是合肥市在今后文明创建的一个方向。

6月22日，合肥市市长面对媒体说：“合肥建设‘无摊城市’提法很有局限性，市政府从来没有说过这样的话。”

怪异的创建思路加上自相矛盾的政府表述，带给合肥市的是新一轮城市形象危机。

问题：合肥市的“无摊”城市事件错在哪里？

分析提示：政府行为的出发点是什么？胡锦涛总书记早就提出：执政为民。建设“无摊”城市的思路本身就不是为民而是“扰民”，毕竟我们的城市化建设才刚刚开始，百姓的生活水平远远没有达到发达国家那种层次，对于随便设摊有碍市容行为更多的应该是引、疏、导，而不是随便取消了事。

当决策已经发现错误的时候，任何高超的公关技巧都无法让行为转为正确，更勿论从事件发生到政府出面解释相隔了两个多月，还有那相互矛盾的两种表述。

【同步案例5-1】

北大“专家”力挺茅台，称三聚氰胺吃不死人

背景与情境：2012年12月12日，茅台集团在贵阳召开媒体见面会，回应对其产品含塑的质疑。在发布会上，有北大教授声称含塑化剂的标准本身就是不科学的。他说：卫生部的511函将所有食品中塑化剂含量用同一个简单的数值来规范，本身就是匆忙应急的，是很粗线条的参考，该标准本身是不科学的，或者科学上是有局限性的。

本以为这位北大教授会进一步给出当前塑化剂含量标准不够科学的科学依据，以正视听，不想，教授却话锋一转，重提“三聚氰胺”旧事，按其说法，“三聚氰胺基本是无毒的物质，成人继续喝下去不会损害人体”，教授还表示，人类几百万年都没有灭绝，说明人类的排毒、解毒能力实际上是非常强大的。过去一百多年间，各种各样的有毒有害物质，铅、砷、汞、二恶英等等这些物质都是几十倍、上百倍在增加，但是人的寿命在过去一百多年中增加了一倍，所以各种有毒有害的物质我们基本上都应付得了。

问题：“茅台”是否达到了请专家“力挺”的目的？

分析提示：此话在网络上引来一片“口水”，人们怀疑专家的思维是不是有问题，当然最大的失败者是“茅台”，请来的不是“灭火”专家，而是引爆炸药的“雷管”。

对于突发性负面事件的处理，聘请技术专家以正视听是一条有效途径，关键要事先对好“口径”，统一“台词”，否则只会火上浇油，“救火”计划的不周密使“茅台”更陷被动。

5.2.2 公共关系活动计划实施的管理

1）公共关系活动计划实施中的障碍及其排除

（1）目标障碍。

目标障碍是指公共关系活动计划中由于目标定位不明确甚至不正确，缺乏可操作性，或者由于计划方案制定的活动偏离目标而给实施所带来的困难。

目标障碍主要来自下列五种可能情况：

①目标是否切合实际并能够实现。

②是否具有可行性和可控性。

③检查是否体现了所期望的结果。

④是否是实施者职权范围内所能完成的。

⑤完成期限是否合适。

排除计划目标障碍的根本方法是要求计划部门修正计划目标并使之正确、明确和具体。计划实施人员必须在开展工作之前，就计划目标是否切合实际、是否可以进行比较和衡量、是否表明了期望结果、是否规定了完成期限、是否超越了实施者的职权范围等进行认真检查，将发现的有关计划目标的问题主动向计划部门反映，并督促其修正计划目标。

（2）传播沟通障碍。

公共关系活动计划的实施过程实质上就是进行传播沟通的过程，“在公关活动中，实施与传播是不可分的，这里的‘实施’本身就是一种传播行为”。

在实施过程中，往往会因为语言、习俗、观念、心理等差异而产生各种沟通障碍，在这里特别需要明示的是组织障碍。

组织在这里是指由若干“系统”构成的、开放的社会技术系统。合理的组织结构会加速信息的传播沟通，不合理的组织结构会延缓甚至束缚信息的传播沟通。组织障碍的主要表现是：

①因组织层次繁多而造成信息失真。

②因组织机构臃肿而造成沟通缓慢。

③因组织条块分割而造成沟通“断路”。

④因沟通渠道单一而造成信息沟通不足。

因此，解决组织障碍的主要办法是：按照精简、统一、高效、灵活的原则，进行组织系统的改革，使组织结构适合公众的需要，更便于信息的传播沟通。

排除传播沟通障碍的主要方法，一是正确选择沟通方式和渠道，二是灵活运用传播媒介。传播沟通障碍的排除要注意：

①信息发出者的影响。

②信息内容对接收者的吸引力。

③编码的技术性。

④信息传送的速度。

⑤干扰“噪音”的强弱。

⑥信息接收者的状态和能力。

(3) 突发事件障碍。

对公共关系活动计划的实施干扰最大的莫过于重大的突发事件。这里所说的重大突发事件包括两大类：一类是人为的纠纷危机，诸如公众投诉、新闻媒介的批评、不利舆论的冲击等事件；另一类是不以人的意志为转移的灾难危机，诸如地震、火灾、水灾、空难等。这些重大的突发事件对公共关系活动计划的实施干扰极大。因为突发事件一般具有以下几个特征：①发生突然，常令人始料不及；②来势迅猛，常常令人措手不及；③后果严重，危害极大；④影响范围大，易给整个社会带来恐慌和混乱。一个社会组织如果不善于处理突发事件，那么不但会使整个公共关系活动计划难以实施，甚至会影响本组织的生死存亡（详见第10章“危机管理”）。

2) 公共关系活动计划实施的管理

“公共关系实施基本上是一个对人、财、物的管理调度问题，像做任何其他实际工作一样，要有工作标准，有实施路线，有准备和协调工作的科学的方法，以及检查、督促和总结。”的确，公共关系活动计划实施的管理更多的是运用各种现代管理方法，确保实施过程依照计划的轨迹，达成计划目标。下面介绍几种常用的管理方法。

(1) 目标导向法。

所谓目标导向法是指在公共关系活动计划实施过程中通过加强控制，保证公共关系活动计划实施不偏离公共关系活动计划目标的方法。控制过程就是实施人员利用目标对整个实施过程进行引导、制约和促进，以把握实施的进程和方向。在公共关系活动计划实施过程中，常采用线性排列法，将所有公共关系行动和措施按先后顺序有机排列组合起来，然后再加以控制，一步一步地向目标迈进（见图5-2）。

图5-2 目标导向法

（2）控制进度法。

控制进度法是指根据整个公共关系活动计划方案的目标要求，按照一定的程序和步骤，安排工作进度，掌握工作进展的速度，以免出现畸轻畸重倾向。在这里，计划是控制的基础，控制是实现计划的保证，两者从组织公共关系活动计划实施开始直到终结，始终紧密联系在一起。

甘特图是由美国管理工程师亨利·甘特发现的，其制作法如下：先把公共关系项目和计划分门别类，然后标明完成的日期，把每月、每周或每日的进度在图表上标出来，最后按图检查它是否和预期的计划相吻合，如有失误，及时调整。这种方法的优点是进度控制非常明确、有效，缺点是不能提示实施计划中遇到的问题及其产生的原因（见图5-3）。

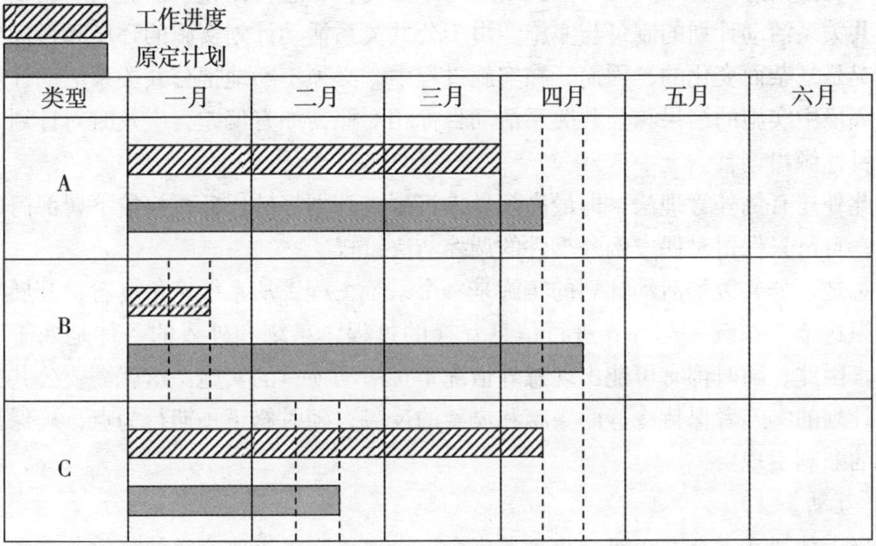

图5-3 甘特图

从图5-3可以看出，A类工作完成得比较好，B类工作还有问题，C类计划制订得太松。

（3）反馈调整法。

所谓反馈调整法就是施控系统的信息在作用于受控系统（对象）后，产生的结果将输送回来，并对信息的输出发生影响的过程。由于人们通常要用这种反馈后所获得的认识来调整公共关系活动计划的实施活动，所以又称之为“反馈调整”。其特点是根据过去实施的情况调整未来的行为（见图5-4）。

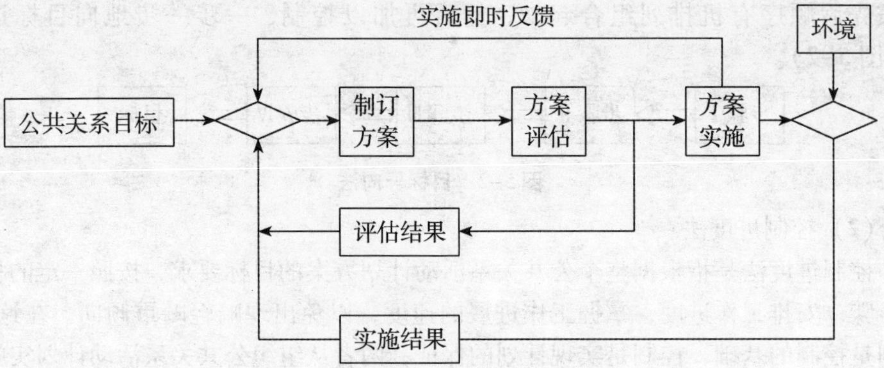

图5-4　目标反馈控制图

反馈调整的过程是：公共关系活动计划制订者确定公共关系活动目标，根据目标制订实施方案，实施方案制订后，组织有关部门和人员对方案进行评估，然后，把评估结果与原定的公共关系活动目标进行比较，发现问题后再重新修订整个公共关系活动计划，之后则开始将经过修订后的公共关系方案付诸实施，并在实施过程中即时反馈信息，实施后再将实施结果与原定的目标进行比较，以影响、调整下一步公共关系活动计划的制订与实施。由于公共关系活动计划实施的环境和目标公众的情况是复杂而变化的，因而，在实施过程中，必须不断地把公共关系活动计划在客观环境中实施的结果与公共关系活动目标相对照，如有偏差，应及时对计划、行动或目标做出调整。

此外还有例外管理法，即最高领导人将事先计划好的任务授权给下属部门全权处置，自己只保留对偶发例外事件的调控与决策权。

总之，公共关系活动计划的实施是一个系统工程，从系统论角度看，开展项目是组织这个“系统”与外界进行信息互换的过程，系统和外界的条件是处于变化中的，因此，随时都有可能出现意外情况干扰活动项目的实施。这就需要公共关系活动计划的实施者保持冷静的头脑和灵敏的反应，随时修正预期行为点，确保计划目标的顺利实现。

【教学互动5-1】

班上计划在下个月组织一场主题班会——邀请一位事业有成的前学长作成才方面的演讲，并与同学互动，你作为负责人要圆满举办此项活动。请就活动的各方面安排（包括学长邀请）详细列出甘特图，活动准备时间为一个月。

注：所有细节均不可疏漏。

要求：同“教学互动1-1”的“要求”。

5.3　公共关系活动评估的内容

对于任何社会组织来说，只有对其所组织的任何一项活动在终了之时，进行科学、全面的评估，才能对已经完成的任务有个具体的衡量结果，从中获取经验教训，为以后活动的有效进行提供借鉴，公共关系评估的意义也在于此。有专家称，再也没有什么主题能像项目评估——整个流程中的最后一步——这样在实践操作中起着那么大的主导作用了。

5.3.1 公共关系活动评估的含义

公共关系活动评估，是根据特定的标准，对公共关系活动计划、实施过程、实施效果进行衡量、检查、评价和总结，以判断其优劣的过程。公共关系活动评估是公共关系工作的最后一个阶段，它与第一阶段的“公共关系活动调查”可谓首尾相接，很可能前一个公共关系项目的“评估结果”就是下一个公共关系项目的“调查”过程。

早在1920年，美国新闻宣传专家埃瓦特·G. 劳特章在当年全美社会工作会议上就指出：“当所有的回报都跟进之后——当最后一次会议已经举行，所有的印刷材料都已最后分发完毕，所有进行直接努力的活动都已记录成历史——就该是把你自己和你的方法推入第三阶段的时候了……带着祈祷者般的渴望，期望你能将所学到的经验教训应用到下一个项目。”但实际上，他的建议直到最近几年才在公共关系活动中被逐步采纳。其主要原因，就是评估公共关系活动本身是项非常“吃力”的任务。当然现在这种状况已有了很大改变。作为一种管理职能，评估工作正成为公共关系活动中不可缺少的一个过程，是贯穿在整个公共关系活动过程中的一项工作，是进行新的、更高层次公共关系活动工作的开始。

美国公关权威伦纳德·萨菲尔在其《强势公关》中指出：“公关评估过程要牢记下列原则，公关是企业完整运作过程中的一个有机组成部分，必须与其他各个领域同步协调发展。评估的目的不是对公关的作用表示反对或赞成，而是想办法使其更有效、更协调，产生更高的成本效益。如果评估能严格而公平地进行，标准明确，公关就没有什么可担心的了，这样的评估有助于公关的发展和成长。”所以我们说，公共关系活动评估的目的，就是取得关于公共关系工作过程和工作效益的信息，作为决定开展下一步公共关系工作、改进工作方法和制订公关活动计划的主要依据。

【补充阅读资料5-3】

无形的公关效果

以下是一段对话：

“为什么不行呢?”

“它们看不见摸不着，你实际上看不到公共关系的结果。”

“我为什么要为了那些探测不到的事情——你所说的‘看不见摸不着的结果’而付钱给你呢?”

“好吧，给你钱。”

“在哪? 我没看到任何钱呀。”

“当然看不见啦，它是感觉不到的——这就是你所说的‘看不见摸不着’。”

资料来源　斯各特·卡特里普，艾伦·森特，格伦·布鲁姆，等. 公共关系教程［M］. 明安香，译. 北京：华夏出版社，2001.

5.3.2　公共关系活动评估的内容

公共关系活动涉及组织的各个方面，与此相对应的评估工作也不例外，通俗的表达是对每一项公共关系活动提三个问题：我们是怎样想的（对计划的评估）？我们是怎样做的（对实施过程的评估）？最后效果如何（对投入与影响效果的评估）？

1）公共关系活动程序评估

公共关系活动程序评估是指对公共关系活动实施过程的每一环节、每一步骤的合理性做出客观评价。其内容主要有：

（1）公共关系调研过程评估。

公共关系调研过程评估的内容主要包括：公共关系调研计划是否合理；所获信息资料是否齐全；公共关系调研对象的选择是否具有典型性和代表性；调研结论分析是否科学可靠。

（2）公共关系活动计划制订过程评估。

这一部分的内容主要包括：公共关系活动计划的目标是否可行；战略构思是否恰当；目标公众选择是否与公共关系战略相一致、媒体选择及媒体策略是否有效等。

（3）公共关系计划实施过程评估。

其内容主要包括：各项准备工作是否周全；过程安排是否合理；信息制作的内容准确程度如何；信息表现形式如何；质量及数量如何；实施效果是否达到了预期目标及解决问题的程度等。

2）专项公共关系活动评估

专项公共关系活动评估是指对各种公共关系活动效果的评估。其主要内容包括：

（1）日常公共关系活动效果评估。

任何一个注重公众形象的组织都会将公共关系活动作为一项日常活动来开展，因而对日常公共关系活动的评估就显得十分重要。其评估内容主要包括：全体成员公共关系意识及行为表现；组织各部门在经营管理环节上的投入；公共关系网络的建设；内部公共关系协调状况；日常的沟通；知名度及美誉度情况等。

（2）单项公共关系活动效果评估。

一般而言，单项公共关系活动都有非常明确而集中的主题，目标也更为具体，对其进行有效的评估能取得更好的效果。单项公共关系活动评估的内容主要有：每次的项目计划是否合适；单项目标与组织总目标及整体战略是否相一致；项目的目标是否已经实现；传播沟通及信息策略是否有效；对公众产生了哪些影响；公众是否已经改变；项目预算是否合理；公共关系活动实施效果如何等。

（3）年度公共关系活动效果评估。

年度公共关系活动效果评估，即对每年度内日常公共关系活动、单项公共关系活动进行的总体评估。其具体内容包括：年度公共关系计划目标是否实现；年度公共关系活动计划方案是否合理；实现状况如何；年度内日常公共关系工作成效如何；年度内单项公共关系活动的类型、数量及成效分析；内、外部公共关系的开展和成效；组织公共关系的应变能力等。

（4）长期公共关系活动效果评估。

对于一个大型组织而言，其公共关系活动实施是一个长期的过程，因此，评估必须在年度、单项活动评估的基础上进行系统的分析，从而得出一个总体性的结论，掌握公共关系活动的基本规律。长期公共关系活动效果的评估内容是专项公共关系活动效果评估的综合，由此而得出公共关系战略得失问题。

3）传播沟通评估

进行传播沟通评估的目的是全面分析衡量公共关系的传播效果，以检测传播沟通工作的得失。传播沟通评估的主要内容有：

（1）信息制作评估。

信息制作评估，即对公共关系人员制作能力、选定的表现形式及表现手法、传播信息的质量等方面的评估。

（2）信息曝光度评估。

信息曝光度评估，即对信息传播的范围、数量、影响等方面的评估。

（3）传播沟通效果评估。

传播沟通效果评估，包括公众对信息本身的了解程度、组织的印象、公众行为效果和反应、公众期望水平、传播沟通方案的目标测定等内容进行的评估。

4）公众状态评估

对公众状态的评估主要从两方面来进行：一是内部公众状态；二是外部公众状态。

（1）内部公众状态评估。

内部公众状态评估内容主要有：组织的政策在沟通中被全体成员接受或理解的程度；员工的士气及组织的凝聚力；各项工作关系处理情况；影响员工关系的因素；沟通渠道必须做哪些方面的改进；传播策略及目标有何欠缺等。

（2）外部公众状态评估。

外部公众状态是公共关系实施评估的主要内容。其具体体现为：消费者关系评估，包括消费者态度及行为的改变程度、与消费者的协调等；媒体关系的评估；社区公众关系评估；政府公众关系评估，如了解政府的支持情况、与政府的沟通效果等。

5）公共关系实务及机构工作绩效评估

进行实务评估的目的是为了考察公共关系机构人员的工作效率、实际能力、策略手段等。其具体内容主要有：

(1) 市场营销活动评估。

这主要是针对营利性的企业而言，通过评估公共关系活动对市场营销工作的促进状况、市场营销活动中所运用的公共关系策略，来评估公共关系实施是否与市场营销战略相一致。

(2) 管理绩效评估。

这主要包括对目标完成情况、管理能力、工作人员工作任务完成情况、工作效率及策略等方面的评估。

除此之外，公共关系实务评估还包括广告传播评估、新闻宣传评估及专题活动评估等内容。

【同步思考 5-1】

你该怎么办?

你是某大卖场的客服负责人，大卖场开业近一年，生意一直很红火，但近期你发现，有越来越多员工在抱怨工作时间过长，且精神压力大，已有好几个员工因此离职；此外，你还发现顾客对员工服务的投诉明显上升，如在卖场内找不到员工咨询、收款排队时间太长、上周有顾客发现一款食品保质期过了1天，在网上曝了光，还引来了媒体调查取证。你感到问题在恶化，期望决策层迅速采取行动。

问题：撰写一份较全面的评估报告供决策层参考。

理解要点：报告应对目前存在问题作归纳分析，指出深层原因，并就如何改进(从制度和内部建设两方面) 提出自己的观点。

5.4 公共关系活动评估的标准与程序

5.4.1 公共关系活动评估的标准

评估公共关系工作效果，必须有一个共同的标准。如果标准不一，给出的结论就可能不准确。那么什么是评估标准呢？对于这个问题，目前有许多不同的看法。最流行的看法是所得与所费之比，即公共关系活动所达到的效果能否弥补其所耗用的支出。这个标准从表面上看似乎颇有道理，但只要略加分析就不难看出它将公共关系活动效果与活动的评估效果这两个基本概念混淆了。活动评估效果一般是用量化指标显示的，但公共关系活动的实际效果又怎么可能完全用数字显示得了呢？专家们通过大量的研究发现，目标管理更适用于公共关系活动效果的评估，因此，评估公共关系活动是否有成效，其标准主要还是看预订的公共关系活动计划与实际操作过程的“误差”程度。

按美国著名的公共关系理论专家斯科特·卡特李普和阿伦·森特等人的理论，公共关系活动评估标准大致可分为以下几个方面：

1) 公共关系活动准备阶段评估标准

(1) 背景材料是否充分。

随着公关活动的全面展开，公关人员应检查背景材料是否充分，及时发现被遗漏的、对整个公关活动有影响的因素。例如，在确定目标公众时是否遗漏了关键公众？关于公众方面的假设是否有错误？新闻界所需要的材料有没有充分准备？

（2）信息内容是否合适准确、充实。

要评估传播的信息内容是否与问题的要求相吻合，是否有助于问题的解决或取得预定的目标，选择的传播媒体是否合适，针对目标公众所进行的信息传播是否准确、及时、适宜，公关活动或传播的信息是否会产生某些副作用，有没有其他事件配合，人员与预算是否充足等。

（3）信息的表达形式是否恰当。

这主要检查信息传递资料及宣传品，包括语言文字、图表、图片等设计是否合理，能否引人注目，能否给人以深刻印象。具体包括文字语言的运用、图表的设计、图片及展示方式的选择等。

2）公共关系活动实施阶段评估标准

评估不仅仅是对公共关系工作效果的评估，更主要的是在公共关系活动的实施过程中发挥其监控、反馈的作用。例如，发现哪些决策是正确的，哪些是错误的，哪些决策不利于公众产生对组织的信任，以及发现决策实施过程中出现的偏差等。在这个阶段中又可分为四个不同层次的评估标准：

（1）检查发送信息的数量。

这主要检查在公共关系活动计划实施过程中所发表的电视、广播讲话次数，发出信件、新闻稿件、宣传资料的数量等，还应发现其宣传性工作，如展览等进行与否及投入程度。

（2）信息被媒体所采用的数量。

不管公共关系人员制作了多少信息，只有被传播媒体采用，公众才有可能接触并了解到这些信息的相关内容，因此，公共关系人员应统计被传播媒体采用的数量。报刊索引和广播记录一直被用来作为调查传播媒介采用信息资料数量的依据。其他宣传活动，如展览、公开讲话的次数，也反映了企业为有效地利用各种可能渠道将信息传递给目标公众的努力程度。

（3）接收到信息的目标公众数量。

接收到信息的公众的绝对数量并不重要，重要的是目标公众的数量。报纸杂志的发行量可以作为评估企业信息传播效果潜在的参考数据。事件、会议、展览的出席人数也可作为这种评估参考数据。但真正的效果应体现在有多少目标公众真正注意到了这一信息。通过评估，如果发现了目标公众对组织信息接触不足，就应及时采取补救性措施。

（4）注意到信息的公众数量。

通过对公众阅读、收看、收听组织信息情况的调查，了解有多少目标公众注意到了组织发出的信息。具体方法有三种：

第一，评估人员的直接观察。有评估人员直接参与实施过程，进行实地考察记录各个环节的状况及进展状况。

第二，对实施者和实施对象进行调查。

第三，分析各种汇报资料。数据、图表、报告是评估的重要依据。通过研究分析，比较实施对象、实施方法步骤、社会环境等方面的特点，了解实施过程中的障碍，以便建立标准化的程序。

以上三种方式应综合运用，通过互相比较，就可得到一个全面的综合性的评估结论。

3）公共关系活动实施效果评估标准

（1）了解信息内容的公众数量。

公共关系活动的目的之一是加强目标公众对组织的了解与理解。目标公众是否了解和理解组织，往往影响到他们对组织的态度和行为。

（2）改变观点、态度的公众数量。

评价公众的观点和态度，要根据一段时期内公众在所有有关问题上的立场和观点，而不能仅凭一时一事来判定一个人的态度变化与否。

（3）发生期望行为与重复期望行为的公众数量。

公共关系信息传播效果的最高层次是引起公众行为。在实施公共关系活动以后，有多少公众按照导向采取了行为，这是评估公共关系活动效果的一个重要标准。有些公共关系活动需引起长久的效果，就必须注意了解重复期望行为的公众数量。

（4）达到的目标与解决的问题。

是否达到计划目标、解决想解决的问题，是公共关系活动效果评估的最高标准。有时，公共关系活动产生的结果并非完全与计划目标相一致，但如果这些结果同样是积极的，便可认为是达到计划目标的其他表现方式，这些结果也应该作为评估公共关系活动效果的依据。

（5）对社会经济与文化发展产生的影响。

这些影响会在较长时间里以复杂的、综合的形式表现出来，对这种影响效果的评估并非公共关系人员所能完成的，而要留给社会学家、心理学家来研究。对于那些通过自己的职业行为履行社会责任，并对社会经济及文化发展产生积极作用的公共关系人员，后人将给他们以公正的评价。

5.4.2 公共关系活动评估的程序

公共关系活动评估是一项系统工程，其内容繁多，要保证其评估的准确性、科学性和有效性，必须遵循一定的程序。由于评估的项目不同，内容和手段也不相同，但无论如何，其程序大体是一致的。

1）明确评估目标

制定评估目标是公共关系活动实施评估工作的第一步，也是进行评估的基本方向。有了明确的目标，评估才会有的放矢，评估所得的结果也才会有价值。评估目标的设定既可以是定性的，也可以是定量的，无论采用哪一种方式，评估人员都必须将公共关系活动实施过程中的相关问题，如评估重点、提问要点等形成书面材料，以便为决策层提供有说服力的依据。

2）细分评估目标

明确了评估目标以后，要将总目标进行分解，使目标落实到每一个具体环节，提高可操作性。例如，目标公众究竟是谁？会取得哪些预期效果？什么时候进行评估？如果是一个笼统的总目标，项目评估基本无法进行。

3）选择评估标准

评估标准是评估人员开展公共关系工作绩效的依据。从根本上说，评估标准只有一个，即开展公共关系活动所要达到的目标。但在不同的阶段、不同的部门，评估标准又有不同表现。一般情况下可从定量和定性两个方面来确定评估的基本标准。

（1）定量标准。

定量标准是将评估标准用数字表现出来。例如，通过某次公共关系活动的实施，要使本企业的知名度由原来的10%提升到30%，或者说在某一公共关系活动实施范围内，要使本企业的市场占有率提高5%等。这些用数量说明的评估标准能具体地反映公共关系活动的开展情况。定量标准主要有：

一是沟通有效率，指沟通有效数与沟通信息总数之比。用公式表示为：

沟通有效率=（沟通信息总数-无效数）÷沟通信息总数×100%

二是公共关系信息传播速度，指单位时间内传播的信息量或一定的信息量传递所需要的时间。单位时间内传播的信息量越多或一定信息量传递所需的时间越短，则传播速度越快。用公式表示为：

信息传播速度=传播的信息量÷传播所需时间

三是视听率，也就是收视率，即实际视听人数与某一调查总人数的比例。用公式表示为：

视听率=实际视听人数÷调查总人数×100%

四是知名度，指掌握公共关系信息的人数与某一被调查的总人数之比。用公式表示为：

知名度=掌握公共关系信息的人数÷被调查总人数

（2）定性标准。

定性标准则是对评估对象进行粗略、抽象的性质描述。例如，我们企业拥有良好的形象，本次公共关系活动取得了成功等。这种标准往往反映的是一个大体趋势，说服力没有定量标准强。定性标准可从以下几个方面反映出来：①报道的篇幅与时数；②报道的内容；③新闻媒体的层次和重要性；④新闻资料的使用方法；⑤记者、编辑的反应。

无论是采用定量标准还是定性标准，也不管是分为传播沟通标准或公众态度改变标准，都必须具有现实性、可信性、明确性和可接受性，且评估时都必须根据具体情况进行选择。

4）收集相关资料

通过对公共关系活动实施的评估，可以掌握大量有效资料，特别是在小范围内，通过评估来获得相关资料是十分有效的。由于公共关系活动前期调查资料是为实施公共关系活动服务的，因此，有时候所得的相关资料并不都是围绕主题在进行，但通过评估所得的资料就有较强的针对性。

5）保留完整的计划实施记录

在进行评估时，一定要保证实施记录的全面、细致，其记录资料一定要反映公共关系项目的实施过程、工作方式、工作效果及存在的问题等。

6）评估结果分析、运用

在进行公共关系活动实施的评估工作时，评估者不能简单地将所有资料不分主次地交给决策层，而必须对所得资料进行科学合理的分析，并将所得的结果运用到以后的公共关系活动实施过程中，为组织的长远发展提供依据。

7）形成评估报告提交管理者

将评估资料向管理者汇报是评估必需的程序。这是为了保证管理者及时掌握相关情况，以便对现有战略目标或发展方针进行全面调控，同时也说明公共关系活动在实现组织目标中的重要作用。

5.5 公共关系活动评估报告

公共关系活动评估报告是提供给管理层的一种正式文本，它往往被送到最高管理层，作为领导层统筹管理和制定新决策的依据和参考；也可以提供给全体员工，以利于员工了解外界的评价，提高士气，改善行为。它的运用，可以调整公共关系活动计划，使计划更趋于科学合理；对策划新的公共关系活动目标方案有直接的帮助；用于组织决策的改进，对组织走向市场、为公众所认同与合作方面有较大的决策参考价值。

评估报告中最重要的是要说明："我们做得怎么样？为什么会这样？"它应当精确地描述整个公关活动的过程，简洁地概括活动所取得的结果及存在的不足、今后的发展趋势，并提出相应的解决办法，为企业战略决策提供充分的信息依据。

5.5.1 评估报告的内容

公共关系活动评估报告的内容主要涉及以下几个方面：

1）评估的目的及依据

具体包括：为什么要进行公共关系活动评估，通过评估解决什么问题，以及评估所依据的文件或相关会议精神等。

2）评估的范围

只有明确评估范围，评估报告才会有实用价值。否则，会出现重点不突出、对象不明确等问题。

3）评估的标准与方法

在评估报告书中，必须说明评估的标准或具有可衡量性的具体化目标体系，以及在评估过程中所采用的方法。

4）评估过程

通过评估过程来考察评估步骤是否科学、合理、规范、完整。

5）评估对象的确定

6）评估内容的分析及结论

在评估报告书中必须对评估的公共关系活动内容、工作项目及运行和执行的情况进行详细分析，并在此基础上得出客观、公正的结论。

7）存在的问题及建议

这是撰写评估报告的主要目的，要求根据所掌握的材料，有针对性地提出问题并提出有利于解决问题的建设性意见。

8）附件

附件主要包括图表、附文等。

9）评估人员名单

这主要包括参评人员名单及相关资料、联系方式等。

10）评估时间

由于不同的时间会存在不同的评估结论，所以，在评估报告中，必须明确评估时间及评估报告撰写的时间。

此外，在评估报告中，对活动计划准备阶段的评估、对活动实施阶段的评估及对活动结果的评估这三方面内容应重点阐述，以体现报告“评估”的特色。

5.5.2 公共关系活动评估报告的格式

公共关系活动评估报告通常表现为如下的格式：

1）封面

其内容包括评估的题目、评估时间、评估人员名单、报告编号等。

2）评估人员分工

3）目录

4）前言

在前言中，简要地介绍评估的主要内容。

5）正文

这是评估报告书中最主要、最核心的部分，其内容包括评估的原则、方法、范围、结论、存在的问题及建议等。

6）附件

附件包括对正文内容的补充说明及相关证明材料。

7）后记

■ 本章概要

● 公共关系活动计划即公共关系人员根据组织形势状况和目标要求，在调查与策划的基础上详细设计和规划实际行动方案的过程。

● 公共关系活动计划包括背景资料介绍、计划的目标、实施计划过程中的具体行动措施、实施计划的方法及目标公众五个要素。

● 公共关系活动计划的基本原则是尊重客观实际、公众利益优先、全面性和重点性相结合、独创性与连贯性相统一、计划性与灵活性相一致、与整体计划一致和可操作性。

● 公共关系活动计划的六个步骤分别是确定目标、设计主题、界定公众、选择传媒、预算经费、审定计划。

● 公共关系活动计划实施中的管理方法主要有目标导向法、控制进度法和反馈调整法。

● 公共关系活动评估，是根据特定的标准，对公共关系活动计划、实施过程、实施效果进行衡量、检查、评价和总结，以判断其优劣的过程。

● 公共关系活动的评估标准主要还是看预订的公共关系活动计划与实际操作过程的“误差”程度，具体可分活动准备阶段评估标准、活动实施阶段评估标准、活动实施效果评估标准三个层面。

● 公共关系活动的评估程序是明确评估目标、细分评估目标、选择评估标准、收集相关资料、保留完整的计划实施记录、评估结果的分析运用、形成评估报告提交管理者。

■ 主要概念和观念

□ 主要概念

公共关系活动计划　公共关系活动评估　实验法

□ 主要观念

公共关系活动计划原则　公共关系活动计划实施　公共关系活动评估内容　公共关系活动评估的标准与程序　公共关系活动评估报告

□ 重点实务

公共关系活动计划编制　甘特图运用　公共关系活动评估报告

■ 基本训练

□ 知识训练

▲复习题

5.1　简答题

(1) 什么是公共关系活动计划？其基本要素有哪些？

(2) 公共关系活动评估的标准包括哪几方面?

5.2 判断题

(1) 公共关系活动计划的首要原则是具可操作性。 ( )

(2) 公共关系活动的评估是对某项公关活动终了时其活动结果的评价。 ( )

(3) 公共关系活动评估标准是活动的所得与所费之比。 ( )

5.3 填空题

(1) 公共关系计划目标的确定应遵循可操作性原则、可行性原则和________。

(2) 评估公共关系活动是否有成效，其标准主要还是看预定的公共关系活动计划与实际操作过程的________程度。

(3) 沟通有效率是指沟通有效数与________之比。

5.4 单项选择题

(1) 公共关系活动计划的首要原则是( )。

A. 尊重客观实际　　B. 独创性与连贯性相统一

(2) 公共关系活动程序评估的主要内容包括公共关系调研过程评估、公共关系活动计划制定过程评估和( )。

A. 计划实施过程评估　　B. 费用预算评估

(3) 公共关系活动评估报告中最重要的是说明( )。

A. 我们做了哪些? 还有哪些不足?　　B. 我们做得怎么样? 为什么会这样?

5.5 多项选择题

(1) 公共关系活动计划的基本要素包括背景资料介绍、( )。

A. 计划的目标　　B. 实施中的具体行为措施

C. 实施计划的方法　　D. 应急性方案

E. 目标公众

(2) 公共关系活动的计划步骤是确定目标、( )。

A. 设计主题　　B. 界定公众

C. 选择传媒　　D. 预算经费

E. 审定计划

(3) 公共关系活动评估标准大致可分为( )几方面。

A. 对公共关系活动准备阶段的评估标准

B. 对公共关系活动计划的评估标准

C. 对公共关系活动实施阶段的评估标准

D. 对公共关系活动实施效果的评估标准

E. 对公共关系活动事后反馈情况的评估标准

▲ 讨论题

(1) 你所在的学校是一所面向省内招生的高职院校，你认为在招生宣传时，应该如何界定公众? 请阐述理由。

（2）请就本章【补充阅读资料 5-3】谈你对此的理解。

□ 能力训练

▲ 案例分析

高级管理人才评估业务案例

——上海希典管理咨询有限公司

背景与情境：

1）客户背景

某合资公司，是国内最具规模的大型现代化包装企业之一，为包括美国庄臣、雀巢奶粉和炼乳、M&M 巧克力、松下电池、三得利、康师傅和梅林食品等公司提供专业化的加工服务。

2）项目背景

随着业务的迅速发展，该企业最近收购了南方一家容器制造公司。收购行动主要由企业原财务总监 Y 先生负责，Y 先生具有很强的财务知识和谈判能力，办事雷厉风行，为该企业的收购成功立下汗马功劳。收购完成后，Y 先生在当地主持分公司的全面工作。与收购过程中卓有成效的工作相比，Y 先生在该职位上的表现不太令公司总部满意。公司总部对于是否从现有高级管理人员中选拔合适人选来替换 Y 先生，仍在考虑和犹豫之中。为此，公司总部希望邀请专业的评估机构对 7 位内部候选人进行评估，以提供人事决策的科学依据。

3）咨询解决方案

上海希典管理咨询有限公司（以下简称“希典咨询”）受聘后，首先通过高层访谈和初步诊断，力求准确把握该企业的经营战略、企业文化及对高级管理人员的要求。进而，希典咨询利用现有的能力素质模型库，结合该企业的行业特点和实际运作，为该企业提供了具有针对性的高级管理人员能力模型，包括全局观念、计划能力、沟通技巧，以及培养和辅导能力等八大能力。该模型是评估的基础和标准，同时也是高级管理人员未来能力发展的重要指引。

然后，希典咨询派出由工业心理学博士和资深顾问领导的评估小组，运用希典咨询专业化的评价中心，对每一位受评人进行全方位的能力评估。希典咨询采用的综合性评价方法包括：（1）个人历史资料问卷——了解受评人过去的工作经历、职业目标和兴趣等重要信息；（2）认知能力测验——评估分析和推理，洞察和想象，开放性思维和战略性思维能力；（3）个性测验——评估个性和行为风格，预测职业生涯发展；（4）结构化行为面谈——通过收集与行为相关的信息，重点评估企业视为重要的领导能力；（5）战略角色模拟——评估战略思考、计划和执行能力；（6）下级辅导角色模拟——评估候选人激励和辅导下属的能力及沟通能力；（7）自我评估。

希典咨询对各种原始的信息和判断进行去伪存真式的提炼和加工，最后向公司总部提交了针对每一位受评人的书面评估报告，综合分析该受评人的强项和弱点，提出相应的能力发展建议，并提供中立的推荐意见。

"对于前面提到的 Y 先生，我们的评价是：具有一定的全局观念和战略性思考能力，有丰富的管理经验，分析判断和计划能力较强，能够较好地贯彻和执行公司的目标和战略。但是，Y 先生缺乏亲和力，没有能够在分公司的主要骨干中形成强有力的领导团队，在人际沟通中开放性不够，尤其是与总部和上级的沟通中不能及时反映情况和自己的想法，未能取得总部的高度信任。

通过评估，我们发现公司总部现有的高管人员中 Q 先生，具有以下特点：能与上司保持畅通的沟通渠道，战略思维能力强，有较强的客户服务意识，善于通过授权来培养下属的能力和激励员工的积极性，能够带好团队。Q 先生的这些特点刚好符合公司高层对南方分公司负责人人选的要求：要有良好的人际关系协调能力；推广企业文化；要能建立起好的管理团队；要能处理好双重领导的结构关系等。通过比较数位候选人的能力特点，我们最后推荐 Q 先生担任分公司总经理一职，而将 Y 先生调任总部重新担任财务总监一职。"

4）评估的效果

公司高层认为希典咨询的评价中心比较科学和客观，同时对于希典咨询能够在如此短的时间内准确地对受评人的能力、个性和行为特点做出判断表示惊讶，并认为希典的评估报告在帮助公司高层做出重大人事调整决策的过程中起到了很好的参谋作用。

该公司总经理这样评价希典咨询："希典的评估在相当程度上帮助了公司做出正确的人事决策，同时更重要的是帮助改进了高管人员的管理工作、高层领导班子建设工作。这是更重要的。"

资料来源　高级管理人才评估业务案例——上海希典管理咨询有限公司［J/OL］．［2005-05-26］．万策智业网．

问题：对于希典咨询的评估标准与方法你如何评价？对于其中的不完善之处你又有何建议？

分析要求：同第 1 章本题型的"分析要求"。

▲ 实训操练

操作项目：公共关系活动计划的制订。

情境设计：将班级学生分成若干实训小组，每组确定 1 人负责，各组就操练项目需要进行角色划分，并依照该项目的业务程序与规范要求进行公共关系活动计划制订模拟实训。

实训要求：针对班级或学校主体，设定某公共关系活动项目，并制订较详细的公共关系活动计划。

实训步骤：

（1）将班级学生分成若干实训小组，每组确定 1 人负责。

（2）各组学生根据操练项目需要进行角色分工，如程序安排小组、媒体选择小组、预算小组等。

（3）各组学生结合该项目的目的要求、业务程序与规范要求进入角色，重点体验其计划制订模拟实训的全过程。

（4）各组学生记录本次模拟实训的成功经验、存在的问题以及解决办法。

（5）各组整理实训记录，在此基础上撰写《××公关活动计划书》。

（6）在班级讨论交流、相互点评并修订各组的《××公关活动计划书》。

（7）在校园网的本课程平台上展出经过修订和任课教师点评的各组《××公关活动计划书》供学生借鉴。

□善恶研判

红十字监委会成立

背景与情境：继2011年7月6日，红十字会通报“郭美美”事件之后，2012年12月16日下午4时，中国红十字会官方微博发布消息称，中国红十字会社会监督委员会成立大会暨第一次会议在京召开，会上讨论了《中国红十字会社会监督委员会章程》，并听取了中国红十字会关于2012年财务收支、组织能力评估、冠名红十字（会）医疗机构整顿、信息化建设、核心项目执行、志愿服务工作等专题工作报告。

2012年12月10日，中国红十字总会召开新闻发布会，就委员人选、成立背景、如何运行等问题作出回应。

中国（海南）改革发展研究院院长迟福林、中央编译局副局长俞可平、北京师范大学公益研究院院长王振耀、中央电视台主持人白岩松等16人被聘为社会监督委员会委员。他们将代表公众对红十字会的社会捐赠款物、资助项目等情况进行监督。在遴选过程中，没有强调是否为名人，而是强调专业性和社会性，希望通过他们将各行各业的建议、意见汇总。

社会监督委员会成立后将展开三个方面的监督活动：

1. 每年固定的监督事项，如捐赠款物的管理和使用情况、红十字会重大项目实施情况等。

2. 引起媒体和社会公众质疑的事项，社会监督委员会可以主动开展调查和监督，独立向社会发布监督公告。

3. 接受中国红十字会的主动邀请，对特定事项进行监督。

委员将以志愿服务方式开展对红十字会的监督工作，不从中国红十字会获取任何报酬。

问题：

（1）本案例中存在哪些企业伦理或职业道德问题？

（2）试对上述问题作出你的善恶研判。

（3）通过网上或图书馆调研等途径收集你作道德研判所依据的行业道德规范。

（4）本案例对你的启示有哪些？

研判要求：同第1章本题型的“研判要求”。

第6章 内部员工关系

◆ 学习目标

通过本章学习，你应该达到以下目标：

职业知识：学习和把握员工关系以及其特性，熟悉员工沟通的原则、内容和各种方式，能用其指导相关认知活动与规范相关技能活动。

职业能力：运用本章理论与实务知识研究相关案例，通过对某社会主体（可以是企业、学校团体等）的内部员工关系实际调查，培养在特定团队情境中分析问题与决策设计的能力；通过按照本章实务知识操作规则的训练，培养具备良好的员工沟通意识和切实提升内部员工凝聚力的专业技能。

职业道德：结合内部员工关系教学内容，依照行业规范或标准，分析“华为辞职事件”、“富士康集团被强制建立工会”和“《王的盛宴》与网络水军”等案例中企业或从业人员行为的善恶，强化职业道德素质。

【引例】

“华为”辞职事件

背景与情境：“深圳华为公司补偿10亿元鼓励7 000名员工选择辞职再竞聘上岗”，这成了2007年10月份的一大国内新闻。有媒体指出，华为公司此举是有意规避即将于2008年1月实施的新《中华人民共和国劳动合同法》（以下简称《劳动合同法》），而华为公司方面则回应说，这是正常的人力资源整合，老员工新上岗将更具活力。事情的主要经过是这样的：

9月30日，华为公司内部发文要求包括公司决策层在内的所有工作满8年（共计7 000多名）的员工在2008年元旦之前逐步完成“先辞职后竞岗”工作。

10月下旬，国内各大媒体披露此事，并引发社会各界热议。

11月5日，“华为”发表声明，否认规避《劳动合同法》10年大限，坚持认为此次行动属公司正常人力资源整合。

11月7日，“华为”表示集体辞职事件结束，绝大部分员工通过竞岗回到原来岗位，另有100余人未能续约。

11月17日，国家劳动法律专家在深圳就“华为”事件指出：“华为员工辞职事件不管从规避《劳动合同法》还是从企业人力资源的调整来说，都没有办法达到目的。”

分析提示：进入21世纪，“人力资本”的概念进一步凸显出来，越来越多的管理者都开始认识到企业中最重要的资源就是员工，维系良好的员工关系，培养员工忠诚，已成为企业应对竞争的最有效手段。国外企业公关专家也认为，在今天的公共关系中，没有什么工作比员工沟通更为重要。可惜的是在国内工商企业界，还有许多决策者们和“华为”一样视员工关系为传统意义上的雇佣关系，仅仅是一种劳动成本的增加，而非人力资本运作。有专家一针见血地指出：“‘华为’的决定对企业内部员工关系以及员工对企业的忠诚度、信任感将明显受到影响，而且对‘华为’的整体形象，包括其市场形象、企业声誉都会带来很大的负面效应。”

组织内部公共关系一般包括内部员工关系和股东关系两类，其中内部员工关系是社会组织的首要公众关系，是整个公共关系活动的起点，也是其他公众关系的基础和前提。“若以金钱作为衡量标准，那对内工作之有助于组织盈利不亚于对外工作。”（萨姆·布莱克）相比较而言，股东关系介于内部公众与外部公众之间，股东不直接参与组织具体运作过程，对组织的影响力主要是在资金供应上。因此，可以说组织内部公众关系实质上还是内部员工关系。

6.1 员工关系及其特性、功能

6.1.1 员工关系的含义

员工关系是指社会组织与其员工之间通过双向沟通方式，在互利互惠原则下寻求并达成和谐、一致、互动的一种内部管理职能。简单地讲，就是通过良好的信息沟通，使组织与员工消除内耗，齐心协力达成共同的奋斗目标。

员工关系不同于组织内部的一般人事关系。人事关系一般包括人员雇用，人力资源开发，员工培训与轮训，工作分配，人事制度与纪律的制定、执行、检查，它更多的是从规范上约束组织内部员工与组织目标保持一致。

员工关系也不同于组织内部的一般劳动关系。劳动关系一般包括就业稳定性、工资奖金制度、员工福利，以及劳动合同的制定与执行，它更倾向于从法律、规章上明确组织与员工之间的权利与义务关系。

而员工关系最主要的责任是要实现一种介于组织管理者与员工之间的良好沟通，促使组织的决策及行为能充分体现组织与员工双方的共同利益，能同时反映双方的愿望和要求。同时，说服员工将个体利益目标追求寓组织整体利益目标之中，达成双方的相互信任与合作关系。

在实际运作中，这三者的关系是相互交融、互相依托的。首先，总体目标是一致的，人事关系和劳动关系所做的一切都与员工切身利益直接相关，也直接影响着员工关系的沟通效果，可以说是员工关系的实务性工作，其目标都是为组织的整体员工关系服务；其次，良好的员工关系是建立在完善、合理的人事关系与劳动关系基础上的，没有这两方面的具体实际，良好的员工关系也就成了一句空话；最后，良好的员工关系又有助于人事关系和劳动关系的正常运作，增进员工对人事、劳动政策和具体工作的理解与支持，减少人事与劳动的纠纷与摩擦。因此，在组织整体内部关系中，员工关系是根本，人事关系、劳动关系是两个不可或缺的影响条件。

6.1.2 员工关系的特性

1）密切性

员工是组织的一分子，组织是由员工组合而成的。在生产诸要素中，劳动力是最活跃也是可塑性最大的一种生产要素。这一切都说明，员工关系是社会组织所有公众关系中最密切也是影响最大的一种关系。如果说某个社会组织员工关系的密切程度还不如其他公众关系的话，那么这个组织离瓦解的日子也就不远了。

2）可控性

既然是内部公众，相对来说这种关系就较易控制（客观上，员工对组织存在着依从关系，员工也或多或少的有一种自我约束力）。组织可以通过各种制度的制定与执行来沟通员工关系，这显然要比与新闻媒介或消费者的关系更有主动性。

3）日常性

密切性和可控性又引出了日常性的特点，即组织与员工的关系是最为常见也最为频繁的，无时无刻不在发生着种种联系。同理，对员工的沟通也存在着日常性的特点，必须随时了解员工心理状态，并运用不同方式，密切员工关系，重视员工利益，员工才能与组织交心，而仅凭一两次大型活动或某项宣传是不可能达到沟通理解的目的的。员工关系的这种特性反过来也说明，它是组织公共关系活动的起点。

整个社会组织的公共关系工作就是从良好的员工关系开始的，理由是：其一，员工是组织最重要、关系最密切的公众，他们是组织赖以生存发展的基础。组织的一切决策、计划、行动都必须通过他们才能付诸实施。只有组织的全体员工同心协力、努力奋斗，才能在“内求团结”的基础上做到“外求发展”。其二，员工与外部公众接触最频繁，也最为了解外部公众的各种心理。同样，外部公众对组织的印象也往往是通过与组织内员工的接触形成的，员工的言行举止很可能会决定组织在外部公众心目中的形象好恶。公共关系强调“全员 PR”的理由也基于此。有公共关系学者这样认为，公共关系活动如得不到员工的信任和了解，便不能获得真正的成功。著名的 IBM 公司创始人、美国公认的组织管理天才沃特森曾说：“你可以接收我的工厂，烧掉我的房子，但只要留下这些人，我就可以重建 IBM。”

6.1.3　员工关系的功能

1）导向功能

良好的员工关系，能把员工的言行包括思想引导到组织的既定目标体系之中，让员工能舍“小家”顾“大家”，让组织能在“大家”中充分兼顾“小家”的利益，使组织与员工之间能达成真正的目标一致、利益一致。

2）凝聚功能

良好的员工关系，能使员工在个人目标与组织目标保持高度一致的基础上，建树一种以组织为中心的群体意识，从而产生一种无形的向心力。此外，通过教育、引导，使员工逐步树立事业心、责任感，追求更高境界的个人目标。记得有位名人曾说过这样一句话：“人为了钱而工作，但他们是为了得到承认而活着。”这也正是员工关系的基本着眼点。

3）约束功能

良好的员工关系，能通过一些无形的非正式性、非强制性和不成文的行为准则宣传和引导，对组织中每一位员工的思想观念及行为举止起着规范约束作用。

当然，不能否认管理制度、管理规范在保证组织运作秩序中的作用。我们知道，严格管理是规矩，没有规矩何以成方圆；严格管理是手段，但不是目的，它是希望员工执行管理规范，而并不愿看到员工因违反制度而受罚；严格管理是路标，要求员工按路标走，尽快走，这样才有组织与员工的共同辉煌；管理的最高境界则是无为而治，即全体员工都能自觉地、发自内心地、主动地参与组织各项活动，并能充分发挥自身潜能。有时，一种自觉的行为所能达到的效果会远远大于被动的执行。正如有人讲的，管理制度是“要我做”，员工公关是“我要做”。

4）激励功能

使组织内部员工产生一种士气高昂、自觉奉献的精神状态。

通过了解员工需求状况，进而采取各种灵活的、有针对性的激励措施，尤其是通过对员工深层次需求的激发，让员工认同组织，树立“组织兴旺我光荣，组织衰败我耻辱”之崇高信念，不仅从行为上，而且从思想意识上与组织保持一致。

【职业道德与企业伦理6-1】

富士康集团被强制建立工会

背景与情境：2006年12月31日，深圳市总工会采取坚决措施，直接向拒不成立工会的外资企业派驻工委会。当天，在100多名富士康员工现场填表加入工会后，富士康科技集团工会宣告成立。有报道说工会成立现场，没有富士康科技集团方面代表出席，该集团有关负责人表示对成立工会事先毫不知情。（注：富士康科技集团系台商在深圳最大的投资企业，仅在龙华的鸿富锦保税工厂就有员工20多万名）

"不管是什么资，只要在中国办企业，都必须遵守中国的法律，包括依照《工会法》规定组建工会，尊重员工的合法权益"，中华全国总工会基层组织建设部郭稳才部长就富士康集团建立工会事件在接受记者采访时明确表示。

问题：富士康集团被强制建立工会说明了什么问题？

分析提示：单就富士康集团的政府公关行为而言，就是一大失策。公共关系是寻求塑造企业发展的和谐外部环境，而今政府多次主动协商不成，转而采取强制措施，富士康的外部环境能和谐吗？更何况连员工关系最重要的沟通渠道之一（工会）都没有，哪有员工忠诚度可言？这种视员工关系为雇佣与被雇佣关系的企业行为又何来的企业公民责任呢？

6.2 员工沟通的原则、内容与形式

6.2.1 员工沟通的原则

1）真诚、充分地与员工沟通

管理部门必须有诚意，让员工了解组织的各方面情况，每个管理者应视与员工的交流沟通为己任。只有与员工真心相待，员工才会真心地关心、爱护组织。

"越理解你，越支持你"，这是每一位公共关系人员都应明确的行为守则。不可能让员工对一个自己毫不知情的组织和把自己拒之于门外的管理阶层产生爱戴和信任关系，这样的关系充其量是一种相互利用的关系。有人认为，与员工的沟通应报喜不报忧，这分明是一种欺骗行为、一种愚民行为，一旦真相暴露，将完全失去员工的信任。因此我们说，既然是全面了解，就应该毫无隐瞒，甚至包括组织的决策过程。这正是公共关系所要求的"走出象牙塔，进入玻璃屋"。

在《哈佛管理全书》里有这么一个例子：有一天，某公司一位接待员在当天报纸上看到一份招聘广告，招聘对象的工作完全和她自己现在的任务相同，她感到有些奇怪和焦急，决定去和她的老板谈谈这广告的事。老板证实了她的顾虑：是的，公司正在登报招聘人来替代她。发生了什么反应呢？她拿出了在同一报纸上登载着的她自己的一份广告，上面写着"我辞职了"。当有人向这位老板问起这位接待员的行动时，他蛮横地说道："她难道没有勇气直接来告诉我她要辞职吗？"

你觉得这位老板和他的员工有“交流”吗？你认为这个公司的内部关系是否建立在互尊互敬上？你觉得这位老板理解和关心这位接待员吗？这件事发生以后，公司内其他员工能否再尽心尽力奉献呢？像这样的公司，员工们能对它热爱吗？类似的情况在你的组织内会发生吗？

有时候我们的确感到和自己的组织或部门有隔膜，正是这种隔膜使我们伤心，它撕碎了我们的心，使人精神沮丧，有种被遗弃感和孤独感。被隔绝的员工由于不了解组织的情况，无法和组织建立亲密关系，也正由于这种情况，员工们的奉献减少了，整个组织处于相互不关心和不信任中，组织的活力陷入低谷。

设想一下你和组织密切联系着的时候。当你成为组织一员时，你是多么热情，你觉得自己是队伍中重要的一份子，你把全部时间、精力和心思都投入到重要项目中去。甚至在组织处于困境时，由于和组织的相互了解，你都会竭尽全力地为实现组织的目标而奋斗，因为你觉得你和组织是相连的。

员工们渴望与组织紧密相连，他们希望与组织的关系不仅是一张工资单和福利待遇，他们需要成为“圈子内”的人，深入到公司内部，能对公司各部门情况有所了解。他们更希望不只是被雇佣的“一双手”，或仅是机器上的一个零件，随时可被更换，员工们期望着来自坦诚交流而产生的那种特殊结合在一起的感觉。

2）与员工沟通应尽量采用双向方式

各类信息产生后，应有专人进行调查，了解员工的反应，并以此作为信息内容合理性及传播方式科学性的检验标准；信息接收后，组织也应马上做出反应，不能石沉大海，员工能给组织提一条意见、写一封信、谈一点看法、说一条建议，都在说明员工心里有组织，不答复就是对他们的不尊重，迟早他们也会抛弃你。正如有的员工说的，意见提了也没用，反正上面也不采纳，这实际上是一个对组织失去信心的信号。无论是直接的正面答复，还是间接回答，都应给员工一个反馈，表明你对他们的重视，特别要重视的是对员工提出的意见和投诉不能忽视，一定要在某个时限内给予答复，并对员工此举表示由衷的感谢。有则改之，无则加勉，对组织不也是一种促进吗？更何况，不及时反馈信息，还会产生谣言，你是否意识到大多数谣言从何而来？谣言往往是由于不能及时得到准确消息，而由此产生的种种猜想。及时反馈就能把谣言减少到最低限度。及时反馈，也可以缓和由于谣言所引起的紧张关系。

实际上，真正的交流只有在所有员工间有活跃的双向交流气氛时才能出现。对于大多数组织来说，目前最大的挑战就是必须将传统的单向、自上而下的传达方式，改变为灵活的双向运转。如果我们真正要和员工建立关系并使他们热诚工作，就必须从办公桌后面走出来，抱着真诚的愿望和他们相互交流。

真诚的交流沟通，做起来要比想象的容易。你只要不再写字条，从办公桌后面走出来，走到工作场所直接和你写字条的对象交谈就行了。走出办公室让大家看到你，让他们有机会直接看到你的反馈。对双向交流，不单单是希望，要是真正需要它，要敢作敢为地做到，使这种交流不被人们忘记。如果有人不愿意，别急，要继续找他谈，直到他们的脸上改变表情，要显示你的任务是通过双向交流建立联系的。

3）坚持诚实与公平的道德和行为准则

什么是管理的真谛，可能会有许多不同的表述，简单讲，实际上就是八个字——以身作则，公平公正。“以身作则”，要求组织的管理者应起到楷模作用，管理者直接代表着组织的形象和精神面貌，员工也会仿效管理者的行为方式。以身作则不是指在具体工作上事事冲在第一线，而是指自身的行为与处事原则。“公平公正”，则是员工对管理层最起码的管理要求，作为决策者在对待员工关系上必须做到诚实无私、秉公办事。没有这种信念与作风，就不可能取得员工的信任与爱戴，更谈不上与员工的真诚合作和良好员工关系的建立与维系。

4）与员工切身利益相关的信息应进行及时全面的沟通

包括组织重大发展决策、主要人事变动、新的技术和市场投入等信息，都应该告知员工，让他们知晓，并欢迎他们参与讨论，从中吸收合理的修正意见。只有让员工参与决策，才能将员工的才智充分发挥出来。

对工资、福利、奖惩、休假等直接关系到员工利益的政策，更应事先及时向员工吹风。如果在员工不知晓情况下贸然推出此类措施，势必会招致员工议论甚至抵制，给政策的实施制造压力。

信息发布尽量采用员工们喜闻乐见的形式，注意情绪影响因素。尤其是对与员工利益休戚相关的信息必须及时发出，避免拖延，从接收信息到准备发出信息这段间隔时间，往往是员工心理最为空虚的时候，也最容易产生混乱和误解。在方式选择上也应讲求多样化、新颖性，特别要注意内容与方式的统一。

此外，组织同员工之间重要信息的传递要以适当的形式、选择适当的渠道进行，以保证信息的翔实、准确，避免被任意增删而造成不必要的误会和误传。很显然，没有专人进行信息传递很可能会造成“失真”，而且在上情下达时不能进行合理的“解释”（即以公众最愿意接收的方式、最容易协调的渠道进行传递），在下情上传时又不能进行主动、全面的搜集，使信息往往带有某种倾向性和局部性，错误的传递又会引出一连串错误的理解、错误的决策……

【教学互动 6-1】

提升班级凝聚力的前提是准确了解每位同学的关注点与期望值。请详细列出同学可能需要的关注点，如班级党团计划、活动计划、个人能力锻炼、班干部组成方式及监管、班费使用……并通过调查按重要性列出同学感兴趣的主题。

要求：同“教学互动 1-1”的“要求”。

6.2.2 员工沟通的内容

一般地讲，沟通的内容必须是员工需要了解并感兴趣的组织情况，或组织有必要让员工知道了解的有关信息。英国公共关系专家弗兰克·杰弗金斯认为，与员工沟通的内容有：组织的方针和经营管理活动，组织的资产和负债及损益情况，兼并后组织的雇员交流，新技术、新工艺，安全教育，员工近况，管理领导构成，股票及其发行知识，福利，国外销售情况及立法影响等11项内容。实际上，经常需要传播沟通的内容有下列几方面：

一是组织经营管理状况：组织的长远计划，近期目标，各项决策内容，人事安排及计划完成状况，指标变动程度，总体盈亏分析等。让员工对组织的经营管理政策及行为有全面的了解，从而能理解管理层做出的有关政策，并能主动执行，实现公关工作的目标要求。

二是市场状况：市场占有率，市场的前景，组织在市场中的位置及趋势，竞争同行的情况（包括对手的实力、市场地位、与本组织相比的优劣等），和国内其他地区市场甚至国际市场的有关知识。使员工较为清楚地看到组织所面临的市场环境，从而产生发自内心的紧迫感与自豪感。

三是新产品、新技术、新设备状况：组织的新产品、新技术介绍、性能特点、使用须知等有关知识，以及新设备的应用，包括组织在这方面的成就及期待解决的技术问题，使员工的素质能跟得上时代的发展要求。这也是使组织在信息时代激烈竞争中能始终保持不败的有生力量。

四是组织名人的工作业绩：组织名人的创业史、发展史，带领组织勇闯难关、不断进取的领导，爱店如家、默默奉献的模范，不辞辛劳、争创效益的先进者，以及组织自身曾在公众心目中有过感动的良好事件。这样，既可增加员工对组织的信心和荣誉感，又能为年轻员工树立评价的标准和良好的榜样，鼓励他们去创造更大的业绩，求得组织的发展。在树立典型形象时，应多从普通员工的平凡奉献中寻找“闪光点”，让员工体会到“典型”就在身边，机会每人都能争取。

五是员工新闻：既然是与员工的沟通，重点自然在员工身上，适时地报道一些发生在员工身边的新闻，如工作经验交流、文体活动、职位和工作的变动、工作业绩、业务培训、工作趣闻等。这是加强组织同员工之间情感交流的一项重要手段，通过员工新闻的传播，可以加强组织与员工之间的联系，增强员工的归属感。而且从心理学角度分析，每个人都希望能成为正面新闻的主角，满足自己自尊的需求。因此，及时收集、发布一些员工新闻，对促进组织的向心力也是非常有利的。

六是员工生活和福利情况：这是与员工生活、工作关系极为密切的“大事”，如员工的生养、婚嫁、死亡、乔迁、生日等，员工为社会、为组织所做的好人好事，组织的员工福利政策及规定，这些一定要及时通过正式传播渠道传递给全体员工，使他们了解组织在这些方面的政策和态度，并在有所答复和承诺后能全力以赴于工作中。

七是其他有关情况：守法教育，保安宣传，甚至社会生活常识、礼仪知识等诸如此类，凡员工感兴趣的都可以作为传播内容。

【同步思考6-1】

麦当劳的人员流动率为100%～150%，而一整个快餐行业的平均人员流动率在200%到250%之间，原因之一是麦当劳的管理人员95%是从一线基层员工逐步晋升的。

问题：企业留人的关键是什么？

理解要点：留人首先要留心，让员工认同企业发展理念、企业固有文化，在满足经济需求的同时有良好的事业与成长前景。

6.2.3 员工沟通的形式

组织与员工沟通的方式有很多，有些是以传递解释上级政策为主，有的则是将基层员工的意见和建议传递到组织高层领导那里，还有些则兼有这两种任务。当然，沟通的方式应根据组织特点、员工文化素质及有关条件许可，灵活运用。这里我们就常用的几种沟通方式作些介绍：

1）内部刊物

这包括员工刊物、通讯、小报及宣传小册子。以员工刊物为例。员工刊物是对员工传达本单位方针、动态，同时反映员工工作业绩的一种内部传播媒介。它具有沟通领导与员工、协调上下关系、保证组织政策的准确理解和顺畅执行的作用，加之刊物内容丰富，与员工关系密切，是一种相当有效的内部公关宣传媒介物。例如，美国杜邦公司出版的内部刊物——《生活得更美好》，以组织的10万多名员工为主要传播对象，同时也向外界，包括新闻界、学校、图书馆和社会意见领袖散发。这份杂志内容丰富多彩，经常穿插大量的图表、照片和卡通画，深受员工和其他读者的欢迎。据该公司统计，在接受调查的24种畅销杂志中，《生活得更美好》这个内部刊物最受公司员工的青睐，约有80%的员工阅读这份杂志，而全美最受欢迎、发行量最大的公众刊物——《读者文摘》，只拥有53%的员工读者。《生活得更美好》不仅完全消除了20世纪初笼罩在杜邦公司头上的“杜邦=杀人”的阴影，而且确实美化了员工的生活及组织的形象。

员工刊物一般刊登的内容主要是组织方面的情况（包括业务运营、管理决策、计划规划）和员工方面的情况（包括员工工作业绩、生活福利问题及员工素质）这两方面的内容。编写员工刊物必须围绕员工的爱好、素质及需求来组织刊物内容，切忌搞得过分严肃，应内容多样、生动活泼，并多安排形象性宣传内容，使之向知识性、教育性和趣味性方面发展，增强员工对刊物的兴趣。

2）会议

这包括传达组织政策的会议，管理层与员工直接对话的听证会，以及由员工主持的提意见或建议会。它是一种面对面的最明朗、最率直的联系方法。美国一位公关专家说：“会议是公共关系活动的窗口。”调查和研究表明，把内情告诉员工，促进相互之间了解的最佳方法是多举行几次会议。这绝不是指会议次数及时间可以漫无边际，有计划的、虽简短但能把握重点的会议，对增进管理者与员工之间的了解是极有好处的。

会议除具有信息沟通与传递作用外，还有其独特的功能：

其一，它是一个集思广益的场所，特别是一些讨论会，可以通过脑力激荡形成新的思路。

其二，每个与会者只消环顾周遭，便可了解自己所参加会议的地位。

其三，对部分与会者而言，参加某种会议就是组织对其作用的认同，使他们得到精神上的鼓励与满足。

其四，让与会者了解彼此的共同目标，同时明了自己与旁人的工作可以对组织做怎样的贡献。

其五，每次会议对与会者都会产生某种压力，无论同意与否，一旦参与会议并形成了决议，就必须接受并执行。

其六，对于每个与会者而言，会议也是一个自身能力、才智展示与较量的竞技场。

但在实际运作中，有许多社会组织由于不懂会议组织基本原则，使会议效率低下甚至产生副作用，使公众对会议作用产生各种误解：

“我最好未曾去那里开会。”——根本没有发言机会。

“会议与我毫无关系。”——无缘参加与其利益相关的会议。

“讲和不讲一回事，讲了等于没讲。”——没有获得申辩的公平机会。

“真的不明白，这种会议有什么作用。”——会议无明确主题。

“我参加会议也只是凑数而已。”——方案早已确定，会议只是走过场。

要保证会议效果，会议的组织者应注意以下原则：

一是会议的内容必须是与会者共同感兴趣的，或者是与他们密切相关的事情。即使会议的主题比较客观、长远和间接，也应通过与他们有密切关系的事情来阐明、解释。只有做到这点，才能确保与会者精力集中，保证信息的充分接收。

二是会议时间应尽量缩短，要顾及与会者的情绪、心理和注意力、忍耐力。法国伦理学家罗雪夫克说过这样一句名言：“真正的雄辩是重要的事不必全说，不重要的事则绝口不提。”对于必须召开的会议，一定要简明扼要地讲清楚事情，即对于重要的东西，讲出其主要脉络和关键的地方就可以了，而不必进行啰啰嗦嗦的解释。对于不重要的事情、可说可不说的情况，则应绝口不提，切忌冗长、拖拉。最起码应保证能按时散会，谁也无权浪费别人的时间。

三是态度要自然、亲切，讲话必须浅显生动，尽量少用各类专业术语。对员工的人格尊重与否也表现在你以怎样一种口气与员工对话。如果你与员工平等交流，以诚相待，语调自然而亲切，使会议气氛如同家人团聚一般的随和，员工也会感到被尊重并会给以友善的回报，增强员工的归属感和团队精神的目的也就自然达到了。另外，话题的入手也应引起重视。会议的气氛及员工的注意力能否集中，关键在于话题的引入上，一般应从浅近处开始，用活生生的事例引出主题为妥，并在讲话中多运用通俗易懂、生动活泼的词语，避免深奥难懂的专业用语，保证信息传播的接收效果。

在日常会议组织中，还应做好以下几方面工作：

（1）会前的周密计划。

依照会议组织的原则，会前要周密计划。首先，确定议题，明确会议目的；其次，确定参加人；再次，确定议程，包括主持人、主要发言人；最后，进行会前准备，包括准备会议主题有关背景资料、会场布置、安排记录员，对与会者应事先通知，并告知会议将要研讨的主题，有些会议可以将会议计划分发给与会者。

（2）按时开始。

守时是召开会议的基本原则，不能为一个人而浪费其他人的时间。经常性的等待、推迟也会影响到会议的权威性，组织的决策层对此尤其要注意。

（3）进度控制。

可以根据议题范围及议程内容测算会议计划用时，并按议程规定掌握时间进度。对于啰啰嗦嗦者，主持人应用暗示法或话题转移法要求其长话短说，甚至直接打断进入下一议程。例如，"你的想法不错，过几天，用书面形式交给我"。或转向第三者，"×经理，他说这种新品很难动销，你怎么看"。甚至，"这样吧，我们先进入下一议程"。

（4）关注沉默者。

会议上的沉默者并不表示他没有任何意见或建议，要注意这类与会者，并设法与其沟通，以了解其内心思想。

针对害羞、紧张、自卑的沉默，可以主动鼓励其发表自己的见解，或许他的建议不见得合理，但你可以让他知道，对他的意见你很感兴趣（可以用点头、记录、用简短语言表示肯定等），这样既能帮助他们增强自信心，也是一个主持人显示人格魅力的机会。

针对敌对的沉默，要具体对待。此类沉默者又可分为不同政见者和冷嘲热讽者。对于前者应允许其发牢骚，给他一个发泄的机会，这有利于决策意见的真正统一，也可从其发言中了解其真实想法，甚至从他发言的内容中寻找攻击的破绽。对于后者，则可直接要求其提出更好的方案和理由，冷嘲热讽者对会议的气氛有很大的破坏性，应注意其言论并直接给予回击，如"你认为应该怎么办"，"你的反对理由具体是什么呢"。

3）公告牌

这包括黑板报和墙报、宣传窗这类专用性信息发布地。公告牌是最古老也是最常用的传播工具。就传播内容而言，既可以是组织决策及服务方针的广泛宣传，也可以是组织新闻、员工业绩的正面鼓励，还可以是对员工感兴趣的问题进行分析讨论，寻求统一的观点和对策。由于制作简单、费用低廉，加之方式灵活、传播时效性好，因此是每个组织公共关系人员必须重视并精通的一种传播工具。要提高公告牌的传播效果，须做到：

其一，公告内容的多样化，避免过多的说教和事务性公告，应着重刊登组织的有关内部新闻，尤其是好人好事和直接关系到组织及员工利益的重大事件。我们经常看到不少组织的板报内容枯燥，抄报纸、写口号、出通知，时间一长，员工自然懒得去注意了。

其二，注意新闻的时效性，无论是通告还是新闻都有时效性，时过境迁，公告牌内容就要及时更换，谁也不会去注意那种已经挂了好几个月的“旧新闻”。内容的适时变动也能给员工以新鲜感，会促使其经常注意公告牌的内容。

其三，要接近员工需要，注意“热点”新闻，内容主要围绕员工关心的组织新闻、员工动态、文体活动、表彰奖励及员工家庭新闻、知识百科等。

其四，公告牌应安置在适当的地方，如员工的饭堂、主要通道；如果是宣传橱窗，最好摆放在员工看得见的地方，这对引起员工注意、便于员工观看和增强被宣传人物的心理满足感都不无裨益。

4）给员工的信

组织负责人写信给员工或员工家属，汇报组织情况，并请教和讨论组织有关事务，也是一种较为有效的传播方式。尤其是这种信件花费有限，但能传达对员工的关心，容易为人接受并获得员工的信赖。科学地运用此法往往能起到相当好的效果，但在运用中要注意：

其一，主题要明确。每次写信最好只讨论一个题目，这便于员工慎重考虑并给予回复，内容过多反而会让人模糊，无所适从。在内容表述上要力求简明扼要、不能冗长。

其二，应注意情感交流。既然是给私人的信件就应具备起码的礼仪，在用词、语调、格式上都要注意分寸，既不能冠冕堂皇、官腔十足，也不要低声下气、失去权威感，要亲近之中不失尊严。

其三，在运用的时间和频率上不能过多过滥。偶然一封信件往往能得到员工的极大敬意，信件多了也就显得平淡无奇了。在沟通的时间上不能临时抱佛脚，有求于人时才写信，这样容易让人认为是在利用他，而应注意平时的沟通，这需要其他方式的配合。

其四，在寄发对象上，有时可以给员工，有时可以直接给家属，尤其是当组织面临危难而需要员工的共同努力时，给家属的效果可能会更明显。

5）员工手册及活页印刷品

编印员工手册，给员工每人一册，通常与口袋一样大小，以便于携带，内容包括有关部门的规章、政策、义务、禁止事项、奖罚规则等，近似于一本工作守则。通过对固定性内容的传播，让员工对组织的有关政策、制度有全面、清楚的了解和认识，从而以此为行为规范，约束自我。为克服员工手册因命令条例过多而可能导致的员工反感心理，可以适当增加些组织历史及发展介绍、产品及服务内容介绍、组织与员工光荣业绩等，以补充手册内容之不足。可另编活页的印刷品来报道新的情报、人事变动或福利计划和组织的有关新近政策，使员工随时了解本组织新的业务和进展。活页印刷品的发放可以直接分发、寄发，也可以放入员工的工资袋中，一般在领取工资时必然心情愉快，这个时候与员工沟通是很少会被拒绝的。

6）网络沟通

网络沟通时代为员工沟通提供了一系列新的手段，从电子邮件到语音信箱，到按照组织需求建立的局域网，再到个性化十足的博客。这些手段与传统的印刷品宣传相比，更为迅速，它们将信息直接传送到员工面前，也更容易被员工读到、听到和执行。特别是网络沟通还具有联系虚拟员工的能力，无论他们是在家里，还是在车上，或者在其他任何遥远的地方。

7）其他活动性沟通方式

与员工的沟通，还有其他的活动性沟通方式，如家访、请员工做客、集体性娱乐活动、业余文体活动及其他特殊沟通方式。

一般地讲，活动性沟通由于是直接的面对面沟通，具有人际传播的诸项优点，是员工沟通中常用的辅助手段。美国商用机械公司 IBM 总经理，每年坐飞机行程几万公里，到各地去看望公司的 17 万名雇员，并同他们谈话，了解他们的需求，他把这个当成是组织成功的最大秘诀。由此可见人际沟通之效果。在这里，有一点要注意的问题就是：活动性沟通一定要真诚，发自内心的关心安慰，才能真正赢得员工对组织的强烈的爱；反之，搞形式主义，走过场，结果很可能适得其反。特殊的沟通方式，包括祝贺员工的婚事或生日、关心员工的业余文体生活并赞赏他们取得的成绩、设立意见箱、领导接待日、热线电话等。这会让有些不希望与领导直接接触的员工有一个发表感想、提出建议或者发牢骚的机会。

与员工沟通的方式还有许多，最关键的问题还是在于组织决策层应充分认识到与员工展开经常性的沟通对组织建设的影响力，并能将了解员工、听取员工意见视作主要工作内容。正如英国前首相丘吉尔所说，“勇气能使你站起来讲话，勇气也能使你坐下来静听”。

目前世界上最大的零售连锁超市、美国沃尔玛集团创始人萨姆·沃尔顿就是一个经常深入一线和员工们直接交谈并听取和注意他们意见的管理人。沃尔玛超市伟大的传统之一就是他在 1980 年访问某分店时，听取一个同事叙述的故事后建立起来的。萨姆·沃尔顿在他的自传《美国制造》一书中说，有一次他去路易斯安那州克劳列城的沃尔玛超市，当他走进门时一眼就看见一位长者站在门口，那人并不认识萨姆，只听他说道：“嗨，你好吗？欢迎你来到这里！如果你想知道本店的一些情况，请告诉我。”萨姆立刻感到这位长者站在门口这样讲话能达到两个目的：一方面他让进店的人感到温暖，另一方面也可以知道是否有人没付过钱就拿了东西出去。他立刻就开始在所有超市门口安排一个“迎宾员”。是否马上做到了呢？实际上，在经过他一年半的不懈努力后，才让所有他旗下的超市都安排了一位迎宾员。他经常说：“我们 99% 的好主意都来自我们的员工。”

聆听内部意见能使第一线员工和公司建立密切关系，而当那些直接和顾客接触的员工知道他们的意见和顾客的意见同样会受到重视时，他们的积极性也就提高了。

【教学互动 6-2】

你是一家小型制造厂的老板，工厂共 9 名员工，核心是一名技师和一名领班，技师负责技术，领班负责安排生产并发货，最近他们两个人之间矛盾越来越深，可工厂生产任务又很重，订单都排起了队，此时两人分别向你提出：要么留他，对方走人，要么他走人，你该怎么办？

要求：同“教学互动1-1”的“要求”。

6.3 员工关系实用技能

6.3.1 了解员工心理，把握员工需求

对员工的状况、问题和想法有清楚的了解，是建立良好员工关系的先决条件。大量资料表明，员工关系不佳往往不是由于利害关系，而是社会组织与员工之间没有充分的了解和沟通。一旦员工认清了自己的工作与整个组织的经营运作的关系和重要性，乃至个人对产品（或服务）品质的贡献时，他对工作的责任感和积极性就会提高，员工的归属感才会增强，组织的内聚力也才能真正形成。

员工需求总体上可分为物质需求与精神需求两方面。

1）物质要求

这包括工资、奖金、福利及工作环境和休假。美国管理学家马斯洛在需求五层次理论（生理需求→安全需求→感情和归属需求→地位和受人尊重需求→自我实现需求）中，把生理需求和安全需求视作低层次需求，即物质需求。每个人都在物质社会中生活，对物质利益的追求是人类最基本也是最持久的动力，同时也是构成组织内聚力的先决条件。古人云：“衣食足而后知荣辱。”只有在基本物质需要得到适度的满足后，员工才能真正做到“无后顾之忧”，“以厂为家，以店为家”才能成为现实。当然应该明确，需求是无止境的，加之组织财力有限，不可能让每个员工都得到充分的满足，关键是如何协调组织财力的有限性和员工需求无限性的矛盾。从组织管理原则上说，物质利益应同员工的劳动付出切实挂钩；从公共关系角度分析，还应进行及时的上下沟通，一方面全面、准确、及时地了解员工的生活状况、思想状况，倾听员工在这方面的意见和想法，另一方面将组织的现有条件、分配方案及有关福利政策向员工进行全面沟通，消除误解，以求得到员工们的理解。

在这方面，日本组织经营管理指导资深专家酒井正敬先生就提出稳定人才、稳定员工的三件法宝是工资、休假、福利措施。

（1）支付高工资是经营者的职责。

一个良好的公司首先是员工的工资较高，给员工支付高工资是经营者的职责。其实，也可以换一个说法，让员工们生活得更幸福是经营者的职责。下面的几种说法是可信的：

“支付工资较高，只要工作不是特别累，员工是不会辞职的。”

“良好组织的工资相对较高。”

“高工资对于员工来说吸引力较大。”

当然并不否认有的组织工资较低但员工也较稳定，但这样组织中的员工恐怕都是别处不会雇用的人。现在已经很少见到那种认为“员工只是赚钱的工具”的经营者了，这种组织是很难集中人才的。这里有两个关系到提高工资的条件：①提高劳动率。简单地说，就是把10个人的工作交给7个人干，而且不能加班加点。这就要改变蛮干、乱干的现象，而要合理使用设备、科学组织工作，这样就可以把节省下来的3个人工资分摊到那7个人头上。②开发产品，增加盈利。组织一面做批发商，一面兼做制造商，开发新产品，这样才能增加盈利，也才能提高员工工资。

“先增加利润还是先提高工资?”这个问题很像“先有蛋还是先有鸡”。但对于现代组织来讲，可以肯定地说要“先提高工资”！即使暂时困难，也要勇于克服，道路终会畅通。提高工资后，就会使经营者抱着“背水一战”的决心，不达目的决不罢休。

（2）增加休假日，吸引青年英才。

在对求职者的求职要求调查中可以发现，对休假日的要求在逐步提高，现代青年更喜欢“拼命地干，好好地玩”。如果现代组织还有那种将员工视同机器零件一般的观念，一味寄希望于通过提高工资、奖金、加班费等物质条件的改善，让员工长时间为组织工作，显然已经行不通了。

（3）一点一滴改善福利措施。

近年来，许多社会组织都在致力于改善福利措施，这与高工资、休息日并称为“三大法宝”。

日本著名企业家、日本麦当劳汉堡包的创始人滕田田先生就提出成功的信条是：“为员工多花一点钱。”为保证其员工及家属的健康，他每年要支付1 000万日元给定点医院，作为病床保留基金，一旦员工或其家属需住院或手术，凭一张诊断卡就可入住，而无需任何手续。

在三项物质条件中，一般组织最不愿改善的就是福利措施。但从员工角度分析，他们要长期在组织里工作，最关心的也是福利措施，包括住房、医疗保障、人身保险甚至工作午餐，这些应该引起社会组织足够的重视。

2）精神需求

这包括赞扬、尊重、情感交流、晋升及参与决策管理等。马斯洛把社交需求、自尊需求及最高层次的自我实现需求看作高级层次需求。既然人是一个“社会人”而不是“经济人”，社会组织就不可能把物质利益的满足当成调动员工积极性的唯一方式。现代管理学家大都认为，公平合理的薪金和福利是员工关系的基础，若发展到更高的层次，则需要心理上和精神上的满足。这有赖于对社会的需求和贡献，也就是通常讲的尊重员工的个人价值。美国心理学家赫茨伯格将前者列入“保健”因素，将后者列入“激励”因素，也较形象地表明了精神激励对调动工作积极性的作用。美国国际商业机器公司为满足员工的精神需求，特地在新泽西州的体育场举行一年一度的员工庆功会，一百位优秀推销人员像马拉松运动员一般，一个个从场外沿着通道跑进运动场的跑道，这时看台上巨大的电子显示器分别打出每个人的名字，公司的高级总裁和其他部门的同事及推销员的家属都在主席台和看台上热烈鼓掌，大声喝彩，这对每一个场上的推销员的激励作用非常之大。

1981年，美国马塞州巴莫尔的戴蒙德国际纸板箱厂，因市场萎缩，工人为前途担心，65%的员工感到管理层对员工不尊重，56%的员工对工作感到悲观，79%的员工认为他们没有得到因出色工作而该有的报偿。为此，管理层推出“100分俱乐部”计划，即无论哪位员工，全年工作绩效高于平均水平的，则可得到相应分数，如安全无事故20分，满勤25分……每年结算一次，并将结果送到每位员工家里，如分数达到100分，可获一件印有公司标志和“100分俱乐部”臂章的浅蓝色的夹克衫。

到了1983年，工厂生产率提高了16.5%，质量差错下降了40%，员工不满意见减少了72%，由于工业事故而损失的时间减少了43.7%，工厂每年多创了100万美元利润。

1983年底评议时，86%的员工认为管理层对员工很重视，81%的员工感到自己工作得到了承认，79%的员工认为自己的工作与组织成果关系更密切了。

松下幸之助认为，工作占据了人们一生中一半以上的清醒时间，因此公司对员工个性的塑造、心灵的美化、精神的创造责无旁贷。他提倡松下“七精神”：产业报国、光明正大、和亲一致、力争向上、礼节谦让、顺应同化、感恩图报。

松下公司还在日常经营管理中给予员工两种训练：一是基本的业务操作和生产技术训练；二是公司特有的“松下精神教育”，即每隔一个月，员工们就要在他所属的团体、部门中进行10分钟演讲，阐述公司精神价值观，领会公司整体组织意识。此举非常成功地将员工目标与企业目标融为一体。

【同步案例6-1】

在西屋公司传播促进了生产力

背景与情境：西屋公司在俄亥俄州曼斯菲尔德的主要器具分厂只有陈旧的物资设备和对管理的一些老朽的看法。所以，其生产力低下、旷工现象猖獗、单位成本高，甚至有时候劳工关系敌对。而且，在那个镇上，西屋公司是最大的雇主，在大多时候，新闻已无关紧要了。这家工厂已多年亏损，并且在激烈竞争的器具市场，它的成品单位成本最高。

传播和培训经理汤姆·克里斯藤森说：“这是一个生存还是灭亡的境况。”为了处理好这个境况，西屋公司制订了一个计划来完成五个目标：增加适于销售的时间、减少次品开销、减少意外开销、提高成本改进效益和完善团队合作。传播交流是实现这些目标的基本方法。在传播方面应包括以下几个活动：

提供60个小时的监管培训。培训中，关于工厂问题的性质得以传达，而且，可以了解一些方法使监管人员做出更多的积极贡献。

召开工厂总经理和所有员工面对面的会议（第一次）。总经理介绍了存在的问题、将来的目标和员工可以给予的帮助。

健全意见系统，促进向上的传播沟通。第一年，这套系统得到比前些年高出67%的节省成本建议和高出58%的增长资金储备的意见。

利用公司媒体修补和加强这个计划项目。工厂刊物《传播者》特别刊登关于这个项目发展的文章。小册子、形象的展示品和广告牌的海报也都做起来了。

通过管理层和工会领导坦白地交流改善劳工关系。工会组织者提供特殊培训课程。

与当地媒体诚实讨论工厂问题，于是媒体便扩大覆盖面，其实就是利用如“掌握在工人手中的西屋的未来”这样的头条来补充管理宣传。

计划实施后，生产力提高了10%～17%。每年有100 000美元作为激励机制计划津贴。而且，员工无故旷工减少了20%。克里斯藤森总结说：“现在，但愿经济发展加速，这样我们就可以售出一些我们生产的器具……”

资料来源　奥蒂斯·巴斯金，等. 公共关系：职业与实践［M］.4版. 孔祥军，等，译. 北京：中国人民大学出版社，2008.

问题：西屋公司采取了哪些措施使公司业绩好转？

分析提示：认同是关键，让员工从了解走向理解，认同支持，良好的双向沟通渠道使员工从被动转向主动。

6.3.2　培养组织内部融洽的“家庭式气氛”

组织内部的公共关系工作应包括对员工在业务运作和日常活动各个方面给予积极的关心，使员工感到在组织集体中犹如身处自己的家庭之中。每一个员工都有经济的、社会的、心理的、精神的不同方面、不同层次的内在需求，只有他们各种需求在组织内部得到基本满足，才能促使他们努力劳动、勤奋工作。因此，照顾好每个员工的工作、生活，是内部公共关系工作应尽的责任。那些获得卓越成就的组织，都十分重视员工8小时之外的生活，在组织内部培养和谐融洽的人事环境和“家庭式气氛”，他们总是把组织、公司看成是一个扩大了的家庭。例如，美国耐尔塔航空公司，就大力提倡和培植员工的“家庭感情”，并把“家庭观念”融入各项制度之中。在内部公共关系工作中，他们把培养“家庭感情”看得比眼前利益和成本投资更为重要，这就是他们获得成功的“耐尔塔之路”。每一位在单位供职的员工，不仅希望自己从事的工作富有价值和意义，在事业上有希望、有奔头，而且希望自己的组织是一个充满人情味的温馨的“大家庭”，只有在融洽的家庭气氛中，员工们在日常工作中碰到的焦虑和压力才能得到缓解、消除。同时，这种家庭式的情感需求的满足必然促使广大员工形成强大的工作动力，把组织营造成为一个坚强团结的集体，以卓越的事业绩效去赢得社会各界公众的信任与好感。

在这方面，日本的一些组织具有独到之处。第二次世界大战之后，日本经济之所以得到迅速恢复与崛起，公认的结论是，它将欧美先进的科学技术与本民族优秀的文化传统相结合，从而成功地创出了一条“儒家资本主义”式的现代化发展道路，用日本人自己的话来说，就是“和魂加洋才”。“和魂”是指以传统的儒家学说为核心的家庭士族理论，它是构成日本组织精神的基本信条，是当代日本各类组织从事组织管理和开展内部公共关系活动的基石。儒家的“和为贵”主张在今天已扩展成为和睦相处、团结协作的集体主义思想。在日本的组织里，“和”是人们向往并努力争取达到的一种公共关系目标。员工们在日常工作中强调互相仁爱，彼此亲如一家，反对个人主义和内部倾轧，尽量避免无谓的内耗，把组织造就成为俱荣俱损的命运共同体。传统的儒家理论是以家庭为主体进而推广到整个社会的，它在协调公共关系工作的成功，促使我们对民族传统文化进行深刻反思，对现阶段各类组织、组织的内部公共关系开发进行锐意的探求，努力摸索行之有效的内部公共关系模式。

【补充阅读资料 6-1】

杜邦的“方格管理”

杜邦公司的管理者们深深懂得，员工与产品两者是相辅相成的。即使研制出新产品，如若员工缺乏积极性，也不敢保证新产品能及时成批投产，或投产后不能确保产品质量，结果同样将使企业陷入困境。

他们在实践中摸索出一条实施企业内部公关的规律，即要调动员工积极性，就得关心员工，他们将这称为纵线，而将提高新产品的研制速度称之为横线。纵横交叉，构成“方格管理”。

那么，企业应该怎样构成并实施“方格管理”呢？公司董事博尔顿通过经常参加员工的社交活动找到了答案。这个答案就是正确处理好企业内部的重要人际关系。他认为：

——必须下大力气去争取下级自觉服从上级的筹码。有些部门的经理，在下达生产任务时，片面强调的是服从，失去了民主商议和亲和的态度，结果一些员工伪装服从或被动服从。屈服于权威的结果是员工精力涣散、上班走神、完成工作质量下降、工作时间延误。在博尔顿看来，这些弊端应在领导者与被领导者之间产生冲突之前就加以消除。作为下级服从上级的交换筹码，是让下级得到高工资待遇的同时获得尊重与关爱，下级就会积极主动完成指定性工作。

——要让下级明白自身在企业中的位置。即在企业这部运转的机器中，明确个人的职责、程序，每个人必须在达到自己的管理目标中自觉积极地去扫除各种障碍，争取以较快的时间获得劳动成果。

——上级下达指令时，如果遇到下级不理解或抵触情绪应该以“小型座谈会”的形式进行双向沟通。这种沟通不过是完成目标管理的润滑剂。上下级之间也许一时间很难谁说服谁，但是彼此暂时性妥协却能换来工作速度和理想效率，即所谓“磨刀不误砍柴工”。

——要奖励提合理化建议的员工。员工的合理化建议能够避免重复工作和呆滞操纵机器，同时更可以降低生产成本，切实提高劳动效率。

杜邦公司的“方格管理”，有效地调整了企业内部的人际关系，成为企业提高效益的主要动力。公司上下很快形成一股强大凝聚力，企业也不再是单一生产炸药产品的厂家，而是一个充满活力和动力的团队。

资料来源 张英奎，孙军．现代管理［M］．北京：清华大学，北京交通大学出版社，2004.

6.3.3 合理化建议制度

管理界公认的一条原则是，全体员工参与的管理才能算是好的管理。换句话说，培养员工的参政、议政意识是决定管理水平高低及组织效益的关键，而员工参政议政的主要形式之一就是提出合理化建议，因此，健全合理化建议制度是良好员工关系的一个重要体现。世界著名的柯达公司（因发展战略决策失误于 2012 年 4 月宣布破产）在创业之初，主管乔治·伊士曼收到一份普通工人写的建议书 (1898 年)，内容非常简单，仅仅呼吁生产部门“将玻璃窗擦干净”，伊士曼认为这是员工积极性的表现，应予以表扬、强化，于是奖励这位工人 20 美元，并由此建立起了“柯达建议制度”。对于公司员工来讲，因提建议每年总共能获得 150 万美元左右的奖金。但就公司而言，从这个“玻璃窗”制度所得到的收获就更大了，一直以来，柯达公司员工提出的建议总数达几百万项。合理化建议不仅为公司降低了成本、节约了投资，而且增强了员工参政意识，大大激发了员工“爱我组织”的积极性，也形成了强有力的“内聚力”，在各方面都能以组织的整体形象约束自己。有的经济学家认为，第二次世界大战以后日本经济之所以能以惊人的速度发展，在很大程度上是与日本的组织管理人员注意激发员工潜能、鼓励其参与组织管理分不开的。

在现代社会，合理化建议制度已成为许多社会组织密切员工关系、增强员工参与意识、降低组织内部耗费的“法宝”。

日本汽车业巨子丰田公司总裁丰田英二，在 1951 年就开始实施“动脑筋创新”建议制度，并建立了“动脑筋创新委员会”，在各车间成立创新小组并设置意见箱，对每项建议的审核分为七个项目，每个项目得分为 5 ~ 20 分，满分 100 分，如“有形效果”、“利用程度”、“职务减分”……最高建议奖金为 20 万日元，最低 500 日元。第一年共征集建议 183 条，1955 年征集了 1 000 条，1970 年达到 50 000 条，产生了可观的有形收益与无形效益。

美国通用汽车公司也自 1989 年创立了“开动大家脑筋”的活动，100 名由各部门推选出来的代表分成若干小组，各自提出本部门的意见和要求并发表了自己的看法，组织高层主管当场做出“是”或“否”的表态，效果也相当明显。其中一个分厂，在一次活动中就征集了 108 条意见，部分意见被采纳后，当年节约费用 20 万美元。有员工说，从前我们总觉得厂里对我们的想法不管不顾，而现在我们是在为改善自己的工作环境和条件出主意。

韩国原五大财团（现代、大宇、三星、乐喜、鲜京）也都有自己的一套合理化建议制度。像现代，就规定每位员工每年要提 2 ~ 6 条建议，各部每月举行一次建议发表会，经委员会审查将建议分 1 ~ 10 等，一经采用，给予 3 000 ~ 500 000 元韩币的奖赏。“三星”集团对优秀建议的奖励分别是铜奖50万元（韩币，下同）、银奖100万元，金奖200万元。

如何才能建立和完善合理化建议制度呢?

（1）管理者应真正认识到员工参与管理是现代管理的重要内容。

未来的组织环境将更为复杂多变，组织的环境也更难测定，只有通过全体员工，借助于他们对组织各环节的熟识和对公众的了解，发现组织运作中的薄弱环节，才能使管理决策更为全面、准确。

（2）组织专门人员进行策划实施，并使之形成制度。

柯达公司的“柯达建议制度”之所以能持之以恒，靠的就是公关部门严密的组织。在公司的走廊里，每个员工随手就能取得建议表，丢入任何一个信箱都能送到专职的“建议秘书”手中，建议者此后还可以随时打电话询问建议的下落。专职秘书则负责及时将建议送到有关部门审议，做出鉴定，公司还设有专门的委员会负责审核、批准、发奖。在美国甚至有全国性的建议制度协会（简称“ASSA”）。

（3）制订方案、计划，并让全体员工知晓，使计划深入人心。

计划应包括以下有关内容：建议人资格的规定，全体员工都有提出建议的权利，但通常不接受匿名建议；同时，一定级别以上的管理人员不能就本身所负责的业务提出建议，这是他的本职，而不是贡献；目前经营管理的重点问题，或者是未决的难点及有关情况介绍；提出建议的形式、方法与有关要求；有关建议受理及处理的一般程序；奖励的形式、标准；发奖的日期与方法。

计划制订之后，就应运用各种传播工具，进行广泛的宣传、传播，让员工对该计划有全面的了解，并能产生兴趣及行动。

（4）长期坚持，使员工形成合理化建议意识。

“合理化建议”能否长期实施的一个很关键的因素是应重视员工的所有建议，不仅是可采纳的、有实用性的，还包括那些不成熟的，甚至无现实意义的，都应向提议人回复，说明不采纳的理由和对该提议的善意评价，并向提议人表示由衷的谢意（必要时可赠送纪念品之类以示鼓励）。对于采纳的建议则应给予各种形式的表扬和奖励（甚至可以以员工的名字对某项建议成果进行命名），以激发员工的兴趣。

奖励方式的多样化也是完善合理化建议制度的重要手段。奖励是一种“积极强化”，它可以引导员工的思想意识朝符合组织最高目标的方向发展。奖励分精神奖励和物质奖励，具体实施时应根据每个员工心理需求的重点给予针对性的满足。在许多情况下，赏识更为重要，员工不可能时时得到奖励和晋升，但却希望时时得到“赏识”，组织领导对员工的表扬、亲近、理解、支持都能起到良好的强化作用。另外，物质奖励也应注意方式的灵活性，国外有的组织把合理化建议奖让员工与家人共同享受（如给有小孩的员工家庭买架钢琴作为奖励）。奖励的适时性和随时性也是奖励应注意的，很多时候，当场奖励令人备受鼓舞。如果时过境迁再提，奖励就变成了“炒冷饭”，使人觉得没有多大意义。奖励的可获得性也是促使员工关心组织的有效方法之一，奖励面过大自然起不到奖励作用，但面过窄也同样会给人以太遥远、不可及的感觉，因此，除了大奖外，还可安排各种大小不一的奖励，甚至是对所有建议者的鼓励。

6.3.4 妥善处理与非正式群体的关系

行为科学研究表明，社会组织中存在着两种组织形式：一种是以正式组织的结构、权力、任务、职能组合的关系，称“正式组织”、“正式团体”；另一种则是以感情、观念或利益关系的统一而构成的关系，称“**非正式组织**”或“**非正式群体**”，这种非正式群体往往是出于自愿自发的人际关系，团体意识感很强。从非正式群体的构成看，可分为：感情型，如校友、老乡、同门师兄弟；兴趣型，如球迷、棋友、音乐发烧友；利益型，或者是因工作上的经常互相联系，为方便办事而结合，或者是为对抗其他群体而结合。非正式群体的内部具有三大沟通特点：

（1）沟通效果好。沟通大多是不拘形式，并且只借助于亲身传播，是面对面进行的，效果自然显著。

（2）沟通程度深。都是以浓厚的人情味，以人际关系沟通为主，往往能达到意识上、行动上的一致。

（3）沟通内容广。不仅有工作内容，还有生活的、社会的乃至一切人际关系的内容都能进行沟通。

由于这种非正式组织存在于每个组织中，利用得好，往往能起到正式组织所无法起到的作用；利用不得法，则很可能成为组织决策者的“心病”、“定时炸弹”。如同阿拉斯加驯鹿与狼的关系一样，要控制但不能压制，更不可放纵。

公共关系人员在与非正式团体沟通时应注意以下几个问题：

（1）注意与意见领袖搞好关系。

所有的非正式组织都是以意见领袖为核心的，他并不一定比同伴更有社会地位，却因消息灵通、足智多谋或有超人的胆识与品质，或因具有非凡的经历、技术能力、年龄、个性，从而赢得员工的信任，逐渐形成一定的影响力和权威性。与他们的交往要注意：一是要尊重他们，对于他们反映的任何情况都要表示重视和信任。如果你对一个意见领袖流露了不信任，就等于是在一部分甚至是相当一部分员工中树起了敌意。在平时应多与意见领袖通气，遇到有新规定、新政策需要向下传递时，也应先向意见领袖做出解释，注意吸收他们的反馈，并争取他们的理解和支持。二是在工作安排上，应尽可能让这些意见领袖担负一些比较重要的职务，这样就把正式沟通活动和非正式沟通活动有机结合起来了。三是注意千万不要使用任何行政压力，使意见领袖变成组织管理层的单方“传声筒”，这样他们的威望和作用很可能都会荡然无存，甚至会有别的人取代他成为新的意见领袖，给予非正式组织的沟通造成新的困难。

应该指出，一个非正式群体领导人是很难成为一名理想的正式组织管理者的，理由是：

其一，一旦被授予了官方职权，很可能会变成一个颐指气使的老板。

其二，缺少正式领导者的气质要素，因而怯于承担法定的责任。

其三，一旦担任了管理职务，也会变得谨小慎微、唯恐犯错，尽管不在位时，经常指责管理者没有独创精神、不敢开拓先机之类。

其四，毕竟正式领导者所面临的职权范围是一个广泛、复杂得多的领域，没有良好的素质、能力是无法胜任的。

（2）管理层应多参与非正式群体的活动。

非正式群体的活动一般带有较强的人情味，组织领导主动、积极地参与，就能缩短与员工在感情上的距离，甚至会成为他们中的一员。这样，非正式群体与正式组织的隔阂就会随之缩小，也可在一定程度压缩了意见领袖的权力。如多参与文体活动就易获得员工中文体爱好者的好感，使这些员工因与领导爱好相同、志趣相投而产生满足感，进而对组织产生好感。当然，在参与时，管理者也不能以上司身份自居。

（3）对非正式群体的消极作用要注意引导。

非正式群体活动在为组织带来某些好处的同时，往往也带有一定的障碍性：

①阻碍变革。它具有一种使团体过分维持现在生活方式和在变革面前采取僵化态度的倾向。比如工作定额变动、机构变动，在开始时都易遭到反对。

②角色冲突。为了满足其团体成员需求，有可能使员工（其团体成员）偏离正式组织目标，这在小团体与正式组织两方面需求相冲突时，会很明显。例如，组织员工义务加班清洁卫生，如小团体其他成员反对，则有的员工很可能自己想参加，但又不敢参加。

③谣传。非正式团体拥有各种沟通系统和沟通渠道，错误信息流传很快。

④说服。处于非正式群体中的人们有时是由于强大的压力去服从非正式群体的。由于人们日常大部分时间是在非正式组织影响下度过的，因此，这种无形压力会很明显。如在一个非常随意不拘小节的团体里，你的衣着端庄就可能成为被取笑的对象。而且非正式的惩罚之严厉是可怕的，“断绝往来”、“排斥”会令人心碎、恐惧。

非正式群体之所以存在，是因为在观念、信念和目标上与正式组织存在着差异性，这种差异性必然会表现在行为上，有时会与正式组织的制度唱“对台戏”。对此，不应横加干涉，更不能动不动以正式组织的条条框框去惩罚对方。心理问题没有解决，光靠外力是难以见效的。应针对这种抵触情绪进行了解分析，弄清楚是什么原因，对症下药加以解释与说服。

【补充阅读资料 6-2】

“迪斯尼”的三大“秘诀”

迪斯尼强调服务文化，透过员工的创造力，以顾客为中心，提供高质素的服务。迪斯尼的管理层相信，企业应该由行动挂帅（Action Engine），而非由经济主导（Economic Engine）。企业应注重创造能力，并以员工为创意的原动力，而非单单执行上级的指令。有人说迪斯尼成功的管理技巧有三大秘诀：训练、沟通、关怀。

在“训练”方面，迪斯尼相信，出色的服务文化必须依赖良好的训练。每一个迪斯尼的新雇员，都要先接受一个为期两天的“传统”训练。其内容包括：讲解公司文化，介绍创办人及迪斯尼的信念和奋斗历史，以及实地参观迪斯尼企业各单位。训练的目的主要是推销所谓的迪斯尼形象（The Disney Look），这包含着迪斯尼刻意经营的健康娱乐、清洁干净的环境，以及友善的员工。每一个新加入的员工，都要接受及认同这个形象。为深入了解此形象，紧随的两个星期，公司会安排员工接受实习训练，熟悉公司的文化与工作环境乃至消费者。

成为迪斯尼正式的一分子后，员工仍然要接受各种类型的训练。配合工作的需要，员工亦可参与相助式训练，即由受过训练的员工指导新加入的同事，一方面可使员工更深入了解公司文化，同时亦可为就任其他工作岗位做好准备。

在“沟通”方面，迪斯尼本身有其一套独特的方法。经过多年的苦心经营，迪斯尼创造出了一套独一无二的迪斯尼语言。在迪斯尼企业里，每一位员工都不单是“雇员”，而是表演艺员；“演员”穿的当然不是制服，而是“戏服”；每一位顾客都不单是顾客，而是贵宾。迪斯尼还成立了“演员通讯处”，协助公司与员工之间，以及员工相互之间的沟通。

在“关怀”方面，迪斯尼相信，只有员工感受到公司的关怀，才能在为顾客服务时，推己及人，令顾客有深切感受。迪斯尼的员工赔偿计划，要求管理方在24小时内，主动联络受伤或患病员工，解释员工应享之福利，并为员工安排适当的治疗。

为感受迪斯尼的服务水准，迪斯尼要求所有员工必须身体力行，连同家人每年至少在迪斯尼公园游玩一次，体验各员工所自豪的“迪斯尼式礼待”。迪斯尼的雇员流失率仅及其他同类型公司的1/3，这与其管理文化及技巧息息相关。

资料来源 http：//topson. itpub. net/post/906/7209.

■ 本章概要

● 员工关系是组织内部首要公众关系，是整个公共关系活动的起点，也是其他公众关系的基础和前提。

● 员工关系是指社会组织与其员工之间通过双向沟通方式，在互利互惠原则下寻求并达成和谐、一致、互动的一种内部管理职能。员工关系具有密切性、可控性、日常性的特征，实际上整个组织主体的公共关系工作就是从良好的员工关系开始的。

● 员工沟通的首要原则就是管理部门要有诚意，让员工了解组织各方面的情况，每个管理者应视与员工的交流沟通为己任。简言之，就是“越理解你，越支持你”。

● 与员工沟通还应尽量采用双向方式，坚持诚实与公平的道德和行为准则，特别是与员工切身利益相关的信息应及时进行全面的沟通。

● “会议是公共关系活动的窗口”，它是一种面对面的最明朗、最率直的联系方法，适度的会议对增进管理者与员工之间的了解是极有好处的。为此要求做到：会议的内容必须是与会者共同感兴趣的东西，或者是与他们密切相关的事情；会议时间应尽量缩短，要顾及与会者的情绪、心理和注意力、忍耐力；态度要自然、亲切，讲话应浅显生动。

● 合理化建议制度是良好员工关系的一个重要体现，也只有全体员工参与管理才能算是好的管理。

● 对于合理化建议，管理者应真正认识到员工参与是现代管理的重要内容；要组织专门人员进行策划实施，并使之形成制度；制订方案、计划，并让全体员工知晓，使计划深入人心；长期坚持，使员工形成合理化建议意识。

● 对于组织中的非正式团体，要注意与意见领袖搞好关系；多参与非正式群体的活动；对非正式群体的消极作用要注意引导，从而使组织内部能真正形成团队合力。

■ 主要概念和观念

□ 主要概念

员工关系　员工需求　团队精神　非正式群体

□ 主要观念

员工关系及其特征、功能　员工沟通的原则、内容与形式　员工关系实用技能

□ 重点实务

会议组织　非正式群体关系处理　合理化建议活动

■ 基本训练

□ 知识训练

▲复习题

6.1　简答题

（1）如何才能提高会议的效果？

（2）为什么说非正式群体的意见领袖，很难成为称职的正式组织的领导？

6.2　判断题

（1）员工关系相当于一般企业中的工会关系。　（　）

（2）合理化建议制度关键在于重奖。　（　）

（3）员工关系最主要的责任是要实现一种介于组织管理者与员工之间的良好沟通。　（　）

6.3　填空题

（1）员工关系是指社会组织与其员工之间________在互利互惠原则下寻求并达成和谐、一致、互动的一种内部管理职能。

（2）员工关系的________功能能使组织内部员工产生一种士气高昂、自觉奉献的精神状态。

6.4 单项选择题

（1）与员工沟通的首要原则是(　　)。

A. 有诚意让员工了解组织各方面情况

B. 以最快速度将组织指令传递给所有员工

（2）要保证会议效果，组织者应注意(　　)。

A. 企业决策者亲临会场

B. 会议的内容是与会者共同感兴趣的

（3）非正式群体是指(　　)。

A. 以感情、观念或利益关系的统一而构成的关系

B. 以组织的正式结构、权力、任务、职能组合成的关系

6.5 多项选择题

（1）要组织好一个会议就应该做到(　　)。

A. 会议议程的合理安排　　B. 会前的周密计划　　C. 按时开始

D. 进度控制　　E. 关注沉默者

（2）非正式群体的内部沟通特点包括(　　)。

A. 沟通效果好　　B. 沟通方式多　　C. 沟通程度深

C. 沟通时间长　　E. 沟通内容广

▲ 讨论题

（1）有人说90后的青年人太强的个性和自我意识很难认同企业的文化理念，你怎么看？

（2）试结合你所在的团队，开展一项“如何建立团队良好形象”的合理化建议活动。请提交一份较为详细的合理化建议活动计划。

□ 能力训练

▲ 案例分析

方太的企业文化

背景与情境：宁波方太厨具有限公司（以下简称“方太”）成立于1996年1月18日，业务范围涉及厨房电器、热水器、集成厨房以及海外事业四大领域，拥有“FOTILE方太”、“MIBOI米博”、“BORCCI方太柏厨”三大高端品牌，300余项顶尖专利技术，其中30项为专利发明，获得“中国消费者第一理想品牌”、“中国名牌产品”等多项殊荣，同时连续多年在品牌知名度、忠诚度、预购率等多项指标上蝉联冠军宝座，品牌价值已近50亿元。2011年，方太国内高端厨电市场占有率达30%以上，年销售额近30亿元。

自1996年成立以来，方太领导团队一直致力于培育卓越文化，不断引进、整合、创新来自东西方的管理智慧，并结合自身特点进行梳理、总结、提炼、提升，构建了包括理念层文化、原则层文化、制度层文化、行为层文化和物质层文化等五

个层次的企业文化体系。

方太人看到了儒家思想的价值和意义，并相信儒家思想是中华民族最宝贵的精神财富，在社会生活中拥有非常高的地位，对于和谐社会的建设非常重要，21 世纪将是儒家思想重放光芒的世纪。恰好，方太公司积极承担社会责任，成为受人尊敬的世界一流企业的愿景与儒家思想是高度一致并完美结合的。

方太核心领导团队将公司企业文化与儒家思想以及儒家传统文化有机结合，赋予企业文化新的内涵，并在公司内全面系统地传播和践行，以更好地推进企业文化建设。

公司通过《方太人》报、方太内网、企业文化手册、企业文化论坛、厂区宣传栏等详细介绍方太的企业文化；总裁每年亲自为营销经理等进行方太企业文化解读；总裁在公司年度总结表彰大会上重点宣传方太的企业文化；组建方太企业文化讲师团对全公司员工进行培训；将企业文化作为新员工入职培训、员工晋升的考核内容之一，强化员工的理解等；在评选年度十大功勋人物、模范员工、优秀员工、优秀团队、文明班组及季度明星员工等过程中，注重核心价值观的行为表现；及时公布员工违反方太价值观的行为；厂区竖立“捍卫”三品合一雕像、建立首家企业“孔子堂”、方太展厅开辟“企业文化”区。

自 2004 年开始的每年员工满意度调查中，“方太的价值观、工作原则、精神和文化”都是员工选择在方太工作的三个最大的原因之一（16 个选择项），2010 年 8 月份更是有 46.2% 的员工选择了此项。

2009 年由翰威特公司组织的员工敬业度调查显示，员工敬业度为 56%，比 2008 年提高了 4%；2010 年 8 月份公司组织的员工满意度调查显示，行政员工的满意度提升了近 3%，生产及后勤辅助员工的满意度提升了 6.6%。从人员稳定情况来看，2009 年生产员工流失率下降了 41.9%，行政员工流失率也有一定的下降。

资料来源　郭亚军．方太的企业文化［J］．企业家，2012（1）．

问题：

（1）方太成功的原因是什么？

（2）这则案例给了我们什么启示？

（请从儒家文化与企业文化契合角度探求当代企业的可持续发展思路）

分析要求：同第 1 章本题型的“分析要求”。

▲ 实训操练

操作项目：××合理化建议活动计划。

情境设计：将班级学生分成若干实训小组，每组确定 1 人负责，各组就操练项目需要进行角色划分，并依照该项目的业务程序与规范要求，进行合理化建议活动程序化运作模拟实训。

实训要求：围绕如何活跃团队气氛，提升团队凝聚力，鼓励团队成员献计献策，从中选择最佳活动项目和活动方式，重点是对合理化建议活动程序化运作的模拟。

实训步骤：

（1）将班级学生分成若干实训小组，每组确定 1 人负责。

（2）各组学生根据操练项目需要进行角色分工。

（3）各组学生结合该项目的核心要求、活动程序与规范要求进入角色，重点体验其程序化运作模拟实训的全过程。

（4）各组学生记录本次模拟实训的成功经验、存在的问题以及解决办法。

（5）各组整理实训记录，在此基础上撰写《关于××合理化建议活动计划书》。

（6）在班级讨论交流、相互点评并修订各组的《关于××合理化建议活动计划书》。

（7）在校园网的本课程平台上展出经过修订和任课教师点评的各组《关于××合理化建议活动计划书》供学生借鉴。

□ 善恶研判

《王的盛宴》与网络水军

背景与情境：贺岁档伊始，几部大片手段用尽，杀得异常激烈。

动用水军营销就是他们的动作之一。12 月 3 日晚，陆川导演工作室李某在微博上公开承认《王的盛宴》在宣传中使用了传说中的水军，“我们的口碑维护团队在 12 月 1 日紧急加入”，理由是这部电影遭到了网络水军的“疯狂打压”。

战场是豆瓣、时光等电影网站和微博，大量水军用打分的方式拉低或者拉高电影的口碑，并影响电影的票房。目前，《王的盛宴》在豆瓣和时光网上的分数分别是 5.6 和 6.5，依然较低，李某雇佣的水军负责人对她说，“他们打高分的速度赶不上对方打低分的速度”。

按道理，所谓“对方”应该是同时上映的电影《一九四二》，然而后者也不舒服。据《21 世纪经济报道》报道，《一九四二》上映以来在多个电影网站遭遇“做空”，首映当天，该片在豆瓣网上评一颗星（最低分）的人数高达 60%。他们分析，华谊兄弟（《一九四二》的出品方）11 月 30 日以来在股市的两个交易日大幅下跌、蒸发市值 13.43 亿元的原因来自票房的失利，而票房则受到了网络水军做空的影响。

2012 年《王的盛宴》票房经惨淡告终，尽管有“水军”的掩护，《一九四二》也未能坐享其利，反而让《泰囧》这部小制作电影赚尽了口碑和不菲的票房。

问题：

（1）本案例中存在哪些企业伦理或职业道德问题？

（2）试对上述问题作出你的善恶研判。

（3）通过网上或图书馆调研等途径收集你作道德研判所依据的行业道德规范。

（4）本案例对你的启示有哪些？

研判要求：同第 1 章本题型的“研判要求”。

第7章 外部公众关系

◆ 学习目标

通过本章学习，你应该达到以下目标：

职业知识：学习和把握消费者关系的内涵，特别是服务理念的认知建立和睦社区关系的重要性、媒介关系的处理和如何正确处理政府关系。

职业能力：运用本章理论与实务知识研究相关案例，通过网上调研相关实际个案并进行分析，培养在特定主体中分析问题与决策设计的能力；通过按照本章实务知识规则操作的训练，培养针对外部公众的专题性公关活动的专业技能。

职业道德：结合外部公众关系教学内容，依照行业规范或标准，分析“王刚砸宝”、“7.23动车事故的思考”和“贵州毕节流浪男童垃圾箱内取暖致死事件及后续”等案例中当地政府或从业人员行为的善恶，强化职业道德素质。

【引例】

中国启动国家公关

背景与情境：一名晨练者俯身系鞋带，运动鞋上写着“中国制造，结合美国运动科技”；一个家庭正在吃早餐，身边的冰箱上印着“中国制造，融合法国风尚”；两名时尚少女行走街头，身上挂着的MP3上标注着“中国制造，配合硅谷软件”；一架正待起飞的飞机，机身上赫然显示“中国制造，但与来自全世界工程师合作”……

2009年11月23日，“中国制造”在CNN等国外媒体播出了30秒形象广告，影响很大。

早在2009年2月7日，英国广播公司公布的一项调查结果显示：在过去的2008年里，在中国经历了一连串难忘的诸如火炬传递被扰、毒奶粉等国际公共危机之后，全球民众对中国持正面评价者比例下降了6个百分点，降至39%，持负面评价者的比例为40%，上升了7个百分点。

外交学会秘书长黄星原在某网举行的观察家论坛上表示：中国这60年的发展可以说就是在外国的偏见，至少是西方大国的偏见和指责中走过来的。选择在这样一个历史结点上开展国家公共战略势在必行。

在2006年9月，位于英国伦敦的国际政策中心曾发布了一份名为《淡色中国》（Brand China）的报告，指出“国家形象”在全球化时代显得特别重要，已经成为国家利益的重要内容，它是国家综合国力和民族精神的表现和象征，是一个主权国家最重要的无形资产。

“有朋自远方来，不亦乐于?”北京奥运会开幕式上，张艺谋从《论语》里选出这句话，并在展现活字印刷术的表演中，摆出一个巨大的“和”字。敏感的外媒和聪明的学者随即抛出了“中国就是从奥运开幕式上摆放‘和’字开始，温雅而主动地迈出了‘文化中国’国家公关的第一步”。

CNN编辑克里斯·安德森：中国方面制作这条30秒的广告，旨在通过广告攻势，提高中国产品的国际形象，强调中国是和其他国家在共同努力生产高质量的产品。

中国香港《大公报》：中国投广告一举三得。作为贸易保护主义的最大受害国，“中国制造”深受其害，投广告时机耐人寻味。中国从今年（2011年）起加大了与国际主流媒体沟通互动，则让投放广告成为可能。另外，此次由政府买单为“中国制造”做广告，也被视作是中国政府在进行政府公关方面的一次尝试。

资料来源　陈焱．中国投资450亿启动国家公关［J］．公关世界，2009（5）．

问题：政府也是一个社会组织，也存在着形象的塑造与展示，你如何认为?

分析提示：当中国从世界大国走向世界强国，当中国制造正在向中国创造迈进，当中国在海外的投资行为被疑为“扩张”、“经济侵略”；在南海争纷、边界争异等国际冲突不断扩大之际，政府的公关活动真的到了必须登台唱戏的时候，正所谓“越理解你，越支持你”；沟通、交流和展示是当今中国最迫切的一道必答题。

所谓外部公众关系是指社会组织主体与其内部公众以外的其他公众的关系总

和。它包括消费者公众、传媒公众、社区公众、政府公众、业务伙伴公众等各类与组织生存与发展有着某种联系的公众，也称组织的外部环境。

从辩证的角度分析，当事物的内因确定之后，外因就会成为影响事物发展变化的关键因素。任何一个社会组织，既然存在于社会环境之中，就必须重视环境条件对组织的影响作用，所谓“适者生存”，就是这个道理。

从公共关系“内求团结、外求发展”的目标分析：“内求团结”是前提，“外求发展”才是根本；没有“外求发展”的目标，“内求团结”也变得毫无必要；社会组织只有在“内求团结”的基础上，及时、主动、有效地与外部公众建立良好的沟通与传播渠道，取得外部公众对组织的认同、理解、支持与合作，才能让组织进入“人和”的境界。

就工商组织而言，良好的外部公众关系，能带给组织许多的“便利”：

①服务对象（顾客）对组织及产品的信任感；

②更好的资金保证；

③良好的供应商与经销商关系；

④通畅的商品销售渠道和网络；

⑤和睦的邻里、社区关系；

⑥政府部门对组织行为的直接与间接支持甚至“优惠”；

⑦有利的人才吸引氛围；

⑧便捷的科技、教育、培训支持；

⑨对营销的强有力保证。

在这里要注意，外部公共关系活动的效果与广告有着本质的差异，后者是通过各种传媒向公众宣传、展示组织自身形象或产品的一种宣传手段。有时，连续性、“地毯式”的广告宣传，能将组织或某种产品迅速让公众知晓并达到提高知名度，扩大营销的目的。但那只是一种单向传播行为，没有公共关系活动的支持是很难长期维持的。从20世纪80年代初期的“太阳牌”锅巴到90年代的“太阳神”、“爱多”、“秦池”等等，都曾因为广告宣传而显赫一时，但终究不能维持太久。因此，外部公共关系活动必须严格遵守公共关系之基本原则，在重视组织内在行为合理性的基础上，充分考虑到社会公众利益，且本着长期、全局、整体和社会利益准则，才能为组织建立良好的外部环境，而决非靠几次公共关系策划就能达成。

外部公共关系具有整体性、变化性和相关性特点，也是在从事外部公关活动中必须引起注意的。

整体性是指它们不是单一的群体，而是一个与组织运行有关的整体环境。它是以整体作用方式对组织产生影响，对其中任何一种公众的疏忽，都可能导致整个公众环境的恶化，必须用全面、系统的观念来面对整体外部公众。

变化性是指外部公众不是一成不变的，而是一个开放的群体，其范围、形式、性质等会随着主体条件与时间的变化而不断变化。而这种外部公众环境的变化，又会导致公共关系目标、手段及范围的调整。

相关性是指外部公众因与组织存在着某种联系，并因相互间存在着共同的利益问题而相关。这种相关表现为两方面：一方面，组织的行为对公众的某种利益产生一定的影响，使公众有必要“关注”组织的行为；另一方面，公众的态度与行为对组织也会生产一定的影响，需要组织随时注意公众的“动态”。

我们知道，不同社会组织其所面临的外部公众是不尽相同的。英国公关专家弗兰克·杰弗金斯在其《公共关系学》中，曾以慈善团体、国家旅游局和食品制造商三个不同主体为例，列举了他们的相应公众，并且指出：“这份清单并没囊括所有的公众，但足以说明三个组织的相应公众具有明显的区别。”

依照社会组织在日常运作过程中最常见也是最重要的公众类型分析，我们将消费者公众、传媒公众、政府公众及社区公众并称为外部“四大公众群”，并分别加以阐述。

7.1 消费者关系

消费者公众也称为服务对象公众，是指社会组织的具体服务对象，如商场中的顾客、宾馆中的住客、酒店中的就餐者及火车、飞机上的乘客等组织主体服务对象总和。

消费者关系除了纯粹的顾客关系之外，还有一种广义的理解，即社会组织的服务对象关系。也就是说，任何社会组织，只要它有一定的服务对象，就必然存在着消费者关系，政府的职能部门也同样存在着这种服务对象关系。

早在20世纪50年代，市场营销理论就开始从以生产者为中心，转向了以消费者需求为中心，到了70年代，消费者关系更是上升到直接影响社会组织生存的核心层次。可以说，失去了消费者，也就没有了社会组织的生存基础；反之，了解了消费者需求，掌握了消费需求的脉搏，社会组织就拥有了一个生存空间。曾有营销专家指出，在现代社会里，消费者就是至高无上的王，没有一个厂商胆敢蔑视消费者的意见；蔑视了消费者，一切产品就会卖不出去。“经营之神”松下幸之助也认为，强烈的顾客导向是组织成功的关键：“我们每天都要测量顾客的体温。”美国著名公共关系专家加瑞特也在其著作中指出，无论大小组织都永远必须按照下列信念来计划自己的方向，这个信念就是：组织要为消费者所有，为消费者所治，为消费者所享。实际上许多著名企业集团，都将利润视为服务的“副产品”，认为只要服务到位，利润是自然而然的事情。总之，满足消费者需求（包括满足的质、量、时间与空间）是一切社会组织赖以生存和发展的基础，尤其在市场经济高度发达、消费者权益日益受到重视的21世纪更是如此。

7.1.1 消费者关系的基础与目的

1）消费者的权利

要争取消费者对社会组织的信任和合作，就必须充分尊重消费者在购买商品或享受服务中本应拥有的权力，这也是消费者关系的基础。我国在几年前就已出台了《消费者权益保护法》，以及产品“三包”服务的若干规定，从法律角度对消费者的正当权益给予明确和保护。其中《消费者权益保护法》第九条规定，“消费者享有自由选择商品或服务的权利”。其含义包括：消费者有权主动选择提供商品或者服务的经营者；自主选择商品品种或服务方式；自主决定购买或者不购买任何一种商品，接受或者不接受任何一项服务；有权进行比较、鉴别和挑选。

在实际生活中，消费者应拥有的四项最基本权利是：

（1）有权了解产品质量与使用要求等方面的真实信息。

必须让消费者对产品的制造、使用、维护等各方面信息有全面真实的了解，才能使每一位消费者在了解事实真相的基础上，依据自身条件作出选择与购买决定。这方面，过度的广告传播，片面吹嘘、夸大的虚假宣传，往往会误导消费者，诱使其作出错误的购买决定。如有一种保健品，仅仅对促进人体睡眠有一定疗效，却在广告中夸大功能，宣传所谓防止衰老、促进新陈代谢、增强人体免疫力等尚未经国家权威部门认定的疗效，显然就是对消费者正当权益的一种损害。对有的商品，厂家报喜不报忧，只强调其优越性而回避对使用人本身副作用的说明，也是一种不正常的广告误导行为。

（2）有权充分挑选商品的式样、种类，在试用满意后再决定最终购买与否。

我国目前的市场经济正处在发育时期，一些社会组织的消费者意识还比较淡薄，体现在销售行为中，往往重售前、售中，不重售后，在顾客购买时，售货员面如春风，但一旦要求退换，则是手续繁琐、表情冷淡。这实际上是犯了服务大忌。在营销界有这么一条公式：“100-1=0”，意思是即使有100个顾客对组织满意，但只要有一个顾客对该组织或产品持否定态度，组织的美誉即等于零。而且调查显示，每位非常满意的顾客会在产生相同需要时，考虑该组织或产品；当一个非常不满意的顾客出现时，他会把自己的不满至少告诉20个人，而这些被告诉者在产生相同需要时几乎都不会光顾该组织或产品。

我国零售业近几年在不断繁荣的同时，受到众多国外零售集团的猛烈冲击。美国沃尔玛、法国家乐福、德国麦德隆等纷纷成功抢滩国内零售市场，除经营方式、管理理念的差异外，对顾客服务的差异也是一个重要因素。

（3）有权对商品的质量、款式、性能、价格等要素提出意见，并有权要求这些意见被相关组织听取。

首先，消费者从民众角度有权对社会组织的产品在质量、款式、宣传等方面与国家政策、法规和民俗风情有悖时提出意见并要求有关社会组织改进。如近年在玩具市场出现的一种仿真恐怖性人体器官玩具和仿真危险性武器，虽然没对使用者构成直接身体伤害，但对儿童正常的心理发育不利，民众就有权要求厂商及时更改，并督促政府职能部门及时作为。其次，消费者就消费角度对其应享有的权利有权要求有关组织切实履行义务。这点在非工商组织表现得尤为明显，如公安、财税、交通甚至地方政府等政府管理部门的不作为，消费者可以提出要求，甚至提起诉讼，要求享有服务对象应有的权利。

(4) 当使用不良的商品或服务受到损害时，有权要求得到赔偿。

当消费者使用（或享受）其所购买的商品（或服务）而受到利益损害时，消费者就可以要求得到补偿。某年，佳木斯一旅客以“既然是特快列车，没理由比快速列车慢，更没有理由比普通列车慢”为由，将哈尔滨铁路局告上了法庭，告其有欺诈行为。其理由就是既然买了特快空调列车的票，就不该享受比普通快车还慢的速度。某年，美国联邦法院作出判决，要求菲利普·莫里斯等几家烟草制造商向美国烟民赔偿一千余亿美元，原因则是烟草公司向烟民销售香烟，使广大烟民在吸烟过程中身体受到了伤害，并导致了许多疾病的发生。

2）消费者关系的目的

消费者关系的目的是希望达成社会组织主体与消费者之间利益的和谐，在双方的共同发展过程中寻求“双赢”。具体在组织行为上可归纳为下列几方面：

(1) 通过市场调研获取消费者对组织决策及行为的基本态度，以求通过改进，使组织更能“投消费者所好”。

(2) 通过了解消费需求及其构成，适时推出消费者称心如意的商品或服务，在满足消费者需求的同时，创造组织自己的经济价值与社会价值。

(3) 通过合理的传播手段与方式，向消费者公众展示组织的整体面貌，让消费者能“越了解你，越喜欢你，越支持你”。

(4) 与消费者公众保持良好的双向信息沟通渠道，确保消费需求信息能在第一时间准确地反映到组织的决策层，以便及时作出迅速合理的反应。2001 年 7 月 13 日晚 10 点 11 分，我国首都北京申办 2008 年奥运会取得成功，就在萨马兰奇宣布北京获得举办权后大约半小时，可口可乐北京公司就将一批特制的庆贺申奥成功的金色罐装可乐发往北京各大商场、超市，在商机上领先一步。同时，通过传播渠道将组织的有关信息通畅地向消费者公众作出真实告知，使消费者能对组织及其相关产品或服务有较全面的认识。

7.1.2 消费者关系的内容

1）研究消费者需求

市场营销学研究表明，当买方市场已成明显态势时，消费者需求的研究就成为一切社会组织决策的先决条件。

旧中国有位民族资本家丁子青，他经营的北京“东来顺”羊肉馆正是靠“适众人之口，又独具风味的特色”，从一个小小的粥摊发展成为当时北京最大并颇具声誉的回民高级饭店。丁子青经常品尝顾客剩下的饭菜，以了解不合口味的原因，并在作料上大动脑筋，最后他将作料分装七个小碟，由顾客自己搭配，从而解决了“一人难调众人口”的大难题。而今“东来顺”涮羊肉已成为北京一大品牌。

美国的快餐连锁组织麦当劳为何能以全球统一标准的食品在世界各地取得巨大成功？其负责全球特许经营的副总裁吉姆·克莱默，在解释麦当劳凭什么能风靡全球时说，食品的高品质、服务的高水准和环境的清洁性，在这三个方面，世界各地的顾客都有同样的要求。食品品质的标准化并不排斥口味的多样化。麦当劳的汉堡包、炸薯条等主要食品的口味是全球统一的，但麦当劳也会根据各地顾客的口味推出一些仅在一定区域内提供的新品。两者兼顾，就是麦当劳的成功秘诀。

还须指出，研究消费需求不单纯是指跟在消费者的后面，单纯为满足现实需求而运作组织行为，更重要的是研究需求的发展趋势，在消费潮流中能抢占先机，善于引导消费、创造需求。正如美国著名管理学家彼得·德鲁克所说："组织的目的只有一个适当的定义：创造顾客。"

广东格兰仕公司在数年前就已开发生产出了可与世界名牌产品相媲美，而价格仅为其一半的微波炉，但他们没有急于抢占市场，而是首先投入了巨大的人力、财力并运用传媒的力量在全国范围内对微波炉的使用特性、产品优势及维护、保养知识作细致、系统的介绍，并编制了500多例微波炉菜谱，仔细介绍微波炉的烹调技法。还派出"格兰仕小姐"到各地市场作现场演示，甚至还通过听众热线、咨询电话等形式与顾客做深层次的沟通，使微波炉这一新产品很快被人们所熟悉和接受。这使得格兰仕微波炉不仅在国内市场的占有率稳步上升，还远销到50多个国家和地区。

2）坚持始终如一的服务

营销专家曾提出这样的观点：你要推销产品，只有两条路：第一条路是你的产品特别优异，有许多特点非其他同类产品可比；第二条路是以售后服务争取顾客的信心。显然后一条路更具可操作性。

在现代社会，服务的概念已不再是产品的附属概念。最新的市场营销理论已将服务列为产品概念中之核心要素，并且指出，当技术竞争、广告竞争难分优劣之时，服务是当今社会组织必须引起重视的首要因素。无论是购物，还是就餐，对消费者而言，与其说他们在享受着商品（或餐饮）本身的感觉，不如说在享受着一种服务。

对消费者的服务包括三个阶段，即售前、售中和售后，每一个环节都直接关系到最后的服务效果。

就售前服务而言，良好的广告宣传，正确的消费观念引导和消费的指导都是必不可少的，只有让消费者充分地知晓和了解，组织的产品（或服务）才有可能被消费者问津；就售中服务而言，它包括销售（或服务）环境的布置、陈列和组织本身员工与消费者的接触，以及接待的热忱、主动、耐心、周到程度；售后服务则是指消费者消费后的系列追踪服务，包括送货上门、义务维修、售后"三包"以及售后的感情联系等。"真正的销售始于售后"，这是众多销售专家的总结。

美国著名汽车经销商吉拉德就是上述观点的坚持者之一。在他的顾客还没走出店门之前，他的儿子就已经写好了"感谢惠顾"的短笺，每逢节日他总是要给顾客们寄出各种大小不一，不同格式、颜色的贺卡，平均每月可达1万多张。长期维持着与顾客的正常联系，使他经销汽车二十多年，现已成为全美销量第一的汽车经销商。

【教学互动 7-1】

美国凯皮特公司（北美机械制造公司）的广告说："凡是买我们产品的顾客，不管在世界哪个地方，若需更换零配件，我们保证在 48 小时内送到，如果耽误，我们就将产品白送给你们。"他们说到做到，有时为了一个价值几十美元的零件，不惜动用直升机，付出数千美元，正是由于卓著的经营信誉，该公司发展 50 余年而日渐兴盛。

要承认商业本质上是功利的，企业生存的最终目标是追求利益最大化，如何把握眼前与长远、诚信与利益之间的关系呢？

要求：同"教学互动 1-1"的"要求"。

许多研究也表明，售后服务是留住顾客、增加顾客忠诚度的最有效的方略。意大利经济学家帕累托的 20/80 营销法则的内容就是：组织经营利润的 80% 来源于 20% 消费者的重复购买。美国的一项研究表明，让一个老顾客满意，只需花 19 美元，而要吸引一个新顾客，就要花 119 美元；减少顾客背叛率 5%，就可提高利润 25%。他们在调查中还发现，顾客从一家组织转向另一家组织，70% 的原因是因为服务，组织的员工怠慢了一个顾客，就会影响 40 名潜在的顾客。在竞争焦点上，服务因素已逐步取代产品的质量和价格，世界经济已进入服务经济时代。正是基于这样的认识，美国 IBM 公司公开表示，自己不是电脑制造商而是服务性公司："IBM 并不卖电脑，而是卖服务。"日本的麦当劳店记载了约 60 万名小朋友的"生日档案"。小朋友生日的前几天，就会收到该店寄来的贺卡；生日这天，小朋友应邀持卡到该店做客。按一般惯例，小朋友得到一份节日礼物也就心满意足了，可这家汉堡包店却特别郑重其事地发出邀请。该店负责人说，我们要使顾客每天都会产生一种"忠诚"的"感情"，就还"可以赚他们下一代的钱"。

3）妥善处理顾客的抱怨

社会组织在提供销售与服务的过程中，会因为某方面工作的不到位而引起顾客的抱怨甚至投诉，这很正常，关键是对顾客抱怨所采取的态度及补救措施，是诚恳检讨、虚心接受还是置之不理，甚至冷漠相对。有时，往往会因为一起小小的抱怨引起整个组织的震荡甚至是遭到致命的打击。1999 年的东芝笔记本电脑事件至今仍未平息（东芝最终采取庭外和解，为此赔偿近 10 亿美元）。2000 年 5 月份，浙江两名消费者告日本卡西欧三款计算器计算不准（将四舍五入设计成七舍八入），卡西欧 2001 年 7 月向中国消费者公开道歉，同意凡 1996 年 1 月 1 日至 2001 年 5 月 18 日之间购买的上述三款计算器，消费者可以免费调换新款，并保证不再生产这三种款式的计算器。

世界最大的超市集团，美国沃尔玛公司的创始人曾说："顾客肯上门来投诉，其实对组织而言，实在是一次难得的纠正错误的好机会，有许多顾客，尤其是男顾客，每购买了次品或遇到了不良服务时，因怕麻烦或不好意思，而不来投诉，但组织的坏名声和坏印象却永远留在他们的心里了。因此对待抱怨的顾客，一定要优礼相加、耐心听取，并尽量使他们满意而归，即使碰到爱挑剔的顾客，在鸡蛋里挑骨头，也要婉转忍让，至少要在心理上给这样的顾客一种如愿以偿的感觉。如果可能，尽量在减少损失的前提下满足他们物质上的要求。如果能使这样的顾客也能满意而归，那么你将受益无穷。”

有研究表明，一个最好的顾客往往是受过最大挫折的顾客，得到满意解决的投诉者往往比从没有不满意的顾客更容易成为组织最忠诚的顾客。在重大问题投诉者中，有34%在问题解决后会再次购买该组织的产品，而小问题投诉者的重复购买率达到52%，如果组织迅速解决投诉，则重复购买率将在52%（小问题投诉者）和95%（大问题投诉者）之间。因此，让顾客感到满意，不仅可以使顾客成为忠诚的消费者，也可以使其成为“传道者”，即通过他向其他顾客做宣传鼓动，而且这种宣传的影响力要远大于一般广告。

那么，如何处理顾客抱怨呢？

- 移情、倾听

耐心听取顾客对有关商品、服务或环境的抱怨，并表示理解与同情，争取在感情上与心理上和抱怨者保持一致，缩短双方的心理距离，为后阶段说服打下伏笔。同时耐心地倾听也是满足顾客心理需要的一种方式，有许多抱怨的顾客，往往会因为接待人员的耐心倾听，满足了他们宣泄的要求，事后会变得非常通情达理。

- 专人、专室

接待抱怨顾客应设专人，这个岗位除了要求有良好的人际关系处理技巧外，还必须拥有较全面的知识，同时还要富有同情心。当然，对组织高度负责的精神是首要条件。在性别和年龄上一般以中年女性为宜，另外还应拥有一定的头衔以示对顾客的重视。

在场地选择上，最好配置专门的接待室，以宁静、优雅的布置和舒适的环境让顾客尽快从冲动状态中安静下来。

- 道歉、致谢

在倾听完顾客申诉后，接待人员应立即表明态度，凡属组织自身原因的（包括员工服务态度），应当场向顾客道歉，对不属组织原因引起的抱怨，则应耐心、热忱地向顾客作好解释。同时，向抱怨者表示由衷的谢意，应将他们的抱怨看成是对组织的爱护与关怀。

- 真诚、信用

如顾客的抱怨是正当合理的，应当场表明处理意见，并征得顾客的同意，如属商品问题则按规定或退或赔；如属服务问题，则应让肇事员工直接致歉，情节严重的可按员工条例予以纪律处分。

这里需要注意的：一是接待人员应被赋予一定的决定权，对一般性问题有权直接处置，确属重大问题则报请决策层处理；二是对一些不能马上处理的问题不能踢皮球，可转告有关部门并负责将处理结果尽快告知顾客，当然要把握分寸，不能轻易许诺，以免后期工作难度增加；三是要遵守诺言，一旦答应就必须全力以赴，许多顾客会怀疑你的随口承诺，他们可能觉得你只是在应付了事，你自己必须确信可以交付给顾客承诺的东西，否则就不要许诺。

• 公平、合理

要针对问题提出一种公平、合理的处理办法，在兼顾组织与顾客双方利益的基础上，适当偏重顾客的利益。尤其是对部分抱怨顾客而言，除了宣泄、投诉，他们总是需要有一定的补偿，因此，可以适当准备一些礼品，以示对顾客关注组织行为的一种答谢。

同时可针对给顾客带来的不便或造成的伤害，给予顾客一些具有附加价值的补偿，顾客也会对那些表示出真诚歉意的、合理又富有人情味的态度感到满意。

除此之外，发生顾客抱怨带有普遍意义的，并且还有许多顾客尚不明真相的情况，应视事态后果严重程度成立危机管理小组，专题负责处理该事件（详见本书第10章“危机管理”）。

如接到信函投诉，则应及时将处理意见回寄给发信人，在详细说明处理意见的同时，向发信人致谢。信函不宜用铅印的固定格式复函，以亲笔回复为妥，并有部门负责人或组织决策人的签名。

【同步思考7-1】

2012年央视3·15晚会曝光了麦当劳供应的食品超过规定上架时间还在销售（麦当劳规定烧烤食品出炉上架后1小时内未售出必须处理，不能上架），问题是麦当劳被曝光后，生意反而更好了。

问题：有人戏称：央视帮麦当劳做了一次免费广告，你怎么看？

理解要点：相比暴露出来的越来越多国人身边的食品安全问题，麦当劳的食品上架销售时限几近完美，上架超出1小时的食品其安全度至少不用过于担心。对比之下，顾客自然觉得麦当劳更可靠。关键是面对生活中屡禁不止的食品安全问题，政府为何还没做到执法要严，违法必究呢？

7.1.3 消费者关系的沟通方式

社会组织应以积极的姿态、热忱的态度和主动的行为与消费者公众保持正常性联系，这种主动性行为除日常工作业务交往外，主要还有以下几种：

（1）口头联系。这包括面对面的答复及电话答询，也可以建立服务热线或负责人接待日，以密切与消费者公众的关系。

（2）消费者和内部通讯。一家或几家社会组织联合编辑出版这类定期或不定期的刊物，及时介绍组织发展的情况，推出新的产品（或服务）介绍，如何正确选购和使用消费品，乃至组织工作流程、生活小百科等，使消费者较为详尽地了解组织及其产品（或服务）。

（3）组织消费者参观。主动联系各类社会组织和公众团体，组织各类消费者到企业参观，让他们亲眼目睹企业的生产环境、员工们的劳动情景、产品的生产过程，使消费者了解社会组织及其产品。如海南养生堂，针对人们怀疑“中华鳖精”

有没有如此大的货源基地，适时组织部分消费者，使其亲临生产现场，直接感受生产基地充足的原材料，从而对产品质量真正放心。

（4）视听通讯。通过报刊、电台、电视台等传媒，企业公共关系人员自己撰写或拍摄组织新闻，或者让新闻记者现场采访，借助大众传播媒介向消费者宣传介绍组织的情况，提高组织的知名度与美誉度。

（5）信函联系。消费者经常会写信给组织，有的是了解产品或服务情况，有的是询问如何选择或使用产品，有的则是抱怨或投诉。无论是哪一种情况，公关工作者都应及时予以回复，详细解释有关问题，如果是本组织产品（或服务）有了问题则一定要认真道歉。也可向消费者直接寄发一些新产品的介绍手册和小广告，以及在节假日主动向新老客户寄赠贺卡或答谢信等。

（6）广告和公告。通过大众传播媒介广告和公告向消费者介绍新产品的性能和用途，宣传一种新的或更完美的生活方式等。

（7）消费者或用户的特殊活动。由企业出资赞助一些特殊的活动，如运动会、社区活动、专场音乐会等，通过对社会热点问题的关注和对社会的回报，体现组织的社会责任心和道义感。

公关工作者应根据组织的具体情况和具体目标，定期或不定期地选择若干种方法与消费者进行沟通，使双方关系处于良好和谐的状态。

7.1.4 CS：追求顾客满意

20世纪80年代，发达国家的市场营销理论在消费者研究方面又有了新的突破，首先，他们对“顾客就是上帝”这个传统的服务理念提出质疑。斯图·伦纳德的“黄金法则”要求雇员遵守两条法则：法则一，顾客永远是正确的；法则二，如果顾客错了，参照法则一。他们提出，应将顾客与组织形成合作伙伴关系，二者处于平等地位，这样双方就能自由交流、相互了解。一方面，使组织能更透彻地了解消费者，从而满足顾客的要求；另一方面，有利于双方建立信用关系，并由此培养对品牌的忠诚，形成固定消费群体。同时，他们提出当代企业组织不仅要让顾客满意，还应当超越顾客满意。这就是CS理论。

CS是英文“customer satisfaction”的缩写，意为“顾客满意”，是1986年由美国一位消费心理学家所创。作为一种现代营销策略，它要求组织通过发掘在组织生产经营范围内的产品或服务，达到顾客满意程度的要求，然后组织使其产品或服务的设计向顾客满意需求逼近，实现其产品、服务个性化，使顾客在接受该产品或服务后达到满意状态。其理论依据是在现代市场营销中，有许多产品的消费是以牺牲顾客的个性为代价的，顾客买不到能完全满足自己需要（包括个性体现）的产品，只有退而求其次，这就存在一个潜在市场，一个组织提供的产品或服务与顾客需求满足之间的“满足程度差异”，这就是一个市场空隙，一个市场机会。

CS包括理念满意MS（mind satisfaction）、行为满意BS（behavior satisfaction）、视觉满意VS（visual satisfaction）、产品满意PS（product satisfaction）、服务满意SS (service satisfaction)。其中，PS 与 SS 是 CS 之核心。MS、BS、VS 是一次性导入的内容，旨在宣传组织、博得顾客对组织产生良好的第一印象，其重要性在于只有第一印象是满意的，顾客接近、购买组织的产品与服务才能成为可能；PS 与 SS 则是组织留住老顾客，争取新顾客的核心内容，且是组织运行过程中需不断完善的内容。

CS 策略实际上是一个“投消费者所好”的过程，这其中消费者需求信息的获得最为关键。顾客需要什么？在商品的多种要求中最看重哪一点？为什么对同类、同质产品会有不同选择偏好？这些都需通过详细、科学的市场消费调查才能获得，尤其在顾客需求的个性化方面。事实上，从消费者开始意识到要消费某种产品到最终实现消费并遗弃的整个阶段都有一个个性需求问题，无论是产品的功能、款式、质量、价位、品牌还是运输、安装、服务、维修、付款方式，均是组织须仔细加以探索的。以蜡烛这种简单商品为例，也有个性化问题，不仅是一种照明工具，更是一个饰品、一种礼品、一件精美的小摆设、一个可爱的“小矮人”。总之，CS 策略的目标就是使组织比消费者自己都更了解他们，真正做到“投其所好”。

【补充阅读资料 7-1】

建立品牌忠诚

建立品牌忠诚的五个步骤见表 7-1。

表 7-1　**建立品牌忠诚的五个步骤**

步骤	目标	定义	作用
第一步	品牌知名度	品牌为公众所了解与认知的程度，既体现了品牌的影响广度，又体现了品牌对某一特定群体的影响深度	商标成为品牌必要条件；具有品牌知名度的品牌优先进入消费者视野
第二步	品牌信任度	消费者对品牌的诚信程度的认知与理解	商标成为品牌必要条件；关系到品牌形象的建立
第三步	品牌美誉度	品牌获得公众信任、支持和赞许的程度	商标成为品牌最终条件；关系到社会形象及口碑能否形成
第四步	品牌满意度	品牌对消费者需求的满足程度，体现消费者对产品（或服务）满意度的评价	消费者能否持续忠诚消费，减少消费者抱怨及负面影响
第五步	品牌忠诚度	消费者在满意基础上，对品牌形成的长期认可	关系到口碑培育与传播，并对品牌影响力提升产生影响

评价消费者忠诚程度要以品牌忠诚度为指标，而且消费者忠诚度是随品牌竞争力与影响力的提升而提升的，因此企业建立消费者忠诚度的过程也是企业品牌的营造过程。

资料来源　贾昌荣．建立消费者忠诚不是梦［J］．公关世界，2008（3）．

7.2 社区关系

7.2.1 社区关系的含义及特征

社区的英文为“community”，原指有特定区域、居民相对比较集中的居住区。如一个乡村是一个社区，城市中的一条街道是一个社区，有时一个城市也可以是一个社区。从社会学角度讲，社区是指由共同生活于一定区域的人们因利益关系紧密而构成的一种群体。美国芝加哥大学教授帕克对社区的定义为：（1）它有一个按地域组织起来的人口；（2）这些人口程度不同地扎根在他们所生息的那块土地上；（3）社区中的每个人都生活在一种互相依赖的关系中。简单讲“社区关系”就是一个社会组织的“地方关系”、“邻里关系”。它是指与某个社会组织主体地域上互邻且利益上相关的一种公众关系。

社区关系的特征有三个：首先是地域互邻性。社区关系是社会组织公众关系中部分地域互邻、较为密切的部分公众关系组合。当然这种地域互邻性的范围取决于组织主体的自身规模与知名度，如对四川长虹集团来说，整个绵阳市就是他的社区。而对一般组织而言，它的社区范围也许仅仅是一条街道、一个居民区。其次是利益相关性。既然是邻里，就必然有直接、间接的利益关联，如公共场所共享、社区环境维护、社区建设责任等。一旦社会组织发生社会性环境危机事件，社区公众往往是直接的利益受损者。当然社会组织享有的知名度与美誉度越高，则带给社区公众的直接或间接利益也就越多。最后是组织主体与公众的互相制约性。一个生机勃勃的社会组织能带给社区众多的就业机会与丰厚的利益回报，它的税收能增强社区的经济实力，它的社区投入又能发展社区经济；反之，一个社会组织如果没有社区的良好支持，其生存就会受到威胁，一旦社区居民对该组织采取敌对行动，就会形成社区危机。所谓“荣辱与共”实际上是社区关系的一个真实写照。

7.2.2 社区关系的重要性

俗话说“远亲不如近邻”，社区是社会组织生存和发展的根基。组织能否“永续经营”，“睦邻”工作扮演着相当重要的角色。

1）社区是劳动力的主要来源地

社区成员与组织体员工间互相渗透，有着千丝万缕的联系。也正因为这样一种关系，组织内部的情况往往会很快被社区成员知晓。

同时，社会组织的主要管理骨干也往往是以本社区成员为主，这是因为生长在同一地域，在信息沟通上较易达成共识。如雅戈尔集团下辖的近 200 个分市场、1 500余家专卖店，任店长以上职务的管理人员中，宁波籍的就占近70%。

2）组织的维系和发展有赖于社区的支持

从能源、水电、交通到邮政、网络、生活用品供应都必须寻求社区的支持。

3）良好的社区关系能较好地促进组织主体的发展

曾有人问一位公共关系专家，社会组织为什么需要同社区公众建立良好的关系？这位专家回答，如果一家人经常同左邻右舍产生纠纷，他们的家庭生活能够幸福吗？良好的社区关系有四个标志：①本组织的基本情况为社区公众所熟悉；②本组织所生产的产品或提供的服务使社区公众喜爱该组织；③组织受到社区政府部门和其他社会团体的尊重；④本组织成员同社区公众保持良好的人际关系。具备了上述四项条件，组织主体也就具备了良好的"人和"条件：一方面员工为在该组织工作而感到骄傲，并促使其更加努力工作；另一方面，社区公众对组织形象的正面宣传，能进一步促进组织环境的和谐。

20世纪90年代，IBM台湾子公司荣获公关基金会评选的年度"最佳社区关系奖"，其得到的评语是：长期而具体地策划社会公益活动，受益阶层广泛，系组织落实本土化之典范。他们的社区关系工作主要有：

（1）先进的社区建设理念——取之于社会、用之于社会。公司成立专门的公共服务部，每年编制公益预算，专项从事公益活动。

（2）强调社区公益活动的前瞻性与典型性。即有计划地选择并组织策划一些能引起公众共鸣，且广受社区公众关心的主题活动，并长期坚持之。

（3）社区公益活动的多维化。如通过与当地社团合作成立"软体工程研究班"，帮助培养中、高级人才；与台湾大学合作引进生产自动化技术；将台湾学子送到IBM本部受训；举办大学院校企业个案研讨比赛等等，显示为社区技术与人才培养无私奉献的拳拳之心。

（4）社区环境的积极守护者。与其他三家组织伙伴一起认养敦化路和八德路口的敦北地下道，并于次年获台北市养工处的认养绩效最优单位；借助"美化台北我的家"环保活动，再次认养民生社区的民权公园，发动公司员工及眷属300多人参与公园清理工作，在精心"呵护"下，民权公园焕然一新，被台北市政府连续两年评为认养绩效第一名。

（5）对慈善事业的热心倡导与积极投入。连续三年举办"救助弃婴慈善音乐会"；连续五年独家赞助由台北市当局主办的"台北市音乐季"；提供台湾专科、大学及研究院资讯科学相关科系的绩优学生奖学金；赞助社区居民的慈善游园会、慈善义卖晚会、"残障青年科技之旅"活动等等。

正是这些科学、有序的社区公益活动，使IBM公司在台湾公众心目中树立起了良好的正面形象，赢得了公众的喜爱与支持。

7.2.3 社区关系的内容

1）维护社区环境

保护人类的生存环境，珍爱地球上的每一个生命，是任何社会组织都必须正视的问题。1992年，联合国在里约热内卢召开环境与发展会议，制定了《21世纪议程》，它指出，地球所面临的最严重问题之一就是不适当的消费和生产模式，导致环境恶化、贫困加剧和各国发展失衡。若想达到合理的发展，则要提高生产效率并改变消费习惯与结构，以最高限度地利用资源和最低限度地生产废弃物。

有许多社会组织在其运作过程中，存在着环保与效益的矛盾，即在生产效益的同时，也在产生污染。尤其在一些不发达地区，更是将自身效益建立在对周边环境的恶意毁损上，许多地下造纸厂、化肥厂、农药厂不停地向外排放各种有毒污染物，使居民苦不堪言。甚至个别不法之徒从国外进口废塑料、洋垃圾，从中牟取暴利，而全然不顾环境保护。这一切随着政府对环境保护的日益重视和民众环保意识的逐步觉醒，会很快得到遏制。对于现代组织而言，绿色营销（环保营销）是其发展的必由之路。

所谓**绿色营销**是指组织在经营战略制定、市场细分与目标市场选择、产品生产、定价、分销、促销过程中注重个体利益与社会整体利益的协调统一，并在此前提下追求经济利益的一系列经营活动。它不仅包括保护生态环境，消除一切污染环境的经营行为和有不良副作用、危害消费者身体健康的产品，也包括保护消费者心理健康，树立良好的社会风尚。它体现了社会组织兼顾消费者利益，符合人类共同愿望，建立人类与大自然对立统一的协调机制，代表着组织未来的发展方向。

以第二十九届北京奥运会的运动员村为例（奥运村由42栋住宅楼和占地39公顷的绿化带组成），由于使用了可再生能源、特殊的绝缘材料和先进的再循环系统，仅每年的碳排放量就可以减少8 000吨。漫步奥运村的小花园，道路两旁都是太阳能路灯；每一层楼都装有双层玻璃，以更好地调控室温；住宅区安装有再生水热泵冷热源系统，以供冬季取暖和夏季降温。该系统从郊区污水处理厂处理排出的水中提取热量。处理后的水与室外温度的温差在冬季为15摄氏度，夏季为10摄氏度，该系统正是利用这一温差，通过冷风机和地暖设备来调节室温。联合国环境规划署在一份独立报告中评价这项工程说：北京奥组委非常重视奥运村设计中的环保理念。

在保护社区环境的同时，社会组织还应积极美化社区环境，尤其是自身生产与经营环境的美化。实际上，整洁的建筑、充满大自然气息的厂区和宁静、祥和、卫生的工作环境，也是赢得公众喜爱的重要因素。

2）支持社区公益活动

社区关系不能仅停留在社会组织自身行为约束上，而应积极参与社区建设，促进社区繁荣与发展，与所在社区形成“共存共荣”的关系。尤其是在对社区公益性活动的支持上，应不遗余力。

社区的领导者与意见领袖一般都希望本社区的社会组织能为社区的健康发展提供多方位的支持，尤其是在资金、人力等方面能给予扶植。如兴办教育、投资科技、赞助社区文体活动、安置老弱病残、支持社区绿化等，这是正当的要求。社会组织身为社区的成员应以此为己任，树立正确的社区意识，取之于民、用之于民，才能让“新睦邻”变成现实，让社区的所有公众真正以组织的存在为荣。

【同步案例 7-1】

用爱心铸基业

背景与情境：生产“立钻牌”铁皮枫斗晶的浙江天皇药业有限公司早在 1994 年产品进入市场之时，就明确了以对社会公益事业的关心来回报公众对企业厚爱的宗旨。1994 年，公司将价值百万元的铁皮枫斗晶无偿赠送给中国科学院的学术专家们；1998 年，向在杭州的 50 余名老红军战士赠送价值 30 万元的产品，帮助他们摆脱病痛的折磨；同年，捐赠 20 万元人民币给浙江天台希望小学；2000 年，公司的爱心和产品的良好功效又帮助救活了一位濒死的抗洪英雄——硬骨头战士嵇琪，使其康复出院；同年又向英雄部队“硬骨头六连”无偿提供百万元的新产品，通过上海市慈善基金会，捐赠给上海有突出贡献的劳模、教授、科学家等各界人士。在公司成立以来短短的六七年间，其慈善捐助总额已逾千万元，卓著的社会责任心与显著的产品疗效，使铁皮枫斗晶的销售与业绩逐年上升，在业内拥有较高的市场占有率。

问题：相比广告促销，慈善活动的影响力显然小了许多，对此你怎么认为？

分析提示：一个真正有生命力的企业肯定是勇于承担社会责任的，能力大小没有关系，但爱心能铸就基业，当然企业也要量力而行，且有周密计划，不能拍脑袋，尤其是要将慈善活动与营销战略结合起来。

3）促进社区的安定与繁荣

让社区在繁荣发展的同时拥有和睦、友善的氛围，高就业率、低犯罪率，祥和、安定的生活环境，是每一位社区公众的理想。社会组织也应积极承担起此项职责。

美国安塞公司在员工中就倡导对公共事业的热心态度，由员工自愿组成的“抢救队”，每周 7 天，每天 24 小时，无论何时发生天灾、人祸，随时出动，无偿为社区居民提供救助，成立数十年而不息，成为社区建设的中坚分子。美国通用公司也不例外。为了培养与社区公众间的“准自家人关系”，他们将组织自身的服务设施和娱乐设施，如医院、汽车俱乐部向社区公众开放。为减少误会，公司还专门编印了一本指导手册，详细介绍了开放组织的意义及运作中的注意事项，其细致程度无可挑剔。长此以往，员工与社区公众的关系就会变得更为和谐。

当然，充分发挥社会组织主体的经济与技术功能，帮助社区推进经济繁荣，也是一项重要的“社区义务”。如大力提高组织自身经济效益，为地方多创税收；以龙头作用带动地方附属产业及附属组织的发展；发挥人才与科技优势，扶植发展社区经济等等。

4）给社区带来光荣和骄傲

社区里有闻名的古迹、美丽的景观、漂亮的建筑，这些自然是社区居民引以为豪的资本，但如果让社区拥有一个令人侧目、让人尊敬的组织，又何尝不是社区居民的一件荣事呢？就像“长虹”对于绵阳市、宝钢对于上海宝山区、北仑港对于宁波市一样，社区公众也会发自内心的真心喜爱、关心这些给他们带来光荣和骄傲的组织。

20 世纪 80 年代中期，广东中山温泉宾馆，自成立之日起就善待乡邻，将所在乡的物质与精神文明建设看成是自身建设的一部分，出资帮助社区农民发展生产、改善生活、解决就业、增加福利、提高文化及文明程度，使所在社区由后进乡一跃而成为全国文明卫生先进乡，成了宾馆的“附属旅游点”，更提高了宾馆的知名度与美誉度。

7.2.4 社区关系的手段

1）通过社区传媒与公众沟通

利用社区大众传媒或组织通讯、年度报告书、小册子、组织刊物等，定期或不定期地向社区公众传递组织运作信息，包括组织运作状况、经营业绩、对社区的贡献等，营造良好的社区舆论环境。

2）与社区领袖主动接触沟通

有时，社区领袖也是政府公众关系对象。社会组织应主动向他们汇报组织运作计划与业绩、所承担的社会责任，并征求他们对组织的要求，让这些社区领袖在获得尊重中，更全面地了解组织，并通过他们进而影响社区其他公众的思想。

3）开放组织

让公众到组织实地进行考察，亲眼目睹整个运作过程，加深对组织的了解。这种印象要比一般的宣传介绍更有效，同时也可借此纠正公众对组织的诸多误解。另外，这种直接的接触也能加深组织与社区公众的感情联系，营造“人和”环境。

4）发挥员工力量，开展全员“PR”

通过良好的内部沟通，增强员工的内聚力，进而充分调动员工积极性，发挥员工人数多、接触面广的优势，利用各种场合，为组织作正面宣传。让社区公众在单个人际交往中接受组织信息，认同组织行为。

5）展览与陈列

利用社区公共设施，抓住合适时机，一方面通过积极参与社区组织的专题宣传活动，展示组织的风采。如通过参加社区的“禁烟活动板报展示”、“社区建设成就汇展”等，让社区公众知晓组织的态度与立场。另一方面，主动发起组织某项主题宣传活动，让组织扮演社区活动热心倡导人角色。

6）访问社区机构

配合某些特定日子，如老人节、妇女节、儿童节、母亲节、教师节等，主动拜访社区有关机构，像学校、福利院、地方政府机构等，向他们表示慰问与感谢。适当时候还可附赠些礼品，让他们感受组织的亲和力。

【职业道德与企业伦理 7-1】

王刚砸宝

背景与情境：各地方电视台为了收视率（事关广告价格）而千方百计推出新栏目吸引观众眼球。2012 年，北京卫视“天下收藏”栏目就是其中一例，主持人王刚手拿金锤当场砸赝品（与持宝人签有免责状），因让人有心跳的感觉而获得了高收视率。但有网友爆料：专家认为有很多砸错了，其中不少真品被砸，这可了不得，且不论破坏国家文物，光那些宝贝的持有人要求赔偿就让人承受不了。于是不得已内部又爆料：所砸的所谓赝品及持宝人都是事先安排的“角色”，都是经过“彩排”的，砸错的概率不存在。前一个误传的解释立即带来了一个新困惑：所谓的惊心动魄都是预先计划的，都把观众蒙在鼓里，明显有欺骗观众之嫌……

问题：事先设置情节，赚取收视率的行为是正常竞争行为吗？

分析提示：为了提升收视率，推出新栏目，变更新内容，充分满足并利用观众猎奇、刺激心理都属于正常竞争行为，但有两个原则必须坚持：一是遵守国家相关政策与法规；二是尊重观众，视观众为愚民、玩偶是在拿企业的未来赌博，绝不可取。

7.3 媒介关系

媒介关系，简言之是指社会组织与大众传媒公众关系的组合。这种关系又含有双重性质：①大众传媒是社会组织与其他公众信息沟通的“中介”环节；②大众传媒本身也是社会组织的目标公众。因此，许多社会组织都视结交“无冕之王”、保持与媒体的良好关系为公共关系的重要内容。

在信息化社会，人们对任何组织或产品的了解，已不再停留在亲眼目睹的直接接触阶段，更多的是通过传媒宣传对组织以及产品“留下印象”。这其中，如何通过传媒将有关组织与产品信息及时、准确、真实、全面地告诉给公众，以及迅速消除公众对组织（或产品）的误解就显得相当重要。正因为如此，国外的学术界称舆论为“第四权力”，这也不无道理。

美国斯坦福大学的研究人员在调查、分析了媒体的运作状况之后，得出这样的结论：“人们的反应表明，媒介不只是工具。媒介应得到有礼貌的对待，它们可以侵犯我们身体的空间，它们可以有与我们本身相称的个性，它们可以是一个队友，它们还可以引出性别的成见。媒介可以引起感情上的反应，要求人们的注意，对我们进行威胁，影响我们的记忆，并且改变那些自然产生的观念。媒介是社会和自然界的充分参加者。”

曾有人形象地将公共关系人员比作“一仆三主”：一是社会组织主体；二是公众；三是媒体——组织与公众沟通的“中介人”。这就比较形象地点出了媒体在社会组织公共关系中的地位。

7.3.1 大众传媒的特性

要处理好传媒关系，首先必须了解传媒的特性，“了解传媒——知道怎样与每一个媒介一道工作，怎样针对每一个媒介制作不同的内容，怎样满足每一个媒介的截稿时间，怎样坚持特定的风格要求，并且怎样能吸引每一个媒介的受众——是公关从业人员工作中的一项主要内容”。

1）传媒的受众数量巨大，分布面广，且传播速度快

其传播范围随着现代科技的发展可超越任何空间限制，在时间上也能使地球上的任何一个角落实现“信息同步”，其受众人数是惊人的。像2004年美国发动的对伊拉克战争，其电视转播收看人数估计超过20亿。

在传播时间上，不仅对有计划组织的信息传送可以同步，对于一些突发性事件也能做到迅速、准确地将信息传播到整个公众群体。1981年3月30日，当时的美国总统里根遇刺，9分钟后ABC发出消息，12分钟后CBS的电讯上天，13分钟后NBC也向全球作了报道，使事件迅速被公众知晓。

2）内容繁简兼备，且能大量复制和文字化

由于各种传媒的不同传播特性，以及不同的风格特点，使受众接受信息的选择性大大加强，既可以接收一句话新闻，也可以仔细阅读长篇新闻追踪报道，能完全满足受众对事件图像、文字等各方面的信息需求。同时还可利用电脑网络对所需信息随时下载保存，使信息的吸收率大大提高。

随着新闻产业的不断繁荣与发展，受众也会接收到越来越全面的信息，发生在全球各地的各种大小事件都可以通过传媒获取，这也是信息社会的基本特征之一。

3）信息的客观、真实性

大众传媒无论是对社会负责（这是传媒工作的基本原则），还是对传媒本身负责（收视率与发行量是影响传媒自身效益的关键指标），都会力图以最快的速度、最新的角度，对事件（尤其是受众关心的热点话题）作出客观、公正的报道，以赢得受众的尊重与喜爱。这就使得社会组织不得不更重视传媒的“态度”，一旦与传媒界交恶，负面新闻的曝光会使组织感受到巨大的压力。几年前，我国东北地区的一支甲A足球队，就因为驱逐记者事件而被传媒联合“封杀”，教训可谓深刻。1974年11月，美国Mobil石油公司副总裁致函《纽约时报》，指出在过去两年中，《纽约时报》已发表了20篇纽约州司法部控告Mobil公司的报道，其中有10篇上了头版，事实上其中有两次控告被州法院所否决，但《纽约时报》未作任何报道。此后Mobil曾反过来向法院控告纽约州司法部，结果《纽约时报》还是未作报道。为什么Mobil被控是新闻，而Mobil控告他人就不是新闻了呢？这值得深思。

7.3.2 媒介关系的原则

1）“双向”平等原则

社会组织需要大众传媒的信息传播，但不是被动的附属型关系，恰恰相反，现代社会组织在发展过程中，其许多信息也正是传媒所需要的，大众传媒的新闻性要求尽可能迅速地“找到”新闻，这就使双方存在一个互补的“双向”关系，也是一种平等的交往关系。从大众传媒自身要求分析，也不难得出上述结论，除了新闻的素材是采自于社会各界，包括社会组织之外，其经济的主要来源——广告收入也是来源于社会组织。而且，在现今的法治社会，如果个别传媒或个别新闻工作者违

反新闻报道原则，故意制造不利于社会组织的负面新闻，受伤害的组织也完全可以运用法律武器维护自身权益，这就是平等原则。

2）“三要”原则

（1）以礼相待。应以主动热忱的态度对待各新闻媒体，积极配合，为采访或报道工作提供方便，如主动撰写新闻稿，主动与记者沟通本组织的近期活动计划。即使是可能会对组织不利的采访，也应如实相告，承认自身问题，并及时改正，将此作为一个发现问题、更正错误的机会，而千万不能恶言相对，将事态扩大。

（2）以诚相待。应主动与传媒建立和维护相互尊重和信任的关系，双方可以根据各自的切身利益，有时作为敌手交战，有时作为同事相互合作。严格遵守公共关系基本准则：将事实真相告诉给公众。以诚实赢得朋友，既不掩盖事实，也不夸大新闻，确有难言之隐也应向传媒作出说明，求得对方谅解。

（3）平等相待。这包括三层含义：一是对不同级别、不同层次的传媒应一视同仁，不能厚此薄彼；二是对传媒人员，不管是资深记者还是见习通讯员都要平等对待；三是不管是对组织业绩的正面报道，还是不利新闻都要一样以礼相待。

3）“四不”原则

（1）不要“一厢情愿”。不能向媒体提出不切实际的要求，更不能强迫记者按组织意愿撰写新闻稿。

（2）不要“以利相交”。与新闻媒体保持正常的联络，不能用庸俗手段，更不能以利益贿赂。盐湖城冬奥会的贿赂丑闻，曾一度令国际奥委会非常被动。社会组织如果在与传媒的交往中采取了不正当手段，一旦被曝光，组织的形象就会严重受损。

（3）不要“变相交换”。有的社会组织以广告投入换取新闻媒体的正面报道，这也是不可取的。要知道，这种利益制约关系是不可能换来新闻媒体对组织的全面了解与全力支持的。

（4）不要“临渴掘井”。与传媒的交往是靠平时保持的一份君子之交而逐步积累起来的，那种招之即来、挥之即去的实用主义态度是对媒体关系的严重曲解。

美国公关专家斯各特·卡特里普等人在《公共关系教程》中提出了媒介关系的五项基本规则，并指出：“只要从业人员遵循了这几个基本原则，这种关系就可能得到最佳实现。”这五项规则是：开诚布公；提供服务；不要乞求或吹毛求疵；不要寻求封杀；不要大水漫灌媒介（这包括尊重记者的新闻标准和在与每个媒体联系时将资料只发给一位新闻记者）。

7.3.3 如何配合媒体工作

（1）从公众利益而非本组织利益的角度谈问题。

（2）要让新闻易于阅读和使用，包括内容取舍，叙述方式，甚至字体大小。

（3）重视“软性宣传”。它包括辅之以企业活动的软性新闻和软性文章等，就效果而言，明显要优于广告，因为对一般非专业的消费者来说，软性宣传具有

"迷惑性"、"伪装性"和一定善意或恶意的"欺骗性"，其可信度也较高，这种手段也是目前企业较为偏爱的方式。据媒体资料显示，海尔每星期至少有 1 600 篇企业宣传稿件在各种媒体发表，联想电脑一家每个月的媒体发布量就已经超过了 50 万字。世界网络巨头思科公司在中国的媒体发表量是每月 600 篇。深圳华为公司的一个企业网事业部的发布量也要在 20 万字以上……这些稿件几乎全都出自企业的媒介部门之手，每篇稿件都是企业公关营销战略的一部分，其经济价值都要远远高于新闻价值。

(4) 把最重要的事实在一开头就陈述出来，要懂得新闻稿件内容安排的"倒三角"原理，即先讲中心意思，然后再进行具体介绍。

(5) 不要与记者争论或者失去自制而冲动，记者拥有最后的发言权。

(6) 不要详细作答，如记者的提问是直截了当的，则回答也应简洁，问题越是棘手，回答就越应简短。

(7) 当所要求回答的事实内容尚未得到确认时，不要轻易作答，更不能凭想当然或把将来还须证实的内容告诉给媒体。

(8) 告诉事实真相，即使这样很痛苦。只有告诉真相，才能使组织免受试图隐瞒事实的指责。

(9) 除非确实已拥有记者所认为的新闻，否则记者招待会就不必举行。实际上，只有当你没有任何别的手段将一个重要的、社会性新闻事件以及时的方式通报给媒体时，才有必要举行此类招待会。

7.3.4 "新闻制造"

所谓新闻是指产生于某一时点的信息。按该信息与时点的关联程度，可分为即时新闻与非即时新闻。即时新闻又称为动态新闻或硬性新闻（hard news），它具有一定的时效性，如所有突发性事件、新产品技术的问世、企业的营业收入和高层的变动等。非即时新闻又可称为非动态新闻或软性新闻（soft news），它不一定具有时效性，如业界和企业的未来走向、业界知名人士对未来科技发展的预测、企业通过怎样的方式赢得客户满意等。公关从业人员必须懂得怎样为媒体"创造"新闻，怎样把企业的产品和技术信息"重新包装"（repackage）得具有新闻价值，迎合媒体的需求，这就是"新闻制造"。

所谓**新闻制造**是指社会组织为提高自身的知名度与美誉度，通过有计划的策划与组织，而将某种事件典型化、新闻化的公共关系行为。它是公共关系活动的实务内容之一。

1）新闻制造的必要性

现代社会组织要想在激烈的市场竞争中赢得一席之地，就必须依靠新闻制造，尽快树立起良好的知名度与美誉度。

(1) 只有经常性的成为传媒信息传播中的"主角"，社会组织才不至于被人遗忘，而完全让传媒依据其自身新闻素材进行传播，则社会组织成为新闻主角的概率会很低，毕竟在整个社会环境中，媒体的新闻来源是非常广泛的。

（2）从媒体方面看，它每天所需的大量信息资料来源于基层社会组织，如果主动向传媒提供新闻素材，或组织一些有新闻报道价值的专题活动，是对传媒工作的支持，也是一种双赢的策略。

（3）与普通广告宣传相比，新闻制造不仅具有更强的权威性和可信度（公众对广告的态度与对新闻的态度永远是不同的），且在费用投入上更是广告所无法比拟的，"不夸张地说，组织花1万元所要达到的广告效果，新闻策划花100元就能办到，成功运用这一手段的组织，30%的品牌形象来自于它1%的新闻宣传费用"。有关调查表明，在众多影响消费者购买行为决策的宣传形式中，新闻报道的影响力排在第二位。

（4）新闻的真实性原则决定了在社会组织制造新闻过程中，首先必须明确自身的公众利益观念和社会责任，即先让自身的政策与行为符合社会大众的价值标准，然后才能"适当展示"，这就有利于社会组织更好地承担起社会责任与社会义务。而且，一般社会组织所制造的"新闻"，往往多是社会公益事业和公众关心的"热点"问题，这也有利于促进社会主义精神文明建设。

1985年4月，就在可口可乐诞生100周年的前夕，可口可乐公司突然宣布要改变沿用99年之久的老配方。此事瞬间便成为轰动美国的头条新闻，可口可乐也再次成为电视、报纸、杂志等新闻媒介谈论的主题。因为被誉为"清凉饮料之王"的可口可乐，日均销售量达3亿瓶，销售范围遍及155个国家和地区，它百年长盛不衰的原因，正是它那张神秘的配方。而新配方的可口可乐计划刚一推出，便引起了轩然大波。可口可乐公司每天接到抵制新配方的抗议电话达1 500多个，还有数不清的抗议信件。这使得可口可乐的竞争对手百事可乐公司大为得意，他们认为，这将是对手遇到的最大的一次失败。为了庆祝胜利，百事可乐公司决定给员工放假一天。几十年来和可口可乐公司竞争始终处于劣势的百事可乐公司，这次决定大显身手，他们一边做广告，一边搞推销，誓与可口可乐公司一争高下。

正当百事可乐公司大张旗鼓搞宣传的时候，可口可乐突然宣布，为了尊重老顾客的意见，公司决定恢复老配方可口可乐的生产，并改名为"古典可口可乐"，同时，为了满足消费者的新需要，新配方可口可乐也同时生产。消息一传出，老顾客饮用老牌可口可乐，新顾客购买新型可口可乐，可口可乐的销售量一下子比同期增长了8%，可口可乐公司的股票每股猛涨到2.57美元，而百事可乐由于销售量下跌，股票降为每股0.75美元。在20世纪80年代的这场波澜起伏的商战中，可口可乐公司兵行诡异的"新闻制造"大获全胜。

2）新闻制造的原则

（1）真实性：即策划、传播的事件是真实存在的，制造新闻不是制造假新闻，只不过这种新闻是人为策划组织的，不同于一般新闻是自然发生的而已。

（2）可行性：既能不违背政府政策、法规及民众道德习俗之要求，又能为组织主体现有人力、财力所能承受。与前者相冲突，必然会招致政府的干预和社会舆论的谴责；与后者相冲突，则方案也就成了空中楼阁，无法实现。

（3）新颖性：新闻本身要求迅速、及时、真实，具备新、奇、特的特点。在新闻制造中也要求新闻的内容能引起受众的注意。跟在别人后面，人云亦云式的制造是无法达成工作目标的。

（4）贴近大众：公众往往对发生在身边且为自己所熟悉的事件感兴趣。如果某种事件与其利益产生联系，则公众的注意力往往会被迅速吸引，因此在选择新闻内容时，应以目标公众的要求、动态与关注热点为基础进行策划与制造，以保证新闻的效果。

湖南长沙酒厂，为将“白沙”矿泉水成功推向市场，推出“白沙飞机送学子”的新闻，利用一年一度的高考时间，配合连续性广告宣传，在短短的两个月时间里，使“白沙”矿泉水在湖南及周边省市人尽皆知，迅速在市场中占有了一席之地，事件的经过是这样的：7 月 6 日，即高考前一天，在长沙晚报刊出《“白沙”在你身边，你在“白沙”心里》的广告。7 月 7 日一早，在全市所有考点挂出“白沙矿泉水祝愿全市考生高考一举成功”的横幅。7 月 9 日刊出第二则广告，“湘水育我学子，白沙壮你行威，临行更饮家乡水，京城长忆故园情”，祝贺高考圆满结束，涌泉相报父老乡亲。凡今年被录取到北京重点高校的学子，可免费乘坐“白沙”矿泉水包机赴京，并通过媒体进行采访报道，加深公众对产品的认同。7 月中旬又推出《荣损且当平常事，成败岂可论英雄》的评论文章，对落选考生进行抚慰和激励。8 月 28 日在《长沙晚报》和《湖南日报》联袂刊登《大风起兮云飞扬，腾空一去兮望君还》大型广告，将免费乘机的全部学子姓名、各自母校及被录取的大学全部排列出来，并在当天晚上举行由考生及家长、班主任和各界领导、知名人士参加的大型话别酒会。8 月 31 日派专车送考生到机场，并在考生抵京后，由工厂驻京办专车将他们送至每一个大学，还为他们建立了通讯录。

纵观本次策划，寓品牌营销于浓浓的乡亲、学子深情中，更是将广告推销与新闻报道有机地组合起来，使人更多感受到的是一种新闻报道而非组织广告，大大增强了品牌认同感。

【补充阅读资料 7-2】

如何“制造”新闻

——杰瑞·德拉·费米纳自述

我最难忘的一次公关经历是在 1967 年，当时，我所在的公关公司违反了合同，以致快要破产了。没人认识我们，没人愿意接听我们的电话，而我们也登不起广告。情急之中，我决定使用公关手段。我拿起电话，按下了《安妮》（ANNY）杂志编辑的号码，这是当时一份发行量较大的广告出版物。

拨通电话后，我对该杂志的编辑说：“乔，我给你打电话是告诉你德拉公司拿不到松下这个客户。”

“你们签不到松下这个客户？”

“是的，我们拿不到。我正式声明，这是个谣言。”

编辑说：“我没听到过这个谣言。”

“那么，我现在告诉你，这件事情就只有你清楚实情了。”

当周，报纸的头版头条是：松下不会成为德拉的客户。第二周，我又否认我们争取到博登公司（Borden）这个客户，于是“博登向德拉说‘不’”的新闻又上了头版头条。第三周，又一个否认又一个头版头条。就这样，我们的公司保住了！一时间，所有人都在谈论：这家新出现的、被媒体炒得很热的公关公司，势必与这三桩交易有着某种密切的关系！

一年以后，我偶然遇到了松下公司的市场总监。他看起来一副很迷惑的样子，对我说：“我们从没跟你接触过。”

“是的。”我回答说。

他接着说：“我们从没有要给你业务啊。”

“我就是这样对媒体说的呀。”我说。

他停了一会儿，似乎若有所悟地笑着对我说：“我想你们公司的业务做得一定很不错。”

资料来源　伦纳德·萨菲尔．强势公关［M］．梁洨洁，段燕，译．北京：机械工业出版社，2002.

7.4　政府关系

政府关系是指社会组织与政府机构及其职能管理部门的关系。

政府是国家权力的执行者，是对社会进行统一、有序管理的权力机构，任何社会组织都必须无条件地遵守法律与法规，服从政府以及各职能部门的管理。但在政府与社会组织之间的这种管辖与被管辖的关系之中，还存在着一种关系，一种互相了解、互相沟通的关系，这就是政府公众关系，简称政府关系。

7.4.1　政府关系的原则

1）熟悉政府权力，以及各职能部门运作特点

政府权力包括法律、法规、政策、条例的制定与执行，宏观经济发展计划与控制、财政与税收、审计与统计、进出口贸易与外汇管制（包括汇率）、物资与能源的计划和调配、市场规范与监督、环境和生态保护、公用和公益事业、公共安全与社会秩序、产品与服务标准及商标与专利等，它涉及社会各个方面，是社会整体秩序的调节器。

熟悉政府权力范围及其内部分工，一方面吃透政策，能使社会组织最大限度“受惠”；另一方面也有利于增强沟通的针对性，减少因公众目标不明而带来的“公文旅行”，提高办事效率。

2）严格遵守法律、法规，确保组织的一切活动都在政府法规与政策允许范围内进行

这是政府关系的前提，同时在局部利益与全局利益出现矛盾时，应以国家利益为重，所谓“国家有难，匹夫有责”。只有社会组织在日常运作中做政府的“良民”，才能在组织需要政府支持时，提出的一些合理建议与要求为政府所理解与支持。

在日常运作中遵纪守法、照章纳税、积极承担组织的社会责任与社会义务，在弘扬社会传统美德、伸张正义等活动中能不甘人后，这些都是创造良好政府关系的先决条件。

3）主动沟通与传播

要建立良好的政府关系，就必须采取主动与合作的姿态，及时将组织主体的各种信息，如经营业绩、发展规划、遵纪守法状况、对社会的贡献、在承担社会义务方面的义举等，以适当的渠道向政府部门进行传播。此举既有助于政府能依据基层的实际情况，修订更为合理的政策与条例，也有利于社会组织随时为政府公众所知晓，保持政府对组织的了解与支持。

沟通的方式除了信息资料的直接传递之外，还可利用各种适宜的方式与政府领导直接接触。如利用各种庆典、展示活动和新厂房落成、新设备投产等邀请政府有关领导出席这类活动，主持仪式、剪彩、管理、考察、指导等，通过现场实地观察，增强对组织的了解与信心。

7.4.2 政府关系的主要手段——游说

游说是一种通过私人访问形式，以人际直接沟通为主的传播方式，其目的是尽力影响政府的行政决策与方法，使之能充分考虑组织的利益。在体现国家利益时，能兼顾到组织利益，创造有利于组织生存和发展的政策、法律环境。

开展游说活动时应注意：

(1) 要认识到游说活动是建立在对所要讨论的问题进行充分研究的基础之上的。事前应邀请有关专家、管理人员对问题进行深入研究，提出完整的论点和充足的依据。

(2) 在向有关人士阐述自己的观点时，论点要简明，措词要慎重，最好能集中在有争议的或有疑问的问题上。对所要表达的内容应有事前的熟练准备。由于政府管理者的公务都较为繁忙，他们没有时间也不愿意来听取不着边际的夸夸其谈。

(3) 要了解问题的对立面。通常政府官员及立法人员会要求游说者简要谈谈存在疑问的问题的正反两方面。一位素质良好的游说人员应对此有充分的心理准备，并能以不致削弱自身理由的方法进行表达。对此，游说人员应保持直爽坦诚的态度，以免造成对信誉的损害。

(4) 要了解你的游说对象的背景，他所代表的机构、政治团体及其一贯的政见。根据不同的对象，来确定游说所要达到的期望目标、应采用的方法、诉求的重

点等。

(5) 如果游说对象赞同你的主张，就不要再占用对方更多的时间，一有可能，马上结束会见。

(6) 在会见结束时，应留下一份有关组织对所谈问题的观点、态度的文字性报告书。不应期望每一位官员或立法人员都能完全记住你的主张，提供事前预备好的研究报告或资料，有利于这些人事后与其同事进行研究，为他们做决策提供依据。但这种资料一般不宜太长，这应与提交给各种专门政策研究机构或在有关方面的审议中列席阐述自已见解的详细材料有所不同。

(7) 在会见的基础上应进一步做的工作。在你的建议或报告的信息已送达政府有关人员之后，要密切注意被游说对象对这一问题所做出的各种反应。如果某些对象已决定推动你所提议的问题或事实，仍要与其保持密切的联系，应继续寄送各种文章或其他各种新的、切题恰当的文件资料，以确保这种接触关系进一步发展。

(8) 在游说活动中，公关人员应时时注意交往的礼节，表现出良好的礼仪风貌。如果被游说对象愿意倾听你的意见，会见后就应立即以书面信件的形式，向游说者及各位有所助益的助手、智囊人员表示感谢。

【职业道德与企业伦理 7-2】

7·23 动车事故的思考

背景与情境：2011 年 7 月 23 日 20 点 30 分左右，北京南站开往福州站的 D301 次动车组列车运行至甬温线上海铁路局管内永嘉站至温州南站间双屿路段，与前行的杭州站开往福州南站的 D3115 次动车组列车发生追尾事故，后车四节车厢从高架桥上坠下。事故发生 10 多分钟后，消防官兵和武警赶到现场展开救援。

7 月 24 日上午，铁道部通过官网和媒体高调宣称，力争在当天 18 时恢复通车条件（严重违反国际惯例）。数台挖掘机在现场桥墩下挖了数个大坑，D301 的车头被掩埋起来。这一举动让现场及电视机前的所有群众和观众都目瞪口呆。“这么快就开始埋了，证据和遗物被毁了怎么办，如果还有人活着怎么办?”多家媒体报道称，铁道部宣称“已无生命迹象、救援结束”，此时离事发不到 10 个小时。17 点 20 分，在被压在前车车尾下的 D3115 第 16 节车厢遗体寻找工作中，小女孩项炜伊被发现，这时，离事故发生不到 21 个小时。

22 点 40 分许，铁道部新闻发言人王勇召开首次新闻发布会，回应事故原因：初步了解，事故原因是雷击造成设备故障导致的，详细情况正在进一步调查分析中；回应掩埋车头：我可以负责任地告诉你，等到这些工作都做到位的时候，我们会公布每一个死者的名单，至于你们信不信，反正我是信了；回应小伊伊被发现：这是一个奇迹，事实就是这样，它确实发生了。王勇对于小伊伊事件的说法不仅在现场记者和社会舆论中被嗤之以鼻，在一些死难者家属中更引起了强烈的恸怒。

7 月 28 日上午，温家宝总理来到温州，查看了“7·23”甬温线特别重大铁路交通事故现场，悼念遇难者，并看望受伤人员，对伤亡人员家属表示深切慰问，向死伤者家属鞠躬表示慰问，随后举行中外媒体见面会，向 70 余家媒体和 150 多名记者介绍事故善后情况。

问题：对于此事件中铁道部门的“反常”行为，你有何看法？

分析提示：先不论对如此重大事故轻率地下定论是否合理，关键是人命关天，仍如此大概其所以然，显然相关官员心中根本没有“人民公仆”的概念，以致事态一再失控，为后期的事件完善处置增添了太多的不利。“水可载舟，亦可覆舟”，事故最后的处理结果也印证了这点。

7.4.3 政府关系的辅助手段

1）良好的政府关系始于良好的人际关系

这要求社会组织应配备专人负责与政府部门的沟通联系工作，以便随着时间的推移，形成较好的人际关系。同时专职沟通人员应具有一定的头衔，这有利于政府沟通渠道的尽快建立。

2）良好的媒介关系是良好政府关系的保证

它能使传媒经常性地从正面角度宣传组织的良好形象，并成为新闻“主角”，从侧面向政府部门和领导提供组织的有关信息，达到借社会舆论影响政府公众的目的。

3）良好的意见领袖关系也是良好政府关系的添加剂

社会知名人士、社团领袖、著名专家学者，这些都是社会注目的“新闻人物”，他们与政府之间存在着很独特的关系，尽管在政府机构中，他们可能没有任何职位，但其影响力是不容忽视的。可以通过与他们保持密切联系，让他们支持、认同组织的政策与行为，然后通过他们的影响争取政府的支持。

4）良好的社会表现是良好政府关系的前提条件

社会组织要寻求政府公众的理解与支持，就必须充分认识到公众利益之于组织利益、社会责任之于组织责任的重要性。既要有报效国家之心，又能在行为上、在决策过程中充分体现出来，做一个社会公益事业的热心倡导者和积极拥护者，作为对政府工作的一种支持，以行动赢得政府公众的高度认同与厚爱。

■ 本章概要

●所谓外部公共关系是指社会组织主体与其内部公众以外的其他公众的关系总和。它包括服务对象公众、传媒公众、社区公众、政府公众、业务伙伴公众等与组织生存与发展有着某种联系的公众，也称组织的外部环境。

●外部公共关系具有整体性、变化性和相关性的特点。

●消费者公众也称服务对象公众，是指社会组织的具体服务对象。从广义上理解消费者即社会组织的服务对象关系。

●消费者关系的目的是希望达成社会组织主体与消费者之间利益的和谐，在双方的共同发展过程中寻求“双赢”。

●消费者关系的主要内容是研究消费者需求，坚持始终如一的服务，妥善处理顾客的抱怨。

●社区关系是指与某个社会组织主体地域上互邻且利益上相关的一种公众关系，其特征是地域互邻性、利益相关性、相互制约性。社区关系的主要内容有维护社区环境，支持社区公益活动，促进社区的安定与繁荣，同时能给社区带来光荣与骄傲。

●媒介关系是指社会组织与大众传媒公众关系的组合。

●媒介关系的原则是“双向”平等原则，“三要”原则及“四不”原则。

●“新闻制造”是指社会组织为提高自身的知名度与美誉度，通过有计划的策划与组织，将某种事件典型化、新闻化的公共关系行为。

●政府关系是社会组织与政府机构及其职能管理部门的关系。政府关系的原则有三：熟悉政府权力以及各职能部门运作特点；严守法律、法规，确保组织的一切活动都在法律及政策允许范围内；主动沟通与传播。

■ 主要概念和观念

□ 主要概念

顾客满意　绿色营销　新闻制造　游说

□ 主要观念

消费者关系　社区关系　媒介关系　政府关系

□ 重点实务

“新闻制造”与媒体关系实务　“游说”与政府关系实务　社区关系实务

■ 基本训练

□ 知识训练

▲复习题

7.1　简答题

（1）什么是外部公众关系？其特点有哪些？

（2）如何妥善处理顾客抱怨？

（3）社区关系的主要内容有哪些？

7.2　判断题

（1）消费者就是企业组织的“上帝”。　（　）

（2）“制造新闻”的关键在于与传媒界的良好关系。　（　）

（3）社区关系就是部分消费者关系。　（　）

7.3　填空题

（1）所谓外部公众关系即指社会组织主体与其内部公众以外的________。

（2）公共关系讲求“内求团结，外求发展”，其中是前提________，________才是根本。

（3）媒介关系的“三要”原则是指以礼相待，以诚相待和________。

7.4　单项选择题

（1）“新闻制造”必须遵循真实性、可行性、(　　)和贴近大众的原则。

A. 典型性　　B. 新颖性

（2）有人曾形象地将公共关系人员比作“一仆三主”：一是指社会组织主体；二是指公众；三是指(　　)。

A. 媒体　　B. 政府

（3）CS（顾客满意）理论的核心是(　　)。

A. 产品满意和服务满意　　B. 理念满意和行为满意

7.5　多项选择题

（1）消费者关系的主要内容是(　　)。

A. 研究消费者需求　　B. 广告宣传的及时性与新颖性

C. 坚持始终如一的服务　　D. 坚持信息反馈制度

E. 妥善处理顾客抱怨

（2）社区关系的主要内容是(　　)。

A. 做社区的领头人　　B. 维护社区环境

C. 促进社区安定与繁荣　　D. 支持社区公益活动

E. 给社区带来光荣和骄傲

▲ 讨论题

（1）如果为你所在班级策划一个“新闻制造”方案，你会选择哪类诉求点？

（2）有人提出客户关系不是“上帝”关系而是“夫妻”关系，对此你怎么认为？

□ 能力训练

▲ 案例分析

萨曼莎该如何选择

背景与情境：“我们如何才能最大限度地扩大新的问卷调查的覆盖率？”奎格米尔（Quagmire）公司公关副总裁莎拉·简·帕西蒙提出了这样一个问题。

奎格米尔公司是美国最大的基金管理公司之一。为了迎合富有的美国人的心理需求，他们刚刚结束第一轮问卷调查，主题是“你怎么看待富人”。这一活动是奎格米尔公司总裁 R. 乌尔里克·维德米的创意。

维德米总裁原本非常希望通过问卷调查来扩大公司的覆盖率和知名度，从而将奎格米尔与目标受众积极有效地联结在起来。在与莎拉讨论这一调查的时候，他对莎拉说，“最理想的结果是，可以让这个调查结果在《华尔街日报》占据一块显眼的位置，以吸引客户的注意力”。

他将公司的这个宣传目标交给了莎拉和她所在的公共关系部的全体成员去实现。

“我明白了。”公关部新来的一名员工萨曼莎·施拉姆立即回应说，“那我们赶快召开一个新闻发布会吧，到时候邀请总裁来主持”。

实际上，考虑到召开记者招待会可能产生的诸多责任，莎拉并不太赞同萨曼莎的建议。但是这次，鉴于公司问卷调查的新数据需要发布，她有点动心了。

这次的调查结果表明，尽管美国经历了恐怖袭击、股市下滑等一系列打击，但是美国的富裕国民仍然对经济和市场持乐观的态度。

“这将是一条重大新闻。”莎拉说，“整个商业新闻媒介都将对此产生巨大兴趣。我可以肯定，我们也能在有线电视频道引起注意。所以我们需要一个炒作点，而新闻发布会也许刚好能满足我们的这一需求。萨曼莎，你来负责新闻发布会的具体事宜”。

“荣幸之至。”萨曼莎回答道。

萨曼莎的第一步行动就是编写宣传计划，这包括活动目标以及文献说明。她决定邀请所有的商业日报及周刊记者，同时还准备邀请有线电视新闻广播网、财经电视频道、福克斯新闻频道、全国广播公司以及芝加哥当地的一些媒体。她计划通过周二发布一个“传媒报告”来知会传媒，提醒他们注意“下周一举行的具有深远意义的新闻发布会”。

萨曼莎建议，并经过莎拉同意后，计划请公司总裁 R. 乌尔里克·维德米主持这场新闻发布会并公布公司本次调查的发现。发布会将在奎格米尔公司铺设橡木地板的主会议室举行。现场将有烤面包、青瓜三明治以及各式各样的点心供应（萨曼莎很了解新闻记者有灵敏的“新闻嗅觉”和良好的“美食胃口”）。

萨曼莎非常细致地推敲着邀请函的措辞，考虑如何才能既不泄露公司发现的主要信息，又能最大限度地引起新闻传媒的兴趣，她是这样写的：

关于奎格米尔公司第一次调研的发现及成果，将会在周一上午 11 点由公司总裁 R. 乌尔里克·维德米在奎格米尔会议室向大家公布。

届时将向大家公布的发现主要有：

（1）富人对于恐怖袭击和股市损失的态度。

（2）富人对经济和政府的信心状况。

（3）富人在经济不稳定时期的投资策略。

（4）富人对于子女及其自身的主要关注点。

我们知道这一调研将会是个值得讨论并需要深入探讨的议题，因此我们希望届时您能与我们一起从中挖掘更大的价值。

鉴于这次发布会的主题，以及奎格米尔公司的声望，再加上奎格米尔公司总裁亲自到场主持的事实，萨曼莎非常自信，发布会上会议室将会高朋满座。她将拟好的邀请函发给了本地的每一位知名记者。

截至周四，萨曼莎已经收到 10 封同意来参加新闻发布会的回复函，其中包括《纽约时报》、有线电视新闻广播网、《芝加哥先驱论坛报》、《芝加哥太阳时报》等。

“这实在是太好了！”莎拉·简满心欢喜地对萨曼莎说，“你干得棒极了”。

尽管萨曼莎非常谦逊，她还是接受了她的顶头上司对她的评价，尤其是当她收到《华尔街日报》基金管理部编辑马克斯的信箱留言后，她对自己的工作成果更加肯定了。

马克斯在语音邮件里说："我收到你发来的关于你们公司的调研的邀请函了，看起来很让人心动。请给我回电话。"

"好极了！"萨曼莎喊道，"这家报纸可是这个行业的领头羊"。

她立刻拿起电话拨通马克斯的号码，打算将这条大鱼收线。

"您好，马克斯，我是萨曼莎。您要我给你回电话的。"

"你好，萨曼莎。听我说，你们的这个调查听起来很有意思。我们对此很感兴趣，并且希望能够看一下整篇报告。"

"听到您这么说我简直太高兴了，马克斯。可是恐怕你得等到周一才能看到全部的报告内容。不过我想，R. 乌尔里克·维德米会很乐意跟你就这个问题私下里好好谈谈的。也许就在新闻发布会之后。"

"萨曼莎，你没有弄明白我的意思。我们真的需要在新闻发布会之前看到全部的调查报告。如果在新闻发布会之前我们可以看到报告的详细内容，并且很喜欢里面的内容，我们就可以在周一早上，在我们的日报上大篇幅刊登。"

"但是，马克斯，周一正是我们召开新闻发布会的日子。如果您在我们召开新闻发布会之前将整篇报告刊登在你们的报纸上，那来参加我们发布会的 20 名记者就会非常失望了。"

"我猜，你的工作就是应付这种状况吧，萨曼莎。不管怎么说，让我们刊登你们的报告的唯一途径是，在新闻发布会之前把报告给我们。如果我们不能提前拿到它，我们就不会去参加新闻发布会。很抱歉，但这是我们的规矩。"

"马克斯，你这么做简直是让我进退无门嘛。"

"如果我让你有这样的感觉，那我很抱歉。我不需要你现在立即给我答复，但是我希望你一个小时以后能够给我打电话，让我知道你的决定。"

资料来源　弗雷泽·P. 西泰尔. 公共关系实务［M］. 潘艳丽，陈静，译. 10 版. 北京：清华大学出版社，2008.

问题：萨曼莎该如何选择？说明详细理由。

分析要求：同第 1 章本题型的"分析要求"。

▲ 实训操练

操作项目：社区公关活动操作实训。

情境设计：将班级学生分成若干实训小组，每组确定 1 人负责，各组就操练项目需要进行角色划分，并依照该项目的活动内容、活动目的，拟订一个社区关系促进项目，进行操作性模拟实训。

实训要求：可以以学校为主体，选择一个社区公众受欢迎的项目并模拟实施，（首先了解社区公众需求并选择适当的活动项目；其次确定该项目的实施细则）。

实训步骤：

（1）将班级学生分成若干实训小组，每组确定 1 人负责。

（2）各组学生根据操练项目需要进行角色分工。

（3）各组学生结合该项目的实施目的、时间进度、活动程序、人员安排与规范要求进入角色，重点体验该项目运作模拟实训的全过程。

（4）各组整理实训记录，在此基础上撰写《××项目社区活动模拟实训报告》。

（5）在班级讨论交流、相互点评并修订各组的《××项目社区活动模拟实训报告》。

（6）在校园网的本课程平台上展出经过修订和任课教师点评的各组《××项目社区活动模拟实训报告》供学生借鉴。

□善恶研判

贵州毕节流浪男童垃圾箱内取暖致死事件及后续

背景与情境：2012 年 11 月 16 日，5 名男孩被发现死于贵州毕节市七星关区街头垃圾箱内。经公安部门初步调查，系因在垃圾箱内生火取暖导致二氧化碳中毒而死。

次日上午，一篇以《五流浪儿为避寒闷死垃圾箱》为题的帖子迅速引发大家的关注。同时，贵州省委省政府和毕节市委市政府立即成立了工作组展开调查。

11 月 18 日，死者身份得以确认，5 名男孩系亲戚关系，平均年龄 10 岁，其中 4 人辍学，曾经在附近捡过垃圾，在大学门口的小吃摊上要过土豆吃，流浪多日，但未获救助。

11 月 19 日晚，毕节市委研究决定，对 5 名男孩意外死亡事件负有领导和管理责任的七星关区分管民政工作的副区长唐兴全、分管教育工作的副区长高守军等 8 人分别进行停职或免职处理。

2011 年末，民政部、公安部等八部委联合通知，开展“接送流浪孩子回家”专项行动，提出到 2012 年底，城市街面力争基本实现无流浪的未成年人。那么，毕节这 5 个“街面上”的流浪儿怎么就没有进入有关部门的救助视线？

2012 年 12 月 19 日下午 3 时许，有网友发微博称，毕节市在 5 名少年闷死垃圾箱的事件之后，将“严禁人畜入内，违者责任自负”12 个大字印在了当地的垃圾箱上，并附上了图片。该微博在短短 3 个小时内被转发和评论将近 1 500 次，很多网友对毕节市政府此举感到非常愤怒。

19 日晚，毕节市委宣传部副部长表示，该警示语是经工作人员草拟后，交由何官屯镇分管环卫工作的负责人进行审查同意后进行喷制的，系个人行为。

20 日，区政府对何官屯镇镇长进行通报批评，责令责任人作出深刻检查，并立即整改。镇长就喷制不当警示语在微博上向大家致歉。

有网友评论：

“毕节：比垃圾桶更肮脏的是敷衍塞责。”“人畜不能进，人和畜能相提并论吗？真是现实版的‘华人与狗不得入内’。”

“这是一种残酷的幽默，闻者只能惨笑。”“如此雷人的警示语，将人与畜并提，反映的是有关部门对生命对人的漠视。”

媒体评论：

垃圾箱“严禁人畜入内”缺乏人性，缺乏常识，推卸责任。

禁入垃圾箱的行为属典型的“头痛砍头，脚痛剁脚”。“人畜责任自负”更是赤裸裸的推卸责任。畜牲不识字，孩子不知道什么叫“责任”，也不知道什么叫“自负”。这种标语对杜绝悲剧毫无作用，倒是让人看出地方政府的无知和麻木。从标语来看，当地仍在以一种“对立”的思想看待事件，他们想的不是怎么帮扶儿童，解决他们的生存困境，而是要阻止他们钻进垃圾桶“捣乱”，否则就“责任自负”。

比垃圾桶更脏的是敷衍塞责。这 12 字标语是认知上的颠倒，是毫无人道精神，只有责任推诿。

问题：

（1）本案例中存在哪些企业伦理或职业道德问题?

（2）试对上述问题作出你的善恶研判。

（3）通过网上或图书馆调研等途径收集你作道德研判所依据的行业道德规范。

（4）本案例对你的启示有哪些?

研判要求：同第 1 章本题型的“研判要求”。

第三部分　公共关系技巧

第8章　公共关系专题活动（一）

◆ 学习目标

通过本章学习，应该达到以下目标：

职业知识：学习和把握记者招待会的准备与注意事项，了解展览会的组织与准备要求以及技巧，能用其指导相关认知活动与规范相关技能活动。

职业能力：运用本章理论与实务知识研究相关案例，通过网上调研，分析记者招待会和展览会的典型案例，剖析其成败之处，培养在特定企业情境中分析问题与决策设计能力；通过依照本章实务知识规则操作的训练，培养记者招待会和展览会计划、组织和实施的专业技能。

职业道德：结合记者招待会和展览会教学内容，依照行业规范或标准，分析"企业家的良心"和"'达芬奇'的眼泪"等案例中企业或从业人员行为的善恶，强化职业道德素质。

【引例】

首届世界“宁波帮”大会隆重召开

背景与情境：2012年4月14日，首届世界“宁波帮”大会在宁波隆重开幕，与会人员除了从阿联酋、澳大利亚、荷兰、西班牙、意大利等20多个国家和地区赶来的宁波帮人士，还有来自港澳台、全国各地宁波经促会、商会及在国内外投资经商的宁波籍企业家，以及在宁波的国有企业代表、民营企业家代表、个体工商户代表和其他部门、单位负责人共1 300多人。

早在28年前，邓小平同志就曾发出号召：“把全世界的宁波帮都动员起来建设宁波。”首届世界“宁波帮”大会的召开，无疑是28年之后向全世界宁波帮发出的再一次深情召唤：投身家乡建设，续写宁波帮百年辉煌。

在此届大会上，省委书记、省人大常委会主任赵洪祝为大会召开专门发来贺信。李德麟、朱敏、沈国军、郑坚江4位宁波帮人士代表海内外宁波帮发言。

大会还发表了宣言，由浙江南苑控股集团有限公司董事长乐志明宣读。会上还签订了20个合作项目，总投资282亿元。

以下是“宁波帮”大会宣言（节选）。

（1）砥砺艰苦创业之志。筚路蓝缕、栉风沐雨，艰难困苦、玉汝于成，是“宁波帮”成功创业的客观写照。在新的历史转型时期，我们将站在时代发展的最前沿，继续坚守“自强不息、创业不止”的信念，胸怀“实业强国、实干兴邦”的抱负，把企业发展建立在做强实业、做大主业的根基之上，以创业无惧的气魄和发展无限的胆略，百倍努力、百折不挠、百炼成钢，努力干出一番无愧于历史、无愧于人民的骄人业绩，闯出一片宁波经济和宁波人经济的广阔天地。

（2）勇闯自主创新之路。在中国近代经济史上，“宁波帮”的先辈们之所以能独树一帜、叱咤风云，源于在自主上敢于先人一步、在创新上善于技高一筹。作为新一代的传承人，我们将始终坚持把自主自立、开拓创新作为事业的第一源泉，把打造和增强核心竞争力作为事业的第一追求，抢抓国际分工新机遇，抢占产业发展制高点，大力推进理念创新、科技创新和管理创新，大力开发具有自主知识产权的产品、技术和品牌，以自主创新推动企业做大、做优、做强、做久，打造更多的“百年企业”，让“宁波帮”真正成为新时期续写发展传奇的杰出企业家群体。

（3）光大诚实守信之道。“商道即人道”，人道贵诚、商道贵信，至实而无妄是“宁波帮”建功立业的一大法宝。我们将继续以诚信为安身立命之本、创业经商之德、鼎立事业之基，待人以诚、执事以信，宁可清贫、不要浊富，始终做到自重、自警、自律，始终做到守信用、讲信誉、重信义，始终做到见利思义、善求义中之利，见义思贤、不取不义之财，以诚信正道成就事业、树立形象、赢得口碑，合力擦亮“诚信”这一“宁波帮”的“金字招牌”。

（4）担当回馈社会之责。“宁波帮”历来把自己的前途和祖国的命运紧紧地连在一起。中华民族的历史文化沃土，孕育和发展了“宁波帮”。我们作为新生代的“宁波帮”传人，将饮水思源，回报社会，始终保持对社会的感恩和敬畏，积极参与社会公益和文明建设，推动企业发展与员工成长、社会进步、自然和谐相融相通、相辅相成，既创造振奋人心的物质财富，又创造温暖人心的精神财富，努力在增进民生福祉上作出更大的贡献。

(5) 深怀造福桑梓之情。“宁波帮”的赤子丹心有史可鉴，无论离家有多远，最真挚的是爱国心，最深切的是家乡情，心脉里流淌的永远是故乡的血液，相思中最牵绕的永远是故乡的身影。当前宁波正处于新一轮发展期，全体家乡人民正为宁波基本建成现代化国际港口城市、提前基本实现现代化，努力成为“四好”示范区而拼搏奋斗。作为故乡人民的一员，我们将积极回应家乡的召唤，义不容辞、勇担重任，合心合力、众志成城，为家乡的兴盛繁荣奉献自己的绵薄之力，在报效家乡、建设家乡的火热实践中抒写新一代“宁波帮”赤子情深的新篇章。

(6) 凝聚永续发展之魂。有文化底蕴的群体才是有凝聚力的群体，有精神传承的群体才是有生命力的群体。“宁波帮”精神所蕴含的“赤子情怀、开拓精神、开明思想、诚信品德、互助风格”，渊源于宁波深厚的历史文化，彰显了宁波精神的鲜明特质。在新的历史时期，我们一定将更积极、更深入地传承实践“宁波帮”精神，推动发展“宁波帮”精神，确立和完善当代宁波企业和宁波企业家的核心价值观，为全世界“宁波帮”构筑共同的精神坐标、提供强大的精神支柱，使之成为“宁波帮”生生不息的根和魂，引领“宁波帮”薪火相传、永续发展。

问题：你如何看待世界“宁波帮”大会及宣言？

分析提示：“宁波帮”大会不仅是一次欢聚的盛典，更是一个城市公关专题运作的成功典范，为宁波作了一场锦上添花、非常到位的造势。认识到这点也就不难理解，宁波，曾经的东海边小城正在蜕变成充满激情活力与永续发展的“东方明珠”。

公共关系专题活动，又称“公共关系特别活动”、“公共关系专门活动”、“公共关系特殊事件”、“公共关系特别节目”等，是指组织为了达到特定的目的，以公共关系为主题，集中人力、物力、财力，有计划、有步骤地开展的专门性活动。它是检验一个组织公共关系意识与公共关系活动水平的重要方法，也是迅速有效地提高组织知名度和美誉度的主要形式。

公共关系专题活动是一类常见的公关活动，也是公关实务的重点。几乎所有的社会组织都要定期或不定期地举办一些专题活动，以实现组织的公共关系目标。

富有新鲜感和纪念意义的专题活动，能使参与者在融洽、和谐的气氛中感受到活动组织者的各种意图，接受各种信息，增强对组织者的亲善感，达到提高组织知名度和美誉度的目的。

常见的专题活动有记者招待会、展览会、庆典活动、公益赞助等。

8.1 记者招待会

记者招待会又称新闻发布会，是社会组织为公布重大新闻或解释重要方针政策而邀请新闻记者参加的一种公共关系专题活动。它是社会组织传播信息、吸引新闻客观报道、搞好与新闻媒介关系行之有效的途径和手段。

记者招待会需要精心组织，因其观众多为那些不好对付的业内人士，为了达到预期效果，组织者应精心设计和安排。当然，首先要正视的问题是有没有必要召开一次记者招待会。换句话说，新闻作为记者招待会的“主料”得够吸引人才行，此时，可以先问自己一个问题，这个消息如果直接用新闻稿来发布是否也行，如果答案是肯定的，就应打消召开记者招待会的念头。如果明知新闻尚够不上召开记者招待会的“档次”，还硬要召集部分媒体参与，其效果是不会让人满意的。

8.1.1 记者招待会的特点

记者招待会是一种两级传播：社会组织将信息告知记者，再通过记者所属的大众传播媒介告知公众。一般地，记者招待会具有以下几个特点：

（1）形式比较正规、隆重，规格比较高。

（2）记者可以根据自己感兴趣的方面或所着重的角度进行提问，以更深入地发掘消息。

（3）在深度上和广度上，比其他新闻发布方式更具有优越性。

（4）比其他新闻发布方式占用记者和组织者更多的时间。

（5）所耗费的成本比较高。

（6）对发言人和主持人的素质要求比较高。

8.1.2 举办记者招待会的条件

（1）社会组织有特别新闻需要向社会公众公布，通过记者招待会发表或解释。如2008年8月18日奥运会田径比赛中我国选手刘翔因伤退赛，组委会立即召开新闻发布会，在第一时间将真相告诉广大受众。

（2）社会组织有重大活动并希望借机扩大影响。如某企业的纪念日或庆祝日、企业发生重大或紧急事件等。

（3）社会组织有希望记者临场观察的题材。

（4）社会组织有重大经济信息需要公布。如企业新产品问世及新技术开发利用等。

（5）社会组织有举办记者招待会的经济实力。

（6）社会组织有举办记者招待会的迫切要求。也就是说如果不举行此会议，可能会造成社会组织的重大损失，或失去扩大影响的良机。

8.1.3 举办记者招待会前的准备工作

（1）确定会议的重要性和主题。如明确为什么要举办记者招待会，想要达到何种公共关系的目的。

（2）确定会议的时间和地点。确定的时间应尽量避开节假日和有重大社会活动的日子，以免记者不能来参加（特殊情况除外，如国庆记者招待会）。选定的会议地点主要应考虑能否给记者创造各种采访的条件，如录像、拍摄的辅助灯光，视听辅助工具，幻灯或电影的播放设备，适合记者使用的桌椅、电话机、传真机等，以及交通是否便利、会场是否安静等。总之要符合交通便利、设施齐全、环境良好的原则。另外还要注意地点选择不要惹起事端或引来争议。

（3）确定邀请的对象并发出请柬。根据会议的主题，有选择性地邀请有关的记者参加。同时根据消息发布的范围来确定新闻覆盖面和级别，考虑如何选择如报纸、杂志、广播、电视等不同新闻媒体的记者。邀请对象一经确定，请柬应提前3～4天送到，临近开会时还应打电话联系落实。

（4）选定主持人和发言人。由于新闻记者的职业要求和习惯，他们大都会提出一些尖锐深刻甚至较为棘手的问题。这对会议的主持人和发言人提出了很高的要求。主持人和发言人除具有较高的文化修养和专业水平外，还要思维敏捷、口齿伶俐。主持人一般由社会组织公共关系部门的负责人来担任，发言人则应由社会组织的高级领导人来担任。不论是主持人还是发言人，都是社会组织整体形象的化身，其外表形象的设计也应下一番工夫，其服饰仪表、言谈举止都应给人以礼貌真诚的感觉。

【补充阅读资料8-1】

“发言人的要诀”

● 保持良好的精神状态。在采访过程中，发言人应一直保持旺盛的精力，精神饱满可以提高信赖度和可信度。回答问题时应保持微笑，人们可以根据你的口气猜测你的神情。

● 在需要时表露你的真情实感。发言人完全可以表露悲伤、决心、失望、焦虑、挫折和兴奋。当你的诚信遭到攻击时，尽可以表露你的愤怒。

● 选择并控制你的战役。永远不要偏离你所准备好的谈话要点。尽管有时候你知道你们在讨论什么，但是记者还会问一些容易引你入圈套的问题。

● 采访者通常在最后会发问：“你还有什么需要补充的吗”，“你还有最后的陈述吗”。发言人应充分利用这个机会重申你的谈话要点。

● 当你需要在某一话题上重新阐述你的信息或目标时，你有权回到记者先前提出的问题。

● 回答问题要简洁精炼，答案应朗朗上口（sound bites），必要时可举些生动活泼的例子或打个比喻。

● 如果未经企业同意，不要讨论尚未公布的产品或技术，除非媒体与企业签署过“不透露”君子协定。

● 认识到企业的利益可能与媒体的利益不相同，尽量满足记者、编辑对报道的需求。

● 在提及企业客户名字的时候，必须事先征得客户的同意。

● 把记者的采访看成是一种荣幸，并对此表示感谢，尽管记者在采访中可能会提出一些不太令企业愉快的问题。

• 不要在记者问完全部问题前抢先回答。

资料来源　贺红杨．我在美国做公关［M］．北京：清华大学出版社，2004.

（5）要准备好发言稿和报道提纲，以及宣传辅助资料。根据会议的主题全面收集有关资料。考虑记者可能会提出的问题，提供专业、准确、生动的发言稿供发言人参考。必要时准备一些与会议主题有关的图片、实物、影像、模型等辅助资料。同时还要写上报道提纲，在会上发给记者作为采访报道的参考。需特别注意的是，会前应将会议主题、发言稿和报道提纲在组织内部通报一下，以防会上口径不一而引起记者猜疑和混乱。

关于开场白，记者发布会一般都以一个简短的开场白开始。这个讲话必须经过精心准备，它会将所要发布信息的要点归纳在一起，而且该讲话的文字稿应该在发布会开始后分发给所有的与会者。

发言人要提前演练一下，重点是要把握如何才能充分发挥这个开场白的作用。首先，开场白不是给到会的人划定一个界限，记者仍然可以提出和讲话内容不相干的问题。特别是在公司同时还参与了很多其他有新闻价值的项目或活动的情况下，绝对不要将新闻发布会的内容只局限在当前谈论的这个项目上。

至于讲话中已经说明过的内容，同样欢迎记者发问。在被问到这类问题时，发言人最好不要命令记者“自己回去查看文字稿”。这样就好像老师在教育学生：你根本没有听我讲什么，也没有好好做功课！这会显得非常没有礼貌。正确的做法是礼貌地回答对方提出的问题，最后简单提一句：详细的内容您可以参见发下去的有关材料。

（6）布置会场，安排好工作人员。

（7）做好组织记者参观的准备，必要时为记者创造实地采访、摄影、录像等机会，增强记者对会议的感性认识。同时也要安排好接待、介绍工作。

（8）经费预算。根据会议的规格和规模做出可行的经费预算。经费预算的项目一般包括：场租费、会场布置费、印刷品、茶点、礼品、文书用品、音响器材、邮费、电话费、交通费等，需要用餐时还应加上餐费。

（9）小型宴请的安排。必要时应安排一些小型酒会、便餐或宴会，以密切关系。

（10）礼品准备。适当准备一些小纪念品、礼品，以扩大影响，加深友谊。

（11）最后一次彩排。调试一下灯光和话筒，再一次检查届时要用到的各种图片、道具是否到位，需要网络演示的则确认一下网络是否正常。

准备应急方案了吗？记者招待会遇到的最糟糕的事情可能是在会议即将开始前场内却只到了一位或者两位记者。此时，赶紧通知公关部门，召集公司上下所有可能到场的人员，无论男女通通拿上笔记本、钢笔进场充数，以挽救这尴尬的场面。

【教学互动8-1】

你是一家大型药品贸易公司公关部负责人，一个药品生产商与你公司要举行一场新闻发布会，会上有一位有一定知名度的科学家，他已经测试过药品并且给予了高度评价，你同样也为他安排了发言。在媒体会议之后，你了解到那名科学家实际上是药品生产商直接资助的研究机构的一名成员。你会采取什么措施？是默认，是坚持原则公开此信息，还是采取其他后续措施？

要求：同“教学互动1-1”的“要求”。

8.1.4 记者招待会中应注意的事项

(1) 主持人应充分发挥主持和组织作用，以庄重的言谈和感染力活跃会议气氛，引导记者踊跃提问。当记者的提问离会议主题太远时，要善于巧妙地将话题引向主题。当会议出现紧张气氛时，能够及时调节缓和，掌握好预定的会议时间而不能随意延长。

(2) 对于发布的信息资料必须做到准确无误，若发现错误应及时予以纠正。对于不愿发表或透露的信息，应委婉地向记者做出解释，切忌吞吞吐吐。

(3) 不应随便打断记者的提问，也不应以各种动作、表情和语言对记者表示不满。即使记者的提问带有很强的偏见或具有挑战性，也不能激动发怒，要表现出很深的涵养，用冷静的态度和缓和的语言陈述事实、予以纠正或反驳。

(4) 遇到回答不了的问题，不能简单地说“不清楚”、“不知道”、“无可奉告”，应采取灵活而又通情达理的办法给予回答，以免引起记者的反感。

(5) 对记者的提问要一视同仁，绝不能厚此薄彼。

通常情况下，记者们都具有较强的职业敏感性，对于记者招待会限定的议题范围不见得会老实遵守，往往会提出些“出格”的问题。作为发言人就要了解各种不同类型记者的特点，并能灵活应对。

①干扰者。干扰者总是打扰你对问题的思路或妄加批评以使你离题。对付干扰者，可采取如下措施：

停下来，听完干扰者的问题，立即对其所问的内容进行回答，而后继续你的思路，以“正如我已谈过的……”重新开始。

忽略干扰，继续你的思考，然后对干扰者说：“你问过我一些事情，现在，还需要重复吗？”

②快枪手。快枪手以极快的节奏一个接一个地向你“射”来好几个问题。在他说完之后，你就问：“这些问题中你偏爱哪个？我先回答。”

③跟踪解释者。跟踪解释者是一种敌意的干扰者，他对你所说的每个内容都不正确地（和不公正地）做重复说明。反击的方法是，重复你的正确立场：“我想我可能没有把我自己的想法说得十分清楚，我原先所说的是……”

④持个人见解者。个人主义者试图从专业观念中分离出其个人观点，以求得到一种更有争议的答案。绝不要陷入自相矛盾之中，或陷入前后不一致的境地。

⑤标枪投掷者。这可能是最具危害的敌对型记者，他试图用影射的手法归罪于

你、你的公司或你的行业。在没有揭露他们的影射行为之前，千万不要回答他们的问题。如果你真的不作回答，说明你已看透了记者的不良用心。

⑥反复提问者。反复提问者的技巧在于反复提问相同的问题，而每次只做稍稍的改变。要集中精力搞清楚所问的内容，当该相同的问题以不同的形式提出时，就立即指出："我已经回答了你的问题。"

⑦与新闻联系者。这种记者在浏览了当天的广播新闻摘要，并搜寻可能与你们公司利益相关的事件之后，得出了一种特殊观点。提问时，先涉及当天新闻，然后形成基于与新闻相关的提问纲要。当他们想报道这一事件时，你及你的公司可能会受到不利影响，绝不要轻视。

⑧虚构型提问者。这种记者喜欢在提问时以"假如……"开头（假如你发现一个雇员在送货上门时恐吓了一位顾客）。要避免回答虚拟性的问题，除非你事先提过这种虚拟场景，并且回答这种问题要对自己有利。

⑨易中断者。中断型记者经常沉默不语，特别是当你陈述完一段时。这种战术是要拒绝你。对此，你应抓住这一时刻，并当作提出关键性陈述要点的机会。当你叙述完第一个观点，面对记者空泛的张望目光时，就自然而然地转移到另一个主题思想中去。

⑩非议散播者。非议散播者会提出有关其他公司的谣言并要求你给予评判。要阻止要求你回答的企图。绝不要对其他公司的所作所为进行评论，除非在一定的事件上你被采访，要求对于专业性质的评价做出支持。

⑪限制型记者。限制型记者会对一种十分特殊的主题猛烈地提出反面意见，并试图不让你跨越过去传递正面信息——即使在直接回答问题之后，他也会这样做。当接受这种记者采访时，要坚持跨进较多的正面领域，紧紧把握讨论方向，集中讨论为解决问题而做的工作，以及为防止问题再次发生而正采取的措施。

⑫推测负面效应者。媒体怀疑一切，所以提的问题往往是负面的。应对措施是，对负面问题进行挑战，并对它们进行纠正。

对一切媒体的新闻采访，至关重要的是要全神贯注，你需要一是有敏锐的头脑，当你面对一种对立的、敌意的采访时，自始至终保持聚精会神变得尤为重要。二是始终以一种有礼貌、有距离和有风度的姿态去应对。

最后，记者招待会不应安排餐饮，"它应该是一个简单而隆重的仪式，只谈公事，尊重记者们对时间长短的要求，以传递一个信息：这是个非常严肃的场合，有重要的事情和各位讲"。但在实际运作时，不妨在会议室的后方摆放一个大圆桌，适当准备些热咖啡和热水，还可以预备一些果汁或小点心。

【补充阅读资料 8-2】

一分钟媒体关系测试

当你需要面对新闻记者时，你的表现会如何？

问题：

(1) 称呼新闻记者或者电子媒体主持人时，是否应该直呼其名？

（2）是否可以与新闻记者发生言语冲突？

（3）新闻记者认为，他们可以在公开场合向任何人提出令人尴尬的问题，你认为这种想法对吗？

（4）你是否应该回答记者的假设性问题？

（5）你是否应该对记者说“无可奉告”？

（6）当新闻记者打来电话时，你觉得谈话是否会被录音？

（7）你认为观众在电视访问播出30分钟后，还能记住访谈的大部分内容吗？

（8）你是否认为与媒体交往需要专门的训练？

（9）对于新闻记者提出的问题，如果你不知道正确答案，是否应该试着去回答？

答案：

（1）是的。大多数情况下，直呼其名是最好的办法。与称呼先生或女士相比，直呼其名可以使讨论比较像聊天，使谈话不受拘束。

（2）不可以。大多数人都希望通过访问建立友谊。恶言相加是难以达到目的的。

（3）是的。新闻记者必须对任一公众人物所做的任何言论都持怀疑态度，并证实他们所说的不仅是事实，而且是完整的事实。因此，公关人员必须对这类问题做好应答准备。

（4）不应该。应避免回答任何假设性的问题，因为你很难从中占到什么便宜。

（5）不应该。这就好像在行使《美国宪法第五修正案》所赋予的不得要求自证其罪的权利。拒绝向公众作证会使你看起来像是在隐瞒某些东西。

（6）是的。美国的许多州都取消了“进行电话录音前要先给出提示”的法规。因此，必须时刻牢记，你所说的每一句话都可能会被录音并被媒体引用。

（7）不会。研究发现，观众在30分钟后只能记住60%的内容，一天后只能记住40%的内容，而一周之后，只能记住10%的内容。

（8）是的。认识到这一点其实非常重要。应该说，能很好地与媒体沟通是组织的一大优势，公关人员应该为此感到自豪。

（9）不应该。不要羞于说“我不知道”。提出寻找答案后再告知访问者也是可以的。不要让自己陷入无法自拔的困境。

资料来源　费雷泽·P. 西泰尔. 公共关系实务［M］. 潘艳丽，等，译. 10版. 北京：清华大学出版社，2008.

8.1.5　举办记者招待会后的工作

（1）尽快整理出记者招待会的记录材料，对记者招待会的组织、布置、主持、回答等各方面工作的经验和不足做出评价和总结，并归档备查。

（2）收集到会记者发出的报道资料，并对这些报道内容及倾向进行归类分析。

主要是检查是否达到了举办记者招待会的预定目标，是否由于失误而造成谬误，如果出现不利于组织的报道，是组织自身行为引起的应虚心接受并致歉意，是记者方面的问题则应采取行动说明真相，要求媒体更正。对于检查出的问题要分析原因并设法弥补。

(3) 收集到会记者及其他与会代表对记者招待会的反应，了解接待、安排、提供方便等工作是否欠妥，并对照签到簿看哪些记者作了报道，以此作为以后举行同类活动选定参会名单时的参考。

(4) 向有关部门和领导做好事后汇报工作。

【职业道德与企业伦理 8-1】

富士公司公益行动

背景与情境：日本富士胶片上海分公司一直热心参加在中国的公益活动，已连续10年坚持到内蒙古参加植树护沙活动，此外还有去边远山区捐赠希望小学，以及城市绿地养护等各类公益性活动。偶尔有报道，但大都是很小的一条消息，更多的是内蒙古居民、山区小学对他们的终生难忘的感激。“三菱商事”原中国总代表武田胜年曾对记者说：“我们在中国做生意时，首先考虑的是要能长久地在这里做下去，成为这里的企业公民。”

问题：日资企业在中国的公益行为尚有缺憾吗？

分析提示：从企业公民责任角度看，日资企业的行为很到位，他们以默默投入来为企业营造一个良好的发展环境。但从公关角度分析，还有商榷之处。公关讲求的是展示自己，让公众从了解走向喜爱，展示自己利国利民的公益行为，号召更多的工商企业参与到公益事业中，这本身也是一次公益活动。

【同步案例 8-1】

美国总统竞选

背景与情境：2012 年美国总统选举首场电视辩论当地时间 10 月 3 日晚在科罗拉多州丹佛大学举行。据美国媒体报道，有多达 6 000 万人收看这场关乎胜败的辩论，辩论主题是国内政策。

辩论持续 90 分钟，其中，奥巴马讲了 45 分 50 秒，罗姆尼只讲了 38 分 22 秒。罗姆尼虽然发言时间短，但整场表现令人印象深刻。商人出身的罗姆尼辩论时既自信又轻松，虽然言辞咄咄逼人，但始终面带微笑。相比之下，奥巴马显得疲倦、不太兴奋，表情略严肃。他发言语气平淡、冗长，感觉重点涣散。奥巴马喜欢列举枯燥的数字和较为专业的名词，像一些选民不太熟悉的法案。

美国知名民调机构皮尤研究中心 2 日发布的赛前民调结果显示：

有 51% 的受访选民认为奥巴马可赢首场辩论，只有 29% 的受访选民认为罗姆尼的表现将优于对手，16% 和 4% 表示不清楚或认为两人水平相当。

各自党派选民对其候选人的预期也显示奥巴马占优，89% 民主党选民预计奥巴马可赢首场辩论，另有 64% 共和党选民对罗姆尼有信心。独立派选民中，有 44% 认为奥巴马将成为首场辩论的赢家，有 28% 认为罗姆尼将获胜。

首场辩论之后，美国有线电视新闻网（CNN）的民调显示，67%的观众认为罗姆尼在辩论中获胜，仅有25%的受访观众认为奥巴马是赢家。

问题：奥巴马和罗姆尼的输赢变化说明了什么？

分析提示：正常情况下，奥巴马作为现任总统拥有“天然”优势，但事实却是罗姆尼获胜。原因在于罗姆尼的准备更充分：微笑、简洁、大众化语言、例证（用了著名儿童节目《芝麻街》中的人气卡通形象“大鸟”），虽然本届美国总统竞选最终仍是奥巴马获胜。

8.2 展览会

展览会也是一种常见的公共关系专题活动。**展览会**是一种以实物、文字说明、图片、模型、幻灯、录像等来展示社会组织成果，树立社会组织形象的公共关系宣传活动。成功地举办展览活动，可以达到吸引公众的注意和兴趣，实现社会组织与公众的双向沟通，有效推销组织形象的目的。

8.2.1 展览会的特点和类型

1）展览会的特点

（1）直观性。展览会是一种非常直观、形象的传播方式。展览会一般以展出实物为主，并以专人讲演和示范产品的使用方法等方式进行现场示范表演。随着科技水平的提高，各种最新传播手段被应用到展览之中，所以能增强传播或广告的直观形象和生动的特点，吸引公众注意，强化公众记忆，加深公众的印象。

（2）复合性。展览会是一种复合性的传播方式。它通常会同时综合运用多种媒介、多种手段进行交叉混合传播，往往以实物展出为主，配以文字宣传资料、图片、幻灯、录像、电脑等，再加上动人的解说、友好的交谈、优美的音乐、生动的艺术造型，具有很强的渲染力和吸引力。

（3）双向性。展览会能给社会组织提供与公众直接双向沟通的机会，这种直接沟通在向公众展示自身形象的同时，还可以收集公众反馈意见，有针对性地就个别公众某种特殊情况进行解释。许多参展组织既可以通过展览会塑造自己的产品形象和组织形象，也可以通过展览会一举打开展品的市场。

（4）新闻性。展览会是一种综合性的大型活动，除本身能进行自我宣传外，往往能够成为新闻媒介追踪的对象，成为新闻报道的题材。通过新闻媒介的报道传扬，展览会的宣传效应将大大扩展。

（5）高效性。展览会可以一次展示许多行业的不同产品，也可以集中同一行业的多种品牌来展示，是一种高效集中的沟通方式。它为参展方和公众提供了更多的机会，并节省了大量的时间和费用。

2）展览会的类型（见表8–1）

表8–1　　　　　　　　　**展览会的类型**

<table>
<tr><th>性质</th><th>分类</th><th colspan="2">说明</th></tr>
<tr><td rowspan="2">根据展览会内容分类</td><td>综合性展览会</td><td>一个地区或一个组织的全面情况，通过它可以纵览全局</td><td>要求内容全面、具有整体性和概括性，既要突出重点，又要照顾一般，要给观众以完整的印象</td></tr>
<tr><td>专题性展览会</td><td colspan="2">围绕某一专业或一个专题举办的展览</td></tr>
<tr><td rowspan="2">根据举办地点分类</td><td>室内展览会</td><td colspan="2">较为隆重，不受天气影响，举办时间长，但布置复杂、花费较大</td></tr>
<tr><td>露天展览会</td><td colspan="2">布置工作简单，花费较少，但受天气影响较大</td></tr>
<tr><td rowspan="2">根据展览商品分类</td><td>单一商品展览会</td><td colspan="2">商品品种单一，但竞争激烈</td></tr>
<tr><td>混合商品展览会</td><td colspan="2">商品品种较多</td></tr>
<tr><td rowspan="2">根据展览性质分类</td><td>贸易性展览会</td><td colspan="2">促进商品销售</td></tr>
<tr><td>宣传性展览会</td><td colspan="2">宣传某一观点、思想、成果和信仰</td></tr>
<tr><td rowspan="3">根据展览规模分类</td><td>大型展览会</td><td colspan="2">由专门机构主办，参展者报名参加，参展项目多，展览技术含量较高</td></tr>
<tr><td>小型展览会</td><td colspan="2">由有关组织自办或某一单位主办，主要展示与本组织有关的主题或产品</td></tr>
<tr><td>微型展览会</td><td colspan="2">本企业橱窗展览、流动车展览等</td></tr>
<tr><td rowspan="3">根据展览时间分类</td><td>长期性展览会</td><td colspan="2">有比较固定或稳定的内容</td></tr>
<tr><td>周期性展览会</td><td colspan="2">定期举行</td></tr>
<tr><td>一次性展览会</td><td colspan="2">配合某一主题活动临时设计组织的专题性展览</td></tr>
</table>

（1）根据展览会内容，可分为综合性展览会和专题性展览会。综合性展览会是介绍一个地区或一个组织的全面情况的。要求内容系统、重点突出。专题性展览会则是围绕某一项目或某一专业、某一专题进行。要求主题鲜明，内容集中，有一定的深度。

（2）根据展览会的地点不同，可分为室内展览会和露天展览会。大多数展览会放在室内举办，但某些展览，如花展、灯展、汽车展等，通常放在露天举办。室内展览会较为隆重，不受气候的影响，长短皆宜，但布置复杂，费用较高。露天展览会则比较简便，费用小，但受天气影响大。

（3）根据展览商品的不同，可分为单一商品展览会和混合商品展览会。单一商品展览会品种单一，但竞争激烈。混合商品展览会品种较多。

（4）根据展览的性质不同，可分为贸易性展览会和宣传性展览会。贸易性展览会的目的是大作实物广告，促进产品销售。宣传性展览会又称展示性展览会，展出的更多是照片资料、图表和有关实物，目的在于宣传某一观点、思想、成果和信仰。

（5）根据展览的规模不同，可分为大型展览会、小型展览会和微型展览会。大型展览会通常是由专门机构主办，参展者报名参加，参展项目多，展览技术含量较高。小型展览会可由有关组织自办或某一单位主办，主要展示与本组织有关的主题或产品，如企业产品展览会。微型展览则指本企业橱窗展览、流动车展览等，也称袖珍展览会。

（6）根据展览时间的长短不同，可分为长期性展览、周期性展览和一次性展览。长期性展览有比较固定或稳定的内容，如文物展览。周期性展览是定期举行的。一次性展览则是配合某一主题活动临时设计组织的专题性展览。

【职业道德与企业伦理8-2】

企业家的良心

背景与情境：“5.12”汶川大地震，无数房屋毁损、倒塌，其中就有不少的中小学校舍，多少小生命随着地震的轰鸣声离开了人世，人们在悲伤的同时也诅咒那些建造不合格建筑的不法商人们。可就有一个企业，它在十年前捐资的五所小学在这次大地震中巍然屹立，在校学生全部安然无恙，它就是四川汉龙（集团）有限公司（以下简称汉龙集团）。该公司所捐资修建的五所小学和教学大楼分别是北川刘汉希望小学、安县红武村希望小学、江油白玉汉龙希望小学、江油含增镇长春村小学和北川擂鼓镇汉龙教学大楼。

与其他捐资办学企业不同，汉龙集团并不是把钱捐出去买个名声就完事，而是派专人对建筑施工进行全程监控，保证款项到位、保证不偷工减料、保证高质量完成。而在阿坝州政府部门网站上，我们还可看到另外一段简单的文字：汉龙集团向阿坝州汶川县威州中学、马尔康中学、州中职校、州教育基金会等共捐资1 000万元——“亏什么不能亏教育”，汉龙集团确保没有把它当成口号和欺世盗名的工具。

问题：对于汉龙集团的行为你做何感想？

分析提示：引用著名主持人李承鹏先生在博客上就此事件的留言：有人说这是奇迹，就是你修房子时能在十年前想到十年后的事情，我觉得十年之后会发生什么没人知道，而所谓奇迹，就是凭着你的良心做好每一件事。如果没有十年前“汉龙集团”捐资并督建这些希望小学，如果十年前没有这位称职的汉龙集团办公室负责人直接监督施工全过程，紧盯工程质量，会有今天的奇迹发生吗？

8.2.2 展览会的组织与准备

（1）明确展览会的主题和目的，并确定相应的展览方式、接待形式。每次展览会都应有明确的主题和目的，因为这是决定展览的内容、形式和对象的前提条件。

（2）指定展览会总编，并构思展览基本框架。由指定的总编负责撰写展览角本，设计展览徽标及主题画；选择好展厅并布置和美化；编辑讲明总体布局并负责衔接各部门的关系。

(3) 明确参展单位和参展项目。可以采用广告和发邀请的形式组织参展单位，为有可能参展的单位提供展览会的宗旨、展出项目，对参观者人数及类型的预测，展览会的要求和费用等基本资料。

(4) 选择时间和地点。时间上考虑展出内容的季节性和周期性；与重大社会活动时间的冲突性等。地点上考虑交通的便利性；展览场所的大小、质量、设施等；此外还应考虑展览场所周围环境与展览主题的相互协调性问题。

(5) 明确参观者类型和数量。在筹划展览会时，应对参观者范围有较精确的估测，以便确定展览的方式。

(6) 选择并落实展览的有关资料及实物。各部分的编辑人员应根据展览大纲或总编的意图、思路收集各参展单位的实物和文字、图片、录音、录像等宣传资料，并按要求完成设计创作任务。

(7) 成立专门的对外新闻发布机构和接待机构，做好新闻宣传工作和服务工作。展览会中有许多具有较高新闻价值的信息资料可供公共关系人员发掘。这项工作应该由专门机构来制订计划和组织实施。届时，展览会中会有领导和各参展单位的工作人员、参观人员参加，因此，必须同时做好各项服务工作，以扩大展览会的社会影响。

(8) 培训参展工作人员。展览会的工作人员素质与技能对整个展览效果起着重要作用。因此要对展览会的工作人员进行公共关系的训练，尽可能使之符合展览会的各种服务要求。参展工作人员包括讲解员、接待员、服务员等。

(9) 展览会的经费预算。一般经费预算包括：场地使用费内含各种设备使用费、能源费等；设计建造费内含材料费；工作人员酬金内含工资、津贴、差旅费；传播媒介使用费内含电视、录像、电子计算机、电脑软件、幻灯机、幻灯片、新闻广告费以及宣传品、纪念品制作费用等；交际联络费内含举行招待会、购买茶点、接待宾客及交际应酬的各种费用和运输费、保险费、预备金等。

(10) 准备展览会纪念品。

(11) 筹划和组织开幕仪式。大型展览会还应精心设计一个独特、新颖的开幕仪式，安排好开幕式的新闻采访、嘉宾接待等工作。

【同步思考 8-1】

问题：近些年许多地方都把召开各种展览会视为推动地方经济发展、打造城市名片的主要着手点，“消博会”、“东博会”、“食博会”……此起彼伏，你对此有何看法？

理解要点：会展经济确实对当地经济的发展有促进作用，通过长期坚持有序发展也能成为地方的一张新名片，但展会的内容务必与当地经济特征和发展方向相一致，此外展会的运作也应市场化，过多的政府干预对展会的良性运作会带来负面效应。

8.2.3 展览会的若干组织技巧

1）注重展览会的策划

为活跃展览会的气氛，使参观者产生兴趣，可策划一些知识性、娱乐性活动或借机制造一些新闻。如邀请知名人士出席，并请他们为参观者签名留念；展览会前通过新闻媒介做广告；在展览期间组织有奖竞猜活动、门票抽奖活动；组织新颖别致的开幕式及开幕活动；组织参观本地风景名胜；举办参展人员联谊活动；出版每日简报；监测并公布参观人数，特别是大型展览活动，可举行特别庆典，如迎来第10万或第100万个参观者时的庆祝活动；展品复杂的展览会各通道交叉处要设“指示标”，方便参观者；设计展览会的徽标，准备展览会的吉祥物或纪念品；配合服装展览举办服装模特走秀及服装展示；配合医疗器械展览举办免费提供医疗检查活动等；也可以搞些其他的特殊创意。

2）做好组织及产品的“名片”

组织简介或组织产品简介不仅是展览会参展者重要的文字宣传材料，而且在组织的对外交往或者其他活动中也很有意义。据有关部门调查表明，这种宣传性的“简介”对于吸引顾客、塑造形象有很大作用。公关人员应该掌握编写“简介”的有关技巧。

（1）“简介”应以照片为主，即使没有照片也应尽量采用精美纸张和进行较高档的印刷，以提高其保留价值。所用照片必须是从最理想的角度拍摄的组织最漂亮的地方，封面的设计应是“简介”中最精彩的一部分。

（2）文字内容包括对本组织历史和现状的介绍，组织的经营宗旨、经营特色的描述，组织提供的产品和服务项目、特色、供应时间和价格等的介绍；文字力求简明扼要，优美流畅；对组织的各个组成部分作说明或者对产品服务作介绍时宜采用图片加文字的办法。对于旅游景点的“简介”必须印上导游图。

（3）在扉页或其他醒目的地方可写些问候语或祝福语，在合适的位置上注明组织的地址、联络处、联系人及电话号码（包括各部门的特别是公关部的电话），以方便公众随时联络，以便能及时提供产品或服务。

（4）“简介”要考虑到组织的经济负担，不能编得太厚、太繁琐。

（5）对于已导入“CIS”企业形象设计的组织，应注意“简介”对视觉识别标志的应用。

（6）“简介”的附页可以为公众提供各种有用的信息，如旅馆简介及印上飞机、火车的班次、车次等内容。

（7）“简介”并没有固定模式，组织公关人员应根据组织特点和公众的心理及需要，设计和编写独具特色、能使公众产生兴趣的“简介”。

3）展览会期间的会议筹备

大型展览会从筹备、开幕到结束，常常要举办一些会议，特别是一些内容重要的会议，公关人员一定要认真筹备和组织，争取把会议办好。

一般来讲，组织会议应注意以下事项：

(1) 根据会议的内容，确定好会议的程序，准备好各种文件材料，如大会报告的起草、修订和定稿。若有大会发言，还要准备好发言稿。

(2) 根据会议的规模，确定会议的地址，安排好主会场和分组讨论的地点，分配好会议代表的房间，落实食堂就餐问题；安排代表接车、报到、接待等工作。

(3) 根据会议时间的安排，做好会议的通知。会议通知要早，通知的内容要明确、具体，包括报到日期、地点、会议期限和日程，需要的票证和物品等。

(4) 布置好会场。会标要醒目、准确；会场的扩音设备、桌椅、水壶、水杯、台签、台布等用品都要一一落实，还要根据情况安排好会议主席台的设置和座位。

(5) 会议期间，要及时掌握会议的动态，做好会间记录，可能的话，可安排摄影或录像。

(6) 会议结束前，要落实代表的返程机票、船票或车票，尽早结算住宿费和伙食费。

(7) 会议结束后，可对会议的各类文件材料做善后处理，需发简报或文件的应从速拟发，各类记录、发言稿及原始材料要立案存档。

(8) 注意合理安排会议日程，适当安排一些娱乐活动，以调节与会者情绪，也可考虑全体代表合影等事宜。

4）参展的组织应注意的问题

(1) 保持组织自身信息网络渠道的畅通，及时了解相关信息，正确决策、充分准备，利用展览会这一时机宣传组织和产品。

(2) 一旦展台场地的合同签订，马上同展览会的新闻发布机构或人员取得联系；预先提供组织关于展览的详细情况，至少也应提供有关该组织的情况和展出的主要内容。借助展览的组织方对组织及产品进行宣传。

(3) 提早了解清楚官方揭幕者或剪彩者的身份，预先直接同其周围人接洽，争取在正式开幕仪式举行时让其参观组织展台。这项工作很重要，哪怕只是很短时间，因为在诸多展台中只能到有限的几家展台参观，这是极有价值的新闻素材。

(4) 参展者应利用“CIS”企业形象设计原理，使用系统的视觉识别材料。若有可能，可以在展台或布展上搞特殊装修或对样品进行特殊安排，以增加其独特性和新鲜感。

(5) 展览期间，组织重要人物出席或邀请知名度极高的社会名流来展台是明智的。参展者既可以直接邀请新闻记者，在展台旁组织记者招待会，也可以通过展览会新闻发布机构的新闻报道或信息发布进行宣传。

(6) 展览会上，如果有大宗买卖成交或接待了一位重要的参观者，或者是一种很有潜在价值的新产品将要展出等，都是新闻媒介注意的重要题材。参展方公关人员应注意挖掘这种素材甚至可以制造独特新闻，以引起新闻界和社会公众的注意。

(7) 参展者应审时度势，在展览期间抓住或制造任何一种机会，如借助公益赞助等其他公关专题活动来促进产品销售和塑造组织形象等。

(8) 展览会结束后，应争取记者给予报道或者通过努力使本组织的展览活动成为有关的广播和电视节目构思的内容。

8.2.4 展览会后期工作

1）考虑是否有召开闭幕式的必要

一般而言，一个高规格的展览会应该是善始善终的，而且闭幕式也是一种时间标志，告诉受众，“活动到此结束”，也让参展者有统一的“下班”时间规定。

对于有些商品展销会或中小型展览会而言，则可以灵活处置，毕竟闭幕式也需要投入一定的财力与物力。

2）后期服务工作

(1) 拆除展台，运送展品，清理场地。

(2) 给参展者提供交通便利。

(3) 展览会费用总投入“决算”。

(4) 适时组织庆功会，向所有同仁致谢。

3）测定展览效果，撰写总结材料

可以通过问题调查、有奖问答、意见簿、小型座谈会、抽样访问及新闻分析等各种方法，了解受众对展览会的反响程度，由此测定展览会的效果。

此外，及时收集展览会期间传媒对会议的报道情况也是总结报告中的主要内容。

■ 本章概要

● 记者招待会又称新闻发布会，是社会组织为公布重大新闻或解释重要方针政策而邀请新闻记者参加的一种公共关系专题活动。

● 举办记者招待会的核心是“有新闻”。

● 记者招待会前的各项准备工作要步步到位，尤其是主持人和发言人的选择非常重要。发言人应善于应对各种类型的记者。

● 展览会也是常见的一种公共关系专题活动。展览会是一种以实物、文字说明、图片、模型、幻灯、录像等来展示社会组织成果，树立社会组织形象的公共关系宣传活动。

● 展览会具有直观性、复合性、双向性、新闻性和高效性的特点。

● 组织展览会首先要明确展览会的主题和目的。

● 在组织展览会过程中要注重展览会的策划，做好组织及产品的宣传“名片”，此外还要组织好展览会期间的有关会议。

● 展览会后期应考虑是否组织召开闭幕式，同时还须安排好后期各项服务工作，特别要及时测定展览结果，撰写总结材料。

■ 主要概念和观念

□ 主要概念

记者招待会　展览会

□ 主要观念

记者招待会的新闻价值核心论　展览会组织技巧

□ 重点实务

记者招待会运作实务　发言人的“要诀”与要求　展览活动计划与组织

■ 基本训练

□ 知识训练

▲ 复习题

8.1　简答题

（1）举办记者招待会需要哪些前提条件？

（2）展览会的特点是什么？专题性展览会是指什么？

8.2　判断题

（1）记者招待会也称“吹风会”或新闻通气会。（　　）

（2）展览会终了时应组织好闭幕式。（　　）

（3）在记者招待会上，对记者的提问要一视同仁，绝不可厚此薄彼。（　　）

8.3　填空题

（1）记者招待会是社会组织为公布重大新闻或解释重要方针、政策而邀请新闻记者参加的一种________活动。

（2）对一切媒体的新闻采访至关重要的是全神贯注，你需要一是________，二是保持一种有礼貌、有风度、有距离的姿态应对。

（3）展览会按展览内容可以分为综合性展览和________。

8.4　单项选择题

（1）记者招待会前准备工作的第一步是(　　)。

A. 确定会议的重要性和主题　　B. 拟订邀请媒体名单

（2）当你面对一种对立的、敌意的采访时应(　　)。

A. 及时予以还击，以保持尊严　　B. 自始至终保持聚精会神

（3）组织展览会的首要任务是(　　)。

A. 明确展览会的主题和目的　　B. 确定展览会的规模和形式

8.5　多项选择题

（1）记者招待会前的准备工作有(　　)。

A. 确定会议的重要性和主题　　B. 确定招待会的名称

C. 确定会议的时间、地点　　D. 确定邀请对象并发出请柬

E. 选定主持人和发言人

(2) 记者招待会后的主要工作有( )。

A. 整理招待会的记录材料

B. 收集到会记者发出的报道资料

C. 收集到会记者、与会代表的反应

D. 向有关部门和领导做好事后汇报工作

E. 审核各项费用

▲ 讨论题

(1) 有许多人认为，组织记者招待会很重要一点就是要精心准备，其中给到会记者的礼品必须有档次，你对此怎么认为?

(2) 宁波市的国际服装节已举办数年，且影响很大，其中有一年的国际服装节上有一个著名的本地服装企业租用了一大块会场，却没展出一件成衣，只安排一个弦乐四重奏的乐队在场内为观众演奏，你对此如何评析?

□ 能力训练

▲ 案例分析

武汉出租车事件

背景与情境：2012 年 12 月 2 日，CCTV 新闻频道以《谁动了我们的出租车》为题，播出了《每周质量报告》的专题节目，报道武汉万余出租车刹车存隐患，配置很低售价却很高，政府指定采购遭质疑。

为了找到新爱丽舍出租车事故高发的原因，记者请来国家质检总局汽车召回中心的专家阚有波协助调查。专家在对比出租车和向普通大众公开发售的新爱丽舍最低配置车型后发现，同样出厂年限的出租车版的配置比公开发售的最低版爱丽舍还要少很多，不但缺少了 ABS 自动防抱死制动系统和 EBD 电子制动力分配系统，轮毂的铝合金钢圈也被换成了铁钢圈，就连后轮的刹车鼓和压力泵也比公开发售版小了一大圈。

缺少这些配置对车的性能和安全有哪些影响呢？实验显示，从平均制动减速度来看，出租车版要比公开售版慢了近一倍。

专家表示，如果在城市高度磨损的光滑路面或雨雪天气情况下，这些出租车的制动效果会更差，安全隐患也会更大。

记者调查发现，缺少了诸多安全配置的出租车的售价却毫不“简陋”。有出租司机称，他们从公司里拿车花了 12.5 万元，而公开发售版的新爱丽舍最低级别标价 7.38 万元，参与对比实验的私家车只用了 6.2 万元。

“我开出租车开了十几年了，感觉现在给我的就是一个杀人的工具，因为刹车不好，他会殃及无辜的乘客和行人，包括私家车。出租车后面（有）天然气罐，受了撞击以后，很容易引起爆炸，很危险的，伤害啊，相当于一个炸弹。”——一位出租车司机说。

12 月 4 日 17 时，武汉市委召开新闻发布会，通报有关“武汉上万台出租车制动系统存在隐患”的情况。针对车辆安全问题，发言人称，新爱丽舍出租汽车通过了国家强制性认证，同时强调，不论是否安装了 ABS 刹车系统，均符合国家相关乘用车制动系统技术要求和机动车运行安全技术条件。

12 月 6 日，武汉市政府就出租车安全隐患问题再次召开新闻发布会，宣布对全市中心城区内没有安装自动防抱死制动系统（ABS）和电子制动力分配系统（EBD）的出租车面向全国进行招标更新。

问题：

（1）本次事件的当事人——地方政府的行为是否存在问题？

（2）如果你是政府部门当事人，你认为该如何处置此事件。

分析要求：同第 1 章本题型的“分析要求”。

（1）学生个人分析案例提出的问题，拟出案例分析提纲。

（2）小组讨论形成《案例分析报告》。

（3）班级交流并相互点评各组的《案例分析报告》。

（4）在校园网的本课程平台上展出经过修订并附有任课教师点评的各组《案例分析报告》供学生借鉴。

▲ 实训操练

操作项目：记者招待会运作（注：假设所在组织突发负面事件，决策层决定召开记者招待会）。

情境设计：将班级学生分成若干实训小组，每组确定 1 人负责。视各组操练项目需要，进行角色划分，并依照该活动的业务程序与规范要求，进行记者招待会程序化运作模拟实训。

实训要求：针对记者招待会的主题、内容、时间、场地、人员资料等各方面要素，对其进行程序化运作模拟。

实训步骤：

（1）将班级学生分成若干实训小组，每组确定 1 人负责。

（2）各组学生根据操练项目需要进行角色分工。

（3）各组学生结合该活动的主题、内容安排、时间、程序与规范要求进入角色，重点体验其程序化运作模拟实训的全过程。

（4）各组学生记录本次模拟实训的成功经验、存在的问题以及解决办法。

（5）各组整理实训记录，在此基础上撰写《××记者招待会程序化运作模拟实训报告》。

（6）在班级讨论交流、相互点评与修订各组的《××记者招待会程序化运作模拟实训报告》。

（7）在校园网的本课程平台上展出经过修订和任课教师点评的各组《××记者招待会程序化运作模拟实训报告》供学生借鉴。

□ 善恶研判

“达芬奇”的眼泪

背景与情境：2011 年 7 月 10 日，央视《每周质量报告》播出达芬奇天价家具

"洋品牌"身份被指造假一事，将国内最具影响力之一的家具高端品牌"达芬奇"推到了风口浪尖，国内舆论一片哗然。13 日下午新闻发布会上，缺乏消费者发言、拒绝媒体互动，成了达芬奇一家的"独角戏"，而且 CEO 潘庄秀华声泪俱下的表现不仅没能博得半点同情，反而增加了公众和媒体的厌恶和愤怒。

达芬奇这样的一个企业，在突然爆发如此大信任危机的时候，最需要做的是什么？如果问题的确存在，就应该态度诚恳地向消费者道歉并且尽快拿出赔偿方案；如果问题不存在，就应该针对媒体曝光的内容，在最短的时间内拿出最有力的证据进行反驳。总而言之，要么展现真诚、要么澄清真相。

达芬奇在没有找到有力证据反驳"产地门"事件的时候仓促召开发布会，时间选择显然是错误的。那么多奔着真相而来的媒体记者，看到的只有一个爱哭鼻子的 CEO 和一排作为摆设的外国合伙人。

网上一篇署名虫子公共关系工作室的博文质疑道："开发布会是为了化解危机，如果不能化解危机，且引发新的危机，那么为什么要召开发布会呢？任何一个专业的、有经验的公关顾问都会为发布会上的问题准备答案，那么在没有答案的情况下，又怎么能召开发布会呢？"

达芬奇家居 CEO 潘庄秀华在面对媒体的质疑时，却始终避而不答，中央电视台为此调查近半年做出报道，并列举了大量的事实，她对此充耳不闻，竟然一个劲哭诉自己的创业史。最后，潘庄秀华在面对媒体的一再提问时大喊："让我讲完！好不好！我不是演员，没必要演戏。"

市场从来不相信眼泪。要赢得市场，靠的是过硬的质量、良好的服务，以及背后的诚信经营等。唯有如此才有可能赢得消费者的信赖和支持，儿女情长的眼泪本来就不适合于市场，眼泪成为发布会唯一的"亮点"。消费者的疑问呢？依然无解。

资料来源　雅昌．"达芬奇"的眼泪［J］．公关世界，2011（7）．

问题：

（1）本案例中存在哪些企业伦理或职业道德问题？

（2）试对上述问题作出你的善恶研判。

（3）通过网上或图书馆调研等途径收集你作道德研判所依据的行业道德规范。

（4）本案例对你的启示有哪些？

研判要求：同第 1 章本题型的"研判要求"。

第9章 公共关系专题活动（二）

◆ 学习目标
9.1 庆典活动
9.2 赞助活动
9.3 其他活动
◆ 本章概要
◆ 主要概念和观念
◆ 基本训练

◆ 学习目标

通过本章学习，应该达到以下目标：

职业知识：学习和把握庆典、赞助等专题活动的基本原则与步骤，掌握专题公关活动组织的主旨，能用其指导相关认知活动与规范相关技能活动。

职业能力：运用本章理论与实务知识研究相关案例，通过网上调研相关公关专题活动组织实例，分析其成败之处，培养在特定企业情境中分析问题与决策设计能力；通过按照本章实务知识规则操作的训练，培养组织开展公关实务专题活动的专业技能。

职业道德：结合庆典活动、赞助活动等教学内容，依照行业规范或标准，分析“慈善英雄‘王老吉’”、“康师傅矿物质水事件”及“白酒‘塑化剂’风波”等案例中企业或从业人员行为的善恶，强化职业道德素质。

【引例】

中国礼宾官巧排80多名首脑座次

背景与情境：日本《经济新闻》2008年8月8日报道，首脑外交拉开序幕，胡主席体现国际协调姿态。

联合国会员国中近一半都派出了领导人参加北京奥运会开幕式，阿尔及利亚、肯尼亚、安哥拉等非洲国家和俄罗斯、哈萨克斯坦等资源大国尤其引人注目，中国的外交战略重点由此可见一斑。3月西藏事件后，以欧美为中心掀起了抵制北京奥运会开幕式的高潮。中国极力避免形势进一步恶化，但多数国家领导人出于和中国维持稳定的经济关系的考虑，还是决定出席奥运会开幕式。

路透社8月8日报道，中国国家主席胡锦涛8日设午宴欢迎出席晚上北京奥运会开幕式的各国领导人和王室成员。但由于贵宾人数多达80多名，所以如何安排他们在午宴上的座次成为一个难题。

有关方面必须拟定一个符合各方需求的安排，同时注意不要让任何关系不好的两位客人相邻，礼宾官们做出了一个能反映中国希望赢得世界强国理解，同时又希望广交亚洲朋友的座次安排。

在主桌上，胡锦涛主席的身边一边是主席夫人，一边是国际奥委会主席罗格，罗格在宴会开始前一直通过翻译与胡主席愉快地交谈。

在7日还批评中国人权问题的美国总统布什坐在罗格身边。俄罗斯总理普京作为中国的坚定盟友也在主桌就坐。此外，与中国关系微妙的日本首相福田康夫和法国总统萨科齐也坐在主桌。

中国国家总理温家宝坐在邻桌，澳大利亚总理陆克文紧邻温总理就坐，对这位能说普通话的澳大利亚总理来说，这是一个不同寻常的优待，越南国家主席阮明哲在温总理的另一侧就坐。

分析提示：“有朋自远方来，不亦乐乎！”这也是我们中华民族的传统美德。虽然其中有人曾给我们带来过不快，但来的都是客。重要的是作为东道主我们不能让客人有不快的感觉，尤其是不能让其感到被忽视、被冷落、被不平等对待，要求组织者在热心的同时，做到细心、精心，要考虑到所有细节，让所有来客都有宾至如归的愉悦，这也是公共关系工作者在从事公共关系专题活动时所务必重视的，无论是庆典活动还是赞助活动，或者其他礼仪活动都必须做到这一条。

9.1 庆典活动

庆典活动是社会组织为庆祝某一重大事件而举行的一种公共关系专题活动。对于任何一个社会组织来讲，值得庆贺和纪念的重大事件、日子是很多的。正如美国一位著名的公共关系人员所说的那样：“实际上没有一天、一周、一月、一年是没有特殊事件可供纪念的，而历史上任何事件都有它的一周年、十周年、一百周年等，都是值得纪念的。”在这种特殊的日子，举行一定规模的、隆重而又热烈的庆典活动，对宣传组织，提高组织的知名度具有十分重要的作用。

庆典活动目的在于广交朋友、增进友谊、加深印象、树立形象。

9.1.1 庆典活动的类型及主旨

1）庆典活动的类型

（1）开幕典礼。**开幕典礼**是指社会组织第一次与公众见面的，为具有纪念意义的事件而举行的庆祝活动。如开业典礼、新建工程奠基典礼、展览展销会开幕等。

（2）周年纪念日庆典。周年纪念日庆典是指社会组织成立至今已经达到几周年时开展的庆祝活动。如周年志庆。

组织利用周年庆典，举办庆祝活动，借机振奋员工精神、扩大宣传效应、协调公众关系，对塑造组织形象也很有意义。公关人员在策划和组织周年庆典活动时，应注意以下问题：

①作为组织发展过程中的里程碑，周年庆典需体现总结过去，继往开来的内涵。组织周年纪念日是组织发展的里程碑，需要借庆典活动之机对组织的过去进行回顾和总结，对组织未来进行展望。例如，许多组织在周年纪念日时，编写或修订厂史或校史等组织的历史记录，举办组织历史展览和未来规划展览。

②作为组织自己的节日，周年庆典应强化对内部员工进行热爱组织教育、热爱本职工作教育的主题。组织周年庆典应该要求全体员工统一着装，如穿工厂厂服或店服；戴厂徽或店徽；庆典仪式上升厂旗，奏厂歌或店歌。与此同时，为配合周年庆典纪念活动，还可以组织类似学校的校园文化节或者其他的系列主题活动，起到欢庆和教育双重作用。

③作为庆典活动，周年庆典应突出节日的喜庆气氛。庆典仪式或者纪念活动可采取各种方式来渲染节日喜庆的气氛，并为来宾提供良好的礼宾服务，这一点与其他庆典活动相同。

④作为公关专题活动，周年庆典应围绕组织周年纪念这个中心内容进行创意，以增强活动的独特性和对公众的吸引力。组织周年庆典活动不能总是一样的模式，公关人员应发挥其创造性。例如，利用周年庆典，进行社会公益赞助，塑造组织关心社会的良好形象；利用周年庆典，导入现代组织形象设计，向社会推出一个崭新的组织形象；利用周年庆典，举行公众联谊活动，以沟通关系加深情感，或通过制造新闻，获取轰动效应。

（3）其他纪念日特别庆典。其他纪念日特别庆典是指组织遇到某一具有“里程碑”性质的事件而举行的活动。如某一学校由中专升格为大专；某一企业技术改造成功，新产品开始投放市场；某一组织重大的改革方针出台等。

一般来讲，根据不同的目的，组织的特别庆典可有不同的选择：

①制造新闻，以吸引外界关注为主要目的。例如，酒店宾馆可策划组织迎来第10万名宾客的庆典活动；大型展览会上企业可策划组织展台迎来第1万名参观者

的庆典活动。

②以强化观念，引起注意为主要目的。例如，邮政部门策划组织300日无错邮纪念活动；交通部门策划组织安全行车100日纪念活动；采矿企业举办安全采煤800天纪念活动等。

③以关心组织员工，增进内部团结为主要目的。例如，学校为年满18周岁的青年举行成人仪式；企业为男女员工举办集体婚礼，为退休老职工举办银婚纪念等活动。

④以关心社会，宣传自己为主要目的。例如，组织根据其特点策划世界环境日纪念活动；消费者权益法颁布10周年庆祝等活动。

组织人员应注意选择时机，策划组织具有独特创意的特别庆典活动，为实现组织的公关目标服务。

（4）节庆活动。节庆活动是指组织在社会公众重要节日时举行或参与的庆典活动。如春节大联欢等。

节庆活动一般可分为两种：一种是组织利用节日为社会公众举办的各种娱乐、联谊活动，免费或优惠提供的服务，目的在于联络感情，协调关系；另一种是组织积极参与当地社区举办的集体庆祝或联欢活动，如准备锣鼓队、花灯、彩车、高跷、龙灯、旱船等节目参加聚会或演出，目的在于塑造一个积极参与社会活动的正面形象。

2）庆典活动的主旨

庆典活动的主旨是：喜庆的气氛、隆重的场面、热烈的情绪、灵活的形式及一定档次的礼仪水准。

（1）所有庆典活动都是一些有纪念意义的事件，体现着吉祥、和美、欢乐之意，要求组织者应突出欢喜吉庆的基调。

（2）隆重的场面，是要求活动的组织者在开展活动的环境和规格上多动脑筋，通过环境布置来体现隆重和喜庆，如标语、彩旗、彩灯、热气球、大红灯笼、和平鸽、吊旗、锣鼓队、管乐队、鞭炮、鲜花、霓虹灯等物都是布置环境或庆典会场所应考虑采用的。通过邀请来宾或主持剪彩的人具有较高身份和级别以提高组织庆典活动的规格和档次，以增加场面的隆重性和新闻界及社会公众的注意，扩大组织的社会影响力。

（3）热烈的情绪，是指通过欢喜的气氛和隆重的场面，对组织庆典活动的渲染或者是依靠组织设计者的精心策划体现的参加者的欢乐、热烈的情绪，如在剪彩过程中播放欢快喜庆的背景音乐等。活动的设计者还应重点在组织庆典活动的议程和活动方式上进行策划和安排，以求获得更好效果。

（4）灵活的形式，是指组织庆典活动不是千篇一律的典礼仪式。可以通过创意，借用其他如联谊活动、赞助活动、文化艺术活动来体现其独特性，增强活动的效果；也可以在典礼活动如剪彩或议程上进行策划，创造出新鲜感和轰动效应。

（5）一定档次的礼仪水准，是指作为一种庆典或者庆祝活动要符合来宾的文化背景和心理要求。要注意礼节和礼貌，一方面活动的组织者和出席者要注意着装，着正式装或节日装，注意个人的礼节和仪表；另一方面，要求强调组织活动的礼仪服务。

礼仪服务是组织庆典活动的重要组成部分，要求活动的组织策划者既要注意把此项内容贯穿始终，又要渗透在活动的各个部分。这既是庆典活动渲染喜庆气氛的需要，也是尊重来宾，沟通情感，协调关系，塑造形象的需要。

【教学互动9-1】

学校明年计划举行办学60周年校庆，请你代表所在班级为校庆活动提出一个具体活动项目，并就该项目的组织落实提出详细建议（项目应结合本校特色，且具可行性和可操作性）。

要求：同“教学互动1-1”的“要求”。

9.1.2 开幕典礼的组织

开幕典礼往往是社会组织第一次亮相的机会，主要是能否给公众一个很好的“第一印象”。

印象即公众对一个社会组织的评价。他们可以把一个社会组织看成是进步的、成功的或者是冷淡的等。构成成功的社会组织形象的关键是使公众能如一般社会组织目标所期望的那样看待一个社会组织。按照心理学上“先入为主”的效应，造成印象好坏的关键则又主要取决于“第一印象”。且“第一印象”对社会产生持久的影响和魅力，对社会组织的知名度、美誉度的提高有着十分重要的关系。因此如何把握机会，精心地设计和组织开幕典礼的工作至关重要。

组织开幕庆典的策划，应该围绕规范性和创造性做文章。开幕活动的礼仪服务应强调规范性，在开幕庆典的形式上应突出创造性和独特性。在采用借名播誉、手段综合、巧合主旨等策划思路的同时，也可利用制造新闻进行创意，来吸引社会公众和新闻界的注意，增强宣传的效果。

1）拟定宾客名单

邀请的宾客一般应包括政府有关部门负责人、社区负责人、社会各界知名人士、同行业代表、社团代表、新闻记者、员工代表和公众代表等。名单确定后，提前3~4天送至宾客手中，届时还应用电话落实一下。名单在最终确认之前，最好再审议一次，以防漏掉“重要人物”，也可以请上级部门过目“把关”。

2）确定典礼程序及安排接待事宜

典礼的一般程序为：宣布典礼开始、介绍主要来宾、领导或来宾致贺词、致答词、剪彩。其间可适当安排一些助兴节目，如搞一台小型文艺晚会、参观组织内部一些场所等，渲染气氛，提高雅兴。也可以散发一些宣传资料和赠送一些小小的纪念品。另外，要事先安排好负责签到、接待、剪彩、摄影（像）等有关服务人员，并进行必要的培训，在典礼前准时到达指定岗位，按照典礼程序有条不紊地进行工作。

3）事先确定主持人和致贺、答词人名单，并为本单位负责人拟定开幕词或贺词和答谢词

这些文稿都应言简意赅，要能起到沟通感情，增进友谊的作用。同时预先准备好新闻参考资料或报道提纲，为前来的新闻记者提供新闻素材。

4）确定剪彩人员

参加剪彩的除主办方的主要负责人以外，在客方中应选择地位较高、有一定声望的知名人士，且要事先安排好他们的座次或站位。从公关策划角度出发也不排除请普通员工、消费者、公众甚至居民代表剪彩的“制造新闻”行为。

5）安排助兴节目

庆典活动基本程序结束时，开展一些助兴的联欢活动，如年会、酒会，营造热烈欢快的气氛。组织参观座谈仪式结束后，组织来宾参观工作现场、组织的设备设施及组织历史的陈列馆等，借此机会让上级、同行和社会公众了解自己、宣传自己，以提高组织的知名度、美誉度；也可以通过座谈、留言等方式广泛征求来宾意见，总结完善，为今后的工作提供第一手资料。

庆典活动的形式并不复杂，时间也不多，但要办得隆重热烈和丰富多彩，给人以强烈的、深刻的印象，并不容易。要使活动达到强烈的效应，公关人员应有冷静的头脑和充分的准备，善于用热情的举止鼓励公众，有序地指挥调度现场。另外，节目安排时应考虑本组织人员的参与，这样可以培养员工的归属感和自豪感。

【补充阅读资料9-1】

“甬川携手·万人助学”

5.12汶川大地震发生后，宁波市立即掀起了一场空前浩大的支援灾区热潮，市委宣传部、市教育局等单位联合发起了以省对口支援重建的四川青川县受灾困难学生和在甬的地震灾区籍贫困学生为资助对象的“甬川携手·万人助学”大型公益活动。

5月18日，助学消息经媒体发布的当天，就开始有市民陆续前来预约登记。市委宣传部、市文明办、市扶贫办、市教育局及市级媒体召开了工作协调会。6月4日下午，召集各县（市）区召开“甬川携手·万人助学”大型公益活动协调会，研究部署资助四川省青川县地震受灾学生的相关工作，并由市扶贫办派遣两名同志赴广元青川联络对接助学事宜。6月5日，市扶贫办主任范文英赴广元青川地震灾区，了解灾情，并与广元市政府副秘书长、广元市扶贫办、教育局和青川县扶贫办、教育局负责人商议结对助学工作。

6月27日，广元青川收集的10 336名学生资料邮寄到市扶贫办，各项准备工作也随之迅速开展起来，在全市设立了15个助学点，除设立在市扶贫办的助学办公室外，11个县（市）区及东钱湖管委会、大榭开发区、国家高新技术开发区等地都设立了助学点。7月16日，“甬川携手·万人助学”活动宣布正式启动，同时在各大媒体公布了助学点地址、热线电话，广泛发动市民奉献爱心，有意结对助学的市民、机关和企事业单位，纷纷就近到各助学点，认助学生。

9月3日，市扶贫办牵头组织了“甬川携手·万人助学”活动市民爱心访问团，在青川中学还举行了助学款现场发放仪式，将一笔笔爱心款送到了学生手中。到9月底，1万余名广元灾区贫困学生被热情的宁波市民全部认助，第一学年的助学款达到350多万元，另捐赠了学习用品价值100余万元，活动取得圆满成功。

【职业道德与企业伦理9-1】

慈善英雄“王老吉”

背景与情境：2008年5月23日《京华时报》报道，“王老吉”从昨天起就在市场上被卖断货了，为什么？商家的答复出人意料：5月18日晚，央视“爱的奉献——2008抗震救灾募捐晚会”现场，“王老吉”向地震灾区捐款1亿元人民币，创下了国内单笔捐款额之最。这一善举也感动了广大国内消费者，人们纷纷购买王老吉饮料，以表他们对“王老吉”此次善举的感激之情。网络上众多网民发表留言，纷纷向“王老吉”表示敬意和喜爱之情：“要捐就捐一个亿，要喝就喝王老吉!”“患难见真情，真爱王老吉”……

问题：“王老吉”的慷慨解囊是哗众取宠吗?

分析提示：大灾中见大义，患难时见真情，国人在齐声高呼“汶川加油，四川挺住”同时纷纷捐钱捐物为抗震救灾奉献自己的爱心，此时“王老吉”的“大善举”无疑成为全国人民同心协力抗击灾害、重建家园的又一个助力点。也许“王老吉”决策者们的善举并没有经过什么公关调研、策划，但就凭着中国企业家的一份良心、真心和爱心，其真诚行为所带来的效果也许远胜那许多的央视“标王”。

9.2 赞助活动

赞助活动是社会组织无偿地提供资金或物质支持某项社会事业或社会活动，以获得一定形象传播效益的公共关系专题活动。这种活动可以使提供赞助的组织与赞助的项目同步成名，属于一种信誉投资和感情投资行为。同时也是一项有效的公共关系手段。美国罗德公关公司董事长大卫·芬恩（David Finn）指出：“有许多公司都发现，它们的赞助不仅使周围社区受益，公司产品和服务的知名度也有了很大提高。”

近几年来，随着人们对公共关系理念的正确认识与把握，赞助无论是作为组织回馈社会的真情告白，还是打形象、打品牌的战略投资，其在规模和形式上都呈明显上升态势。同时，也应看到当前社会组织在公益赞助上存在着主体意识强，但盲目性、随意性大；赞助活动多，但策划痕迹过重；活动形式多，但过于重复、雷同，缺乏新颖性等问题。这些使我们更有必要对赞助活动的科学性作冷静思考。

9.2.1 赞助活动的目的

1）有利于公共关系传播宣传

公共关系广告与商品广告的不同之处为，商品广告主要是围绕推销产品进行的，而公共关系广告则主要在于塑造组织的形象。围绕塑造组织形象，公共关系广告主要有实力广告、情感广告、信息广告、祝贺广告、说明广告、新闻广告、征询广告和创意广告。通过举办赞助活动，往往使组织与产品获得广泛的新闻媒体关注，从而增强公共关系广告的说服力和影响力。

2）沟通和培养同公众的良好情感

通过赞助活动，组织可以在社会公众中树立组织的威信，沟通和培养相互的情感；企业组织关心社会、承担社会责任的形象可以增进政府、社区及公众对组织的理解和支持，为企业的生存发展提供可靠保障。

3）树立关心社会公益事业的良好形象

社会组织通过赞助活动，树立自己关心社会、乐于回报社会的良好形象，从而增进了组织与公众的良好感情，并进而获得他们的有力支持与合作。

9.2.2 赞助活动的类型

1）赞助体育活动

体育活动是我国广大公众乐于接受的一项群体活动，吸引力大，影响面广，感染性强，因此，许多社会组织赞助体育活动较为常见。

赞助体育活动以捐赠、组建俱乐部、以组织名义举办体育比赛等形式居多。如中国爱立信公司每年赞助中国乒乓球大型比赛活动就是一例。

2）赞助文化艺术活动

近几年来由社会组织赞助电影、电视、戏剧、音乐会、展览、知识竞赛等文化活动越来越多见了，这也是提高组织知名度和美誉度的有效的公共关系策略和途径。如宁波杉杉集团公司专门拨款赞助中国音乐学院的指挥系毕业晚会，受到了有关领导和行家的一致肯定，也得到了社会公众的赞同。

3）赞助教育事业

教育事业是一种千秋宏业，造福于子孙后代。任何一个国家经济要繁荣昌盛，科技要强大领先，必定先解决一个最基础的问题，那就是教育。赞助教育事业主要是投入基本建设、设定奖学金、帮困基金等。如宁波的雅戈尔集团、华茂集团、大红鹰集团都投入巨资赞助甚至组建学校，这里追求的首先不是利益的回报，而是支持教育事业的发展。

4）赞助社会的各种公益事业

赞助社会的各种公益事业主要包括社会公共设施的投入建设、社会的慈善与福利事业等。如宁波雅戈尔集团出巨资修路，并将修建的公路命名为“雅戈尔大道”，让公众也同时记住雅戈尔公司的善举。

5）赞助建立某项职业奖励基金

目前，一些企业可以通过设立技术（或道德）奖励基金的办法，鼓励社会民众重视技能学习，弘扬社会正气，如设见义勇为奖等。也可以在高等学校设立××奖学基金，资助那些学习优秀但家境贫寒的学子。

6）赞助学术理论研讨活动

海南省博鳌，原本只是一个靠海的渔镇，但作为亚洲论坛的永久会址，仿佛一夜之间就让博鳌享誉全亚洲。如今的博鳌已成为海南省的旅游热点，其每年同期接待游客人数可以和三亚媲美。

9.2.3 赞助活动应遵循的原则

1）自愿原则

赞助必须是一种自觉的主动的行为，以赞助方愿意提供赞助为前提。

2）社会效益原则

组织所赞助的活动项目必须有积极的社会进步意义和广泛的社会影响，所赞助的对象必须有可靠及良好的社会背景和社会信誉。

3）传播效果原则

赞助本身是一种直接提供金钱或物质来进行的传播活动，因此必须讲究传播效果。所赞助的项目应有利于扩大本组织的知名度和美誉度，同时还要分析公众及新闻界对有关赞助项目的关注程度，明确对于赞助所给予的传播补偿方式和条件。

4）量力而行原则

参与赞助活动必须考虑所赞助项目的费用是否合理，本组织的经济能力能否接受。

5）合法合理原则

凡是为社会提供赞助的组织，都应预先制定赞助条例，并公之于众。对于各类赞助申请均应按条例办理，尤其要重视赞助活动合法性审查，使赞助活动更具计划性与规范性。

任何赞助活动，特别在对教育事业的支持中，企业要特别避免显得过于以“自我为中心”。如果企业的宣传给公众留下的印象是：对青少年的身心健康不利，这样的宣传一定会适得其反的。这方面，美国花旗银行万事达卡和维萨卡发行部的一次宣传活动就做得恰到好处——自我推销与大量的娱乐项目有机结合，公司的标志和促销的口号醒目可见，但一点也不令人讨厌。花旗银行选中的切入点是“地理知识”，它向国家地理社团捐赠了一笔款项，责成对方为学校开发一套学生用地理学习教程。花旗银行还聘请了一位原来的学校老师出任“世界先生”(Mr. World)。“世界先生”身披印有世界地图的斗篷，流动演出，将幽默和戏剧表演结合起来，寓教于乐。每位学生还获得了一张世界地图和印有花旗银行徽章的别针，各个教室还配备有多样化的教学辅助工具，如充气地球仪等，当然上面某个位置一定会印有花旗银行的标志。

另外，“世界先生”造访学校时，还会为当地的花旗银行分行免费宣传。整个活动受到媒体的广泛关注和大量报道，花旗银行的名字和标志不仅醒目而且出镜率极高。花旗银行还向其所有的2 600万美国的信用卡用户邮寄了宣传资料，告知大家：您作为花旗银行的客户，一直都在为国家的教育事业做贡献，为此您会感到无上的光荣。

9.2.4 赞助活动的策划

要搞好组织的公益赞助活动，必须对赞助活动进行精心策划。公关人员应注意以下问题：

1）赞助要符合本组织的特点

一般来讲，性质不同、特点不同的组织，应选择不同的赞助内容。例如，专营民间乐器的商店，赞助民间艺术展览；专营图书的书店，赞助图书展览会；生产文具的工厂，赞助残疾学龄儿童等。如宗申摩托车集团就一直致力于赞助中国摩托车运动，并将国家队冠名“宗申车队”。

2）赞助活动要适时，并能同其他专题活动结合进行

适时进行赞助活动，结合其他专题活动开展公益赞助活动，有利于提高活动的有效性。例如，赞助儿童事业，应选择“六一儿童节”；赞助老人活动，则选择“重阳节”更合适。结合组织的开业、周年庆典、新年节庆，或者在组织受奖之时进行公益赞助活动，也更易引起公众注意。

3）突出赞助的独特性

策划赞助活动最忌千篇一律，人云亦云，公关人员要敢于占先，独辟蹊径。只有这样，才能出奇制胜。如美国强生公司（一家以药品生产为主业的大型国际化公司）在1998年就同全美反家庭暴力联盟（NCADV）合作，为家庭暴力受害者提供避难所，并在此过程中推销公司的产品，还将这一援助行动命名为“避难救助”（Shelter Aid）。

4）特别行业的赞助活动要注意赞助的特殊性

美国万宝路公司利用赞助做广告，从美术展览到汽车大赛的一系列文化、体育领域里，都能看到它的赞助活动。它巧妙地回避了吸烟、健康等敏感问题，在国外烟草行业不允许做广告的政策法令制约下，在受反对吸烟的强大舆论影响的这种对组织发展不利的环境中，取得了成功。

9.2.5 赞助活动的步骤

【同步案例9-1】

恢复对全国最大的慈善组织的信心

马克·德沃拉克

亚特兰大市大都市美国联合基金会市场服务部主任

背景与情境：1992年年初，美国联合基金会的董事长和两位高层官员被指控

管理不当和挥霍无度，这给美国的非营利性组织敲响了警钟。受到重创的是2 100个地方独立性的美国联合基金会机构，它们每年为当地社区的人道主义服务项目筹集30多亿美元。

对这一指控和强烈的负面宣传，捐款人立即作出反应，许多人认为他们的捐助被滥用了，并对美国联合基金会的操作和信誉提出质疑。地方性的美国联合基金会机构和他们支持的代理都害怕捐资会大幅度削减，结果造成项目的减少和服务的下降。在亚特兰大，1991年美国联合基金会筹资54 000 000美元，该组织立即行动起来，重振社区内公众的信心和信任。研究表明，67%的亚特兰大人都清楚这场纠纷，38%的人认为纠纷会对他们的捐助产生不利影响。只有一半人知道他们的钱被用在了大都市地区。

地方媒体连续公开的曝光在使公众了解情况方面起了重要作用。然而，亚特兰大大都市美国联合基金会使用直接的传播方式，把下列主要信息传达给捐赠人：①正在采取措施保证此类事件绝不再发生；②当地筹集的资金用在当地以帮助有需要的人；③这一事件绝不是地方性的事件（美国联合基金会是一个为地方性提供广告、培训和立法宣传的行业组织）。在亚特兰大，该组织训练员工、志愿者和代理机构代表，向成百上千的雇员、附近居民和平民机构传达以上信息。他们还设立了一条信息热线来回答问题并允许捐款人通过电话表达他们的忧虑。

虽然1992年的丑闻使许多地方性的美国联合基金会在捐助方面蒙受了巨大损失，但亚特兰大接受的捐赠保持平衡。然而，自那以后，捐赠活动不断发展，反映出捐赠者对他们所支持的组织和慈善机构的信心的恢复。而且，1995年的一项调查表明，亚特兰大人对美国联合基金会的信任和丑闻出现前是相同的。

俗话说，每一次问题都是一次机会。在亚特兰大和其他一些地区，许多非营利性组织责任感增强了，这使得他们重新审视自己的做法。从长期来看，对美国联合基金会的不断关注减少了捐赠的冷漠，使得该组织能够向公众传达有关社区的需求和资金的使用等方面的信息。

资料来源　奥蒂斯·巴斯金，等. 公共关系：职业与实践［M］. 4版. 孔祥军，等，译. 北京：中国人民大学出版社，2008.

问题：本案例给你的最大启示是什么？

分析提示：①公益性组织的公信力是最核心的要素，没有公信力的支撑，公益性组织无法生存。②公信力的建树一靠组织自身遵纪守法，即“行要正”；二靠及时的信息沟通，在最短时间内让公众全面了解准确的信息。③不怕犯错误，但要有勇于承认错误并有决心改正的担当和执行力。

1）调查研究

无论哪一种赞助形式都应进行前期的调查研究工作。主要是了解赞助对象的基本情况、确定组织赞助的方向和政策，分析赞助的成本和可能获得的效果等，以防止各种偏离组织整体目标的现象发生。

2）制订赞助计划

在调研的基础上，根据组织总的赞助方向和政策，制订具体详尽的赞助计划。这个赞助计划一般应包括赞助的目的、赞助对象的范围、赞助费用的预算、赞助形式、赞助实施的具体步骤和时机等内容。

3）审核和评定赞助项目

对每一个具体的赞助项目，都应进行逐项审核评定，确定其可行性，赞助的具体方式、款项、时机等，从而制订出此项赞助活动的具体实施方案。

4）具体实施赞助

组织委派专门的公共关系人员负责各项赞助方案的具体实施活动。在实施过程中，应注意充分运用各种有效的公共关系技巧，来扩大组织的社会影响。

5）检测赞助效果

赞助活动完成后，组织应及时对每一项赞助活动的效果进行调查测定。对照计划检查完成了哪些预定的目标，分析实现目标与未达目标的差距与原因并写入报告，为以后的赞助研究提供有益的经验。

【补充阅读资料 9-2】

"唐氏食品　棋高一招"

唐氏公司系通用食品公司（General Foods）旗下的固体饮料公司，在20世纪90年代中期，它巧妙赞助公益事业，掀起了一场唐氏——泛美母亲反对酒后暴力运动（Tang Across America for Mothers Against Drunk Driving，MADD）。

该运动的做法是所有广告采用相同的原则，使用那些直接针对性较强的材料，将宣传目标聚焦在唐氏的潜在市场和客户——普天下的母亲们。连同通用食品和杨-鲁比卡姆（Young&Rubicam）广告代理公司一起，韦纳（Weiner）公关公司的专业人员与MADD商定出了一整套实施方案。其中最主要的活动是4 200英里(1英里=1.609公里）的全国性徒步行，历时156天，于1986年12月抵达终点首都华盛顿。此次行进的路线刚好穿过公司销售最旺的40个零售市场中的前15个所在地，这当然不是什么巧合。步行活动的细节委托给了美国步行者俱乐部（Walkers Club of America）全权负责。行进途中大量发行优惠券，每使用一张该优惠券就等于自动向MADD捐款10美分。此外还安排了大量多种多样的推销和宣传活动，以期从活动中获取最大的商业利益。

唐氏此次的步行果然效果不凡。《新闻周刊》（News Week）和《福布斯》（Forbes）等知名杂志都长篇报道了此次活动。全美各大日报和周日专刊等都发表文章，盛赞活动的成功，其中有50篇为头版头条的报道。"早安美国"（Good morning America）和"今日"（Today）两个节目每天都转播两次活动的进展情况。各地电视台也用大量时间为活动宣传，很多都是在热点时间作为主打新闻播出。纽约市长艾德·科克（Ed Koch）和纽约州州长马里奥·科莫（Mario Cuomo）共同主持了该活动的开幕式。洛杉矶市市长汤姆·布拉德利（Tom Bradley）也在当地身穿印有"唐氏—MADD"字样的T恤衫，宣布正式步行活动的开始。MADD从而知名度骤增，很多人纷纷加盟成为会员。活动举办期间，唐氏的销售额大幅增加了12%，公司当然将此归功于全国性步行活动的宣传。而且，政府官员和媒体方面对唐氏的爱心都大加褒奖，企业获得的良好形象是持续而长久的。

资料来源　伦纳德·萨菲尔．强势公关［M］．梁洨洁，段燕，译．北京：机械工业出版社，2002.

9.3　其他活动

公共关系的专题活动形式很多，除了以上几种外，经常性出现的还有联谊活动、宴请活动、参观活动、文艺演出及电影招待会。

9.3.1　联谊活动

联谊活动是组织以实现一定合作目标为主旨，为了增进了解，加深感情，促进信息沟通和感情交流的一种公共关系专题活动。

1）联谊活动的层次

联谊活动若从低级到高级的运动发展规律来分析，一般可分为三个层次：

（1）感情型，即以联谊感情为主要内容，其形式为互致信函，互赠纪念品，出席庆祝活动等。这类联谊活动以建立初步良好形象，为以后的联络奠定较好的感情基础。

（2）信息型，即以互相沟通信息为主要内容，其形式为对双方掌握的有关信息进行交流，如要求研究产品市场信息、技术合作信息、资金市场信息、产品信息、竞争信息等。这类联谊活动能使联谊各方建立合作伙伴关系，并互相获益。

（3）合作型，即以经济合作为主要内容。这类联谊活动是一种高层次的联谊活动，是联谊活动成果的最终体现，也是一种最具实质性的联谊，为组织的公共关系人员的着眼点和落脚点。

2）举办联谊活动应注意的事项

（1）确定联谊主题。这是组织联谊活动的前提。联谊主题主要从联谊活动的层次方面去考虑选择。

（2）选择联谊的对象。联谊对象的选择要遵循互助互利的原则和真诚的原则，因为联谊必须是联谊双方或多方都有联谊的愿望和要求，并有联谊的条件和能力以及联谊的内容，三者缺一不可。选择联谊活动对象的过程就是一个奠定联谊活动基础的过程。

（3）选择适当的时机、场地。联谊活动应把握适当的时机如节假日、纪念日等。联谊活动的场地选择主要应考虑交通便利，并根据出席联谊活动的人数和安排的内容来衡量。

（4）联谊活动的举行及准备接待工作。联谊活动一般按事先拟定好的议程来进行。其形式可以根据联谊活动的不同层次、内容来设定，不拘一格。其间可安排小型座谈会、经验交流会、舞会、茶话会等。同时应做好准备接待工作，如安排好客人的食宿、接送车辆并指定专人布置活动场地，安排好会场录音、录像、照相，印制通讯录，预定或购买联谊活动的纪念品等。

（5）提倡节俭的作风。不论联谊活动采用哪一种类型，应注意效益问题，努力以较少的投入来获得尽可能大的效益，即少花钱多办事。

【职业道德与企业伦理9-2】

“康师傅矿物质水”事件

背景与情境：《每日经济新闻》2008年8月6日发表题为“康师傅矿物质水竟是自来水”的报道。报道称：日前一篇名为《康师傅：你的优质水源在哪里?》的文章在网上广为传播，文章作者称曾潜入康师傅杭州水厂“探秘”，发现康师傅矿物质水广告中声称的“选取的优质水源”原来竟是自来水。有记者5日致电杭州顶益食品有限公司，公司公关部相关负责人承认，康师傅杭州生产基地所生产的矿物质水的确是用城市自来水经水滤系统过滤出来的。“大家都是这样做的，售价一两元一瓶不可能用矿泉水等天然水。”

“‘把自来水称作优质水源’的表述是不实的。”上海饮料行业协会秘书长刘玉兰认为，康师傅这则广告有虚假宣传之嫌。她指出，自来水是管道水，不是山泉水、矿泉水，它的“水源”在哪里？因此不能算“优质水源”。

另据《齐鲁晚报》8月8日报道，沸沸扬扬的“康师傅矿物质水”事件连日来不断升温，记者走访济南众多商家时发现，有的商家开始将其下架，少数消费者开始“抛弃”身处“漩涡”的“康师傅”，并戏称其为“诓师傅”。

问题：“康师傅矿物质水”事件中“康师傅”错在哪里?

分析提示：其一，既然是源自“自来水”却谎称“优质水源”，属于明显的虚假宣传，欺骗消费者，何况是自来水作水源又何来广告中所表述的“选取”呢?其二，“大家都是这样做的”，显然会引起同行的不满，因为同样的矿物质水，但水源的选取不见得都是自来水，康师傅公司总部就有人指出：“我们在吉林一家工厂用的水源就的确是长白山矿泉水。”

“康师傅”作为国内有较高知名度的品牌企业，完全没有必要回避“大家都是这样做的”事实，也许在广告中率先表明取自自来水水源经过滤并加入矿物质而成，这种坦诚行为更能获得消费者的谅解因此而更为喜爱。

9.3.2 宴请活动

为了庆祝一些值得纪念的日子，表彰庆功，答谢合作者支持等事由，社会组织常常要搞一些宴请活动。

1）宴请的类型

宴请活动根据不同的目的要求，可以分为许多不同的类型。主要有以下几种：

（1）正式宴会。正式宴会规格较高，要安排座次，席间要致词、祝酒。

（2）冷餐会。冷餐会主要以冷食为主，也可用热菜，主要是可自由活动，自取食物，自由入座。

（3）酒会。酒会也称鸡尾酒会或招待会，即以招待酒水为主，略备小吃，不设座椅，仅设小桌，可以随便走动，形式活泼，便于广泛接触交谈。

（4）茶会。茶会即请客人品茶交谈，设茶几、座椅，不排座次，对茶叶、茶具要有所讲究。

2）组织宴请应注意的事项

（1）确定目的、名义、范围和形式。

宴请目的应根据需要来定。

宴请名义可以是组织的，也可以是个人的，具体由庆祝宴请的性质、主客者身份等来定。

宴请范围是指邀请哪些方面人士出席，具体也应视宴请性质、主客者身份、惯例习俗等方面因素来定。

宴请形式则根据目的、邀请对象及经营情况而定。人数少、规格高的以正式宴会为宜；人数多则以冷餐会或酒会为宜。

（2）确定宴请时间、地点。宴请应选择对主客双方都合适的时间，最好事先征询主客意见。宴请地点要按活动性质、规模大小、宴请形式及实际可能而定。

（3）发出邀请。不论哪一种宴请都应发请柬。请柬一般要提前1～2周发出。如果是安排座次的宴请，往往要求被邀请人答复能否出席。

（4）订菜。酒、菜应根据形式和规格选择安排。应考虑主客的喜好和禁忌。

（5）安排桌次席位。正式宴请一般应排桌次和座位。也可只排主桌座位，其他只排桌次，自由入座。不论采取哪一种形式，都要事先通知出席人，使其心中有数，现场还要有人引导。

（6）实施宴请程序。主人一般在门口迎接客人。视宴会重要程度，还可有其他主要人员陪同主人排列成行迎客。主宾到达后，由主人陪进休息厅与客人见面。主人陪主宾进入宴会厅，主体人员落座，宴会便开始。上菜一般先上冷盘，再上热菜，最后上甜食、水果等。如有正式讲话，我国则习惯于热菜之后、甜食之前进行。

9.3.3 参观活动

1）对外开放参观活动

社会组织为了更好地与目标公众相互沟通，可以向公众开放，组织他们参观本组织的工作现场和设施，从而增强公众对组织的兴趣和好感，并获取公众的理解和支持，改善和提高组织与外部公众的关系和质量。

20世纪90年代，海南养生堂的“中华鳖精”营养液正在国内热销之际，社会上突起流言：“‘养生堂’有那么多鳖吗？”公司对此没有正面辩解，而是通过在消费者中抽取代表的办法，分批组织代表们到生产总部参观，并让媒体配合进行正面报道，面对事实，流言不攻自破。

对外开放参观活动是一项复杂的公共关系工作，一般应注意做好以下几个方面的工作：

（1）确定主题。任何一次开放参观，都要先明确主题思想，即组织通过对外开放参观活动后希望取得的效果。通常的主题为，强调组织整体的形象，包括优良的工作环境和职工们一丝不苟的工作精神，表明组织是社区理想的一员，也是愿意承担社区责任和造福于公众与社会的一员。

（2）选定参观项目。常见的参观项目有：员工的教育和培训设施；成果展览室；环境设施；组织服务、娱乐、福利、卫生等设施。

（3）选择开放的时机。最好安排在一些特殊的日子里如周年纪念日、重大的节假日如五一、国庆、元旦、春节等，以增进公众的兴趣。

（4）确定邀请对象。常见的邀请对象分两类，一类是职工家属和一般市民，另一类是与组织有着特殊利害关系的团体和公众，如政府官员、行业主管部门、同行业领导和专家、新闻记者等。前者为一般性的参观，后者则属特殊参观。

（5）策划宣传工作。参观前，可准备一份简明的说明书，发给参观者，或放映电影、录像片进行介绍。参观时，由向导陪同参观者按事先安排好的参观路线参观。对于有些看不到的特殊事项，可以用图表、数字表示。

（6）做好接待服务工作。具体包括请柬的准备与寄发工作；为来宾准备接待服务处、准备向导、准备特殊的参观用品如卫生服、安全帽；准备食品以备招待来宾；准备赠送的礼品和纪念物。

2）参观游览活动

组织客人参观游览也是一项经常性的公共关系工作。一般地，组织参观游览活动时应注意以下几点：

（1）选定项目。根据来访者的目的、性质、兴趣和当地的实际情况，选择有针对性的、客人感兴趣的项目。发生特殊情况时，应向客人做出适当的解释。

（2）安排布置。事先安排好参观游览的路线，预定持续时间。

（3）陪同。根据来访者的身份与地位不同，选择身份地位相当的人员陪同，并根据需要安排导游人员。

（4）介绍情况。介绍情况要符合实际，数字材料要确切，可事先发给书面材料。

（5）摄影。安排有关人员陪同摄影，以增添客人游览的兴致，提高其游览的情绪，增进相互间的友谊。

【同步思考 9-1】

问题：春暖花开正是旅游的好时节，但学校可能不会主动组织学生集体春游，你对此怎么看？

理解要点：分别站在校领导和同学的角度分析，提出自己的见解并有较充分的理由。

9.3.4 文艺演出及电影招待会

组织邀请客方观看文艺演出、电影等活动，也是一项经常性的公共关系活动和运用公共关系的一种手段、方法。一般地，组织文艺演出及电影招待会应依照下列程序：

（1）选定节目。节目选定应考虑客人的爱好和品位，同时也应兼顾活动的目的、经费等问题。

（2）发出邀请。提前向客人发出请柬；发邀请时，应考虑场地的容纳量。

（3）座位安排。看文艺演出节目的座位，一般以第七、第八排座位为最佳位置；看电影则以十五排前后为最佳位置。

（4）准备说明书。各种文艺节目，应备有说明书，提前提供给客人。

（5）入席与退席。专场演出，可安排一般观众先入座，主宾席客人在开演前由专人陪同入场。演出结束，全场起立向演员鼓掌致谢，一般观众待贵宾退场后再离去。

■ 本章概要

●庆典活动是社会组织为庆祝某一重大事件而举行的一种公共关系专题活动，庆典活动的目的在于广交朋友，增进友谊，加深印象，树立形象。

● 庆典活动包括开幕典礼、周年纪念日庆典、其他纪念日特别庆典及节庆活动四类。

● 组织开幕庆典的策划，应围绕规范性和创造性做文章，即开幕活动的礼仪服务应强调规范性，在开幕庆典的形式上应突出创造性和独特性。

● 赞助活动是社会组织无偿提供资金或物质支持某项社会事业或社会活动，以获得一定形象传播效益的公共关系专题活动，它属于一种信誉投资和感情投资行为，同时也是一项有效的公共关系手段。

● 赞助活动的目的是有利于公共关系传播宣传；沟通和培养同公众的良好情感；树立关心社会公益事业的良好形象。

● 赞助活动应遵循的原则有自愿原则、社会效益原则、传播效果原则、量力而行原则和合法合理原则。策划赞助活动要符合本组织的特点，活动要适时，并能同其他专题活动结合进行。此外还要突出赞助的独特性，特别行业的赞助活动更要注意赞助的特殊性。

■ 主要概念和观念

□ 主要概念

庆典活动　开幕典礼　赞助活动

□ 主要观念

庆典造势　赞助造势

□ 重点实务

庆典活动组织　宴请活动安排　参观活动组织与计划

■ 基本训练

□ 知识训练

▲ 复习题

9.1　简答题

(1) 开幕典礼组织的主要内容有哪些?

(2) 策划赞助活动应注意哪些问题?

9.2　判断题

(1) 开业庆典应邀请当地政府领导人出席剪彩为好。　(　　)

(2) 赞助活动就是一般所说的慈善活动。　(　　)

(3) 组织开幕庆典的策划首先应该围绕安全性做文章。　(　　)

9.3　填空题

(1) 庆典活动的主旨是：喜庆的气氛、隆重的场面、热烈的情绪、灵活的形式及________。

(2) 组织开幕庆典的策划，应围绕________做文章。

(3) 赞助活动是社会组织无偿地提供资金或物质支持某项社会事业或社会活动，以获得________的公共关系专题活动。

9.4　单项选择题

(1) 开幕典礼在拟定好宾客名单后，应再审议一次，以防漏掉(　　)。

A. 重要人物　　B. 消费者代表

(2) 赞助活动应遵循的首要原则就是(　　)。

A. 新闻性原则　　B. 自愿原则

9.5　多项选择题

(1) 庆典活动的主旨是(　　)。

A. 喜庆的气氛　　B. 隆重的场面

C. 灵活的形式　　D. 热烈的情绪

E. 一定档次的礼仪水准

(2) 赞助活动的目的是(　　)。

A. 承担企业公民责任　　B. 有利于公共关系传播宣传

C. 树立关心社会公益事业的良好形象 沟通和培养同公众的良好情感

E. 寻求投入产业最佳比例

(3) 举办联谊活动，在确定联谊主题后，还应注意(　　)。

A. 选择联谊对象　　B. 选择适当时机、场地

C. 确定我方参加人员　　D. 做好准备及接待工作

E. 提倡节俭作风

▲ 讨论题

（1）你认为赞助活动成功与否的最关键因素是什么？为什么？

（2）如果你班级拟与新生班级组织一次联谊，请就联谊活动的目的、程序、时间、内容等细节作出初步计划。

□ 能力训练

▲ 案例分析

“抗震英雄”与2008“中国首善”

背景与情境：5月12日下午，四川汶川特大地震爆发。5月14日，中国首支自发抗震救灾队伍——一支由120人和60台挖掘机等大型工程机械组成的抢险突击队，在“老板”陈光标的亲自率领下抵达绵阳北川一带，迅速展开大规模救灾行动。如果你了解到这支抢险突击队是从江苏、安徽日夜兼程行驶数千公里，在灾后不到36小时就“几乎与军队同时抵达灾区，令军事专家都大为赞叹”的话，你不为之震惊与感动吗？

“老板”陈光标说，他的资源利用公司有200多台大型机械，这60台都是从江苏、安徽的工地上调集的，他们是用60台大型平板车装上工程机械，每台车配2个司机，日夜兼程赶赴灾区的，“中间没有停顿、没有休息”。

他还说，当地干部群众对他们非常欢迎，对他们非常好，有什么吃的都给他们送来了，尽管当地的食品也很匮乏。抵达灾区后，他们已分别在都江堰、茂县、绵阳、北川等地投入抢险。“我在北川老县城，这里的房子全倒了，是一片大坟地，我背出来4个人，全都死了。”陈光标面对镜头含着泪说。

陈光标此次亲赴灾区，随身还带去了25万元现金，200万元支票，沿途分发。此前，他还委托中国扶贫基金会为灾区捐款650万元。他是真正的“抗震英雄”。

陈光标于1996年创立南京金威利电子医疗器械有限公司，2000年组建江苏黄埔投资有限公司，多年来一直积极投身社会慈善事业，先后捐建了希望小学等16所，并通过光彩事业促进会、希望工程办公室、慈善总会等机构，向贫困地区提供援助。截止到2006年8月，累计捐款捐物1.26亿元，先后获得“2005中国诚信企业家”、“中国公益事业十大慈善大使”等荣誉称号，2006年被列入“官方版”中国慈善家排行榜前10名，2008年陈光标更是名列中国慈善排行榜第1位，是名副其实的“中国首善”。

问题：

（1）请上网搜集有关陈光标的善举，并提出你的感想。有人称陈光标的慈善行为是“暴力慈善”，你如何认为？

（2）陈先生的慈善行为给我们什么启示？

分析要求：同第1章本题型的“分析要求”。

▲ 实训操练

操作项目：参观活动程序化运作（注：为扩大学校影响，拟组织省内部分有意向到本校就读的高中生来校参观）。

情境设计：将班级学生分成若干实训小组，每组确定1人负责，各组就操练项目需要进行角色划分，并依照该活动的业务程序与规范要求，进行参观活动组织的程序化运作模拟实训。

实训要求：以参观活动影响效果最大化为目的，对整个参观活动程序化运作进行模拟。

实训步骤：

（1）将班级学生分成若干实训小组，每组确定1人负责。

（2）各组学生根据操练项目需要进行角色分工。

（3）各组学生结合该活动的主旨、计划、程序与规范要求进入角色，重点体验其程序化运作模拟实训的全过程。

（4）各组学生记录本次模拟实训的成功经验、存在的问题以及解决办法。

（5）各组整理实训记录，在此基础上撰写《××参观活动计划及程序化运作模拟实训报告》。

（6）在班级讨论交流、相互点评并修订各组的《××参观活动计划及程序化运作模拟实训报告》。

（7）在校园网的本课程平台上展出经过修订和任课教师点评的各组《××参观活动计划及程序化运作模拟实训报告》供学生借鉴。

□ 善恶研判

白酒塑化剂风波

背景与情境：2012年11月19日，媒体曝光的酒鬼酒塑化剂风波给白酒股带来了灾难，一日蒸发400多亿。从中酒协的表态看，白酒产品中的确含有塑化剂，而且越是高档酒含量愈多。这让公众大吃一惊，而且倍感恐慌，资本市场哗然，也就绝非跟风而动，而是十分理性的弃保效应。值得一提的是，中酒协早就知道白酒行业普遍存在塑化剂，被媒体指责隐瞒17个月更增加了公众对中酒协行业管理的愤慨。

虽然中酒协在声明中强调，“已知白酒生产过程中自身发酵环节不产生塑化剂，白酒产品中的塑化剂属于特定迁移”，主要来自于生产储运过程中接触塑料制品，但这依然不能让公众放心，中酒协也无法为白酒行业开脱责任。

在这方面，温州烟具协会的做法令人印象深刻。温州商人通过刻苦钻研，掌握了金属外壳打火机的生产技术，由于产品价廉物美，很快打开国内外市场。然而由于该项产品技术门槛并不高，温州短期内就涌现上百家生产此类打火机的企业，其中不乏鱼目混珠者，令不少采购者上当受骗。为了防止本行业被一些坏老鼠毁掉，一些有远见的温州打火机企业成立了烟具协会，并获得政府授权，通过建立行业准入标准，不让那些信誉差、喜欢坑蒙拐骗的企业加入协会。于是外来采购商只购买协会所属企业的打火机产品，而协会外企业由于信誉差，慢慢被淘汰。烟具协会通过建立准入标准，不仅解决了行业内的作假问题，还维护了行业信誉，使中国企业在该行业的国际占有率不断提高。

问题：

（1）本案例中存在哪些企业伦理或职业道德问题？

（2）试对上述问题作出你的善恶研判。

（3）通过网上或图书馆调研等途径收集你作道德研判所依据的行业道德规范。

（4）本案例对你的启示有哪些？

研判要求：同第 1 章本题型的“研判要求”。

第10章 危机管理

- 学习目标
- 10.1 危机的概念、类型与成因
- 10.2 危机管理的含义
- 10.3 “如果危机发生，该做什么?”
- 10.4 “现在该怎么办?”
- 10.5 “下一步该做什么?”
- 本章概要
- 主要概念和观念
- 基本训练

学习目标

通过本章学习，应该达到以下目标:

知识目标:学习和了解危机的概念与成因，把握危机处理的关键时机点，能用其指导相关认知活动与规范相关技能活动。

能力目标:运用本章理论与实务知识，通过媒体渠道了解并分析研究各类危机事件的典型案例，培养在特定企业情境中分析问题与决策设计的能力;通过按照本章实务知识规则操作的训练，培养正确的危机意识以及危机处置的专业技能。

道德目标:结合危机管理教学内容，依照行业规范或标准，分析“惠普‘蟑螂门’”、“‘速生鸡’风波”、“中国出现谣言危机”等案例中企业或从业人员行为的善恶，强化职业道德素质。

【引例】

惠普“蟑螂门”

背景与情境：2010年“3·15”晚会上，央视对两款惠普笔记本电脑的质量问题进行了报道，其DV2000、V3000系列笔记本存在严重产品质量问题。其后，惠普客户体验管理专员袁明称，惠普笔记本发生故障原因是“中国学生宿舍的蟑螂太恐怖了”。

在此后，惠普2010年3月17日召开紧急新闻发布会，承诺在今后的30天中展开综合整顿，但对于惠普客服人员将电脑发热归罪于蟑螂的说法未直接回应，而整个发布会也只用了20分钟左右便匆匆收场。

面对2008年10月就发现的质量问题，惠普的应对不仅迟缓，而且“傲慢”。他们甚至把罪责推卸给蟑螂。“我们谁都解决不了的，是中国学生宿舍的蟑螂，那是非常恐怖的。”惠普客户体验管理专员袁明在央视的暗访中表述。此番言论在央视“3·15”晚会上一经播出，立即引起各方热议。由此，被多方关注的惠普“质量门”事件演化为“蟑螂门”。在当时这一系列言论使惠普深陷舆论漩涡，品牌形象受到很大影响。

问题：惠普“蟑螂门”事件等同类问题不断出现，反映了什么？

分析提示：惠普正在用最低级的公关手段来处理与消费者产生的最大问题，于是，“蟑螂门”彻底将惠普推入深渊，产品销量急剧下降，品牌形象一落千丈，以公关的名义召开的新闻发布会成了一场公关秀。藐视公关和消费者的品牌最终会自食其果。

资料来源　闫肃，等. 2010年十大公关事件[J]. 公关世界，2011（2）。

在现代社会，任何一个社会组织，无论是工商企业还是社会公益性机构，在其发展过程中，随时会遇到许多突发性的、对本组织发展不利的意外事件，如环境污染、产品质量（或服务）被投诉、严重的交通事故、组织内部安全事故、员工罢工、社会舆论的负面报道甚至火灾、爆炸等恶性事故等。正所谓天有不测风云，这类事件一旦发生，它对组织的生存和发展就是一次严峻的考验，若处理不当，对组织的打击就是致命的，甚至有可能直接被置于死地。而要妥善的处置，就必须有事先考虑周全的应急方案，事中能作出及时准确的反应，事后又有连贯性的补救措施，这就是危机与危机管理。

河南“双汇”集团是一家拥有100多亿元总资产，196.52亿元品牌价值、700多亿元股票市值、200余家子公司、18个省市的加工基地、65 000名员工的大型企业。

- 2011年3月15日，“双汇”被曝使用瘦肉精猪肉，“健美猪”大行其道。
- 3月16日，“双汇”集团承认使用瘦肉精猪肉，发表声明公开致歉，再次声明：济源双汇高管被免产品收回。
- 3月17日，商务部派出督导组赴河南督查“双汇”集团下属企业。
- 3月20日，河南首次通报：“双汇”冷鲜肉瘦肉精抽检呈阳性。

• 3月21日，济源“双汇”无限期停产整顿，“双汇”发展重组存隐患。

• 3月22日，济源“双汇”公司确认17头瘦肉精生猪，国务院工作组要求彻查，“瘦肉精”事件严肃究责。

• 3月23日，“双汇”紧急召开4 000多人的全国经销商视频会议，以应对下架危机，希望能重新启动市场。

• 3月25日，河南“瘦肉精”肇事来源基本查明，发现3个制造窝点。

• 3月30日，农业部排查称河南瘦肉精事件属于个案，但“双汇”瘦肉精自检率仅为规定的1/10，监管漏洞惊心。

• 4月1日，“双汇”召开万人大会二度致歉，拟引入第三方监测产品。4月10媒体曝双汇瘦肉精“万人道歉大会”系公关公司策划，全国哗然。

• 4月19日，“双汇”复牌首日无量跌停，机构席位抛售双汇13亿元。

• 4月23日，“双汇”危机导致发货量骤降，直接经济损失至少20亿元，不包括股值损失。

“瘦肉精事件”犹如多米诺的头张牌，“双汇”的基座动摇了。

10.1 危机的概念、类型与成因

10.1.1 危机的概念、特点

上海辞书出版社1979年版《辞海》对**危机**的解释是：“指潜伏的祸机，指生死成败的紧要关头。”就社会组织而言，危机则是指由于组织自身或公众的某种行为而导致组织环境恶化的突发性事件。

• 危机的一般特点包括：

（1）属于一种突发性事件，即危机具有不可预测性，如同一个个体，你不可能提前知晓那些会突然降临到身上的灾祸一样。再科学严密的社会组织也不可能清楚那些可能会真的发生的“灾祸”及发生的准确时间。1984年发生的美国联合碳化物公司在印度博帕尔邦化工厂的毒气（甲基乙氰酸酯）渗漏事件，造成3 000人死亡、40 000人受伤，200 000人从受污染地区迁移；还有1993年发生在美国的百事可乐罐中注射针头事件（事后查明是一对老年夫妇在用完注射器后顺手将针头放进了空置的百事可乐易拉罐中所致），由于传媒报道，造成谣言四起，加之公司反应不够及时，在一周后才将该事件平息，导致百事可乐公司损失了2 500万美元。

（2）有很强的冲击力。危机事件由于事发突然，内容往往又是与公众直接相关，一经传媒报道，其冲击力是惊人的。如果没有预先的应急方案和及时灵敏的反应，一旦事件被知晓，公众会迅速从潜在状态转向行动状态，当事的社会组织往往会因这种突如其来的冲击而被搞得无所适从，而一旦失去事件处理的最佳时间（即事件发生的头24小时），则更会导致该事件的恶性发展。

特别是当有些危机涉及人身安全问题时，公众对此会更加关切，传媒也会因新闻的价值，而更“热心”的进行报道、披露。一旦处置失当，对组织形象的冲击力和破坏力更是无与伦比。

(3) 对组织形象有严重的危害性。正所谓好事不出门，坏事传千里。如同20世纪初期美国洛克菲勒财团，尽管有许多慈善公益行为，却仍被传媒界的“扒粪”运动搞得焦头烂额一样，往往危机事件由于突发性的特点很容易成为传媒和其他公众的“热点话题”。当事人如不能及时有效的处置，就会被社会公众迅速“抛弃”，数十年甚至上百年的形象基础也会因此被毁于一旦。

20世纪90年代中，湖南常德一名患者（身患冠心病、心衰、肺部感染多种疾病）在服用三株口服液后，三个月内皮肤出现症状，当年9月病故，家属于12月向法院起诉，告济南三株药业有限公司。一年后，常德市中级人民法院判三株公司承担赔偿责任，期间全国多家媒体对此事进行了连续报道，一时谣传四起。受此三株“常德”事件打击，竟然将三株公司——一个总资产达数十亿，经营波及医药、保健品、化妆品、医疗器械、农业科技五大产业，员工15万人、在全国各地有400家子公司、2 210个办事处、13 500个工作站、当年销售额达80亿元的大型企业集团变成了员工仅剩20 000人，子公司100余家，工作站和办事处几乎全部关闭，产品在湖南市场出现零销售，两家现代化工厂全面停产的悲惨局面。又一年，湖南省高级人民法院对此案件作出终审判决：“三株”公司胜诉。但为时已晚，公司董事长吴炳新痛心疾首：这起官司导致了“三株”数十亿的损失，十多万人下岗，还有那无法估量的“三株”产品形象、企业形象、品牌形象的惨重损失。

10.1.2 危机的类型

常见的危机事件有：重大工伤事故；意外性的火灾、偷盗、抢劫；消费者因权益受到损害的抱怨、投诉甚至起诉；舆论的负面报道；员工情绪强烈对立；因组织自身行为损害社会利益而受到的舆论攻击（如环境污染），以及被故意陷害、中伤等（美国强生公司的泰莱诺尔事件就属此类）。其具体可分为以下五种类型：

(1) 组织自身行为损害社会利益而引起的危机。

例如，1984年美国联合碳化合物公司的印度博帕尔邦毒气渗漏事件，同年的苏联切尔诺贝尔核反应堆泄漏事件，及近年我国一些地方化工厂、造纸厂违规排污，造成周边区域水污染等事件。

随着人民生活质量的提升，对卫生、环保、绿色的要求日趋强烈，一旦社会组织在追求自身利益过程中，不注意公众社会利益的保护，那也就是站在社会的对立面上，肯定要受到社会舆论的谴责和惩罚，而解决的唯一途径也只有社会组织充分重视社会利益，并积极承担起自身应尽的社会责任，事先采取积极有效手段，减少组织在发展过程中对社会利益的损害。一旦事发，亦应迅速采取措施改进，并在事后着重考虑如何设法补偿社会的损失、挽回组织的声誉，维持与社会公众的良好关系，正所谓解铃还需系铃人。一味的隐瞒事实真相，甚至置社会利益于不顾，结果只会是自取灭亡。

（2）意外灾难性事件而引起的危机。

如我国唐山大地震，厦航飞机在广州白云机场发生的撞机事故，杭州著名购物中心天工艺苑火灾事故等等。

一般讲，这类事故属于天灾人祸，组织主体的直接责任不大，关键在于处理是否及时、得当。因此，此类事故的处理要求：一是尽快做好抢救和善后工作，以最大限度减少事故带来的人身安全与财产设备损失，使受伤害的公众及社会有关方面感到满意，并对组织这种主动、认真、负责的行为表示理解与认同；二是及时做好舆论报道工作，将事实真相告诉给公众，消除谣言造成的危害，确保危机的处理有一个公正、有利的舆论环境。著名危机管理专家诺曼·R. 奥古斯丁曾说道："我自己对危机的最基本经验，可以用六个字概括'说真话，立刻说'。"

（3）组织故意原因引起的危机。

如生产假冒伪劣产品，或产品中含有影响消费者健康的不合格成分以及组织内部员工行为，损害消费者利益等等。这类事件的直接后果是与消费者的直接对立，会使组织形象和产品形象受到直接致命的打击。

锦湖轮胎系世界知名品牌，是一家拥有 50 余年轮胎制造历史的韩国企业，它在全球拥有 8 个工厂，专业从事世界最高水平轮胎的生产，年产量约 6 600 万条，销往 180 余个国家，2011 年销售额超过了 200 多亿元人民币。

2011 年 3 月 15 日央视 3·15 晚会上，锦湖轮胎被曝光大量使用废料返炼胶。记者暗访发现，锦湖轮胎（天津）有限公司未按照作业标准比例掺胶，而是使用大量返炼胶。

3 月 16 日，锦湖轮胎发表声明澄清称，央视"简单通过视频中添加不同胶料的数量就判定该公司违规操作欠准确"。

3 月 17 日，央视跟进报道，反驳锦湖的澄清声明。对此锦湖轮胎称，公司正配合国家质监部门进行检测，会公布官方声明以作回应。

3 月 18 日工信部办公厅发布消息，将"积极配合有关监管部门进一步查处"。另有消息称，国家质检总局已吊销锦湖轮胎的 3C 认证标准，锦湖轮胎如再生产轮胎，要重新通过申请认证。

3 月 21 日，锦湖轮胎正式发表道歉声明，宣布召回所有违规产品。

（4）舆论的负面报道引起的危机。

这种负面报道有两种情况：一种是对组织损害社会利益行为的真实报道，如违章排污、生产的产品有质量问题或不符合卫生标准、内部员工有伤害消费者的言行等等；另一种则是对组织情况的一种失实报道，它往往是由部分公众向媒体的投诉而引起，也有部分是因为组织与传媒界的个别记者交恶而受到中伤。

传媒的舆论导向作用是非常显著的，在某种程度上讲，传媒宣传还起到树立某种社会评价标准的作用，往往直接影响着民众对某种社会现象的评价态度与关注程度。在美国，人们将舆论视为司法、立法、行政三权之外的"第四权力"，因此对任何一种舆论负面报道，都必须引起足够的重视。

对前一种负面报道，组织的行为应该是：首先以负责的态度向公众表明对此类事件的改正决心，并主动采取行动，解决引起负面报道的有关问题，并对因此类事件受到伤害的目标公众给予某种补偿；再进一步告诉公众，组织本身将以此为鉴，在内部制度健全、员工素质教育及外部承担社会责任各方面，完善下一步计划与决策安排。对后一种负面报道，则应以严正的态度，用最有说服力的证据如专家鉴定、权威部门评议、各类证明等，通过舆论告诉公众，进行公开驳斥，并利用包括新闻发布会、公开声明等手段进行正当的商誉防卫，抑制谣言误导，还组织及相关产品以清白。

2004 年 3 月《深圳商报》以《传长虹在美遭巨额诈骗》为题，报道长虹公司在与美国 APEX 合作投资中可能被诈骗，文章发表后，长虹产品销售立刻受阻，其股价也迅即下滑。“长虹”虽即刻启动危机预案（在事发当晚即向国内各大媒体发了“致各大媒体传真函”），但负面影响已经形成。其实该事件的真正诱因还是因为长虹管理层内部缺乏公关意识，漠视媒体而最终“酿成此祸”。

据《深圳商报》报道，“记者曾将电话打到四川长虹集团宣传部，一位姓刘的先生说没有听说过这件事情，无法提供更多的信息。但他知道长虹跟美国 APEX 公司有商业来往，是重要客户。记者又把电话打到长虹集团国际拓展部，接电话的人员称，长虹确实跟美国 APEX 公司有商业关系，在信用期内也有应收款问题，但没有突破合同信用期限，是有合同规定的，符合国际贸易的规范。记者询问欠款的数量，对方说不是太清楚。记者又问，对长虹美国受骗的这种传闻，是不是同业竞争中竞争对手故意散布的？该人士称，他不负责这方面的事务。记者又把电话打到另一个部门，接电话的人说他不负责这件事，有什么说法请找集团宣传部。经事后询问，得知这个部门是集团办公室。”从这个信息求证过程来看，长虹内部的管理人员明显缺乏公关危机意识，在危机到来时互相“踢皮球”，明哲保身，导致了记者最终将新闻稿刊发而引爆危机。

（5）竞争对手或个别敌对公众的故意破坏而引起的危机。

2009 年 3 月 14 日，强生在美国被一家名为“安全化妆品运动”的非营利性组织监测出含有有毒物质。同期，国内某知名论坛一篇题为《强生差点把我一岁半的女儿毁容》的帖子迅速得到广泛关注，一石激起千层浪，强生的危机大规模爆发。

强生迅速作出反应，与政府相关部门联系，确认产品本身无质量问题，同时与经销商及时沟通信息，争取理解与支持。

3 月 24 日，强生在全国多家媒体上连续刊出广告宣布，强生婴儿产品经国家食品药品监督管理局和国家质检总局检验，符合中国相关的质量和安全标准。

虽然从舆论上强生受到一些不了解真相媒体的批评与指责，但从市场销售的角度，除了上海之外，全国绝大部分商场都没有将产品主动撤架，顾客也未受此事件影响，市场销售一直较为稳定。这不得不说是得益于强生公司在危机面前“久经考验”，拥有一整套行之有效的危机处理方案。

作为当事的组织，第一反应不应是为自己如何辩护，而应迅速采取举措，抢救受害公众，最大限度地降低人身危害程度；同时将真相告诉公众，并及时完善、强化组织内部管理和相关产品的安全保护措施，争取以真诚的态度求得公众的理解与支持。

如上例中，当再次面临灾难时，强生公司及董事长的表现就赢得了业界的一致好评，在危机结束两个星期后的白宫招待会上，里根总统说：“强生公司的伯克先生，我们非常欣赏你，你和强生公司所表现的崇高责任感，以及面对压力时的从容不迫令人钦佩。”

【补充阅读资料 10-1】

中国企业危机调查报告

零点调查最新公布的《京沪两地企业危机管理现状研究报告》显示，如果将正面临 1~2 种危机的企业界定为一般危机状态企业；将正面临 3~4 种危机的企业界定为中度危机状态企业；将正面临 5 种以上危机的企业界定为高度危机状态企业。那么，目前有超过半数的被访企业处于中高度危机状态之中（其中 40.4% 处于中度危机状态，14.4% 处于高度危机状态），仅有 45.2% 的企业处于一般危机状态。

当前企业最经常面临的前三种危机依次是人力资源危机、行业危机、产品和服务危机，分别有高达 53.8%、50% 和 38.7% 的被调查企业曾经经历过或正在面临着这三种危机的困扰。其中人力资源危机不仅是中国企业最经常面临的危机，也是给企业造成严重影响的危机之一，有 33.7% 的被调查企业表示人力资源危机对其企业产生了严重影响。

如果能从 19 种潜在危机中正确识别出 5 种或 5 种以下者界定为低危机识别能力者；能正确识别出 6 至 10 种的为中等危机识别能力者；能正确识别出 10 种以上者为较高危机识别能力者。根据这一划分，有 72.7% 的被访者属于低危机识别能力者；9.4% 属于中等危机识别能力者；仅有 17.9% 属于较高危机识别能力者。调查发现：对于媒体不利于本企业的不真实报道，11.5% 的企业采取听之任之的态度；36.3% 的企业要视公众的反应而定；33.2% 的企业要投诉该报道记者；有 13.8% 的企业认为要与记者本人沟通；还有 5.2% 的企业没有明确态度。

当出现产品或服务危机时，企业如何应对？9.2% 的企业认为产品和服务难免会出现问题，因此当出现产品和服务危机时，“不采取任何措施”；25.5% 的企业采取“观望”态度：先不采取措施，视媒体和公众的反应再制定应对方案；39.3% 的企业会按照企业内部现行的处理机制进行处理；只有 26% 的企业会立刻根据具体情况制订处理方案并采取行动。

资料来源　陈贺新．中国企业危机调查报告［J］．公关世界，2008（1）．

【职业道德与企业伦理10-1】

“速生鸡”风波

背景与情境：2012年12月18日上午，央视《朝闻天下》栏目曝光山东一些养鸡场违规使用抗生素和激素来养殖肉鸡，并提供给肯德基、麦当劳等快餐企业。据报道，通过违规养殖40天能让鸡长到2.5公斤，那些速生鸡由于使用了大量地塞米松等激素类药和金刚烷胺等抗病毒药品，其体内会有相当高的残留量。

问题：食品安全问题屡禁不止，深层原因何在？

分析提示：法规不全，违法成本过低；执法不严，有地方保护主义原因，也有政府职能部门渎职，检疫检查形同虚设；更说明社会诚信环境还需完善。

10.1.3 危机的内部成因分析

“每一次危机既包含导致失败的根源，又孕育着成功的种子。发现培育以便收获这个潜在的成功机会，就是危机管理的精髓。”因此，对危机的成因作深层次的探析也就显得非常重要。除自然环境因素、社会环境因素之外，许多危机产生的根源在组织内部，即往往是因为内部的管理体制或人员素质导致问题演化成危机。具体有以下几方面：

(1) 管理者公关理念淡薄，缺乏危机管理意识。

在现代组织中，还有相当一部分管理者没有正确的公共关系理念，对社会利益、社会责任的认识仍停留在口头上。在组织利益与社会利益相矛盾时，首先想到的是如何维护组织自身利益，忘却了“皮之不存，毛将焉乎”的道理。以致危机发生之前，不知道“患忧”；发生之后，想方设法要“置身事外”，使问题演变成一场危机。

2011年10月8日，广州《新快报》报道，2011年9月，5名曾经在深圳GUCCI旗舰店工作的离职员工在网络上发了一封《集体辞职的古驰员工致古驰最高管理层的一封公开信》，信中表示他们在GUCCI旗舰店工作，遭遇非人性管理：喝水要申请，上厕所要报告，孕妇一站就是十几个小时，吃8个苹果就会被解雇等等，直指GUCCI深圳旗舰店是“血汗工厂”，古驰虐工事件就此曝光。

10月10日，各大媒体、网站纷纷报道、转载，古驰虐工事件白热化。10月11日，深圳罗湖区劳动局介入调查，古驰与员工双方各执一词。11日晚，古驰公司中国总部发表声明称，已撤换有关的管理人员及店铺主管。

10月12日，全国总工会介入调查，并对“古驰”事件作出正面回应，表示古驰应让劳动者与其品牌站在相同的地平线上。“虐工”行为是对于劳动者基本权利的不尊重，一旦查实，深圳工会组织将会同深圳政法部门（对其）予以查处，该怎么处罚就怎么处罚。

10月14日，深圳市人社局就古驰“血汗工厂”事件召开新闻发布会，表示针对员工所反映的问题，已开展了对古驰深圳旗舰店、华润万象城等涉及各方的整体用工情况、规章制度及执行过程中是否存在违法违规的情况等的全方位调查。

10月19日，古驰又陷质量门事件，网络和媒体曝光古驰产品存在诸多质量问题，且多品牌无统一客服电话，期间有员工表示古驰显然缺乏诚意来改善员工的工作条件和待遇，当天古驰又有三名员工辞职。

（2）自身决策违背公关基本原则要求。

在现代社会，组织的决策与行为应自觉考虑到社会的利益，“与公众共同发展”。如决策背离公众和社会环境的利益与要求，就有可能使组织利益目标与社会利益目标相对立，从而引发公众对组织的抵触、排斥和对抗，使企业陷入危机之中。

自2011年1月中旬，据经济之声《天天315》节目连续报道家乐福玩价签戏法，价签上标低价，结账时却收高价；明明是打折，促销价却和原价相同。此次家乐福欺诈消费者一事后，引起国家发改委的高度重视。

2011年1月26日，国家发改委公开通报了多地家乐福，包括虚标原价再低价、低价招揽顾客，高价结算、不履行价格承诺、误导性价格表示等。涉案超市门店达19家，罚款总额950万元。据发改委披露，家乐福在长春、上海、哈尔滨、重庆、昆明、长沙等6个城市的部分超市均存在价格欺诈行为。同日，家乐福就价签问题发表声明表示公司特别加强了内部监督检查工作及检查频率，并将积极与各地的物价等监管部门进行沟通，邀请各地物价检查部门的专业人员对公司相关负责人及员工加强培训。

1月31日，家乐福公开致歉，并自称核查了全国182个门店的800多万个价签。3月9日，家乐福中国区副总裁曹成智在媒体通气会上称，出现价格问题有人为的失误，也有系统技术上的缺陷，并承诺努力提高企业信息化管理水平，积极引进和应用先进技术，减少人工操作失误。

作为世界级著名连锁集团，却有如此低劣的“失误”行为，结合近两年家乐福在中国的发展态势就不难发现，其行为与结果颇为“吻合”。

【同步思考10-1】

据香港《南华早报》网站2012年12月12日报道：中华少年儿童慈善基金会被指洗钱。在该基金会公布的财务记录中，所列的一笔48.4亿元没有开支的明细仅标注“支付其他与业务活动有关的现金”，该基金会在被曝光后次日发表道歉声明称：是财务人员的“重大失误”，给开支多加了一个零，将其中的银行短期理财累计发生额4.75亿元误写成47.5亿元，但这一解释在网上受到普遍嘲讽，很多人指责该机构做假账，要求公布原始银行账单。

问题：如何让公众依赖你？

理解要点：如果真的问心无愧，何妨全面公开信息；如果确属财务人员失误，尤其出现如此重要的公示数据错误，相关领导就应引咎辞职；如果认识到这是一场危机，更要把握初期的48小时，主动通过各种渠道，及时发出准确声音。尽管本人也以为笔误的可能性很大，12月20日，审计部门也正式回复：属财务人员笔误。

（3）人员素质低下，行为严重违背组织宗旨。

组织人员包括管理人员和员工两类。就管理者而言，现阶段我国的企业管理者已逐步向职业化过渡，但仍有不少组织内部管理者离职业管理人的基本要求有相当大的差距，他们还不具备一名管理者最起码的管理素质，纯粹靠经验、习惯甚至关系行使其管理职能。对内缺乏感召力和凝聚力，不能激发员工工作潜能；对外缺乏组织形象意识与公众权益意识，对公众的正当权益要求置若罔闻，甚至粗暴对待公众，以致引发组织形象危机。就员工而言，员工的工作特性已决定了他（她）们是组织形象的直接代言人，许多公众也是通过与一线员工的直接“对话”才对组织有了总体印象。这其中员工服务素质优劣、服务能力强弱就直接关系到公众对企业的认同程度。往往个别员工的粗暴行为就会给组织形象带来恶劣后果，如北京的国贸中心惠康超市员工强行对两名顾客搜身；沈阳商业城店员手持电风扇殴打顾客；宁波南大连锁超市公司保安殴打孕妇等一系列恶性事件的发生。这些恶性事件轻则使组织陷入民众谴责、舆论曝光的困境；重则直接影响组织的生存。

2010 年 4 月 5 日，“超值星期二特别秒杀哦优惠券”活动在肯德基的淘宝旗舰店隆重推出，秒杀活动共分为三轮，在 4 月 6 日 10 时、14 时、16 时分别进行三轮秒杀，最受欢迎的 32 元半价全家桶在最后一轮。

2010 年 4 月 6 日上午 10 时，第一轮“上校鸡块”的秒杀活动正常进行，顾客持优惠券都买到了 6 块钱的鸡块，但下午 4 时手持“优惠券”去购买全家桶的顾客却遭到拒绝，工作人员称活动已取消。

针对二三轮优惠活动暂停一事，肯德基没有给出正面回应，却在官网上于 3 时 54 分发表了《肯德基优惠网“秒杀”活动声明》，称“个别网站上已出现后两轮秒杀活动假电子优惠券，为此肯德基临时决定停止第二轮、第三轮秒杀活动”，后续活动举行时间尚待确定。肯德基的出尔反尔行为最终被“秒杀”的也许是它自己。

（4）没有建立正常有序的传播沟通渠道。

许多企业在传播沟通意识上还存在两大“盲点”。其一，无限制扩大组织机密范围，不是奉行事无不可对人言，而是追求事事保密、层层设卡，唯恐公众知晓组织的决策内容。

【职业道德与企业伦理 10-2】

捷蓝航空的“2 月危机”

背景与情境：2007 年 2 月 14 日，一场灾难性的冰雹袭击了美国捷蓝（JetBlue Airways Corporation）航空公司的基地——纽约市约翰·肯尼迪国际机场，造成多趟进出港航班延误，数百名旅客被困机舱，最长达 9 小时。有旅客形容舷窗被冰雪覆盖，飞机像一个“隔音棺材”，继旅客滞留机舱数小时事件之后，捷蓝航空又取消了 1 000 多趟航班。

这次天灾让捷蓝的整个管理系统陷于混乱，公司也深陷公共关系危机之中，至同年 2 月 20 日星期二，捷蓝航空公司股票下降了 66 美分，收于 12.90 美元。

但捷蓝并没有以天气原因为事件作解释，而是主动承担责任。公司 CEO 尼尔曼立即决定在 YouTube（YouTube 是全球最大的视频网站，拥有庞大的用户群体，每天通过 YouTube 观看的视频数量超过 1 亿个）上发布道歉视频并参加电视节目《大卫·莱特曼晚间报道》。

尼尔曼通过传媒就旅客滞留和飞机延误航班取消等事件非常诚恳地作了道歉："我们本应该行动得再快点，我们本应该有更好的应急预案，这样就能让顾客下飞机。我们本应该早些与港务局联系。这些全都是我们从这次经历中应汲取的教训。"

2007 年 2 月 20 日，捷蓝航空以书面形式对外公布了一份保障顾客权利的公告，公告承诺，如果捷蓝航空公司在起飞前 12 小时之内取消航班而且原因是公司可以控制的话，旅客可以获得完整的退款，或得到一个贷记或优惠礼券；如果捷蓝航空公司在可控制的情况下发生航班误点，旅客可以获取价值在 25 美元或相当于全额来回机票的优惠礼券；数额多寡取决于误点的时间长短。而其他对顾客的补偿还包括：如果飞机已经着陆，但却在 30 分钟之内无法滑行与接机口对接，或者如果飞机起飞时间延误超过 3 个多小时，旅客所获得的礼券至少有 100 美元。

对于事件本身而言，捷蓝向在 2 月 14 日事故中的旅客赔付了 1 600 万美元的免费机票券，并承担 400 万美元的其他开支，总计 2 000 万美元的赔付远远超过了捷蓝 2006 年第四季度的利润，但捷蓝认为值得。

2007 年 6 月 19 日，美国最为知名的市场调研机构 J. D. Power and Associates 公布了《2007 年北美航空公司满意度调查》的调查报告，数据显示，捷蓝航空公司以 810 点（共 1 000 点）的总满意度指数连续三年总体排名第一，并继 2006 年后再次获得低票价航空公司最高的客户满意度。

资料来源　李坚. 捷蓝航空化"危"为"机"[J]. 公关世界，2008（1）.

问题：捷蓝航空"2 月危机"事件告诉我们什么？

分析提示：诚信、道德、真心是任何企业处理危机的基石，实际上也是企业生存、发展的基础。

10.2 危机管理的含义

1997 年由联合响应公司（The Corporate Response Group）对《财富》杂志评选出的全球 1 000 家公司所做的调查发现，在受访的经理人员中，有 54% 的人认为他们所在公司的最高管理层对如何处理潜在危机日益重视。本次调查确认的潜在危机依次是：工作中的暴力事件（55%）、绑架（53%）、恐怖活动（51%）、诈骗（35%）、产品损坏与索赔（34%）、道德规范问题（30%）、首席执行官（CEO）的接任更替（28%）。受访者还指出，在企业中需要加以改善的地方：内部认知（50%）、交流沟通（45%）、实习培训（37%）、风险分析（35%）、信息技术（32%）和企业规划（31%）。从中不难发现，在商业活动中衡量一位首席执行官影响力的重要方面，就是危机管理。

英国公共关系危机处理专家迈克尔·里杰斯特，1995年在其著作《危机公关》中文版序言中说："若一个组织不能就其发生的危机与公众进行合适的沟通，不能告诉社会它面对灾难局面正在采取什么补救措施，不能很好地表现它对所发生事故的态度，这无疑将会给组织的信誉带来致命的损害，并甚至有可能导致组织的消亡。"

所谓**危机管理**（Crisis Management）是指通过科学预测与决策，修订合理的危机应急计划，并在危机发生过程中充分运用合理手段，减少危机给组织与公众带来的影响，进而寻求公众对组织的谅解，以重新树立和维持组织良好形象的一种管理职能。

在国外，危机管理亦称问题管理（Issues Management）。著名的公共关系专家海恩思·沃斯博士（Dr Brad Hainsworth）将之定义为："一种行动型的管理职能，它谋求确认那些可能影响组织的潜在的或萌芽中的各种问题（立法的、规章制度的、政治的或社会的），然后，动员并协调该组织的一切资源，从战略上来影响那些问题的发展。问题管理的根本目的应该是促成有利于该组织的公共政策。"

从危机管理的含义中不难看出：其一，危机管理是一个过程，一个从预测（潜在问题估计）、计划（应急计划编制）到执行（动用组织一切资源，采取合理手段）、评估（了解公众对组织在危机中行动的认同态度）过程。其二，危机管理的目的是消除危机所带来的对组织形象的损害，并重新树立和改善组织的良好形象。正如奥克斯丁所讲的："每一次危机本身既包含导致失败的根源，又孕育着成功的种子。"

如何进行科学合理的危机管理呢？

英国公关专家里杰斯特认为，危机管理的四个要素是：

（1）及时、准确、全面的资料和信息；

（2）一个经验丰富的专案小组；

（3）保持开放的姿态与公众尤其是新闻界进行交流；

（4）良好的传媒关系和社区关系。

前国际公关协会主席萨姆·布莱克则提出，危机管理的关键是：

（1）科学的应急处理方案；

（2）合格的通讯渠道及设施和设备；

（3）关键人员的快速反应能力。

按照危机管理过程的特征，危机处理的程序可以分成三步：第一，事先的预测、决策与应急计划的制订，即"如果危机发生，该做什么"；第二，危机过程中的具体操作——"现在该怎么办"；第三，事后的评估与修正——"下一步该做什么"。

10.3 "如果危机发生，该做什么？"

现代组织的决策者必须充分认识到，凡事预则立，不预则废。虽然危机的发生带有偶然性和突发性，但这决不意味着可以不做计划，听天由命。恰恰相反，每个组织其相关的公众是有明确范围的，组织与社会以及公众的联系内容也是基本明确的，因此危机应急计划的制订也完全是可行的。而且“积极的计划在管理危机情境时能更省时、有效”。

10.3.1 具备长远的管理理念，居安而思危

美国波音公司在20世纪80年代曾摄制了一段模拟企业倒闭的电视新闻：一个天气阴沉的日子，员工们一个个低着头，脚步沉重地离开自己岗位，离开工厂，高高的厂房上悬挂着“厂房出售”牌。一个画外音在回荡：“今天是波音公司时代的终结，波音公司关闭了最后一个车间。”这使得员工危机感进一步增强，对工作更加珍惜，对产品质量也更加重视。

组织的决策者不仅要有敏锐的危机感，在顺境中要感觉未来日子可能会到来的危机，更应随时了解危机可能发生的范围、时间以及如何在危机来临时加以妥善处理。正如萨姆·布莱克所讲的，危机管理“最基本要求是能够预见到将要发生的事，而不至于在问题突然出现时措手不及”。

建立危机预警系统是此阶段的另一项重要工作。即通过对有关公众对象和组织环境的监察，及时发现危机隐患，帮助决策层迅速采取针对性措施，减少危机可能对组织造成的损害。预警至少能使组织危机发生时更快地反应（不良变化被注意到并传递到决策层）；保护人和财产并激活积极反应系统（防御体系）。预警首先是寻找危机环境，一种是找出组织在历史上曾发生过的危机，另一种是找出国内外同行或类似企业组织已发生过的危机；其次，分析上述两类危机发生时的条件、成因，并结合近期社会环境因素的变化进行相关分析，从中判断危机发生前的环境“预兆”（如同地震前动物骚动、水质变化一样），进而通过监测，确保随时能作出第一反应。

10.3.2 事先做好应急预案

应该认识到，制定周密的应急计划是控制潜在危机花费最少、操作最为简捷的方法，而不应在组织已遭受危机的打击后，再亡羊补牢。

制订应急计划应回答下列问题：

（1）潜在的危机有哪几类？主要有哪几种？

（2）危机一旦突发，将会受影响的公众有哪些？他们会受到怎样的影响？

（3）以什么方式，何种程序与有关公众进行沟通？沟通的渠道畅通了吗？

（4）危机发生后各环节的合适人选是谁？他们都该做些什么呢？

（5）各环节的人选知道怎么做吗？

针对上述问题，应急计划的主要内容有：

（1）对组织潜在的危机形态进行分类，并制定各类危机预防的方针政策。

（2）为其中一类危机预防的具体战略和战术。

（3）确定与危机相关公众的范围及沟通方法。

（4）建立有效的传播沟通网络，并明确具体联系对象。

（5）确认危机处理过程中各环节的具体人选，明确分工及各自职责。

（6）明确各类危机处理的“总指挥”人选。

此外，应急计划的制订还应注意：其一，计划应以社会组织现有的人、财、物力可能为基础；其二，计划的要点不应放在琐碎的目标和任务上，而要为需要管理之处和风险严重波及之处提供指导原则；其三，掌握“80/20 法则”，即 80% 的设备和人员在任何时候都是可以使用的，但 20% 的人员和设备由于公出、休假或者无法操作有可能不能投入使用。80% 将会依据来自指挥中心的指示进行正常的危机反应，而余下的 20% 可能不能反应或拒绝反应。此外，计划应随着环境的变化而随时修正，不能一劳永逸。

【教学互动 10-1】

健康元涉嫌地沟油制药，董事长抛出“庄稼大粪论”

地沟油流入部分餐厅甚至家庭已经是人尽皆知，让人想不到的是，还有公司用来提炼制药原料。2012 年 8 月底，媒体曝光健康元涉嫌采购巨量“地沟油”提炼制药原料，消息传出后舆论一片哗然，健康元迅速宣布停牌。

令人匪夷所思的是，健康元董事长随后抛出了“庄稼大粪论”，用大粪和庄稼的关系辩称使用食品废料作为发酵原料“理论上”无害。对于这一解释投资者并不买单，健康元复牌后一直跌停，国家药监局以及地方监管机构也同时介入调查。

问题：董事长的观念是否正确？时机点选择合理否？如果你是健康元的公关人员，你会怎么处置？

要求：同“教学互动 1-1”的“要求”。

10.3.3 将危机应急预案在组织内部广泛宣传，并进行实战演练

可凭借小册子、宣传品等形式，将应急计划内容发给全体员工，并通过培训或学习，使员工对危机发生的可能性以及应付办法有足够的重视与了解。

在这里，危机应急计划的培训和学习尤为重要。通过学习，可以使每个成员熟悉他们在危机中的任务和位置；并通过各环节人员之间的相互作用，使任务的互助性和操作性更为务实；另外，通过演习，调动、组合、部署相关人员，当危机真的来临时，管理人员能轻车熟路，提高效率。

培训与演习可使用不同的学习和演习方法，包括：

（1）背景阅读与研讨：即通过对应急计划中危机发生环境的理解与体会，加深对危机的认识，并能在危机来临时能形成一种“条件反射”。

（2）录像观摩与案例学习：用录像（包括对同类危机的记录和场景模拟）形象地展示危机的内容与处置措施，通过典型案例的分析评议，使员工进一步明确位置感与责任区。

（3）计算机模拟危机训练。

（4）实战性小组演习与整体性学习：考虑到整体性演习时间、费用与精力耗费较大，不可能经常进行，可以责任区为单位进行小组演习，如新闻小组、专家技术小组等在各自对危机处置心中有底后，再组合实践性的整体演习。

对企业而言，实战性演习还应包括信息传播沟通渠道与组织的反应性行动两方面。另外对应急方案的宣传也可运用图表、卡通等形式，该形式简便、易懂，实用性更强。

10.3.4 建立稳固畅通的公众联系渠道

这是危机处理的先决条件，如社区公众的具体联络点，消费者公众中的群众性组织，特别是媒介关系。只有平时保持一份君子之交，才能在危机来临时，不致因临时“抱佛脚”，而延误危机处理的最佳时机。

对危机事件能在预先做好应急计划虽有重要意义，但任何组织都做不到事先对每一种可能出现的危机都做出详尽的应急方案，更不可能使方案的设计完全与实际发生的危机内容、时间、规模相吻合。因此，一旦危机发生，社会组织如何在参照相关应急方案的同时，针对危机的具体特点迅速作出针对性反应，才是危机管理的重中之重。

2005年3月，轰动世界的“苏丹红”事件波及整个食品行业，使用“苏丹红”的食品包括被列入世界500强企业的“肯德基”。

肯德基早在2月份“苏丹红”事件尚未被波及之际就已启动危机预案，成立了由营运、质监、物流、公共事务部门等各专家组成的危机小组，开始出台危机处理措施。

3月16日，肯德基的母公司中国百胜餐饮集团，在全国各地同一时间发表公开声明，称前一天晚上在新奥尔良烤翅和新奥尔良烤鸡腿堡的调料中发现含有“苏丹红一号”，各门店从当天起停止销售相关食品。声明在向公众致歉的同时，还对供应商提供含违禁成分调料的行为“非常遗憾”，并强调公司将追查此次供应商的违规责任，确保此类事件不再发生。

3月22日，肯德基向全国发出通告，称对“苏丹红”的调查已全面完成，有问题的调料都已排除，并得到妥善处理，经检验不含“苏丹红”的替代调料也已准备就绪。新奥尔良烤翅将从3月23日起在各城市陆续恢复销售，短期促销产品新奥尔良烤鸡腿堡将停止售卖。同时，肯德基再次强调：“所有相关产品都已送交国家认可的专业机构进行全面检测，化验结果确认，所有产品都不含‘苏丹红’成分。请广大消费者放心食用。”

4月20日，停卖一周的新奥尔良烤翅在152家上海肯德基餐厅重新恢复销售，至此，沸沸扬扬的肯德基“涉红”事件暂时画了一个句号，餐厅里依然“生意红火”。

10.4 “现在该怎么办?”

危机真的来临时，首先应该说服组织的决策者，迅速启动应急计划或按危机管理战略要求实施危机管理，而不是从法律角度去思考该怎么办？要不要办？三株“常德”事件的教训不能忘却。

10.4.1 根据危机影响程度，成立危机管理小组

这个阶段速度是关键，危机不等人，迅速建立危机管理小组，制定或审核危机处理方案及其方针和工作程序，尽快遏制危机的扩散是当务之急。

（1）危机管理小组的作用：

①全面、清晰地对危机发展趋势作出准确预测。

②确定有关处理策略和步骤。

③安排调配组织现有人、财、物力，明确责任，落实任务。

④启动信息沟通网络，与传媒及目标公众保持顺畅联络。

⑤对危机处理过程中各项工作做指导和咨询。

（2）危机管理小组应以组织决策层为中心，吸收部分公关专家、技术专家和新闻宣传专业人士组成，小组成员的选择应考虑其个人素质和才能，如视野开阔、处事冷静、决策迅速、表述清楚，以及他们个人在组织中的地位、身份，他们对组织和组织所在行业与环境的了解。一般有几种人选应予考虑：

①“点子型”：富有创意，能提出新颖的设想或思路。

②“沟通型”：长于组织内外的信息传播、沟通，有较好的沟通联系渠道。

③“人道性”：在处理中更偏重于人性的一面，能体谅受众的感受。

④“反叛型”：对正常性、习惯性的思维及决策唱反调的。

（3）危机管理小组应配置的设备与材料有：足够的通讯设备（包括内、外线电话和无线电通讯工具），各类图纸（平面图、建筑施工图、水电线路图、社区方位图等），员工名册，重要人物的地址，联系电话及应急车辆、人员，各类专用设备等，以保证危机处理能有条不紊地进行。

此外，还可以根据危机内容和可能的发展趋势，确定是否聘请外部专家介入对危机的处理，有些危机只有靠专业的、经验丰富的公关专家，才能帮助组织控制灾难。

10.4.2 确定新闻发言人，尽快发出组织真实信息

危机突发时，公众的各种议论、媒体的不同报道，确会造成一定程度的混乱，给人们造成一种心理紧张，甚至带来恐惧感。此时，应指定一名新闻发言人，代表组织向内外公众介绍危机事件真相和组织正在作出的努力，让公众尽快了解事实，杜绝谣传，理智地对事件作出分析判断，然后再采取合适的行动。

在危机过程中，组织的各类人员由于对事件真相的了解程度不一往往众说纷纭，最易使事实失真。因此，必须统一信息发布口径，由专人向传媒和公众发布权威性信息，以减少外部谣传对组织形象的冲击。

美国万豪国际酒店20世纪80年代制定的危机预案中就规定："雇员严禁做任何陈述、提供信息、评论形势或与媒体谈话。媒体所有的要求均由公共关系人员直接处理。"

发言人需代表企业发表政策演讲，但他必须了解本次事件真相，并具备一定的与媒体交往能力和良好的口头表达能力。他的主要职责有两个，即对媒体的问题给予实实在在的回答；确保答案中的事实不能超出公司对外交流准则的限定，如死亡者名单，尚在调查中的事故原因等。记住，对于危机事件"这里并非没有秘密"关键在于如何处理。

发言人应准备回答的问题主要有：

(1) 发生了什么事？

提示：给出基本事实，不涉及深度或技术性细节。

(2) 是否有人员伤亡？

提示：确实有人员伤亡的则可以直告，但回避具体数字，同时通报正在抢救状况。

(3) 什么时候发生？

提示：越详尽越好，包括细节。

(4) 在哪里发生？

提示：可以明确指示并描述。

(5) 毁坏程度有多大？

提示：以直接损毁财产作答，回避折算资金数。

(6) 由什么引发？

提示：不可推测原因，可以告知正在调查或介绍调查确认危机事件原因的方法。

此外，还应将所有已知信息在第一时间通告政治和社区领袖，寻求他们的理解与支持。这类特殊公众一般都处于权威地位，如政府部门权威人士、行业专家、专业机构、消费者协会等。社会组织如能与他们保持良好的沟通与了解，他们就会采取理解、支持的立场（至少不会以反对者身份指责组织）。而且，这类公众很可能会在危机中成为第二信息来源，其发出的信息对组织与公众的影响力是不容忽视的。因此说，政治和社区领袖意见往往会对危机处理能起到决定性的作用。

【职业道德与企业伦理10 3】

"欣弗"事件

背景与情境：2006年7月27日，国家食品药品监督管理局接到报告，西宁市有患者使用了安徽华源药业有限公司生产的"欣弗"出现不良反应，之后广西、浙江、黑龙江、山东等省也相继报告同类问题。

8月3日，问题“欣弗”已在全国造成多人出现不良症状，卫生部发出紧急通知，停用安徽华源药厂生产的劣质“欣弗”，并在全国追缴。

8月15日，国家食品药品监督管理局出台调查报告：安徽华源药业有限公司改变生产工艺，导致劣质药品出厂。

10月16日，国家食品药品监督管理局召开新闻发布会，公布了对“欣弗”事件的处理结果：当事企业停产整顿，收回其大容量注射液《药品GMP证书》，撤销“欣弗”药品的批准文号，没收该企业2006年6月以来已销售“欣弗”药品的违法所得，并处以两倍罚款；公司总经理等5人撤职；阜阳药监局领导分别被予以行政警告、记过等处分。

“欣弗”事件共造成9人死亡，近百人因出现不适反应而入院治疗。

问题：“欣弗事件”说明了什么？

分析提示：做企业不能昧着良心，尤其是食品、药品这类人命关天的商品，不计较华源药业在事件发生后不主动采取行动、坐以待毙的愚蠢行为，也不想细究“欣弗”事件的生产工艺问题有无员工操作上的原因（据专家分析，此产品灭菌工艺的温度应该是105度，30分钟灭菌时间，而华源药业的实际灭菌操作流程为101度~104度，灭菌时间是25分钟~29分钟不等）“不解释、不作为”的最后就等于给企业自己以死亡判决书。

10.4.3 尽快调查并公布事件真相，澄清事实

危机发生之后，社会组织在迅速抢救受害公众，减轻危机影响程度，并尽快将最新情况告诉公众的同时，还须尽快查明危机根源。如果是组织的自身原因，就应勇于承担过失责任，向公众道歉；如果是其他因素所致，也应将事实告诉公众，减轻组织自身压力。

在这里，尽量邀请技术权威机构介入对危机事件真相的调查与论证，可提高信息的可信度，对于减少谣传、寻求传媒与公众的理解尤有好处。可惜的是，许多组织往往不能正确对待社会活动家、行业专家及专业机构的批评建议，一味强调所谓的合法性、科学性，试图尽快洗涮清白，反而给人一种漠视社会利益，有逃脱责任之嫌，造成更大的被动。

20世纪70年代，雀巢公司销往世界各地尤其是亚非发展中国家的雀巢婴儿奶粉，接连出现婴儿因服用奶粉而大批死亡事件。1974年英国首先发出“婴儿杀手”控诉，1976年，雀巢公司澳洲分厂的奶粉中被查出沙门氏菌，一些竞争对手也乘机造谣，说雀巢公司向不发达国家倾销劣质奶粉。1977年，美国开始禁止雀巢婴儿奶粉在国内销售，许多国家也开始效仿，导致雀巢婴儿奶粉在全球范围被禁销。直到1984年，雀巢公司邀请专业公关公司介入，实施危机管理后，才结束了一场近10年的抵制运动。

造成该次危机的原因其实很简单，就是因为雀巢公司一直奉行产品保密政策，不能及时向公众传递公司各类信息所致。初期的一些不发达国家儿童死亡，不是奶

粉本身质量问题所致，而是另有两种原因。一种是用不洁水冲奶粉，使细菌伴随奶粉进入婴儿身体后，迅速繁殖所致；另一种原因则是消费者由于文化程度低，不懂说明书内容，使用失误（有的甚至将奶粉当成米、面一样的主食给婴儿服用）。这些事实如果一开始就能通过顺畅的渠道告诉公众，再辅以各类公益性活动，也就不会引发如此严重的危机了。

抓住危机发生初期的头几个小时，甚至头几十分钟是非常重要的。美国国家半导体公司在其制定的危机预案中，对危机开始后几十分钟内的处置就有非常详尽的规定：

在危机发生的10分钟之内：

• 安全人员必须通知危机协调人员和企业公关部门，然后危机协商人员再通知出事现场驻地的总监或经理、指定的发言人（如果不是总监或经理的话）、驻地公关联络人和危机记录人员。

在危机发生的20分钟之内：

• 通知危机支援团体成员。

• 起草临时声明并按照雇员传播的规则发送到雇员手中。如有必要，也可发送到外部与企业利益有关的任何人。

• 通知电话总机以便危机团队有专人负责接受和答复有关危机的提问，记录任何有关危机的电话问询。

• 专门指定和设立“指挥中心”和“媒体中心”，让危机团队人员知道这些中心的存在和作用。

• 按事情发生的次序记录危机的过程以及危机问询的答复。

在危机发生的30分钟之内：

• 开始与企业公关部门或公关公司专门人员协调对内对外声明的制定。

• 随时随地关切雇员并尽力回答他们的提问。

当然该预案还对危机信息传播人员、企业指定危机发言人、工作场所传播人员、危机记录人员、保安人员、危机支援团队人员、电话总机和接待人员、企业公关人员都有详细的规定。如对公关从业人员的要求是：通知企业传播部门的副总裁及时赶赴现场处理危机，与企业发言人一起制定传播策略、主要信息和与危机有关的新闻材料，向企业高层提供公关咨询，协助发言人对付所有的媒体采访和由此产生的各项事宜，与其他内部和外部的大众进行沟通，记录危机前后与媒体和其他内外人士的谈话。

21世纪初，美国国家半导体公司的几名前雇员向美国一家最有名的媒体投诉，声称他们在国家半导体公司芯片生产车间工作期间因化学放射物质而患上了癌症和生育障碍。企业公关部在证实这一事件发生以后几分钟内，马上同医疗和安全部门取得联系，制定企业对此事件所希望传递的关键信息。然后，公关从业人员马上对企业发言人加以培训以针对媒体的采访，起草了对媒体的简短声明并刊登在企业网站上，向媒体发布新闻稿阐述企业在医疗保健上的立场。企业随即向全体雇员发送电子邮件，表明企业一直致力于为雇员的健康福利服务。企业还将事件通报给企业以外的专家和合作伙伴，以便他们为企业在环保健康方面的政策和做法发表意见和看法。企业发言人应付了媒体的几次采访。由于公关部门的及时出现和介入，媒体并没有对此事件作连续追踪报道。企业虽然无法事先获悉这一投诉事件，但企业危机公关团队在事件发生后马上采取行动，以最快的速度将企业的信息传递出去以控制局势，这与公关部门对危机公关的充分准备和事发时成熟老练、临危不惧的作风是分不开的。

国家半导体公司还有一次危机也处理得相当出色。近千名雇员在企业举办的一次野餐中食物中毒，企业公关部门马上启动危机公关机制，专门设立企业投诉问询中心，所有患者及时获得妥善处理，结果，企业竟没有收到一个来自媒体的电话问询。

10.4.4 妥善处理与传媒界关系

一方面，通过主动告诉事件详细背景材料与最新进展，积极配合传媒对该事件的报道，争取媒体对组织行为的理解与支持；另一方面，通过传媒掌握组织自身尚不清楚的信息，如社会公众的反响，某些权威人士的观点等，以便采取针对性措施阻止各种错误信息的进一步传播。

传媒是政府的“舌喉”，它代表着大众的利益，他们有权知晓他们认为有必要知晓或传播的信息。在这里，公开、坦诚的态度和积极主动的配合是处理媒体关系的关键。也唯有这样，才能取得新闻界朋友的信任和支持，更何况组织与公众的沟通也只有借助媒体的支持才有可能进行。因此，社会组织应该非常乐意，且能够与媒体作更深层次的沟通（让媒体成为危机事件的新闻咨询顾问）。美国罗布森斯—史蒂文森公司 CEO 艾米莉亚·罗布森斯指出：“任何公司如果不预先考虑和制定一套灾难发生时如何发布相关‘坏消息’的政策，显然是极端错误的。”

具体与舆论界关系的处理有以下几方面要求：

（1）迅速解答记者提问，告诉已证实的事实真相，保证新闻的及时性。也给媒体留下一个本组织将在一切可能的范围内竭力提供各种信息的良好印象。

（2）熟悉媒体通常的工作时间与工作特点，如果需要的话，危机管理小组可设立一专门的新闻发布办公室，提供新闻采集所必要的设备和记者休息场所，并实行 24 小时工作制。

（3）在危机发生的最初几个小时或几天内，由于掌握的确切信息不够，应尽可能用组织的背景材料及其设施情况来填补新闻空白（也可请权威人士从某种角度进行概况评价），以显示组织与媒体及公众沟通之诚心。

（4）保持冷静，尤其在记者情绪冲动时，更不要与记者朋友辩论有关报道的新闻价值。当媒体要求证实他们自行获取的信息的真实性时，只能证实那些不可改变的事实，不要推测。

（5）要尽力给予答复，如对有些问题确不能完全答复的，也应争取给予满意的信息（如查询、咨询、核实），而不能断然拒绝；对一些确不能回答（或无法回答）的问题，则应请记者朋友谅解。

（6）如组织本身在此次危机事件中没什么可隐瞒的，则不要轻易采取低姿态；反之，若组织确有不正当行为，在确认后应尽快将其公布于众，并采取积极的纠正措施。否则，一味掩盖真相，一旦事实被别人揭露，则会使组织信誉一落千丈。

（7）对记者所提问题中的错误含义应当即予以明确指正，对新闻报道中与事实不符的也应及时指出并要求更正，可以邀请公正权威机构来帮助组织。对一些造谣中伤行为，应以严正的态度要求肇事人撤回并表示歉意。

（8）给记者以均等的机会。不要亲疏有间，以免弄巧成拙，可以随时准备一些新闻稿提供给各媒体记者，至少在危机信息量的掌握上让他们保持同步。

（9）不要过早泄露信息，尤其是未经证实的信息或未经危机管理小组核定的信息，而且有些信息的发布是必须滞后的（如受难者名单，在其家属尚未知晓前就不宜公布）。

（10）尽快公布组织在危机事件中所采取的一系列对社会负责的行为，以增强社会公众对组织的信任度。

（11）特别注意图像记者的活动，防止图像失实报道的发生。在实际生活中，人们往往更相信图像，一旦图像报道失实就很难挽回。对此，可以以主动提供有利的拍摄环境和条件的方式，适当限制图像记者的活动范围。

（12）在危机事件情况尚未完全明了时，决策人暂不宜出面（可以以文字材料形式表明组织决策层对此事件的原则性立场）。

10.4.5 慎重处理危机中的有关人员伤亡事宜

正所谓人命关天，一旦出现人员伤亡事故，当事组织务必要引起足够重视，充分认识到受难者家属在危机事件中的微妙地位。

2011年7月的温州“动车事件”造成40人死亡，尤其在死难者赔偿问题上，由于相关部门处置不当，致使事件进一步恶化：

7月25日，铁道部称：此次事故遇难者赔偿标准以17.2万元为基数，再加上20万元保险理赔，共计37.2万元；另外还加上遇难者家属交通费等共计不超过45万元；在短时间接受谈判并签协议的可酌情予以数万元的奖励——一个颇不人道的官方决定。

26日凌晨1点，“7·23”动车追尾事故达成首个死亡赔偿协议，金额为50万元。27日中午，遇难者家属王慧跟福建老乡们一起来到了温州南站，还是希望向铁道部讨要一个说法，他们有四个诉求——要原因真相；铁道部“大领导”与他们见面；解决老小安抚问题；按地方风俗入土归安。首轮谈判宁波段和温州南站站长出面，很快就因为两人不能给予上述答复而失败。13点47分，铁道部上海局副书记再次出面与8名家属代表闭门谈判，仍未果。

8月5日，“7·23”动车事故救援善后总指挥部公布了“7·23”事故受伤旅客赔偿救助方案。6日，铁路方面称“7·23”动车事故受伤的全部医疗费一律实报实销，不存在从赔偿款中扣除医疗费的问题。

8月16日，铁道部表示，铁道部新闻发言人王勇因“7·23”甬温线特大铁路交通事故首次新闻发布会上言辞不当被停职。上海铁路局局长龙京、党委书记李嘉、分管工务电务的副局长何胜利被免职，并进行调查。

12月28日上午，国务院常务会议作出了对“7·23”甬温线特大铁路交通事故的处理决定。对铁道部、通信信号集团公司、通信信号研究设计院、上海铁路局等单位54名责任人员予以党纪政纪处分。其中，铁道部原部长刘志军、原副总工程师兼运输局局长张曙光对事故发生负有主要领导责任。

导致出现伤亡的危机事件不外乎三种：一种是不可抗力造成的，如地震、战争、自然灾害；一种是人为因素造成，如投毒、纵火、操作失误；还有一种则是组织决策失误所致。受害人员及其家属一般说来，只会在第一种危机条件下能谅解组织，虽然第二种危机起因的直接责任不在组织本身，但他们还是会认为，如果组织认真负责，是可以避免此类危机发生的。至于第三种类型，则纯属组织自身原因所致，一旦受难者家属对处理不满，就会迅速转化成敌对公众，对组织形象造成直接打击。

（1）告诉他们事实真相，不隐瞒、不回避。对他们隐瞒事实真相是一种极其危险的行为，不仅会使他们产生疑惑和焦虑，而且一旦他们发现自己被骗，在愤怒的心情下很可能会冲动地做出报复性举动，只会令组织在危机中更添危机。

（2）先以恰当的方式通知受害者家属（派专人直接告知要比电话通知的效果好），再让他们到事故现场，使之有一个心理承受过程，避免因为突然性噩耗袭击，给受难者家属造成严重心理伤害。

（3）让家属见到死难者安详的面容。有些恶性事故往往使死难者面目全非，应请专人给死者化妆、整容，让家属得到心灵上的安慰。

（4）做好死难者家属的接待、安置工作，并给他们一个宣泄的环境（如灵堂布置、专人陪同）。

（5）在受难者家属的愤怒和不满情绪充分宣泄后，再谈赔付事宜。商议赔付时应具足够的同情心和丰富的经验，多听取他们的意见，出现分歧也应在时间允许范围内耐心商议。直接的讨价还价是最不可取的行为。

（6）切忌在法律上与受难者家属较真，除非对方蛮不讲理，并争取以弱者的形象寻求舆论和民众的支持。

10.4.6 如何对付谣言

危机一旦产生，谣传也会四起，更增加了组织解决危机的困难，有时甚至成为危机管理的主要障碍。必须运用有效措施，及时刹住谣言，防止以讹传讹，使危机进一步恶化。

1）谣言产生的主要因素

（1）公众缺乏可靠、正式的和完整的信息资料。

（2）由于情况危急或形势紧迫，导致人们的担忧与恐惧。

（3）传闻失实，导致小道消息流传。

（4）处理危机不够及时、果断，信息发布迟缓。

（5）组织内部出现意见相左，甚至互相指责，多头发出矛盾的信息。

2）如何辟谣

（1）分析谣言的范围、意图及影响，了解谣言起因、动机及造谣者背景，并有针对性的制定辟谣方案。

（2）及时与受谣言中伤者沟通，鼓励他们树立信心，让他们体会到组织辟谣的决心和信心。

（3）召集组织内部员工，澄清事实真相，表明组织立场，统一认识，并通过员工渠道传播真实信息。

（4）向公众提供全面、确凿的事件背景与真相，展示事件的真实状况，注意在发布时不要重复谣言的内容，否则无疑是在宣传谣言，甚至会加深公众对谣言的印象。

（5）邀请本地权威人士和意见领袖共商对策，争取他们的支持和帮助，利用他们的影响力帮助组织对付、解决困难的局面。

（6）主动与媒体加强联系，用正面报道以正视听，必要时可采用公共关系广告形式进行辟谣。

（7）对有些成不了气候，且影响面较小的谣传不必理会它，让其自生自灭。

北京时间2011年3月11日14时46分，在西太平洋国际海域发生里氏9.0级地震（东日本大地震），震中位于北纬38.1度，东经142.6度，震源深度约10公里。

3月11日，各媒体报道日本核电站放射性物质被泄漏，近2 000名居民被疏散。

3月12日，日本福岛核电站机组爆炸泄漏，大量核污水因此排入大海。

3月12日—17日，日本开始出现抢购碘片现象。

3月16日，美国、加拿大、法国开始出现抢购碘片现象。

3月17日，朝鲜报道抢购海藻等含碘食品防辐射，港澳台地区出现盲目抢盐潮，特区政府出面辟谣。

在我国，3月13日，百度贴吧有人开始传播核泄漏事件，网络开始流传“核传播扩散图”，危言耸听。

3月14日，新浪微博开始流传“核传播扩散图”，有网友开始转帖此图为谣言。

3月16日，广东、南京和浙江等地出现大规模抢购盐的现象，各超市也开始出现哄抬价格的势头，一包盐卖到了10块钱。3月17日，江苏等地抢盐以防海水污染没盐吃，变成买盐防辐射的信息，带动其他省市抢购碘盐。

3月17日，中国盐业总公司发表声明，中国能够保障食盐供应。发改委也于当日发出紧急通知要求各地立即开展市场检查，打击造谣惑众、哄抬食用盐价格等行为。

3月19日，四川、广州食盐供应恢复正常，各地抢盐风波逐渐平息，抬价商家受惩。

3月20日，温州“抢盐潮”渐退，大批“退盐族”出现。

3月22日，商务部谈“抢盐风波”由应急向预警转变，食盐销售已恢复正常。

之所以会发生这一社会恐慌事件，从传播信息通道看，这一恐慌先是由全球性的“抢碘”风潮引发，再加上对于“核泄漏”的影响度官方媒体没有及时给予科学解释，给了一些“黑客”可趁之机来散布谣言，并为一些商贩所利用。我国的抢盐事件是在17日爆发的，几乎与全球同步。虽然这一事件当即造成了股价飙升、物价哄抬、超市盐荒等不良影响，但由于政府及时控制物价，联合媒体和专家辟谣，并建立官方网站公布核指数等正确的信息，18日开始，整个“网络舆情”已经扭转。一周之内，“盐防辐射”恐慌得以化解，正确观念也得以建立。当日本宫城4月再度发生地震，韩国再次出现抢购海带防辐射现象时，中国未受其影响，还对韩国这一抢购潮报以否定和反讽的态度，说明这一政府危机公关行为已经取得成功，且效果明显。

【补充阅读资料10-2】

艾瑞克的十条危机处理原则

- 总是谈实际情况。
- 尽可能直率，不要误导和不诚实。
- 时刻准备好。在危机出现之前要有交流机制。不要在事情变糟时才说：“我们干什么？”
- 表示你的关心。说明你是有同情心的。
- 快速移动。不要目瞪口呆地站在那里。
- 做出快速的决策和调整。根据你的选择尽快行动，而不要在迫于压力时才应付。
- 从来不说“无可奉告”。如果你不知道实情，就谈点其他的。
- 对所有来自新闻媒体的访问均给予回应。如果你每天不回应一条对你的指责，关于你的不利消息就会指数级增长。
- 不要躲避新闻媒体。积极地寻找机会在镜头前谈你的情况。
- 在你把事情搞糟时，请求原谅，说明你正在纠正，然后按你承诺的去做。

资料来源　艾瑞克·亚威包姆，鲍伯·布莱．如何推进公共关系［M］．赵连荣，等，译．北京：企业管理出版社，2001.

10.5 “下一步该做什么？”

在社会组织通过努力成功地将危机平息之后，是否意味着危机管理工作的终了呢？显然这是一种错误的理解，“危机管理的最后一个阶段其实就是总结经验教训，如果一个公司在危机管理的前五个阶段处理得完美无缺的话，第六个阶段就可以提供一个至少能弥补部分损失和纠正造成的错误的机会”。

10.5.1 危机管理经验的总结

1）危机时不怕阻力的坦率是必须的

对公司来说，行为坦诚有着更为长期、持久的效益。尤其对一个处在困境中的组织而言，直接带给公众坏消息，起码要比被公众追问而不得不承认要主动，这是社会组织内外沟通的一个基本点。

2）应顾及到组织的全部成员

一场重大的危机将不可避免地把公众的注意力集中到整个公司身上，包括那些远离出事地点的分公司、分销店。要特别注意让他们与当地的社区在重大问题和发展上保持一致，以免由于信息交流失真，产生不必要的传闻。同时这些组织的成员必须对组织在危机的余震中所采取的任何紧急措施给予充分的支持。

3）继续与公众保持良好的沟通与传播

危机事件的过去，并不意味着人们对危机事件记忆的消除，组织应主动加强与所有公众的联络，尤其是与直接的目标公众保持信息沟通，告诉他们危机后组织的运作状况，以加深感情，真正做到精诚所至，金石为开。

10.5.2 危机后组织形象的重新建树

（1）充分运用传媒工具进行连续性正面报道，将企业在危机后所采取的一系列修正措施及服务方针告诉给公众，使公众能真正了解组织及其行为，并能逐步对组织重新产生信任感。

（2）增加组织在承担社会责任、重视社会利益方面的活动与投入。可以通过倡议发起某种社会公德大讨论、积极支持社区建设、热心社会公益事业、关心社会热点问题等各种形式，通过积极参与社会活动向公众展示组织回报社会、服务桑梓的良好形象。

（3）进一步密切与政府部门、权威机构和著名人士、意见领袖的关系。积极参与地方建设，充分重视权威部门的监督、检查并争创优秀。以讲课、座谈等方式邀请著名人士和意见领袖为组织出谋划策，以充分利用他们的影响力，为组织“正名”。

应该说危机本身是一件令人头疼的事，但同时也是一个机会。就公共关系而言，是一次让组织决策者理解公关、重视公关的机会；就组织而言，则是一次让组织形象提升一个层次的机会。这也就是危机管理的目的所在。

■ 本章概要

● 就组织内部而言，引起危机的“内因”主要有四种：管理者公关理念淡薄，缺乏危机管理意识；组织自身决策违背公共基本原则要求；人员素质低下，行为严重违背组织宗旨；没有建立正常有序的传播沟通渠道。

● 危机管理是指通过科学预测与决策，修订合理的危机应急计划，并在危机发生过程中充分运用合理手段，减少危机给组织与公众带来的影响，进而寻求公众对组织的谅解，以重新树立和维持组织良好形象的一种管理职能。

● 在危机发生之前应具备长远的管理理念，居安而思危，事先做好应急预案，并能将危机应急预案在组织内部广泛宣传、演习。此外还须建立稳定畅通的公众联系渠道。

● 一旦出现危机则首先要根据危机影响程度，成立危机管理小组，确定新闻发言人，尽快发出组织真实信息，尽快调查并公布事件真相，澄清事实，妥善处理好与传媒界的关系。此外，还要慎重处理危机中的有关人员伤亡事宜，要学习如何对付谣言。

● 危机过去之后，应重视危机管理经验的总结，同时还要采取积极措施变危机为机会，重新树立组织形象。

■ 主要概念和观念

□ 主要概念

危机　危机管理

□ 主要观念

危机的概念、类型与成因　危机管理的含义　如果危机发生该怎么做

□ 重点实务

危机应急预案　对付谣言　艾瑞克十条危机处理原则

■ 基本训练

□ 知识训练

▲ 复习题

10. 1　简答题

（1）危机的内部成因有哪些？

（2）危机应急计划的主要内容有哪些？

（3）在危急时，产生谣言的主要原因有哪些？

10. 2　判断题

（1）每一次危机都孕育着成功的种子，发现培育以便收获这个潜在的成功机会，就是危机管理的精髓。（　　）

（2）一旦危机到来，最首要的任务是通报上级主管部门寻求支持。（　　）

（3）危机管理的目的，是尽快了结事件，不使其影响进一步扩散。（　　）

10. 3　填空题

（1）所谓的危机管理是指通过科学预测与决策，制订合理的危机应急机制，

并在危机发生过程中充分运用合理手段，减少危机给组织与公众带来的影响，进而寻求公众对组织的谅解，以________的一种管理职能。

（2）危机应急预案制定以后，________尤为重要。

（3）危机一旦发生，________是处理媒体关系的关键。

10.4 单项选择题

（1）许多企业在传媒沟通意识上还存在两大“盲点”，其一，无限制扩大组织机密范围；其二，(   )。

A. 企业不能融入到公众中

B. 只知信息单项发布，不知反馈

（2）危机处理的程序可分为三步。第一，事先的预测、决策与应急计划的制订；第二，危机过程中的具体操作；第三，(   )。

A. 企业公关沟通网络的建立

B. 事后的评估与修正

10.5 多项选择题

（1）危机的内部成因主要有(   )。

A. 决策者片面追求利润最大化的错误理念

B. 管理者公关理念淡薄，缺乏危机管理意识

C. 自身决策违背公关基本原则要求

D. 人员素质低下，行为严重违背组织宗旨

E. 没有建立正常有序的传播沟通渠道

（2）如果危机发生，该做什么？(   )。

A. 具备长远的管理理念，居安而思危

B. 事先做好应急预案

C. 将预案在组织内部广泛宣传，并进行实战演练

D. 成立永久性危机管理部门，防患于未然

E. 建立稳固畅通的公众联系渠道

（3）危机一旦发生，谣传也会四起，谣言产生的主要因素有：(   )。

A. 公众缺乏可靠、正式和完整的信息

B. 由于情况危急或形势紧迫，导致人们担忧与恐惧

C. 传闻失实，导致小道消息流传

D. 处理不够及时、果断，信息发布迟缓

E. 组织内部意见相左，多头发出矛盾信息

▲ 讨论题

（1）在企业公关实务中总有一个误区：平时谁也不把公关工作当回事，一旦出现突发事件，又总认为搬出公关就可以万事大吉，你对此怎么看？

（2）如在工作中有朋友告诉你有对你不利的谣传在你周围传播，你会如何应对？

□ 能力训练

▲ 案例分析

“太湖蓝藻”事件

背景与情境：“太湖美啊太湖美，美就美在太湖水”，可就在2007年5月，美丽的太湖水却突然“变脸”了。5月29日上午，在高温条件下，太湖无锡流域突然有大面积蓝藻“爆发”。供应全市市民的饮水源也迅速被蓝藻污染，现场虽然进行了打捞，无奈蓝藻爆发的太严重而无法控制。遭到蓝藻污染的水进入了自来水厂，然后通过管道流进了千家万户。《瞭望》新闻周刊记者5月31日下午在无锡市城市饮用水取水口区域看到，水面漂浮着厚厚一层蓝藻，腥臭味迎风扑面而来。蓝藻就像一层厚厚的棉被覆盖着水体。

无锡市党委和政府第一时间向社会公布真实情况，给市民应有的知情权，市政府新闻发言人5月30日召开新闻发布会，向社会公众公布：受自来水水源地蓝藻影响，无锡大部分地区自来水出现异味。无锡市政府解释说，这次水源地水质异常，主要是水中的蓝藻死亡腐烂，快速消耗水中的溶解氧，导致水体缺氧性腐变，再加上太湖水位下降导致取水口太湖底泥上泛，从而使水体产生异味。

无锡市疾控中心对其水源水、出厂水以及管网末梢水共采集50件水样，进行了有关水质指标检测，检测结果表明，目前自来水除感官指标如臭味明显超标外，毒理学指标、一般化学指标及微生物指标等仍均符合国家GB5749-85水质规范要求，该中心还将对自来水水质进行持续监测。

政府一方面紧急从南京、上海、苏州等地组织15 000箱（550毫升装）纯净水供应市场，满足市民基本生活所需；同时启动望虞河“引江济太”。至5月30日上午8时，常熟枢纽已累计抽引长江水4.418亿立方米，通过望亭立交进入太湖的长江水已累计达1.755亿立方米，有效地补充了太湖水量，缓解太湖水位的降低，也缓解了太湖水质的进一步恶化。

同时，通过梅梁湖泵站将梅梁湖的水调往梁溪河，经梁溪河流入京杭大运河，这项措施可增加梅梁湖水域水体流动，使得“引江济太”补充的水量向梅梁湖水域流动，以达到改善梅梁湖水域水质的效果。“引江济太”和梅梁湖泵站调水同时实施，使得“江湖联调”成为现实。

5月31日下午4点多，无锡市政府再次召开新闻发布会，市政府副秘书长朱仲贤出席发布会并宣布：经过两天的治理，水源地水质已经有了较大的改善，各项指标都有好转。目前无锡自来水已经达到国家“八五”标准，水并无有毒成分，只是水中依旧存在着残留腥味。

6月1日，江苏省召开“太湖流域水污染防治蓝藻治理现场会”，会上江苏省委常委、常务副省长赵克志说：“这次无锡水危机，总的来说，是天灾人祸引起的生态灾害。”会上透露的数据显示，太湖蓝藻爆发引发无锡水危机后，该市已出动20条船日夜打捞蓝藻，平均每天能捞上300吨。但是赵克志认为这远远不够：“20条船不够，200条船不够，甚至2 000条船都不够！”无锡市政府决定，在保证纯净水供应的同时，经过法定程序，立即启用一批被封闭的深水井，作为应急期间市民生活用的补充。

6 月 1 日 20 时，从无锡市太湖蓝藻应急指挥部传出消息，在清华大学专家的大力支持下，蓝藻技术处理经实验后取得决定性进展，无锡市民有望在未来几天重新用上清洁水。有关专家指出，由于自来水管道还存有大量有臭味的陈水，新鲜的自来水到达居民家中尚需要一个过程。

2007 年 6 月 5 日，无锡市政府正式通告市民：自来水厂水质达标！这意味着无锡市水危机得到妥善化解。从 5 月 29 日到 6 月 5 日，这座城市用毅力和智慧走出了最艰难的时刻。

资料来源　赵剑波，杜子林，等. 太湖蓝藻考验政府应对能力［J］. 瞭望，2007（6）.

问题：

（1）当地政府对太湖水质事件的处理为什么较为圆满？

（2）此案例给我们什么启示？

分析要求：同第 1 章本题型的“分析要求”。

▲ 实训操练

操作项目：××危机应急预案

情境设计：将班级学生分成若干实训小组，每组确定 1 人负责，视各组操练项目需要进行角色划分，并依照预案的内容、程序与规范要求进行完整危机预案模拟实训。

实训要求：针对可能危及到组织形象的突发事件，周密计划、编制相对应急预案。

实训步骤：

（1）将班级学生分成若干实训小组，每组确定 1 人负责。

（2）各组学生根据操练项目需要进行角色分工，如指挥小组、通讯小组、现场处理小组、新闻接待小组等。

（3）各组学生结合该项目的活动目的要求、程序与规范要求进入角色，重点体验其程序化运作模拟实训的全过程。

（4）各组学生记录本次模拟实训的成功经验、存在的问题以及解决办法。

（5）各组整理实训记录，在此基础上撰写《××危机应急预案》。

（6）在班级讨论交流、相互点评并修订各组的《××危机应急预案》。（注：可邀请相关专业人士参与点评）

（7）在校园网的本课程平台上展出经过修订和任课教师点评的各组《××危机应急预案》供学生借鉴。

□ 善恶研判

“中国出现谣言危机”

背景与情境：据《参考消息》转引自日本《读卖新闻》2008 年 11 月 14 日报道，在中国，散布谣言变得越来越猖獗。在手机和互联网已经普及的今天，谣言正以类似口头传播的形式迅速蔓延，对经济和社会造成很大的影响。

11 月上旬的一天，在北京市郊外的一家水果批发市场，几十辆装载着湖北等地柑橘的卡车并排停靠着，地面到处是扔掉的柑橘，散发出甜甜的香味和变质的霉味。“橘子当中有蛆”，这一谣言是从 10 月份开始在全国传开的。9 月下旬，四川省一些地区的柑橘中发现了大实蝇的幼虫，这是事实，然而，此时恰逢中国食品安全问题在社会上引起很大的恐慌，“橘子不能吃”的消息很快传开了，结果，据说全国种植柑橘的农民损失高达 100 亿元。

9 月份有人造谣说山东产花生有毒，比含三聚氰胺的牛奶还要恐怖，还有谣言说国产酒致癌。此前，有人曾“预言”海南岛“将遭受大海啸，会有数百万人死亡”。在陕西省流传着“狼吃人”的谣言，搞得人心惶惶。

中国媒体称现在出现了“流言危机”，这已经对政府的信息管理和社会稳定构成了威胁。

中国传媒大学学者杨飞分析，造谣者有的是在搞恶作剧，有的是为了击败商业竞争对手，有的是想影响股市，还有些是别有用心。

问题：

（1）本案例中存在哪些企业伦理或职业道德问题？

（2）试对上述问题作出你的善恶研判。

（3）通过网上或图书馆调研等途径收集你作道德研判所依据的行业道德规范。

（4）本案例对你的启示有哪些？

研判要求：同第 1 章本题型的“研判要求”。

综合案例

“汶川加油！中国加油！”

背景与情境：2008年5月12日，是个极不平常的日子，这一天，在我国四川省汶川县发生了里氏8.0级特大地震，这也是新中国成立以来有记录的最大地震，直接严重受灾地区达10万平方公里，地震造成69 227人遇难，37 4643人受伤，还有17 923人失踪，直接经济损失超过1万亿元。但值得自豪的是，我们全体国人齐心协力，中华民族万众一心，在抗震救灾过程中所表现出来的舍小家顾大家，百折不挠的民族之魂令世人敬佩。无论是政府的快速英明决策，还是媒体的全方位、多视角的报道以及全国一盘棋的大联动都表明我们祖国经过改革开放30年的洗练，变得更为强大与开明，我们民族在“汶川加油，中国加油”的口号声中变得更加团结。

一、抗震救灾纪实

5月12日

- 北京时间5月12日14时28分：四川省汶川县发生大地震，波及有感范围包括四川、宁夏、甘肃、青海、陕西、山西、河南、北京、上海、贵州、西藏等16个省、自治区、直辖市。
- 14时54分：中国国家地震局确定四川汶川地震为7.8级。
- 15时4分：中央电视台播出第一条与灾情相关的新闻，随即国内所有传媒都开始发布有关地震消息与最新报道。
- 15时20分：央视一套与新闻频道正式启动直播，这场直播堪称CCTV之最——最及时、最迅速、最透明和最长时间。
- 15时许：汶川驻军和武警部队就地开展救援，成为第一批出现在救灾现场的部队。
- 15时55分：中共中央总书记胡锦涛作出重要指示，要求尽快抢救伤员，保证灾区人民生命安全。
- 16时40分许：温家宝总理的专机从北京起飞奔赴灾区。温家宝在飞机上发表讲话说，灾害面前，最重要的是镇定、信心、勇气和强有力地指挥。
- 18时49分：成都军区、武警四川总队和驻川某师6 000余官兵紧急赶赴汶川地震灾区参加救灾。
- 傍晚：武警四川总队从成都、马尔康方向抽调2 000余名官兵迅速赶往灾区。部队因都江堰道路中断受阻，就地紧急投入都江堰的抢险救灾中。
- 19时40分：中国红十字会紧急启动一级响应预案，总会紧急向灾区调拨价值78万余元的救灾物资。
- 20时许：温家宝赶到都江堰。
- 晚间：胡锦涛主持中共中央政治局常委会会议，全面部署抗震救灾工作，会议决定成立抗震救灾总指挥部，由温家宝任总指挥，李克强、回良玉任副总指挥。
- 22时许：温家宝前往都江堰市灾情严重的中医院和聚源镇中学查看灾情。

• 22 时 15 分：国家减灾委针对地震灾情紧急启动一级救灾应急响应。

• 12 日晚：民政部会同财政部向四川灾区紧急下拨两亿元中央自然灾害生活补助应急资金。公安部紧急从各地调集消防救援人员和特警各 1 000 人投入救灾。

• 23 时 45 分：温家宝在都江堰临时搭起的帐篷内召开国务院抗震救灾指挥部会议，他强调当前工作的第一位是抓紧时间救人。

• 12 日夜：近 4 000 名四川武警官兵携带救灾装备连夜赶赴灾区，各路救援部队已达万人。

5 月 13 日

• 2 时：首批 1 100 名消防官兵赶赴四川实施救援。武警灾区救援总兵力达到 13 000 多名。

• 4 时 30 分许：济南军区万人支援汶川地震灾区。

• 7 时：温家宝在都江堰再次召开国务院抗震救灾指挥部会议。他强调，务必要在 13 日晚 12 时以前打通通往震中灾区的道路。

• 8 时许：民政部最新统计称地震已造成四川、甘肃、陕西、重庆、云南 8 省市共 9 219 人死亡，倒塌房屋 50 余万间。

• 9 时许：总参谋部命令济南军区某机械化步兵师参加救灾的 10 000 名军人，由铁路输送改为空运。

• 10 时许：中国红十字总会紧急呼吁社会各界为地震灾区民众捐款捐物。

• 11 时许：温家宝在德阳主持召开国务院抗震救灾指挥部会议。会后驱车赶往绵竹查看灾情。

• 12 时 56 分：成都军区派出的医疗分队和某集团军 1 300 余名官兵已陆续到达距都江堰市约 20 公里的震中映秀镇，冒雨展开营救。

• 16 时许：温家宝来到距离震中不远的绵阳市体育馆看望安置群众。

• 20 时 30 分：温家宝在列车上召开国务院抗震救灾指挥部会议，强调当前抗震救灾的核心任务仍然是救人。

• 21 时许：解放军和武警部队已出动 50 000 余人参与救灾，部分军队进入震中核心灾区。

5 月 14 日

• 1 凌晨：公安部消防局再次调派北京等 20 个公安消防总队共 5 000 名官兵，增援四川地震灾区。

• 10 时许：温家宝来到北川察看灾情，此时，派出的解放军、武警官兵、公安民警总计达到 10 万人。当前最重要的任务就是尽力救援幸存者，哪怕只有百分之一的希望，也要尽百分之一百的努力。

• 15 时 30 分：温家宝乘直升机前往汶川察看灾情。

• 16 时许：官方宣布四川在汶川地震中遇难人数上升至 14 463 人，被埋 25 787 人，失踪 1 405 人，受伤 64 746 人，其中，60 000 万多人获救。

• 20 时：汶川映秀镇已吃上空投的食品和饮用水。22 时左右成都至理县迂回道路初步恢复通车。

• 晚间：胡锦涛再次主持召开中共中央政治局常务委员会会议。会议决定增派人民解放军、武警部队、公安消防特警迅即赶赴灾区一线，并从各地和军队继续增调医护人员。要想方设法尽快恢复通往灾区的公路交通，还要切实防止次生灾害发生，避免造成新的损失。

• 截至14日：台湾各企业承诺捐款金额约5.61亿元人民币，创台商对大陆单一天灾捐款纪录，香港各界捐款达到8亿元，澳门为2 700万元。

5月15日

• 凌晨：总参谋部命令陆航、空军部队火速增派71架运输直升机飞赴灾区增援。同时，民航部门也紧急派出30架运输直升机赶往灾区增援。

• 7时：温家宝一行抵达广元青川县视察灾情，他表示党和国家不会忘记受灾的偏僻山村。

• 9时：全军卫生系统逾2 000名医务人员全部抵达四川灾区。到10时已有近5 000名医务人员在灾区实施救援。

• 11时许：外交部称中国政府已同意日本政府派遣专业救援人员赴四川地震灾区协助救援行动。

• 15时：民政部称，地震发生后至今全国共接收社会各界捐赠款物13.44亿元。

• 13时30分：西线理县至汶川公路已抢修通至龙溪，至汶川县城还有10公里。

• 14时30分许：军方称现正在10个乡镇进行直升机机降，另有30多个乡镇正在到达途中，救援部队晚12时前将进入所有乡镇。

• 16时：地震已经造成四川死亡19 500余人，遇难估计5万以上，受伤102 100余人，被埋12 300人，目前已经从废墟中救出1 3400余人。

5月16日

• 凌晨3时：地震后抵达中国的第一支国际救援队伍——日本救援队首批救援人员抵达成都，并连夜赶赴青川县。新中国历史上第一次国际救援人员参与救灾的行动就此展开。随后，俄罗斯、韩国、新加坡的救援队也相继抵达四川灾区。

• 中午：胡锦涛抵达绵阳南郊机场后，同温家宝共同研究部署抗震救灾工作。下午，胡锦涛在四川北川县擂鼓镇看望受灾群众。

• 当天夜里：通往四川汶川、北川、青川、平武、茂县、理县等重灾区的公路抢通。成都地区通信基本恢复正常。

5月17日

• 国务院决定：在3个月内向灾区困难群众每人每天发放1斤口粮和10元补助金。此外，对因灾死亡人员的家庭按每位遇难者5 000元的标准发放抚慰金。

5月18日

• 国务院发布公告：决定2008年5月19日—21日为全国哀悼日。在此期间，全国和各驻外机构下半旗志哀，停止公共娱乐活动，外交部和我国驻外使领馆设立吊唁簿，北京奥运圣火将暂停传递。5 月 19 日 14 时 28 分起，全国人民默哀 3 分钟，届时汽车、火车、舰船鸣笛，防空警报鸣响。

• 国家地震局将汶川地震的震级修正为里氏 8.0 级。

• 胡锦涛到灾情严重的四川什邡市慰问受灾群众和救援人员。国务院抗震救灾总指挥部副总指挥李克强抵达四川，指导协调抢险救援工作。

• 当晚：中宣部等七部委联合举办《爱的奉献》——2008 抗震救灾大型募捐活动晚会。中央电视台对晚会进行全球直播，600 多名文艺工作者参加演出，晚会共募得款物 15.000014 亿元。

5 月 19 日

• 4 点 58 分：天安门广场上的五星红旗降至半旗。

• 14 时 28 分：警报声、汽笛声、喇叭声在中国大地鸣响。新中国成立 59 年来，国旗第一次为自然灾害中罹难同胞而降。

• 温家宝主持召开抗震救灾总指挥部第 10 次会议，听取被困人员搜救、伤病员救治、遇难者善后处理等情况汇报。决定扩大搜救范围。

• 全国唯一的羌族自治县中学——北川中学高三学生在绵阳长虹集团培训中心复课。共有 197 名教职工、2 700 多名学生的北川中学，在大地震中有 1 200 多名师生遇难。

• 中共中央政治局常委、中央书记处书记、国家副主席习近平受胡锦涛总书记委托抵达陕西地震灾区，慰问灾区干部群众，指导抗震救灾工作。

5 月 20 日—31 日

• 为防止灾区疫情发生，损毁的北川县城全面封城。

• 国务院常务会议决定，迅即建立灾后恢复重建基金。中央财政今年先拨款 700 亿元建立灾后恢复重建基金。

• 地震发生第 10 天，已确认 51 151 人遇难，失踪 29 328 人。

• 胡锦涛主持召开中共中央政治局常委会，研究部署全力做好抗震救灾工作。

• 温家宝察看唐家山堰塞湖时提出处理堰塞湖问题的三原则：一主动处理；二立足早处理；三是制定工程排险方案和人员转移方案，确保群众、部队和抢险人员安全。

• 截至 22 日：有 114 家境外媒体的 550 位记者在四川等地的地震灾区采访，其中 326 位记者为外国人。

• 国务院抗震救灾总指挥部会议决定成立灾后重建规划组。

• 联合国秘书长潘基文 24 日上午抵达中国地震重灾区汶川县映秀镇察看灾情。温家宝在映秀镇救灾现场与潘基文会面。潘基文赞扬中国政府和领导人在抗震救灾中展现的超凡领导能力，表示联合国将和中国人民一起战胜地震灾害。

• 中共中央政治局 26 日举行会议，提出抓紧制定灾后重建规划和具体实施方案，建立对口支援机制，举全国之力加快恢复重建。

• 中共中央政治局常委、全国人大常委会委员长吴邦国26日抵达四川地震灾区慰问灾区干部群众，看望救援人员，指导抗震救灾工作。

• 截至27日12时：全国累计有近14万名医疗卫生人员参加抗震救灾工作，其中投入四川灾区的近10万人。灾区的县、乡、村和受灾群众临时安置点，已实现医疗救治、防疫监督和医疗卫生物资的全覆盖。

• 据国台办新闻发言人28日介绍，截至当日，台湾各界同胞向国台办、海峡两岸关系协会及各有关地方台办捐款或表达捐款意愿累计约人民币7.8亿元，另外还有大批救灾物资。同时还派出了台湾红十字救援队、台湾红十字医疗队参加四川灾区的搜救。地震发生后不久，中国国民党中央委员会即致函中国共产党中央委员会，对灾区表达关切和慰问。

• 胡锦涛总书记31日到受四川汶川地震影响严重的陕西汉中市宁强县考察抗震救灾和恢复重建工作。

• 29日：邱光华驾驶的米-171直升机在执行抗震救灾任务时与地面失去联系。6月9日，在峡谷密林中发现飞机残骸和机上人员遗体。

• 据卫生部介绍，5月17日至31日，通过21次专列、99架包机及万余次救护车，出动医务人员5 000余人，从四川地震灾区向京、津、冀、沪等20个省（区、市）340多家三级医院转送地震伤员10 015人。

6月1日—30日

• 胡锦涛总书记6月1日赶赴甘肃省灾区考察，并于当晚在列车上召开会议，听取甘肃省委省政府关于抗震救灾和恢复重建工作的汇报。

• 3日，中国民航已完成四川省人民政府安排的大规模转运重伤员任务。5月20日开始，国航、东航、川航等5家航空公司共执行99班包机，分别将3 482名重伤员空运出川治疗。

• 胡锦涛总书记5日主持召开中共中央政治局常委会，研究部署灾后恢复重建对口支援工作。并指出，汶川特大地震，是新中国成立以来破坏性最强、波及范围最广的一次地震，灾后恢复重建十分艰巨。

• 截至5日14时：中国海关累计快速验放616批次抗震救灾物资和救援人员。其中，境外援助救灾物资及搜救人员、医疗人员414批。

• 国务院抗震救灾总指挥部5日召开会议专题研究唐家山堰塞湖问题。

• 温家宝总理8日签署第526号国务院令，公布自当日起施行的《汶川地震灾后恢复重建条例》。

• 教育部9日宣布，四川45个区县和甘肃17个区县的高考延期在7月3、4、5日举行，考试科目顺序不变。

• 到10日18时：四川电网10千伏以上受损设施全部恢复。

• 10日：唐家山堰塞湖坝前水位回落至719.48米。水位下降到720米这个较安全水位以下，标志唐家山堰塞湖除险工作按预定方案取得决定性胜利。

• 截至11日全国已有3 420万名共产党员交纳“特殊党费”69.83亿元，实际到账 49.24 亿元。

• 审计署 12 日发布第 1 号汶川地震抗震救灾资金物资审计情况公告。

• 中共中央、国务院 13 日在京召开省区市和中央部门主要负责同志会议。胡锦涛在会上发表重要讲话时，提出了做好抗震救灾和恢复重建、推动经济社会又好又快发展等工作的总体要求和主要任务。温家宝对地震灾后恢复重建对口支援等作了具体部署。

• 据四川省政府 13 日新闻发布会介绍，地震中共有 54 名在川游客遇难，外国游客无一人伤亡。地震发生后，共出动飞机 20 余架次，安排旅游车 100 余辆，疏散、解救在川旅游团队 649 个，受困游客 1 万多人。受困游客涉及韩、美、澳、德、日、英等 12 个国家。

• 14 日：抗震救灾失事直升机遇难烈士追悼大会在成都举行。胡锦涛向遇难烈士送了花圈。

• 审计署 24 日发布第 2 号汶川地震抗震救灾资金物资审计情况公告。

• 6 月 26 日闭会的十一届全国人大常委会第三次会议，表决通过了关于四川汶川特大地震抗震救灾及灾后恢复重建工作情况报告的决议，批准了国务院提出的 2008 年中央预算调整方案。

• 26 日：为防止疫情蔓延，当日起对北川县城再度实行封闭管理。封城后，每天都将有军队防化团对县城全面消毒。

• 香港特区行政长官曾荫权 28 日在成都表示，香港将重点参与四川灾区灾后重建的三方面工作：（1）援建严重受灾县的学校、医院、残疾人康复中心、疗养院等公共设施；（2）援建受灾区的道路、桥梁等设施；（3）参与卧龙大熊猫基地的重建。曾荫权率香港特区代表团 6 月 27 日晚抵达成都，并与澳门特区行政长官何厚铧一同考察了地震重灾区。截至 6 月 16 日，香港特区政府及社会各界已累计向地震灾区捐款超过 22 亿港元。

• 截至 6 月 30 日 12 时：四川汶川地震已造成 69 195 人遇难，18 403 人失踪；各级政府共投入抗震救灾资金 547.17 亿元。其中中央财政投入 496.11 亿元，地方财政投入 51.06 亿元；全国共接收国内外社会各界捐赠款物总计 552.70 亿元，实际到账款物 547.93 亿元。

• 国务院 30 日发表公告：对在我国遭受特大地震灾难时刻，提供各种形式的支持和援助的国家政府、团体和个人、国际组织及华侨华人，表示衷心感谢。

8 月 18 日、19 日

北川开禁，四川受灾群众回家祭亲人。

北川县县委常委、纪委书记文透露，政府将尊重民俗，为老百姓祭奠亲人提供方便。8 月 17 日，北川城里不时传来鞭炮声，许多北川人都回来了，再看一眼曾经的家园，祭奠永远不复再见的亲人。

截至 8 月 29 日 8 时：汶川 8.0 级地震余震区共发生 26 662 次余震，其中 4.0～4.9 级 222 次，5.0～5.9 级 31 次，余震最大震级为 6.4 级。

二、资金物资援助状况

• 国内社会援助情况

全国共接收国内社会各界捐赠款物（截至 2008 年 9 月 25 日 12 时），总计 594.68 亿元，实际到账款物 594.08 亿元，已向灾区拨付捐赠款物合计 268.80 亿元。

• 国际社会援助情况

截至 2008 年 7 月 18 日，外交部及中国各驻外使领馆、团共收到外国政府、团体和个人等捐资 17.11 亿元人民币。其中，外国政府、国际和地区组织捐资 7.7 亿元人民币；外国驻华外交机构和人员捐资 199.25 万元人民币；外国民间团体、企业、各界人士以及华侨华人、海外留学生和中资机构等捐资 9.39 亿元人民币。

三、国外媒体对我国政府在汶川大地震中决策与行为的评论

美国《纽约时报》：关键时刻中国政府反应迅速。温总理对灾区群众高度关切的形象和他亲临第一线的鲜明姿态一次次出现在电视屏幕上，与其他一些国家发生灾害后政府的迟缓表现形成了鲜明对比。中国领导人的努力证明了在关键时刻中国政府能够做到反应迅速。

新加坡《联合早报》："中国式总理"难以复制。这次四川大地震，中国政府展现了高度的自信心。

新加坡《联合早报》：谣言止于真相，电视台播"原汁原味"新闻。

美联社：这种快速的动员，反映了中国领导层已经将灾难救援放在突出的位置，也向世界展示了，他们对奥运期间的任何突发事件都会准备充分。

美国有线电视新闻网：团结和爱国浪潮席卷中国。在这次地震中，中国人民展现出了深深的同情心，他们是一个团结的民族，紧紧联合在一起。

俄新社：中国，挺住！汶川地震让半个亚洲震动，让整个世界震惊。中国经历的磨难太多，但从没在磨难中倒下。面临灾难，中国展现出坚韧与顽强；珍视生命，中国赢得了全世界的敬意和赞扬。

西班牙《世界报》：《一个摧不垮的民族》。正是这些志愿者、战士和救援人员不屈不挠的精神把这个已经无数次遭受过外来入侵和各种灾难的国家一次又一次地从废墟中拯救过来。

《日本经济新闻》：在天安门广场，默哀完毕后，人们列队高呼"中国加油"等口号，显示出爱国主义高涨。

加拿大 CBC 电视台：中国军队的反应速度和人员、装备、物资投放能力均给人留下深刻印象。

葡萄牙《快报》：地震检验了中国领导层的能力。

德国《世界报》：中国"历史上最大的军事行动"为了救灾。

CNN：在中国举国默哀 3 分钟后，发表了题为《情感在中国举国默哀中流淌》的报道。文章说，在四川省的省会城市成都，数千百姓的情感在哀悼活动中得到了宣泄。在 180 秒的哀悼活动结束后，他们高喊着支持灾区的口号。CNN 现场记者

口述说："在静默的那一刻，所有人的手紧紧握在一起，一些人哭泣着……他们对于如此多人的遇难感到难以置信和震惊。"

《澳大利亚人报》：中国人正敞开胸怀，慷慨解囊，踊跃献血。

美国《基督教科学箴言报》：中国似乎对这种救灾行动准备充分，他们非常善于迅速制定救灾计划。

美国《洛杉矶时报》："越来越人性化的政府努力向民众提供精神安慰和国家支持。"

资料来源　根据人民网"汶川大地震百日祭大事回顾"及其他相关报道整理而得。

问题：从公关角度分析政府在地震后的一系列处置过程中成功之处有哪些？你认为还有哪些方面需要完善？

分析要求：

（1）学生个人分析案例提出的问题，拟出案例分析提纲。

（2）小组讨论形成《案例分析报告》。

（3）班级交流并相互点评各组的《案例分析报告》。

（4）在校园网的本课程平台上展出经过修订并附有任课教师点评的各组《案例分析报告》供学生借鉴。

综 合 实 训

宁波 PX 之痛

背景与情境：从部分民众躁动到近万人集会，7 天的时间，在当地居民的激烈反对下，浙江宁波镇海区一个酝酿五年的石化扩能项目被停了下来。人们把愤怒恐惧的情绪都集中在其中一个 PX 项目上，自从厦门人集体阻止了它在当地落户之后，这几年 PX 项目似乎成了中国的魔咒，凡是想要上马 PX 项目的城市都会引起当地人的群起反对和舆论的硝烟四起。PX 项目遭遇的“魔咒”已经不再是“污染与否”那么简单，一个中国重化工业升级的关键产业的命运，也早已不系于企业之上。

2012 年 10 月 28 日，宁波市对外宣布：坚决不上 PX 项目，中石化镇海炼化一体化项目前期工作停止推进，再作科学论证。至此，这个曾被宁波市及镇海区作为“十二五”重要化工产业升级的重要举动，投资 558 亿元的扩建工程，在行经 5 年后，骤然停在了图纸上。

镇海区的中石化宁波分公司炼化厂前身为 1976 年开建的浙江炼化厂，目前该厂因拥有 2 300 万吨/年原油加工能力、100 万吨/年芳烃、20 万吨/年聚丙烯生产能力、4500 万吨/年深水海运码头吞吐能力，以及超过 300 万立方米的储存能力，成为国内最大的原油加工基地、进口原油加工基地、含硫原油加工基地、成品油出口基地和重要的原油集散基地。国际著名的所罗门咨询公司绩效评估报告显示，镇海炼化竞争能力居亚太地区 72 个炼厂第一组群。据美国《油气杂志》统计，镇海炼化 2005 年炼油能力居世界第 18 位。

11 月 1 日，该公司工程师告诉《中国经营报》记者，其近年来生产工艺及管理已达到国内顶尖、国际领先水平，而该厂管理层告诉记者，目前该厂 6 000 多名职工均在附近居住。此前企业曾在初步评估中认为完全可以做到扩产不增污的水平。

但让政府始料不及的是，消息传出之后，遭到当地居民的强烈反对，导致项目停下来的正是那些盼着拆迁的村民。“原因很简单，同样紧挨着炼化厂，有的村子可以拆迁走，有的村子不能，那不拆的肯定不愿意。”

10 月 22 日，400 多名来自南洪村、湾塘村、岚山村等村的村民，因不满未能划入拆迁范围，开始集体前往镇海区政府反映情况，导致当天宁波往镇海方向道路出现严重拥堵。

“拆迁范围应该是距离厂子外围多少米，但实际这次却是按照行政村来划片，这导致不少村民对比自己远的人都可以拆迁走，而他们却不能拆迁产生了意见。”宁波市国土局镇海区分局工作人员告诉记者，事实上，拆迁尚未正式开始，所谓“划片”只是一个初步规划，而且整个镇海区已列入新城区建设规划，全面拆迁是迟早的事，但这些信息在往下传达过程中让村民误认为拆迁在即。

10 月 23 日，宁波市成立以副市长为组长，市级相关部门、镇海区政府参加的项目推进协调小组，下设项目说明组、宣传报道组、项目实施组、社情民意组、现场执行组，并于当天下午召开了第一次协调小组会。

当天协调小组会上，大家基本认可村民对拆迁划片问题的诉求，并认为这一问题之所以凸显得如此强烈，与此前宣传沟通存在欠缺有直接关系。23 日的这一系列应对措施，实际上主要针对那些想要拆迁离开的村民，但彼时开始在网络上出现的诸多关于这个项目本身的异议似乎并没有引起太大注意。“网上说污染一直都有，但污染是要有证据的，一个都没有进入实质阶段的项目，环评工作都没结束，怎么能说它污染呢?”但也正是这种“过度”的敏感，以及政府反应的不敏锐，让整件事出现了意想不到的转变。

当天网络上关于项目本身的异议骤然增多，其中不少网友将指责目标直指 PX（para-xylene，对二甲苯）。

至于其致癌说法，事实上，国际评估化学品致癌的权威机构（IARC）对包括 PX 在内的整个二甲苯类的评估结果表明，PX 致癌性证据尚不足，属于第三类致癌物质，即缺乏对人体致癌性证据的物质。美国政府工业卫生学家会议（ACGIH）将其归类为 A4 级，即缺乏对人体、动物致癌性证据的物质。

一些网友似乎更愿意认为这种物质一定致癌，尤其是一些知名网友，也在积极转发一些关于对 PX 存在明显理解误区的内容。

10 月 24 日，镇海区人民政府办公室网络发言人发布《关于镇海炼化一体化项目有关情况的说明》，其中在回答网友的环境担忧时称：炼化一体化项目按照环保部和省、市、区环保部门的要求，执行最严格的排放标准，采用先进的清洁生产工艺和技术，对工艺产品方案和主体装置组成进行优化，其中环保总投入约 36 亿元。目前该项目已完成部分前期工作。

有资料显示，原定于 10 月 3 日举行的环评公众参与讨论环节被宁波市政府推迟到 11 月下旬。纵然如此，10 月 22 日，宁波市环保局还是召开了一次项目环评公众参与协调会，明确要求对网友的环保质疑作出准确及时的解答。

但网络汹涌的议论显然已开始另一种环评参与，人们说的更多的则是这个地区过去 30 年的化工史，被重提的很多事情中包括：2007 年 9 月 21 日，紧邻中石化镇海炼化厂的宁波 LG 甬兴化工有限公司（中韩合资）的化学品泄漏事件；金属园区多次出现的火灾；再也没有鱼的小河等事实与感受，在网络化的讲述中，这一切变得让更多网友愤怒。于是，更多人走上街头，宁波市政府门口迎来了人群。这一次，人数多到难以统计，终于市政府宣布坚决不上了。

资料来源　宁波 PX 之痛［N］. 中国经营报，2012-11-05.

附一：关于 PX、选址与供求

PX，实际上是二甲苯（para-xylene）的英文缩写，是一种芳烃类化合物，一般情况下是无色透明的液体，带有芳香气味，属于低毒类化学物质，可燃。PX 有刺激性，对眼及上呼吸道有刺激作用，高浓度时，对中枢系统有麻醉作用，吸入较高浓度的二甲苯甚至会出现急性中毒。国内的 PX 主要用来生产对苯二甲酸（PTA）——生产聚酯的重要中间体，最终用来生产化纤。

在国外，由于这类大型化工项目都必须达到严格的环保要求，而且产生的排放物可以循环利用，因此生产企业可以离城市居民比较近。比如美国休斯敦 PX 工厂距城区 1.2 公里，荷兰鹿特丹 PX 工厂距离市中心不过 8 公里，韩国釜山 PX 工厂距市中心 4 公里，新加坡裕廊岛埃克森美孚炼厂 PX 工厂距居民区只有 0.9 公里，日本横滨 NPRC 炼厂 PX 生产基地与居民区仅隔一条高速公路，中国台湾中油的 PX 工厂也建在高雄市区附近。

PX 的直接下游产品是 PTA，国内生产的 PX 90% 被用于生产 PTA，而生产一吨 PTA 需要消耗 0.655 吨 PX，两个企业依存度很大，之间运输量也很大，因此，为了节省成本，两个企业一般都建得很近。

截至 2009 年底，中国大陆范围内共有 13 家 PX 生产企业、16 套生产装置，主要分布在沿海地区（大型化工企业的散热一般需要大量的水）。另一方面，产生的一些气体、液体都需要用水洗。2010 年，我国已经成为世界上最大的 PX 消费国，消费量占全球的 32%，2009 年国内 PX 产量为 480 万吨，消费量为 817 万吨，2010 年消费量就已超过 900 万吨，虽然国内 PX 生产企业扩产迅速，但是需求缺口依然很大，导致每年需要大量从海外进口 PX，进口的数量占据了中国市场 PX 使用量的四成。

附二：美国化工协会：积极解决社区担忧

美国化工协会（ACC）是化工行业的贸易组织，其成员拥有全美化工产业 90% 的生产能力，会费按成员销售量的一定比例缴纳。化工公司必须不断创新以保持在全球市场的竞争力。和多数贸易组织一样，ACC 帮助成员了解最新的技术，为成员的合法经营提供帮助和建议。ACC 同时还培养成员的领导能力和任务执行能力，提升成员在管理、法律、技术、沟通领域的知识和技能。

“长久以来我们都这么说：我们没有要求公众相信我们，我们只是请大家追踪我们、监督我们的行为，并向我们提出建议以帮助我们进步。”美国化工协会主席福瑞德·韦伯（Fred Webber）说。

近几十年来，公众对环境及安全更为关注了，化工行业正经历着激进分子、调解员及顾客前所未有的审查。由于环境保护主义者抗议的呼声越来越大。立法者也出台了更多严厉的政策。

化工行业意识到他们必须跳出单项沟通的局限，为此需要做三件事：

1. 倾听并识别公众的观点及担忧，特别对于与化工厂相邻的公众。

2. 坦白任何行为上的问题。

3. 立刻采取措施解决问题和表明观点。

1988 年，ACC 在美国首创了责任关怀。以加拿大化工生产商协会计划为模板，责任关怀通过发出参观邀请、接受公众监督促使各个工厂在环境、健康以及安全方面不断改进。

责任关怀计划的完整框架被称作管理实践六项规章。ACC 将减少废气排放、降低工业废物产生、有效管理废料排放作为首要任务。

1. 社区意识和安全应急准则（CAER）

危机发生时要尽量降低对员工和公众的潜在危害，并使化工产业和社区紧密联系。

2. 污染防治准则

减少废品生产，降低排放，由此提高行业保护公众及环境的能力。

3. 过程安全准则

防止火灾、爆炸及化学物品的意外泄露。

4. 运输准则

在运输化学物质时，降低对员工和公众的危险。

5. 员工健康和安全准则

通过训练和沟通，对员工实施最大化的保护和事故防御措施。

6. 产品生产准则

在设计、改良、制造、运输、利用、处理化学物品时确保安全及对环境无危害。

ACC 责任关怀的副会长说：它不比公关计划，而是一项持久的过程，并倡导具体的行为。它的最终目标依旧是通过与选民进行对话获得信息，以此让化工产业以响应公众的姿态，最有效地提高业绩。

责任关怀是种前摄式公关，他并非要等待事情发生或公众开始担忧和沮丧，而是要主动邀请公众了解工厂生产哪种化工品，怎样运作，告诉他们发生事故时会采取什么应急措施。

研究表明，对未知事件的恐惧比真正发生灾难更具危害性。知道总比一直猜想要好。

这个规律在传达化工行业风险时同样适用。开放的沟通将公众视为有责任心的成年人，这是对他们的尊重。不是所有人在获知风险时都会做出积极的反应，即使消息并不是那么糟糕。其中也有大概 10% 的人适应消息的过程较为困难。

ACC 成员公司关于工程安全运作和公众沟通的 10 条指导方针是：

（1）搜集并整合关于我们产品和经营的社区信息。

（2）提供可安全加工、安全运输、安全运用、安全处理的化学物质。

（3）营造健康、安全的环境，对新旧产品及其生产过程的考虑要着重于节省资源。

（4）提供关于工厂对健康或者环境产生危害的信息，为员工、工作及关键利益群体提供保护措施。

（5）与消费者、运货人、供应商、销售者、承包人共同合作，加强化学物品的安全运用、运输及处理。

（6）设备的运作应以保护环境、保障员工及公众的健康和安全为前提。

（7）鼓励培训、大力研究产品及生产过程对健康、安全、环境的影响。

（8）与相关人员共同解决问题，商讨解决办法。

(9) 设立责任法律法规，制定标准，保障社区、工作场所、环境的安全。

(10) 贯彻责任关怀，鼓励并帮助其他成员遵守协会准则。

ACC 成员和公司合作伙伴运用单项和双向的复合沟通方式，邀请外部公众与工厂进行交流。单向（或者信息传递）方式包括：

(1) 小册子。

(2) 责任关怀年度报道。

(3) 基于本地的广告宣传。

(4) 对企业的邻近公众发放社区业务信件。

社区咨询委员会（CAP）由一群对化工行业拥有不同的印象并具有不同背景的人组成。CAP 由当地化工厂资助，将社区关心的事项向行业代表汇报。能力卓著的 CAP 能让工厂和社区进行对话。

防有害材料演习。

责任关怀集会、活动、招待会。

邀请州立法者，当地或者全国性的积极分子领袖在协会集会上发言，并邀请 ACC 代表或者科学家与环境、法律专家级社区群体见面。

在成员公司强劲积极的反馈支持下，ACC 在 2005 年向公众推行"要素 2"计划。在同奥美环球公关公司的合作下，活动集中于化学在美国人生活中起到重要作用的领域。活动告诉公众，化学是生活中的"要素 2"，安全、健康、创新、经济、环保等一系列的信息通过传统的广告、宣传机构及因特网进行传播。最初两年，这个活动的预算是 3 500 万美元，参与制订"要素 2"计划的奥美集团创意总监大卫·福勒说：想想现代的生活情景，我们越是观察，越是意识到化学产品不仅无害，而且还很必要：医药、硅片、纯净水、手机，正是它们造就了生活的现代化。

资料来源　艾伦·森特．森特公共关系实务［M］．7 版．谢新洲，等，译．北京：中国人民大学出版社，2009.

编后感：编辑本实训案例时的心情很复杂，不仅因为此事件发生在我的家乡，一个经济比较发达、民众综合素质和幸福度相对较高的沿海城市，更因为一个本应是政府、企业、百姓都能共赢的机会失去了：通过政府引资、国企投入（镇海区每年可增加税收 20 亿元），促进地方经济发展、企业也通过扩大规模增加赢利，百姓们既增加就业也能改善生活环境（新项目投入的环保工程使总体排污控制到更优层级；此外政府利用增收部分又能加快新城区建设步伐），却因为信息的不通畅和沟通的障碍，加上政府有关部门公众意识淡漠，别有用心者鼓噪，最终导致各方俱伤，令人痛心。用随后附上的美国化工协会案例相对照，希望提醒组织的决策部门务必树立正确的公众意识，保持通透、及时、全面、主动的沟通，走出象牙塔，进入玻璃屋，才是组织可持续发展之道。

问题：

(1) 你认为本事件发生的主要原因是什么？

(2) 你是决策者，事先你应怎么想？事中你须做什么？事后你又该怎么做？

操作项目：宁波 PX 事件评估分析

情境设计：将班级学生分成若干实验小组，每组确定 1 人负责，各组就操练项目需要进行角色划分，并依照该项目的目的与规范要求，进行项目评估程序化运作模拟实训。

实训要求：结合本事件，以寻求最佳处置方案、圆满解决本事件为目的，对整个项目评估进行模拟。

实训步骤：

（1）将班级学生分为若干实训小组，每组确定 1 人负责。（如事先预案小组、事中应急处理小组、事后挽救弥补小组）

（2）各组学生根据操练项目需要进行角色分工。

（3）各组学生结合该项目的事件性质、预期后果、解决程序与规范要求进入角色，重点了解并体验其模拟实训的全过程。

（4）各组学生记录本次模拟实训的成功经验、存在的问题以及解决办法。

（5）各组整理实训记录，在此基础上撰写《宁波 PX 事件评估分析报告》。

（6）在班级讨论交流、相互点评并修订各组的《宁波 PX 事件评估分析报告》。

（7）在校园网的本课程平台上展出经过修订并附有任课教师点评的各组的《宁波 PX 事件评估分析报告》供学生借鉴。

主要参考书目

［1］奥蒂斯·巴斯金，等. 公共关系：职业与实践［M］. 4版. 孔祥军，等，译. 北京：中国人民大学出版社，2008.

［2］艾伦·森特，等. 森特公共关系实务［M］. 7版. 谢新洲，等，译. 北京：中国人民大学出版社，2009.

［3］杰瑞·汉得里克，等. 公共关系案例［M］. 7版. 陈易佳，译. 上海：复旦大学出版社，2011.

［4］道·纽森，等. 公共关系本质［M］. 9版. 于朝晖，译. 上海：复旦大学出版社，2011.

［5］周安华，等. 公共关系理论实务与技巧［M］. 3版. 北京：中国人民大学出版社，2011.

［6］弗雷泽·P. 西泰尔. 公共关系实务［M］. 潘艳丽，等，译. 北京：清华大学出版社，2008.

［7］斯各特·卡特里普，艾伦·森特，格伦·布鲁姆. 公共关系教程［M］. 明安香，译. 8版. 北京：华夏出版社，2001.

［8］诺曼·R. 奥古斯丁，等. 危机管理［M］. 北京新华信商业风险管理有限责任公司，译. 北京：中国人民大学出版社，2001.

［9］罗伯特·希斯. 危机管理［M］. 王成，等，译. 北京：中信出版社，2001.

［10］伦纳德·萨菲尔. 强势公关［M］. 梁洨洁、段燕，等，译. 北京：机械工业出版社，2002.

［11］艾瑞克·亚威包姆，鲍伯·布莱. 如何推进公共关系［M］. 赵连荣，等，译. 北京：企业管理出版社，2001.

［12］弗雷泽·西泰尔. 公共关系实务［M］. 梁洨洁，等，译. 北京：机械工业出版社，2004.

［13］贺红杨. 我在美国做公关［M］. 北京：清华大学出版社，2004.

［14］肖北婴，胡春香，杨帆. 现代公共关系学新编［M］. 北京：北京工业大学出版社，2003.

［15］方光罗. 公共关系实务（修订本）［M］. 北京：中国财政经济出版社，1997.

［16］朱明伟. 现代企业管理原理［M］. 杭州：杭州人学出版社，1996.

［17］邱伟光. 公共关系调查［M］. 上海：复旦大学出版社，1992.

［18］杨魁. 现代公共关系学［M］. 北京：中国工人出版社，1998.

［19］邱伟光，罗国振. 公共关系实务［M］. 北京：东方出版中心，1997.

［20］吴同光. 企业公共关系［M］. 北京：人民日报出版社，1990.

［21］谢玉华. 公共关系教程［M］. 长沙：湖南大学出版社，2004.

［22］屈云波. 公关经理手册［M］. 北京：企业管理出版社，2000.

［23］孔祥军. 知识经济时代的公共关系［M］. 北京：东方出版社，1999.

[24] 刘用卿，段开军. 公共关系学 [M]. 重庆：重庆大学出版社，2003.
[25] 温孝卿，吴晓云. 公共关系学 [M]. 天津：天津大学出版社，2004.
[26] 夏赞君，谢伯端. 公共关系学 [M]. 长沙：国防科技大学出版社，2004.